文
景

Horizon

社科新知　文艺新潮

世界历史评论

The World Historical Review

陈恒 洪庆明 主编

08 当代史学主流：主题与结构

Main Trends in Contemporary History: Themes and Structures

Volume 2, Number 2, 2017

上海人民出版社

本书系国家社科基金重大招标项目
多卷本《西方城市史》（项目编号：17ZDA229）阶段性成果

目　录

专 论 / Research Articles

评 论 / Review Articles

光启讲坛 / Guangqi Forum

文献与史料 / Sources and Documents

专论 | Research Articles

超越国家与大陆边界的历史和社会活动

[美] 格奥尔格·伊格尔斯　文　吴姗姗　译[①]

摘要：本文是伊格尔斯的个人传记，叙述了他是如何成为一名历史学家的。在大约90年的人生中，作为一名犹太人，伊格尔斯被迫离开纳粹统治下的德国，求学于里士满大学、哥伦比亚大学，积极投身于美国黑人民权运动和反越战运动。作为一名历史学家，伊格尔斯关注思想史和史学理论领域，遵循比较、跨国甚至跨文化的研究方法，坚称历史不仅要超越国家的界限，更要超越文化的界限。总的来说，犹太人身份深刻影响了他在社会活动中跨越种族和意识形态的角色和动机，他往返于德国与美国之间，弥合两德裂痕，促进种族平等，体现出真正的全球视野。

关键词：犹太难民学者　德国的历史观　全球视野

首先必须谈谈我的生平，因为这关系到我是如何成为一名历史学家和进行社会活动的。1926年11月，我出生于汉堡一个犹太人家庭，取名为格奥尔格·格尔森·伊格尔斯海默（Georg Gerson Igersheimer），伊格尔斯（Iggers）这个姓是我们到美国时资助人改的，尽管我并不愿意。[②]我父亲和母亲的家

---

① 格奥尔格·伊格尔斯（1926.11—2017.11），德裔美籍历史学家。译者吴姗姗为上海师范大学人文与传播学院世界史专业研究生。——编者注

② 详见我的传记，Wilma Iggers and Georg Iggers, *Two Lives in Uncertain Times: Facing the Challenges of the 20th Century as Scholars and Citizens*, New York, 2006。

族都已扎根德国几个世纪，他们信仰犹太教，但在文化上完全是德国人。我的教育生涯始于1933年4月3日，即希特勒掌权两个月后，也是纳粹抵制犹太商人两天后，父母把我送入一所普通德国公立学校而非犹太学校，我很幸运地没有在学校里遭遇当时盛行的反犹主义。不仅如此，我那些多数来自工人阶级家庭的同学和老师们也完全接纳了我，他们大多信奉第三帝国以前的青年运动精神。即使在纳粹掌权之后，我们的邻居、常去的商店也仍旧十分友好。然而，我却感受到了媒体传播的可怕仇恨，目睹了许多商店和其他公共设施开始禁止犹太人进入，我再也不能去游泳或者看电影，我仿佛生活在两个世界里，一个是我的公立学校，一个是犹太人的世界。但这两个世界有很多共通的地方，比方说我最好的两个朋友就是学校里两个信基督教的男同学。

另外，我还加入了一个叫作“巴尔·科赫巴”（Bar Kochba）的犹太体育协会。稍晚些时候，我瞒着自认为是稳固的中产阶级的父母，违背他们的意志加入了一个社会主义方向的犹太复国主义青年团体，我们反对资本主义享乐，憧憬一个简单的农业社会，我觉得就像巴勒斯坦的基布兹（kibbutz）那样。我逐渐意识到自己的犹太身份，1936年10月，我决定转学到犹太教会办的塔木德—托拉学校（Jewish Talmud Torah school）去。我和父母之间的鸿沟日益增长，1937年11月，他们把我送到距离斯图加特不远的埃斯林根（Esslingen）犹太孤儿教养院，这竟然是一所非常进步的学校，我在这里比与父母在一起更像回到家中一般。许多孩子来自周边的小镇，在那里他们已经被禁止上学了。在很多方面，这所学校也受到青年运动的指引，认为犹太人从事商业性活动和智力型职业已经很久了，也过于城市化，因此他们现在设法教育孩子们用自己的双手从事农业活动，我就被分到了饲养小鸡的任务。我们意识到必须移民去美国或者巴勒斯坦地区了，于是在学校接受英语和现代希伯来语强化训练。

1938年10月，此时距离12月“水晶之夜”[①]不足五周，我和父母、妹妹

① Crystal Night，是指1938年11月9日凌晨，希特勒青年团、盖世太保和党卫军袭击德国和奥地利犹太人的事件。——编者注

移民去了美国。我们抵达纽约时几乎身无分文，在希伯来移民援助协会的帮助下，我们在弗吉尼亚州的里士满重新安顿了下来。里士满是联邦前首都，曾在美国内战中为保卫奴隶制而战，至今仍然保留着严格的种族隔离制度，我似乎看到了类似于大屠杀之前纳粹治下我所经历的歧视，我坦率真诚，却受到老师的训斥。当20世纪70年代的档案解密后，我惊讶地发现联邦调查局（FBI）从我14岁生日的几周后，即1941年1月就开始了对我的档案调查，我无法获得这些材料，因为我被告知那些档案已经销毁。在1943年和1944年，也是我活跃在一个里士满的种族主义学生组织的时候，所有的学校和学院，包括我就读的里士满大学都被严格隔离，FBI再次展开了对我的档案调查。①

1944年我在里士满大学获得罗曼语学士学位，而且学习了德国文学和哲学。1944年夏天，我开始了在芝加哥大学德语系的研究生学业。我的兴趣逐渐从语言研究转向文学和思想研究。1945年取得硕士学位后，我在纽约待了一年，在纽约社会研究新学院（The New School for Social Research）学习社会学和哲学，在协和神学院（Union Theological Seminary）参加保罗·蒂利希（Paul Tillich）的讲座。我的几位芝加哥大学和新学院的导师也都是难民学者。在此之前，我只有一个本科学位，1946年秋天，我回到芝加哥加入跨学科的文化史委员会的博士项目，研究19世纪早期欧洲的哲学、文学、宗教和历史，这是我第一次关注到思想史领域。我对19世纪早期的社会主义运动尤其感兴趣，包括青年马克思、圣西门主义者（Saint-Simonians，也是我博士论文的研究对象）的政治哲学，我之前硕士论文就是关于海涅（Heinrich Heine）和圣西门主义者的。我不可能成为传统意义上的历史学家，也绝少从事档案工作和发表文献。

我在芝加哥大学遇到了我未来的妻子威尔玛。我们有很多的共同之处，即使我们的学术兴趣并不相同，我更倾向于思想史，而她更关注日常生活的文化意义，特别是她的家乡波西米亚的犹太人日常生活。1938年10月，她从纳粹治下的捷克斯洛伐克德语区逃往加拿大。我们都来自欧洲中部，家

---

① 根据信息自由法案，FBI档案寄送给我。Act: Director FBI, SAC Little Rock (100-2920), 9 June 1953, Reports dated Richmond, VA, 1/23/41; 5/24,41;8/28/41; 9/8/41;10/2/41; New York City 11/1/41; Richmond, VA, 11/19/41, 318,44, New York City 4/10/44; Richmond, VA, 5/12/44; Norfolk, VA, 5/24/44; Richmond, VA, 0/5/44.

庭背景和社会、政治观念十分相近，1948年，我和威尔玛结婚。1950年夏天，我们接受了位于阿肯色州小石城的菲兰德·史密斯学院（Philander Smith College）的职位，这是一所传统的黑人背景院校，我讲授历史、德语和法语，威尔玛讲授德语和法语。当时的白人高校极少聘请来自纳粹德国的犹太难民学者，反犹主义在当时的美国无疑扮演着重要角色，而黑人高校则雇用了相当多的犹太难民学者。[①]当然，我们是数量不小的第二代移民，在美国完成了大学教育。在小石城，我们搬进了校内黑人社区的一个简单寓所，也没有从事社会活动的具体打算。在那儿的第一学期，我讲授1918年以来的世界史，朝鲜战争也在这年夏天打响了。学校图书馆资源严重不足，但有一个很好的公共图书馆，不过不对黑人开放。我给当地的自由派报纸《阿肯色报》写了一封信，要求废止图书馆的种族隔离。[②]我并未打算得到积极的回应，但令我意外的是两周后院长告诉我，图书馆董事会决定允许我的学生进入。事实上，他们已经决定终止图书馆的种族限制，但没有选择公开宣布。两周后，一个来自全国有色人种协进会（NAACP）小石城分会的小规模代表团来到我家，这个令人印象深刻的代表团由邮政职员和从不担心失业的独立工匠组成。NAACP创建于1909年，是美国最重要的民权组织，致力于废除一切形式的、法律上的隔离。[③]他们向我解释说，他们迫切需要有人进行相关研究和规划，并询问我是否愿意担任分会教育委员会主席一职。我接受了，成为小石城分会执行委员会的第一名白人成员，我和威尔玛也是该组织在阿肯色州的第一批白人成员，不过在全国层面上，NAACP一直拥有白人成员。南方种族主义者抨击它是一个类似共产主义的激进组织，但事实上NAACP的目标十分温和，只是为了让美国黑人获得其与美国公民身份相匹配的平等权利。他们通过诉讼实现目的，结果很成功。直到20世纪60年代，民权运动形成了大规模的公民不服从运动（civil disobedience），阿肯色州主要关注的是废除法律形式的种族隔离，尤其在学校里。我能够填补从事诉讼所必需的研

---

① 参见Gabrielle Simon Edgcomb, *From Swastika to Jim Crow: Refugee Scholars at Black Colleges* (Florida, Krieger, 1993), John Hope Franklin所作序。

② *Arkansas Gazette*, 23 November, 1950.

③ 参见Manfred Berg, *The Ticket to Freedom: The NAACP and the Struggle for Black Political Integration*, Gainesville, 2005。

究和组织诉讼这两方面的重要空白，没有我的努力，让小石城学校向有色人种开放这一南方学校系统种族隔离史上的转折性事件将不会发生。NAACP当地分会完全接受和支持我所做的工作，他们一度希望推举我做分会主席，我曾向他们解释说这在政治上是不可能的，因为南方政客声称废除种族隔离运动是北方煽动者的阴谋，他们不能代表黑人，就我而言，他们会认为我是一个外国煽动者，我必须保持低调。相反，黛西·贝茨（Daisy Bates）是一位能力出众、能说会道的黑人，她是阿肯色分会的发言人，多次在面对死亡威胁的时候表现出极大的勇气，她曾经是我亲密的工作伙伴并做了很多实际的规划。

阿肯色和南方的学校仍然遵循着1896年美国最高法院在“普莱西案”（Plessy v. Ferguson）的判决中所确定“隔离但平等”（separate but equal）原则，在公共设施对等情况下允许种族隔离。但实际上他们在任何地方都是不平等的，并且我打算着手去确认这件事情。在威尔玛的帮助下，我调查了几个曾经打过官司的农村学区，当然我研究的主要还是小石城的学校系统，1952年，我写了一个关于小石城中学不平等状况的研究。①这种不平等十分惊人，白人学生的拨款几乎是黑人学生的两倍，黑人中学异常拥挤，以至于每天要分两班轮流上课。然而最触目惊心的还是在课程安排上，就读于主要白人中学的学生都预备着成为大学生或白领阶层，此外还有白人职业中学，而黑人中学只开设最基本的课程。我的建议是希望黑人可以参加黑人中学不提供的白人中学课程。这篇报告在白人社区的自由派人士那里得到了极大的支持，民权运动也总是涉及白人，这一点有时会被忽视。令人诧异的是学校董事会认真严肃地考虑了这一计划，不过形成了三比三的僵局。这似乎意味着学校废除种族隔离的第一步。不但大部分小石城白人和阿肯色州东部农村白人强烈反对任何种族隔离，而且很多阿肯色人，尤其是小石城市的城镇人口认为废除种族隔离势不可挡。他们认为紧邻美国最穷、经济发展程度最低的密西西比州的阿肯色必须实现现代化，而现代化要求终止现存的种族

① Little Rock Council on Schools, “A Study on Equality under Segregation in the Little Rock Public School System”, Little Rock, 1952. 亦可参见 “The Struggle against Racial Segregation: Little Rock and New Orleans (1950–1960)”, in Iggers and Iggers, *Two Lives*, ch. 4, pp.61–87。

形式。这也是图书馆董事会愿意接纳黑人、学校董事会愿意讨论我们建议的原因。

1954年5月17日，美国最高法院在“布朗诉托皮卡教育局案”（Brown v. Board of Education）的判决中宣布学校的种族隔离违宪，从而废除了1896年的决议。随后，我与小石城学校董事会会晤，董事会宣布愿意遵从最高法院的决议并提交我们能够接受的废除种族隔离计划书。①两所即将于1956年完工的中学和现有的中心中学（Central High School）都将向所有种族无差别开放，黑人邓巴中学（Dunbar High School）将成为一所无种族隔离的初级中学。到1960年，所有学校都将废除种族隔离。然而，1955年最高法院在第二个决议中提出学校废除种族隔离应该以“慎重的速度”（with all deliberate speed）进行，这被反对者认为是一个可以无限期推迟整体实施的信号，这导致整个南方对废除种族隔离的抵抗不断增加。小石城学校董事会选择屈服，宣布停止在这三所学校废除种族隔离，迫使我们不得不诉诸法律。我组织了两个小组前往拜访中心中学附近的黑人家庭，他们的孩子现在必须走很远的路从中心中学转到东部的种族隔离中学，而我们建议他们继续去中心中学报到注册。令人鼓舞的是几乎所有的父母都同意了，而我们建议过部分父母不要参加，因为这可能会影响他们的工作。我们原以为会有28名学生在新学期第一天上午报到注册，没想到来了超过80名学生，不过他们都被拒绝了。我们别无选择，只能把学校诉至美国最高法院。但是我们在寻找委托律师上遇到了问题，本地律师要么不敢接这个案子，要么打算收取高额的费用。刚刚毕业于阿肯色州立大学法学院的第一位黑人法律专业大学生威利·布兰顿（Wiley Branton）愿意免费接手此案，但起诉所需的费用我们和当地分会仍然拿不出来，而NAACP全国办公室也不愿此时向我们拨款。为了不耽误起诉，威尔玛向她在加拿大的家人解释了这件事情，她家立刻给我们提供了所需资金。立案后我们得到了当地黑人社区的广泛支持，全国办公室也介入此案。NAACP在一定程度上赢得了诉讼，虽然美国最高法院没有如我们所愿命令开

① 即所谓的“绽放计划”（Blossom Plan），以小石城维吉尔花园的管理员命名。参见Tony A. Freyer, “Politics and Law in the Little Rock Crisis, 1954–1957”, *The Arkansas Historical Quarterly*, Vol. 69, No. 2, 2007, p.148。

放中心中学，但录取了9名有色人种的学生作为妥协。[①]一切似乎都在顺利进行中。

在此期间，我们搬到了新奥尔良，在那里接受了迪拉德大学（Dillard University）的职位，这也是一个黑人机构。因为我只教授历史，教学任务很轻，所以同时接受了杜兰大学（Tulane University）一个研究机构的安排，每学期教授一门研究生课程，可以进入主要的图书馆，这为我们的研究提供了更好的条件。与此同时，小石城中心中学废除种族隔离和平进行，学校于1957年9月3日，也就是劳动节的后一天开放。那天早晨，我们刚刚抵达新奥尔良就被一个消息震惊了，阿肯色州州长奥瓦尔·福伯斯（Orval Faubus）下令国民警卫队阻止9名学生进入中心中学，并动员群众集会反对学校废除种族隔离。9名学生受到暴徒的直接威胁，以前占主导地位的温和派的声音沉寂了。三周后，艾森豪威尔总统派遣空降部队到小石城执行最高法院的决定。

我在新奥尔良继续担任NAACP当地分会教育委员会主席一职，这里的种族气氛比中心中学暴动之前的小石城紧张得多。路易斯安那州和地方当局都不顾国家立法而致力于大规模抵抗，没有废除学校种族隔离的计划，公共汽车仍旧被隔离，州立法机关成立了一个委员会来调查它所定义的颠覆活动，认定NAACP非法，虽然最高法院很快推翻了这一判决。我们和孩子唯一一次受到了生命威胁。我的一个重要课题是本杰明·富兰克林中学（Benjamin Franklin High School）废除种族隔离，这所学校只招收智商130以上的天才儿童，但只有白人，因为当局声称没有黑人儿童取得此资格。我认为这样的天才儿童学校是废除学校种族隔离的突破口。在NAACP当地分会和美国公民自由联盟（American Civil Liberties Union）的全力支持下，通过他们的测试我们发现了相当多的高智商学生符合要求，然而如意料之中一样，他们被拒之门外。令人失望的是NAACP全国办公室在最后时刻强烈反对推进这一问题，而我认为这个诉讼是废除种族隔离良好的开端。简而言之，我在新奥尔良能做的事情比在小石城少得多，不过我仍继续与NAACP合作，担任纽

① Tony A. Freyer, *Little Rock on Trial: Cooper v. Aaron and School Desegregation*, Lawrence, 2007.

约布法罗分会董事会成员。

曾经，我们在小石城的黑人社区生活得很舒适，与邻居关系良好，我们的三个孩子也都出生于我们住在菲兰德·史密斯学院校园里的时候，他们和邻居的孩子们一起嬉戏。我们被接受的一个象征就是，1953年我宣誓成为黑人联谊会的第一位白人成员。同样我们在小石城也有很多白人朋友，他们有贵格教徒（Quakers）、一神论者（Unitarians）、巴哈教徒（Bahai），等等。尽管我们常常定期参加周五日落后和假日的礼拜仪式，却与犹太社区鲜少联系。在新奥尔良我们再次住进了完全接受我们的黑人校园，而且由于与杜兰大学同事们的关系，我们也未曾被白人社区孤立，但我们的朋友比在小石城少了很多。

虽然参与民权活动与我作为一名历史学家的工作几乎没有直接关系，但我第一次涉猎史学就是在我于菲兰德·史密斯学院和迪拉德大学讲授美国历史课程中。我讲授历史并不是平铺直叙，而是从问题导向的角度出发，比如其中有一个问题涉及如何理解美国内战后重建过程中，黑人在南方政治中短暂发挥过重要作用。种族隔离学校的学生都学习过如何理解南方，但是我们阅读了詹姆斯·兰德尔的《内战与重建》①和杜波依斯的《美国黑人重建》②两本书中关于“南卡罗来纳州立法机关”的章节。兰德尔不是南方人而是哥伦比亚大学的教授，自称是一位严格依据史料的兰克学者，他认为黑人立法机关完全是失败的，还把此归因于他们的种族。杜波依斯是一位杰出的非裔美国历史学家和社会学家，他展示了黑人立法机关在经历过重建的社会改革领域做出的重大贡献。兰德尔的书尽管充满了种族主义倾向，但在当时作为一种标准答案受到欢迎。显而易见，意识形态的前提在这两个例子中都扮演了角色，尽管声称绝对客观的兰德尔不承认这一点，但这是不可避免的，现在的问题是如何接受这一点并尽可能真实地重建过去。

---

① James G. Randall, “Reconstruction Debacle: Collapse of the Radical Regime” , *Civil War and Reconstruction*, Boston, 1937, pp.847–879. 他对黑人在重建中政治作用的评估可以总结为两句话：“南方的选举成为一个笑柄和嘲弄，成千上万的无知黑人投出了选票，即使他们甚至不知道自己选举的人的名字。”（p.847）

② W. H. B. Du Bois, “The Black Proletariat in South Carolina”, *Black Reconstruction in America: An Essay toward a History of the Part Which Black Folk Played in the Attempt to Reconstruct Democracy in America (1860–1880)*, New York, 1935, pp.381–430. 杜波依斯的研究在今天被认为比布兰德更重要，但在当时甚至都没有被《美国历史评论》提及。

离开迪拉德大学，我们的生活经历了一段远离南方的小插曲。从1960年春天到1962年夏天，我们和孩子们住在欧洲。先是在法国，在那里与古根海姆基金会（The Guggenheim Foundation）的研究员们从事进步思想衰落的研究，后来我中断了这项工作，开始在德国从事德国的历史观研究。在法国，我对《年鉴》（*Annales*）杂志的新史学方向很感兴趣，定期参加费尔南德·布罗代尔（Fernand Braudel）在法兰西学院（Collège de France）的讲座，还有幸多次被邀请到讲座后的咖啡圈子里去，在那里我有机会与他探讨我的研究项目。我对历史观的政治影响十分感兴趣。在大屠杀后我们心有余悸地回到德国，不过很快就遇到了态度友好的人们，让我们感到宾至如归，德国逐渐成为我们的第二家乡。

1962年我们回到新奥尔良后就参与了反越战运动，直到1965年前往布法罗。我接受了纽约州立大学布法罗分校（State University of New York at Buffalo）的职位，在这里我第一次可以讲授自己感兴趣的领域——思想史和史学，并且和研究生一起工作，威尔玛收到了布法罗凯尼修斯学院（Canisius College）现代语言学的职位。我们认为战争是错误的，这基本上是一场迟来的殖民侵略战争。我创建了布法罗征兵咨询中心（The Buffalo Draft Counseling Center），受训于"拒服兵役者"中央委员会（The Central Committee on Conscientious Objectors），成为一名征兵咨询顾问，后来还担任过军事顾问。我在办公室、家中、贵格派教友礼拜之家（Friends [Quakers] Meeting House）向数百名反战人士提供过建议，甚至包括几名在德国的美国军人。后来我发现FBI偷录了我的部分咨询会话。威尔玛是国际妇女争取和平与自由联盟（The International Women's League for Peace and Freedom）布法罗分会的主席，她在联盟呼吁反对皮诺切特（Augusto Pinochet）但被拒绝后就离开了。

1966年，威尔玛第一次敢于造访她的祖国捷克斯洛伐克，因为她确定能够再次离开。早在两年前，我已经拜访过她的朋友们，同时还结识了两位年轻的历史学家，他们在布拉格之春（The Prague Spring）中起了一些作用。我们申请了通过民主德国（东德）的过境签证，从这里能直接到达她的家乡波西米亚。令我们惊讶的是，我们收到签证途经哈雷（Halle）过夜的时候，哈雷的历史学家似乎早已知道我的一些事迹，威尔玛和我受到了热烈欢迎。当我告诉他们我想会见东德的历史学家时，他们表示可以安排并邀请我明年再来哈雷住一周。他们还安排我会见了两位我们至今仍保持联系的莱比锡历史学家，汉斯·施莱尔（Hans Schleier）和沃纳·伯特霍尔德（Werner Berthold）。伯特霍尔德邀请我第二年夏天访问莱比锡，并在卡尔·马克思大学举行两次会谈。几个星期后，我收到了来自东柏林的邀请。我在莱比锡举行了两次讲座，强调服务于北约的美国和西德历史学家对于东德的官方描述不仅是一种扭曲，还完全忽视了很多关键性评论，有美国历史学家曾在论述美国外交政策中真实提出过的，也有西德历史学家如弗里茨·费舍尔（Fritz Fischer）、汉斯-乌尔里希·韦勒（Hans-Ulrich Wehler）等人论及德国的过去时使用过的评论。尽管演讲中暗含的东德立场受到批评，我还是经常被邀请到莱比锡和东柏林科学院演讲，偶尔也在哈雷和耶拿，但总是一个由杰出的历史学家和偶有博士研究生组成的封闭圈子，没有学生。

差不多在同一时间里，我也建立了与西德主要历史学家的联系，当美国新成立的德国研究协会（German Studies Association）开始邀请西德、奥地利和瑞士的学者时，我建议他们也同样邀请东德学者，他们同意了。第一批来自东德的学者汉斯·施莱尔和沃尔夫冈·库特尔（Wolfgang Küttler）于1982年抵达，我在布法罗安排他们与来自西德的约恩·吕森（Jörn Rüsen）举行会谈。从那时起，布法罗每年举行一次东、西德研讨会，东德学者也开始定期参加德国研究协会年会。1983年，我向东德科学院提议与布法罗交换博士研究生，出乎我的意料，两年后他们同意了，交换项目从1987年开始小范围展开。在20世纪70年代和80年代，我也与波兰和匈牙利学者进行了互访，而威尔玛在苏联占领捷克斯洛伐克后仍与捷克的持不同政见者保持联系。在布加勒斯举行国际历史科学大会期间，我与萌发此想法的法国学者夏尔-奥利维耶·卡博内尔（Charles-Olivier Carbonell）、来自布加勒斯的卢西恩·博亚（Lucian Boia）共同创建了国际史学史委员会（International Commission for the History of Historiography）。我注意到意识形态对立的双方都派出代表加入了执行委员会，从一开始，来自北京的张芝联就与我们紧密合作。20世纪80年代初，我是布法罗分校的历史系主任。1982年，我邀请首都师范大学校长齐世荣从北京来访学半年，他创建的世界史学科在中国成为一个重要的研究领域。1984年，我邀请年轻的苏联学者根纳季·杜博维特斯基（Gennady Dubovitsky）访问布法罗，他在苏维埃制度下形成的不容置疑的信仰逐渐弱化，转而倾慕在美国逗留期间感受到的民主。同年，齐世荣邀请威尔玛和我访问首都师范大学6周，从那时起我与中国历史学家有了紧密的联系，也接触了台湾地区和韩国的历史学家。2013年3月，我怀着相同的目的，访问了哈瓦那大学历史系。

接下来是有关我的研究和出版作品如何涉及我的传记的相关问题。前面提到过我关于圣西门主义者的学位论文，这是我的第一本书，名为《权威崇拜》[①]。书中分析了圣西门主义者在政治哲学方面所展现的权力主义，也包含了我对他们社会主义方面主张的肯定和对他们为社会主义专政辩护的批判。然而我更感兴趣的是他们的历史观，它将进步思想与对当代世界的批判结合起来，包括对启蒙运动的价值和所谓的公民自由的批评。不久，我和海登·怀特一起创作一本有关进步思想的小册子，书中认为每个人都会发展出不同的立场，当时我的观点基本上是乐观的，而他更加挑剔。不过因为我们都忙于其他项目，这本书并没有完成，但他的《元史学：19世纪欧洲的历史想象》[②]很快声名大噪。我还会提到一篇1965年我发表在《美国历史评论》上的文章《进步思想：评判性重估》[③]，从那时起，我的写作就主要解决历史理论和史学的问题。

随着对进步思想的研究，我对作为一种具有强烈政治意义的历史乐观主义的德国历史主义传统越来越感兴趣，这促使我1961年从法国搬到德国，并写出了《德国的历史观：历史思想的民族传统》[④]，批判了从19世纪早期形成到20世纪60年代的德国历史学。从某种意义上来说，这一批判之作是为德国历史学所做的，就像彼得·诺维克（Peter Novick）为美国历史学所写的《那

① Georg G. Iggers, *The Cult of Authority: The Political Philosophy of the Saint-Simonians a Chapter in the Intellectual History of Totalitarianism*, Hague, 1958.

② Hayden V. White, *Metahistory: The Historical Imagination in Nineteenth-Century Europe*, Baltimore, 1973.

③ Georg G. Iggers, "The Idea of Progress: A Critical Reassessment", *American Historical Review*, 71, No. 1, 1965–1966, pp.1–17.

④ Georg G. Iggers, *The German Conception of History: The National Tradition of Historical Thought from Herder to the Present*, Middletown, CT, 1968.

高尚的梦想》[①]一样，这两者都将自己视为恪守严谨客观的学术学科。其实，两者都遵循意识形态的指导方针，德国的情况是宣扬侵略性独裁民族主义，这是对民主体系的抛弃，我不赞成是史学直接造成了纳粹主义，但我认为它创造了一种氛围，在这种氛围中，学术知识分子和普通民众能够将自己与大部分的纳粹计划协调一致。

在美国，我的书通常被认为是学术著作，而在德国，每当年轻一代的西德历史学家开始审视德国的过去时，我的书就会得到广泛关注。[②]这本书不仅考察了历史学家的政治意识形态，还考察了这种意识形态所依赖的历史观。这种观念，也被认为是历史主义，[③]从被视为德国历史学之父的利奥波德·冯·兰克的时代流行到弗里德里希·梅内克（Friedrich Meinecke）的时代，尽管他反对纳粹主义，但仍旧支持德国历史主义，他认为虽然与西方民主价值观相排斥，但它代表了历史思想的最高形式和德国对人类的特殊贡献。[④]德文版出版后不久，我收到了一名德国历史学家的来信，他写道：我错误地专注于历史学家的意识形态立场而没有充分欣赏他们坚实的历史学工作。[⑤]我回复他说：他们的历史学工作无法与他们的意识形态分离。当然，这立刻引发了一个问题：我对德国民族传统的批判在多大程度上源于我个人主观经验，包括我遭受的经历。显然确实如此，但这并不是无意义的。

尽管这本书专注于德国，但我所有更进一步的论述都遵循着比较、跨

---

① Peter Novick, *That Noble Dream: The "Objectivity Question" and the American Historical Profession*, Cambridge, 1988.

② Georg G. Iggers, *Deutsche Geschichtswissenschaft. Eine Kritik der traditionellen Geschichtsauffassung von Herder bis zur Gegenwart*, Munich, 1971; 4th revised edition, Vienna, 1997.

③ 我在这里用的是德语术语"historism"，而"historismus"符合德语传统用法，现在通用的术语是"historicism"，如在卡尔·波普尔的《历史决定论贫困》中就有完全不同的含义，包括了对历史规律的信仰，这可能会被重视时代和社会独立特征的德国传统所排斥。对于波普尔来说，马克思是一个历史主义者。而一些人则把历史主义广义地定义为"事物的本质在于其历史"的观点，如弗兰克·安密特的《历史表现中的意义、真理和指称》（*Meaning, Truth, and Reference in Historical Representation*, Ithaca, 2012），不过他认为兰克才是这一思想的创始人。

④ Friedrich Meinecke, *Die Entstehung des Historismus in Werke*, Vol. 3, Munich, 1959, p.4. 英译本参见 *Historism: The Rise of a New Historical Outlook*, New York, 1972。

⑤ Thomas Nipperdey to Georg Iggers, 15 Feb., 1971. 我没有再回复。

国别乃至跨文化的方法。1975年，我出版了《欧洲史学新方向》①一书，介绍了1945年以后整个欧洲的历史研究。与其他的阶段性史学研究不同的是，本书还关注到了苏联统治下的东欧，尤其注意到了维托尔德·库拉（Witold Kula）、安杰伊·维森斯克（Andrzej Wyszanski）和杰尔泽·托波尔斯基（Jerzy Topolski）在研究波兰经济与社会史中运用的新方法，在这些方法中，他们十分接近法国年鉴学派，远离了马克思主义正统。我想说明的是，苏联集团的历史研究不能像以前一样常常被简单忽视，虽然有合群的压力，并且很多人顺从了，但仍然有一些人选择了其他方向。遗憾的是，我对亚伦·古列维奇（Aaron I. Gurevich）的《中世纪文化范畴》②知之甚少，这本书就出现莫斯科且应该被收录进来。《欧洲史学新方向》主要论及西德"历史社会科学"（Historical Social Science）下的新高校，它们遭遇了德国社会经济环境下发生的各种事情。我批判的其中一点就是，由于年鉴学派过于忽视政治导致德国高校几乎不关注大众文化的作用，十年后，日常生活史（Alltagsgeschichte）的历史学家们从事了这项工作。这本书出奇畅销，它很快被翻译成了意大利文、丹麦文、希腊文、韩文、日文和中文，后来我还重写了广泛流传的德文版《从新历史主义到历史社会科学》③，如书名所言，这本书对历史社会科学的实证方法和历史主义与社会科学引起的理论问题给予了更多关注。

近20年后，我在20世纪90年代早期撰写了一部评估史学趋势的作品——《二十世纪的历史学：国际视野中的批判性概述》，④某种意义上，这本书可以被视为对《欧洲史学新方向》的更新，但本质上是截然不同的。由于较早的版本关注点集中在各种形式的社会科学史上，随着后现代主义对早期社会科学模式的批判逐渐增加，历史学的状况也发生了显著变化，因此我彻底重写了英文版，以《二十世纪的历史学》⑤为题面世。如副标题《从

① Georg G. Iggers (ed.) , *New Directions in European Historiography*, Middletown, 1975.

② Aaron I. Gurevich, *Categories of Medieval Culture*, London, 1985 (English translation of the 1972 Russian edition).

③ Georg G. Iggers, *Vom Historismus zur Historischen Sozialwissenschaft*, Munich, 1978.

④ Georg G. Iggers, *Geschichtswissenschaft im 20. Jahrhundert. Ein kritischer Überblick im internationalen Zusammenhang*, Göttingen, 1993; 4th revised edition, 2007.

⑤ Georg G. Iggers, *Historiography in the Twentieth Century*, Middletown, CT, 1997; revised edition, 2005.

科学的客观性到后现代的挑战》（*Scientific Objectivity and the Postmodern Challenge*）所言，本书论及了我对大量社会科学史的基本客观主义假设的批判性研究，而且还包括我对彻底否定任何形式的理性探究的审视。虽然我赞同后现代主义最重要的拥护者海登·怀特的观点，认为所有历史叙述都具有文学性质，对客观历史的研究存在明显的限制，但我一直不认为历史是纯文学的，或者是完全虚构的。[①]从某种意义上，我延续了在《德国的历史观》中所持的立场，肯定启蒙运动的人权观和理性探究，虽然后现代主义者如海登·怀特也肯定人权，但他们剥夺了人权观的理论基础。

然而，我一直想写一部全球史学史，我坚信历史不仅要超越国界还要超越文化界限，我也深知前一本书的局限性，《二十世纪的历史学》被译为各种各样的欧洲和东亚语言，包括土耳其，当然也有中文，这表明此书甚至在西方世界以外都受到了重视。但是关注一下当时的西方，就像大多数史学工作一样，它的方法只是跨国别的而不是跨文化的。当然，如果没有非欧洲语言的知识，我也无法写出这样的历史。1979年，我与哈罗德·帕克（Harold T. Parker）一起出版了《历史研究国际手册》，[②]这是一本文集，也是运用全球视野的第一部作品，收录了两篇来自撒哈拉沙漠以南非洲尼日利亚两位杰出历史学家的优秀史学文章[③]。1984年，我访问中国期间结识了王晴佳，后来我和他就比较史学的问题进行了大量通信。我对他《从历史中发现中国》[④]这本书印象深刻，书中论述了20世纪中国历史研究的现代化是如何将西方历史研究的模式与中国传统模式整合到一起的。因此，当朗曼（Longman）让我写一部现代史学史时，我提出来一个全球性的方法，并邀请王晴佳参与到项目中来，我们还说服了来自印度的苏普里娅·穆赫吉（Supriya Mukherjee），她是我的博士生，负责印度部分，我们的《全球史学史》[⑤]成型了，其基本思想

---

① Hayden White, "The Historical Text as Literary Artifact", *The Tropics of Discourse: Essays in Cultural Criticism*, Baltimore, 1982, p.82.

② Georg G. Iggers and Harold T. Parker (eds.), *International Handbook of Historical Studies: Contemporary Theory and Research*, Westport, 1979.

③ J. F. Ade Ajayi and E. J. Alagoa, "Sub-Saharan Africa", in Iggers and Parker, *International Handbook*, pp.403–416.

④ Q. Edward Wang, *Inventing China through History: The May Fourth Approach to Historiography*, Albany, 2001.

⑤ Georg G. Iggers and Q. Edward Wang (eds.), *A Global History of Modern Historiography*, Harlow, 2008.

就是王晴佳所研究的史学研究的现代化进程如何涉及西方思想和本土思想的相互作用。

这本书以两个理论前提为指导：它赞同迪佩什·查克拉巴提（Dipesh Chakrabarty）的观点，[①]认为不同文化背景中现代化有着不同的表现形式，还认为基本价值观根植于西方启蒙运动中，尤其是对人权和理性探讨标准的运用，[②]虽然存在根本的文化差异，但是如果没有这些西方传统，现代印度无从想象。正如我在《20世纪的历史学》中清楚说明的那样，我明确反对许多后现代主义者对启蒙运动和全部西方传统的摒弃，包括激进的认识论相对主义，认为历史是一种虚构的形式。在此期间，王晴佳和我还共同编辑完成了一卷全球视角下的马克思主义史学。[③]

总的来说，威尔玛和我早年分别住在捷克斯洛伐克和德国的经历，以及我们在一个关键时期作为犹太人的经历促成了我们身份的形成，贡献了我们在社会活动和作为历史学家的角色中跨越种族、政治和国界的动机。虽然我们认为自己在文化上基本是欧洲人，但是我们度过了大部分职业生涯的美国也是我们生命中不可或缺的部分，在民权运动中和和平运动后期，我们深刻参与了美国事务。自20世纪60年代起，我们同样深涉德国。在东德和西德冷战期间，我们决定要重申我的德国公民身份且不放弃美国公民身份，成为这两个社会的成员。对威尔玛来说，除了德国和美国，她还有家乡波西米亚。多年来，我们有两个住所，每年在哥廷根和布法罗度过几乎相同的时间。年岁渐老，我们遗憾地放弃了在哥廷根的住所，希望能与孩子们和他们的家庭更亲近一些，不过我们还是经常前往哥廷根。自从1994年来自苏联的犹太移民抵达并恢复了社区以来，我一直活跃在哥廷根的犹太社区，这是一个自由的犹太人聚集地，男性和女性完全平等，我在他们和布法罗犹太教会之间建立了非正式合作关系，他们有相似的自由的宗教方向。2011年11月，我陪同布法罗的犹太学者受邀前往哥廷根参加1938年11月大屠杀——也就是所谓的

① Dipesh Chakrabarty, *Provincializing Europe: Postcolonial Thought and Historical Difference*, Princeton, 2000.

② Chakrabarty, *Provincializing Europe*, p.5.

③ Q. Edward Wang and Georg G. Iggers (eds.) , *Marxist Historiographies: A Global Perspective*, London, 2015.

"水晶之夜"——的周年纪念。

我们的付出得到了认可。2007年，德国总统霍斯特·科勒（Horst Köhler）授予我一级联邦十字勋章（Bundesverdienstkreuz 1. Klasse），强调了我对犹太与德国和解做出的贡献，我在美国民权运动中的参与，尤其是我在国家分裂时期为弥合两德之间的差异所做出的努力。威尔玛凭着对捷克文化史做出的贡献从捷克政府获得了相同的奖励（社会主义政权结束以来只有两人获此殊荣），以表彰她为曾居住在此社区中的德国人和犹太人的记忆恢复提供的帮助，她也如愿成为她的家乡霍尔硕夫斯基·泰恩（Horšovský Týn）的市民。作为一名历史学家，我一直致力于克服那些通过专业史学作品传播的充满了民族优越性的神话故事，它们遍布19世纪直到20世纪的大灾难来临——尤其是在德国，还有在非西方文化处于劣势的帝国主义时期产生的观念。尽管我的工作总是沿着跨国界的假设行进，但随着时间推移，它才真正变得全球化，我所坚守的正是这样的全球视野。

差一点未念的悼词
——追念伊格尔斯先生（王晴佳　撰）

天边微微露出一点晨曦，我们的车在高速路上疾驶，开往布法罗市。今年看来是一个暖冬，11月底的白天气温还没跌破零度。但今天风有点大，特别是在纽约上州开阔的平原上，一阵阵的疾风晃动着我的车。我的心情也像行驶中的车一样，不太稳定。伊格尔斯老师去世只有两天，多种思绪一起涌上，很难平静。

11月26日上午，我收到了伊格尔斯老师的二儿子丹尼尔的电邮，说他父亲一早去世了。我立即回信，表示了我的哀悼，并问候他们全家。丹尼尔的电邮寄给了差不多两百多人，不久我就看到不少人的回复，都用各种美好、感人的语言向他们全家表示沉痛的哀悼。读着这些深情的回忆，我也一直在琢磨，自己应该讲些什么、写些什么。但昨天突然收到威尔玛师母的电邮，说是追悼会今天下午就开，还是让我有点措手不及。我知道犹太人的习俗是在一个人去世之后，最好72小时之内便入葬，但伊格尔斯老师朋友众多、闻名世界，我还是估计着会等那么几天。

六个半小时之后，我们提早到达了殡仪馆。亲属们还未到，我看了一下礼堂，伊格尔斯的灵柩已经摆上，用的是一口封闭的素木棺材，上面的犹太大卫星是唯一的装饰，后面放的是犹太七烛台，旁边也仅仅放了两盆白花。我知道老师、师母素来喜欢俭朴的生活，但如此简单地为伊格尔斯老师告别，还是不免让我有点意外。而转念一想，以这样的形式送走老师，也许是最合适的一种方式——还是他的太太和家人，最了解伊格尔斯的为人。

伊格尔斯老师有一个颇为庞大的家族，他不但有三个儿子，而且还已经有了两位第四代的成员。他的大儿子杰瑞米一到，便对我说，是否能帮忙做一下抬棺人（pallbearer）。他解释说，你与父亲合作这么多年，我们都觉得你是合适的人选。我欣然同意，因为我知道这是他的家人对我的高度信任。也许他觉得我并不强壮，接着又加了一句："其实并不吃力，只是抬着棺木走几步而已。"事后我觉得，也许在中文里，"扶棺人"是更为恰当的表述。他们家其他成员——见过没见过的——都过来与我打招呼，说是他们都早已知道我、很高兴见到我，等等。我当然也向师母表示了慰问，她已经96岁高龄，与伊格尔斯老师结婚有近70年之久。我还是不能相信，7月底我从中国回来的时候，知道老师身体不好，我与家人还来看望过他们。那时伊格尔斯与我聊了好久，师母在旁边还说："医生说他脑子不好了，今天看来毫无问题啊！"事后她还打电话来，再次问我是否觉得伊格尔斯老师还有康复的希望。但也就三个多月，老师就已经与我们永别了。

昨晚准备了两三页的悼词，但我没有向师母和杰瑞米说，是否能让我在追悼会上发言。一是出于中国人的谦虚，觉得老师活了近91岁，一定会比我有更合适、更正式的发言者，二是觉得自己的悼词准备匆促，写得不够好，也许等到自由发言的时候上去说更好。

礼堂不大，但在追悼会开始之前，已经坐满了人，还有不少站着的，我估计有一百人上下。同时追悼会还通过网络，向世界各地转播。伊格尔斯老师高龄去世，来参加的人中年龄大的居多，但也有一些中年、青年人。伊格尔斯虽然是白人，但很早就参加民权运动，加入美国"全国有色人种协进会"有50多年，为黑人和其他少数族裔的平等权益终生奋斗，所以到场的也有好多位非裔。伊格尔斯老师当然也有不少亚裔朋友和亚洲学生（中国学生之外还有印度和韩国学生等），但他们大都已经毕业去了外地，加上追悼会时间安排紧促，我们一家或许是唯一到场的亚洲人，心里略有点遗憾。

追悼会在下午1点开始，由一位犹太祭司（拉比）主持，大家起立用希伯来语和英语念诵了赞美诗，一位女子咏唱了安魂曲。祭司然后邀请了丹尼尔代表家人向大家致谢，他以“我们不相信爸爸已经走了”为题，简单讲述了伊格尔斯多彩的人生和他们对他父亲的印象。当地“全国有色人种协进会”的代表宣读了他们的悼词，高度评价伊格尔斯如何从民权运动的时期开始，便致力于为种族平等、社会正义而不懈奋斗，毕生不息。

接着一位现在乔治亚州一所大学执教的女老师发言，代表学生向伊格尔斯老师告别。然后祭司讲述了伊格尔斯老师的生平，如同布法罗当地报纸报道的那样，称他为“世界著名的历史学家和不懈的人权斗士”。祭司大约40来岁，但与伊格尔斯老师已经认识了多年，毕竟他们夫妇俩已经在当地生活了半个世纪之久。伊格尔斯曾是虔诚的犹太正教徒，之后虽然立场有所改变，但在德国和美国生活的时候，基本每周都去犹太教堂。祭司的讲话，不但重述了伊格尔斯老师的生平事迹，而且还个性化地谈到了自己与伊格尔斯的来往。他的评价是，伊格尔斯精力充沛，如同一种“自然之力”（force of nature），生命不息、奋斗不止。他回忆道，直到伊格尔斯过世前的一个月，他还打电话给这位祭司说：“我有重要的事情，需要与你约谈。”大家听了，都不禁莞尔一笑，因为这正是伊格尔斯的个性特点。他不但活到老、学到老，在研究、写作上永不停歇，而且一直关注社会的公正和人类的未来，对社会问题，不平则鸣、从不含糊。伊格尔斯坚信启蒙运动的理性主义，也相信历史进步的观念（他在1950、1960年代的时候，就在《近代史研究》和《美国历史评论》这两个美国史学界的重要刊物上，发表过有关历史进步观念的文章）。但最近十年，目睹世界局势的变化，贫富分化的日趋严重和欧美政坛“向右转”的趋势，伊格尔斯在几次采访的时候承认，他已经对人类社会是否能克服弊端、顺利往前，不再像年轻的时候那么充满信心。

祭司讲话的时候，我手里攥着我的讲稿，想着等他讲完之后，也许会留给大家自由发言的机会，我一定要首先举手，上去讲几句。未料他讲完之后，再次让大家起立念诵赞美诗、唱安魂曲，于是就宣布追悼会结束了。整个过程仅仅45分钟，让我大出意外，因为除我之外，在场还有众多伊格尔斯的老友，他们一定都有很多话要说，为伊格尔斯送别。我开始后悔自己早前太犹豫，没有与师母和杰瑞米说，我想在追悼会上发言。师母见到我的时候，说是十分感谢我能远途过来。我的回答自然是："我是一定要来的。"她和伊格尔斯老师一样，为人谦逊，我知道如果我不来参加追悼会，她也一定会理解的。可能师母也知道时间有点急促，所以没有问我是否要发言。

与其他几位抬棺人一起，我们将伊格尔斯的灵柩从礼堂抬上灵车。我忍不住对杰瑞米说："我其实准备了想发言的。"他回答道："哎呀，真不知道。如果知道，我们一定要你上去的。"我听了之后，更加悔恨不已。跟着灵车开往墓地的时候，我无法原谅自己，因为伊格尔斯老师待我如子，用法语表述，我是他的"学术养子"（*un enfant de la maison*）。他在世的时候，几乎每周打一个电话给我，聊聊家常，而更多的是讨论我们共同编辑、写作的论著。如果我不在，他会用他低沉、缓慢的声音留言："这是乔治……（This is George ...）。"虽然伊格尔斯从不署名"乔治"，但他在美国用英语交流的时候，用的是"乔治"而不是"格奥尔格"，师母及德国之外的朋友平时也称他为"乔治"。有趣的是，我儿子出生之后，我告诉他我儿子的中间名字取名为"Georg"，他马上问道，有没有"e"，我说没有，他听后高兴地微微一笑。显然，他认同自己的德语名字，如同他从来都叫我"晴佳"，虽然他知道我从开始发表英语论著的时候，便署名"Q. Edward Wang"。我没有机会对他说我的理由。在我眼里，中文的特点就是要有象形字，加上四声的读法，而拼音无法做到这两点，所以拼音化的中文名字，已经是西化的产物，并无法真正保持中国文化的认同。事实上，几乎没有一个外国人能正确地读出拼音化的中文名字，常常错得离谱，让人啼笑皆非。其中的主要原因还是亚洲和欧洲语言的差距太大。日本人英文发音普遍糟糕，有一个重要原因就是他们根据片假名的翻译来读外文字。

我们的车队开往墓地的时候，在布法罗市内转了好大一圈，又经过了伊格尔斯老师执教30多年的布法罗大学，载着他向这个城市、这所学校做最后的告别。我们的车都插了殡仪馆的小旗，至少有20多辆，闪着紧急灯，穿越各个路口（美国规定送葬的车队可以穿越红灯，其他车子都会让道）。到了墓地之后，我们八人用双手将灵柩从车上抬到墓地，虽然只走七步，但每走一步，都由祭司诵读一句赞美诗，停下再走，这样让我们“步履维艰”、心情沉痛地送别逝者。墓坑已经由工人们挖好，棺木放下去之后，亲友轮流铲土，每人三铲。这样，伊格尔斯老师就长眠地下，与我们永别了。然后我们列队两旁，让师母和直系亲属在中间穿过，象征他们重新回到了我们中间，开始了新的生活。

整个追悼会和送葬仪式，大家神情肃穆，没有哭声，似乎生怕惊动了逝者。犹太人以勤奋、聪明著称，显示出他们对生活和生命的认真、执着，但他们对一个人的离世，又处理得如此自然、从容，毫不拖沓、迟疑。的确，生与死对每个人都一样：一个人如果活得精彩、踏实，死后是否哀荣备至，实在也就微不足道了。从中国人的角度来看，这样的追悼、告别仪式，向这样一位名人告别，有点简单。这里面有犹太宗教和文化的传统，但也是老师、师母一辈子为人处世的写照。他们自奉甚俭，从不奢华，但对学生和任何需要帮助的人，却毫不吝啬。就我所知，伊格尔斯老师不但帮助中国学生出国留学，还出钱替他们买机票。多年以前，一位博士生毕业之后，一时找不到工作，伊格尔斯拿出两万美金，对他说，“你拿去用，将来有钱想到再还我。如果我不在了，还给我孩子就是了。”这件事他从未对我说过，只是有次我与师母闲聊，从她那里得知的，那也是多年之后的事情了。古人有言：“贪鄙不过一时之嘲，学问乃千古之业。”伊格尔斯老师的为人治学，是这句话的真切写照。

伊格尔斯著作等身，影响巨大，将来一定会有人来看望他——我从墓地走出来时候，这么想着。他去世之后，三天不到，三百多封悼念的电邮纷至沓来，来自世界各地。有人将讣告放到了脸书上，立即有四百多人写了悼念的话。其中当代著名史家，也是伊格尔斯的老友娜塔莉·戴维斯（Natalie Zemon Davis）和她丈夫这么写道：“呜呼，我们时代的一个伟人告别了人世。他的史学研究，总是尽可能地在我们这个纷乱不已的世界上，影响到最为广大的团体。他在政治上的正义和勇气，他与许多包括我们在内的人的友谊，他对他亲人的忠诚和挚爱，使得格奥尔格的一生，成为我们所有人的楷模。他的遗产是如此丰富多彩，我们都怀念他！”的确，伊格尔斯老师不但是一位世界一流的学者，更是一位热诚待人、温良敦厚的好人——“好人”（good man）也是他的家人在讣告中用的词语。可惜，这样的好人，在今天这个世界上，并不多见。老师、师母都是希特勒屠犹的幸存者，他们一辈子的为人，让我想起《周易》中的一句话：“君子以俭德辟难，不可荣以禄。”

我文才拙劣，无法写出如同戴维斯和其他人那样美好、深刻的悼念词句。但我还是怨恨自己，没有在追悼会上发言。在葬礼结束的时候，师母邀请大家到他们敬老院的公寓坐坐。我们到了之后，品尝了他们德国友人寄来的“kuchen”（糕点）及三明治、贝果（bagel，犹太人常吃的一种硬面包圈）、水果，一边与师母和家人聊聊，听听他们讲伊格尔斯去世之前最后几天的情形。我与老师的最后一次通话是大约一个月前，但可惜的是，他的听力已经严重衰退，我讲的他都听不见，只能听他讲，无法像以前那样真正聊天。而他去年脑溢血之后，也已经无法在电脑上打字，所以也好久没有通电

王晴佳与伊格尔斯
王惟扬摄
2017年7月29日

邮了。但在一年之前，他还花了大量的工夫，认真地修改我们合著的《全球史学史》新版。让人欣慰的是，该书的修订版今年春天出版了，伊格尔斯老师拿到了新书，可现在也就成为他最后一本遗著了。让人特别钦佩和怀念的地方是，虽然伊格尔斯老师的史学史研究，世界闻名，但他每次受邀写作或讲演，都会认真准备，从不敷衍了事、倚老卖老。也就是说，他的每次写作或发言，从不抄袭自己以前的东西，而是另起炉灶，重新创作。写完之后，会让我和其他朋友先读一遍，提出意见。这种认真、谦逊的态度，让我特别钦敬，也是我认识的中外的学者中，特别少见的。

在伊格尔斯老师晚年住过的公寓坐着，睹物思人，在座的都是老师、师母的至亲好友，大约有二三十人。我也见到了不少他以前的朋友和学生。我心里略有些释然，因为他们也与伊格尔斯认识多年，不少人从美国各地赶来，他们也都没有找到机会在追悼会上发言。可出乎我意料的是，杰瑞米过来对我说："你既然已经准备了悼词，没能在追悼会上发言，那么是否你愿意在这里给大家读一下呢？"我立即回答道："当然好，谢谢你！"于是我拿出了底稿，当众念了我昨晚写就的悼词。大家听完之后，响起了一片掌声，当然最重要的是，师母对我说："讲得真好，谢谢你！"终于，我觉得我对得起老师了，而且在他生前的住处，在他最好的亲友面前念我的悼词，意义应该更大。

我要说的话，实在很多。我的悼词只是回忆了33年前，也就是1984年我们如何在北京的友谊宾馆晤面、交谈，然后他如何鼓励我、提携我，帮助我在美国建立了事业，还有幸自1990年代后期开始，与他合作多年，共同编辑和写作了多部著作。我在最后讲道，今年夏天我与儿子又回到了友谊宾馆。我们一边用餐，我一边对儿子细细讲述了我与"格奥尔格"，也就是他中间名字的那个人之间深厚的友谊。

我在念完我的悼词之后，心里有了这样一个念头：将来一定还会再写一篇，题目就叫"从友谊宾馆开始的友谊"，再细细交代我与伊格尔斯老师的情谊，如何影响、改变了我的事业、人生。

愿老师安息！

2017年11月29日草，30日改就

欧亚“国史”之比较研究：帝国之后史学变迁一例

王晴佳

摘要：历史的比较研究由来已久，近年更因全球史的兴盛而颇为流行。但比较史学虽早有人提倡，但一直没有太多发展。本文从汉代史学与罗马史学的相似之处谈起，重点比较中古时期欧亚史学的变迁。在汉朝和西罗马帝国灭亡之后，欧亚历史书写均出现了一个从帝国或天下到王国和王朝的转折，导致了“国史”这一史书体裁的流行。但帝国的阴影还在，因此史家的“国史”写作仍然考虑与以往帝国的关系。魏晋南北朝时期的“正统论”讨论便是一例。欧洲的“国史”或“民族史/族群史”也纠缠于政统（东罗马帝国）与道统（基督教会）之间。“国史”的编写又凸显了历史与政治、政权之间的紧密联系。始自魏晋、成于唐代的官修正史，对后世中国和东亚史学影响甚巨，而中古欧洲“民族史”的撰写也为近代民族国家史的写作提供了养料和样本。

关键词：国史　王朝史　官修正史　民族史　族群史　约达尼斯　格雷戈里　圣·比德　伊西多尔　主祭保罗

比较研究在历史研究中十分常见。当今全球史的蓬勃开展，更是将文明、地区之间的比较，推向了一个新的高度。比较研究既可以运用在历史研究中，也可以用来考察历史书写和编纂的异同。本文的写作便是一个尝试。

以比较史学（comparative historiography）的开展而言，中文学界对中西两大文明中的史学传统，已经呈现了不少比较性的论著。杜维运先生的《与西方史家论中国史学》便是较早的探索，其他学者的相关成果也不时出现。在已经出现的中西比较史学的论著中，不少人倾向比较两位“史学之父”，即西方古希腊的希罗多德（约公元前480—前425）和中国汉代的司马迁（约公元前145—前90）。[①]但笔者以为，虽然希罗多德和司马迁对中西两大史学传统的起源和发展做出了杰出的贡献，但两人所处的时代、学术的背景相当不同，并不容易在他们的著作中找出太多可比之处。况且就中国史学的起源而言，孔子的作用无可小觑——司马迁本人也承认他之写作《史记》，在很大程度上是希求继承和发扬孔子的榜样。

与前人的研究不同，本文的写作试图转换一下视角，比较中国汉帝国和欧洲西罗马帝国衰亡之后史学写作的领域所出现的一系列变化。笔者如此做法主要出于两个原因，首先是汉帝国和罗马帝国作为中西古代文明的两大中心，其兴衰变迁尤其是它们衰亡之后对亚洲和欧洲的影响，颇有不少相似、可比之处。其次是比较研究罗马帝国和汉帝国的历史著作，在西方和中国都已经有人尝试，但似乎少人具体探讨、比较两大帝国之后史学传统变化的异同。依笔者管见，帝国之后欧亚史学编撰的变化，主要表现在以下几个方面。首先，帝国衰亡之后，大一统的局面不复存在，促使史家尝试用新的、不同的角度考察历史的变动。其次，以往帝国的影响或阴影，则又时时和持久地存在，迫使史家在写作中更多地考虑历史的过去与现在的问题。复次，以上这些变动造成历史著述的相对繁荣，其史书数量相较以往的阶段有明显的增加。最后也是颇为值得讨论的是，上述这些情形下形成的史学，其现实

---

① 杜维运：《与西方史家论中国史学》（东大图书，1981年），其主旨针对西方史家贬低中国史学成就，为中国史学鸣不平。杜氏之后有《比较史学的困境》（东大图书，1993年）一书，其中提出司马迁的史学成就远高于希罗多德，不能将两者“附会”比较。近年比较希罗多德和司马迁的有杨俊明：《“史学之父”希罗多德与司马迁之比较研究》（《求索》，1991年第6期）；阎崇东：《司马迁之〈史记〉与希罗多德之〈历史〉》（《内蒙古师范大学学报》，1992年第4期）；胡祥琴：《文化模式对史家神话编纂的影响——以〈史记〉与〈历史〉的比较为例》（《西南民族大学学报》，2014年第8期）；戴晋新：《司马迁与希罗多德：中西史学比较研究的一个焦点与线索》（朱政惠、胡逢祥主编：《全球视野下的史学：区域性与国际性》，上海辞书出版社，2011年，第65—80页），还有哈尔滨师范大学2011年陈静文的硕士论文《〈史记〉与〈历史〉人物叙事比较研究》；张广智的《希罗多德史学的东方形象——以近十年中国学者的相关论著为中心》（《甘肃社会科学》，2014年第2期），其中也提倡对希罗多德和司马迁做比较研究。

的功用、特别是与政治的关系，表现相对以往的史著更为明显。总之，从中西两大史学传统的发展、演变而言，汉帝国与西罗马帝国之后的历史编纂和著述，形成了一个新的范式和传统，不但与前代相较出现明显的差异，而且形成之后对此后的史学研究也产生了显著的影响。对于上述的变化，本文将选择从中国和亚洲的“国史”和欧洲的“民族史”（national history）或“蛮族史”（barbarian history）入手，比较它们的异同，详细讨论此类史书写作的缘起、特点及其所反映的历史观念、史学方法和功用等方面的变化，并强调它们如何在不同程度上形塑了后世的历史著述。笔者认为，虽然名称略有差异，但亚洲的“国史”和欧洲中世纪以单个民族为主的王国史写作，具有不少共同的特点——后者亦可以用“国史”来称呼。

一、“国史”——史书抑或官职？[①]

让我们先从中国史学的变化说起。中国人一般对自己悠久的史学传统，十分自豪。但如果将司马迁视为中国“史学之父”，那么其长度与西方相较，则未免相形见绌，因为希罗多德生活的年代，比司马迁要早上几个世纪。如果我们将西方文明的源头追溯至埃及和两河流域，那么其长度则又要加长不少。当然，笔者并无意仅以长度来比较中西史学的成就。我想指出的是，在司马迁之前，中国的历史写作已经出现了一个相对独特而又影响深远的特征，那就是史官的出现。我们将中国史学与其他文明的历史写作相比较，似乎必须从这一点入手。中国古代文献中很早就出现了“史”，其含义并不十分明确，但学者大都理解为一种官职，其职事颇为宽泛，大凡世上甚至天上发生的种种现象，都在“史”记载的范围。于是，用现代语言理解“史”的职事，或许以记载史实和起草文件的文书比较合适。到了周代，政府职能扩大，史官的功用显得更为重要，出现了内史、外史、御史、大史和小史，各有职守，亦有等级之分。这些史官的名称，在周代及其之后，出现了一些变化，如司

① 此节的写作，承蒙首都师范大学江湄教授在史料搜集和理解上提供了诸多帮助，特此致谢。

马迁所任的太史，便是由汉代皇帝设置的，其职责以记载天象为主。①

与本文研究相关的则是"国史"这一称呼的出现，如《孔丛子》一书有"古者人君，外朝则有国史，内朝则有女史。举则左史书之，言则右史书之"之句。②但《孔丛子》是否成书于汉代及其是否为孔子八世孙孔鲋所撰，都为后世所疑，一般估计是汉代之后、唐代之前的作品。另外一个记载见于《后汉书》："既而有人上书显宗，告固私改作国史者……"③此事牵涉史家班固，因此让人颇为熟知。这两个记载让人看到，"国史"名称的出现大致是汉代之后的事情，包括了双重的含义：既指官职，又指史书。国史作为官职，也出现在汉代之后的另一本史书《三国志》中，如吴国就设立了"左国史"和"右国史"，其具体负责的职事像先秦文献就出现的左史和右史一样，并不十分明确。但这一问题的存在并不妨碍我们讨论"国史"出现在史学史上的重要性。无论指的是官职或史书，所谓"国史"均有以"国"为限的意思。这一意思自然让我们联想到《国语》和《战国策》，因为这两本书处理的对象，不是"普天之下，莫非王土"的"天下"，而是周王朝之下的邦国。而把邦国而不是天下作为写作的对象，反映的是周王朝后期王权衰落的状况。以《国语》而言，其书的基础出于周代各诸侯国史官的记录，但此书在战国时期独立成书，显然是当时列国纷争的一个写照。而《战国策》的内容，更反映了当时邦国林立、相互争霸，诸侯、策士纵横捭阖、争权夺利的局面。回溯周代的史学，魏晋的刘勰有"诸侯建邦，各有国史，彰善瘅恶，树之风声"的说法。④这里的"国史"，大致指的是以邦国为对象编写的史书。

公元前221年，秦朝征服了其他战国，统一了天下，但其功业很快为继起的汉朝所继承。大一统天下的重建，使得史家的眼光从邦国再次放大到整个帝国。换言之，司马迁在汉代的出现，并非偶然。笔者虽然注重孔子对鲁国国史的改造及其《春秋》对中国史学发展的普遍意义，但不得不承认，处于周室衰微、礼崩乐坏时代的孔子，即使有回天之志，他还是无法想象自己

---

① 参见金毓黼：《中国史学史》，河北教育出版社，2000年，第一章"古代史官概述"，第7—31页。另见牛润珍：《汉至唐初史官制度的演变》，河北教育出版社，1999年，第1—48页。

② 孔鲋：《孔丛子》，中华书局，1985年，第144页。

③ 范晔：《后汉书》，卷四十《班彪传》，中华书局，1965年，第1333—1334页。

④ 刘勰：《文心雕龙·史传》，引自穆克宏主编：《魏晋南北朝文论全编》，远东出版社，2012年，第312页。

能“究天人之际，通古今之变”的。的确，孔子不太谈天，这一方面表现了他的敬畏之情，另一方面也显现他对天是否一定关照人世，信心不足。司马迁对此有一段生动的记述：

> 鲁哀公十四年春，狩大野。叔孙氏车子鉏商获兽，以为不祥。仲尼视之，曰：“麟也。”取之。曰：“河不出图，雒不出书，吾已矣夫！”颜渊死，孔子曰：“天丧予！”及西狩见麟，曰：“吾道穷矣！”喟然叹曰：“莫知我夫！”子贡曰：“何为莫知子？”子曰：“不怨天，不尤人，下学而上达，知我者其天乎！”①

据说在获麟之后，孔子便绝笔了。与此相对照，司马迁经历了奇耻大辱，还立志“成一家之言”，并举前人的例子激励自己说，所有以往的名篇，“大抵贤圣发愤之所为作也。此人皆意有所郁结，不得通其道也，故述往事，思来者”。其实如上所述，司马迁继承其父司马谈担任的太史一职，以记录天象为主，并不一定有写作史书的任务。据牛润珍的研究，史官与天官的职责在汉代逐渐分道扬镳。②换言之，作为天官，“究天人之际”或许是本分的工作，而“通古今之变，成一家之言”则大抵可以视为司马谈、司马迁父子个人的行为。上述班固被人以私改作国史而告发入狱，也可以理解为从先秦至汉代，至少在汉明帝（公元28—75）设兰台令史之前，撰写历史大都是私人的行为——史官的主要任务是记载事实。因此唐代刘知几有如下的分析：

> 书事记言，出自当时之简；勒成删定，归于后来之笔。然则当时草创者，资乎博闻实录，若董狐、南史是也。后来经始者，贵于隽识通才，若班固、陈寿是也。必论其事业，前后不同。然相须而成，其归一揆。③

由此我们也许可以更好地理解为什么司马迁在写出《史记》之后，并不指望

---

① 司马迁：《史记》，第6册，卷四十七《孔子世家》，中华书局，1959年，第1942页。
② 牛润珍：《汉至唐初史官制度的演变》，河北教育出版社，1999年，第46—48页。
③ 刘知几：《史通通释》，卷十一《史官建置》，浦起龙释，上海古籍出版社，1978年，第325页。

公诸于世，而是希望藏之名山；而班固在班彪记录的基础上，希图展现自己的“隽识通才”，却受人指责入狱的缘故了。这或许是因为中国古代史官的主要职责是“书事记言”，并不是“勒成删定”——后者是留给后人的工作，而司马迁和班固，当然还有其他的同代人，却希图“越位”，私下利用已成的史料撰写史书了。当然司马迁和班固之间的差别还是明显的，《史记》的写作虽然以汉代为重，却也概括了前代的历史，而《汉书》则如题目所示，则径以汉代的历史为对象了。可幸的是，班固的行为，最后得到了皇帝的认可，于是他后来得以明目张胆地继续撰写。从这一点来看，班固专注写作汉代历史的选择，也许还体现了皇帝的意志。

班固所做的《汉书》，现在称为断代史，而在范晔笔下，则是“国史”。因此如果将国史理解为史书，那么还有其特定的含义，那就是有关当代、当朝的历史。从这一点上来理解意为官职的“国史”，也就是负责记录当朝历史的史官了。《华阳国志》的作者常璩（约291—361）在解释他写作目的时说：

> 古者国无大小，必有记事之史，表成著败，以明惩劝。稽之前式，州部亦然。自刘氏祚替而金德当阳，天下文明，不及襄世，逮以多故。族祖武平府君，汉嘉杜府君，并作《蜀后志》，书其大同，及其丧乱。然逮在李氏，未相条贯。又其始末，（或）有不详。第璩往在蜀，栉沐艰难，备谐诸故事，更叙次显挺年号，上以彰明德，下以治违乱，庶几万分有益国史之广识焉。①

简单说来，他决定编写《华阳国志》，目的是增进当朝的国史有关某个地方（四川）的历史知识。在常璩所处的年代，国史的写作看来已经成为一个流行的史学实践，其表现为“国史”一词的频繁使用，不但指官职，也指该官负责编写的史书。如沈约的《宋书》记载了汉代之后史书编写的变迁：

---

① 常璩：《华阳国志》，卷八《大同志》，引自《二十五别史·华阳国志》，齐鲁书社，1998年，第100页。

> 东京图书在东观。晋武帝以秘书并中书，省监，谓丞为中书秘书丞。惠帝复置著作郎一人，佐郎八人，掌国史。周世左史记事，右史记言，即其任也。汉东京图籍在东观，故使名儒硕学，著作东观，撰述国史。①

由上可见，国史抑或当朝史的编纂，还有其他官员负责。如东汉便曾设著作或著作郎一职，负责当朝史书的编纂。三国时期的魏国及其南朝诸国继续保留了这一位置，有的还在此后加设著作佐郎，担任其副手。著作郎和著作佐郎的工作就是编纂国史这样的史书。

在魏晋南北朝时期，鉴于编写国史需求的增长，不少王朝将国史定为一个官职。如魏收（507—572）的《魏书》在其列传第二十四叙"李顺"及其家族时，有如下的记载：

> 熙族孙同轨。体貌魁岸，腰带十围。学综诸经，多所治诵，兼读释氏，又好医术。年二十二，举秀才，射策，除奉朝请，领国子助教。转著作郎，典仪注，修国史。迁国子博士，加征虏将军。②

此处的"修国史"便是新设的官名。相似的记载还见列传第三十一：

> （刘）景先，字光胄。幼孤贫，无资从师，其母自授《毛诗》《曲礼》。…… 昼则樵苏，夜诵经史，自是精勤……时太常刘芳、侍中崔光当世儒宗，叹其精博，光遂奏兼著作佐郎，修国史。寻除司徒祭酒、员外郎。侍中穆绍又启景先撰《世宗起居注》。③

隋朝统一中国之后，其君主也重视国史的编纂，但因为王朝存在的时期短暂，所以成果无可称道。但国史的编纂在之后的唐代出现了更为长足的

① 沈约：《宋书》，卷四十《志第三十百官下》，中华书局，1974年，第1246页。
② 魏收：《魏书》，卷八十四《列传儒林第七十二李同轨》，中华书局，1974年，第1860页。
③ 魏收：《魏书》，卷四十三《列传第三十一房法寿・景先》，第978页。

发展。如果“二十四史”是中国传统史学傲人的成果，那么由唐代史家修撰的就占了八部，达三分之一之多。唐代史家所撰的前代国史中，如李百药（564—648）的《北齐书》记载在北齐朝，也出现了“修国史”这样的官职，如其卷二十四、列传第十六杜弼条有称他次子杜台卿“字少山，历中书、黄门侍郎，兼大著作，修国史”。另，卷三十五、列传第二十七有陆卬“除中书侍郎、修国史”的记载。唐代史家房玄龄等人所撰的《晋书》，也有国史为官职的记载：

> 中兴草创，未置史官，中书监王导上疏曰：“夫帝王之迹，莫不必书，著为令典，垂之无穷。宣皇帝廓定四海，武皇帝受禅于魏，至德大勋，等踪上圣，而纪传不存于王府，德音未被乎管弦。陛下圣明，当中兴之盛，宜建立国史，撰集帝纪，上敷祖宗之烈，下纪佐命之勋，务以实录，为后代之准，厌率土之望，悦人神之心，斯诚雍熙之至美，王者之弘基也。宜备史官，敕佐著作郎干宝等渐就撰集。”元帝纳焉。宝于是始领国史。①

同时，《晋书》其他地方也将国史释为史书。如晋朝重臣徐广，就曾被举荐承担编写国史的工作：

> 尚书奏：“左史述言，右官书事，《乘》《志》显于晋郑，《春秋》著乎鲁史。自圣代有造《中兴记》者，道风帝典，焕乎史策。而太和以降，世历三朝，玄风圣迹，倏为畴古。臣等参详，宜敕著作郎徐广撰成国史。”于是敕广撰集焉。②

国史由专任的官职负责，显然表现了此项工作的重要性。唐代在这方面尤其突出，因为国史的编纂在那时多由宰相负责，于是唐朝的史官又有了新的称

---

① 房玄龄：《晋书》，卷二十八《列传第五十二干宝》，中华书局，1974年，第2149页。
② 房玄龄：《晋书》，卷二十八《列传第五十二徐广》，第2158页。

呼——“监修国史”或“兼修国史”。《旧唐书》“职官”中的“史馆”条这样描述：

> 历代史官，隶秘书省著作局，皆著作郎掌修国史。武德因隋旧制。贞观三年闰十二月，始移史馆于禁中，在门下省北，宰相监修国史，自是著作郎始罢史职。及大明宫初成，置史馆于门下省之南。馆门下东西有枣树七十四株，无杂树。开元二十五年三月，右相李林甫以中书地切枢密，记事者官宜附近，史官尹愔奏移史馆于中书省北，以旧尚药院充馆也。①

同时，《旧唐书》还有宰相任“兼修国史”的记载，如“夏四月壬午，以朝议大夫、守太常卿、兼修国史杨绾为中书侍郎，尚书礼部郎、集贤院学士常衮为门下侍郎，并同中书门下平章事”及“绍少子圉师，有器干，博涉艺文，举进士。显庆二年，累迁黄门侍郎、同中书门下三品，兼修国史”。②有的时候，兼修国史还由其他官员担任，如唐太宗器重的大臣张公谨（594—632）之子大素；《旧唐书》记为：“（张）大素，龙朔中历位东台舍人，兼修国史，卒于怀州长史，撰《后魏书》一百卷、《隋书》三十卷。”③

笔者在上面不厌其烦地详述国史作为官职的创设及其演变，目的是指出国史编纂在汉代之后，也即汉唐之间的不断发展及其走向繁荣。的确，除了李延寿的《南史》和《北史》，唐代史家编修的多是国史，抑或西方史家所谓的“state history”或“national history”，以单个政权的兴衰为对象。这一取径，显然与司马迁的做法颇为不同。或许有人会说，这一传统始自班固的《汉书》，这当然没有错。但如上所述，班固之专注汉代的历史，有着一些偶然的因素，如皇帝的干预等。更重要的是，班固写作的初衷是接续司马迁，因此他没有描述汉代之前的历史，似乎情有可原，甚至理所

---

① 刘昫：《旧唐书》，卷四十三《志第二十三职官二》，中华书局，1975年，第1852页。
② 刘昫：《旧唐书》，卷十一《本纪第十一代宗李豫》，第311页；卷五十九《列传第九许绍》，第2330页。
③ 刘昫：《旧唐书》，卷六十八《列传第十八张公谨》，第2507页。

当然。[①]

易言之，班固尽管是中国史学中断代史的鼻祖，但写作断代史、王朝史传统的真正建立，却是在汉代之后，也即从魏晋南北朝至唐代的阶段中形成并演绎成一个定式的。这一定式的确立，反映的是历史编纂与政府国家的紧密关系，也即中国历史著述官方化过程及其结果，对此笔者将在下面再讨论。在此有必要指出的是，唐代史家刘知几对官修历史颇有批评，此点也为学界所熟知。但重要的是，刘知几在比较司马迁和班固的时候，却明确贬前者而褒后者。而有趣的是，刘知几对司马迁的不满，却正是其他许多人称赞司马迁的地方，那就是司马迁宏阔的视野和通史的实践：

> 寻《史记》疆宇辽阔，年月遐长，而分以纪传，散以书表。每论家国一政，而胡、越相悬；叙君臣一时，而参、商是隔，此其为体之失者也。兼其所载，多聚旧记，谓采《国语》《世本》《国策》等。时采杂言，故使览之者事罕异闻，而语饶重出，此撰录之烦者也。[②]

换言之，刘知几认为司马迁虽然有贯通古今的想法，但其作品呈现的史实却并不连贯，而且由于他希图概述前代的历史，因此所用史料不免道听途说。与之相较，刘知几指出班固开创的当代史写作，是后代修史的楷模：

> 历观自古，史之所载也，《尚书》记周事，终秦缪；《春秋》述鲁文，止哀公；《纪年》不逮于魏亡，《史记》唯论于汉始。如《汉书》者，究西都之首末，穷刘氏之废兴，包举一代，撰成一书，言皆精练，事甚该密。故学者寻讨，易为其功，自尔迄今，无改斯道。[③]

作为唐代官修史书的参与和批评者，刘知几对司马迁的批评和对班固的

---

① 笔者在2015年6月北大的“断裂与转型：帝国之后的欧亚历史与史学”的会议上，曾用英文发表了此论文的一些初步构想，与会的普林斯顿高等研究院的狄宇宙（Nicola Di Cosmo）曾提问，询我如何考虑班固对于国史写作的影响。此处的相关讨论既是对他发问的回答，也想表达我对他提问、促我思考的谢忱之意。

② 刘知几：《史通通释》，卷一《六家》，浦起龙释，第19页。

③ 同上，第22页。

称赞，更让人看到国史作为一种史书体裁在汉代之后的流行，若有无可阻挡之势。

二、欧洲的“国史”（national history）及其特点

上面已经指出，就中西史学传统的发轫而言，其可比性并不很多。古代希腊史学之源头，来自诗歌和史诗，而诗歌作为文化的最初形式，在古代文明中比较常见。如中国的《诗经》，也常被视作“六经”之首。不过《诗经》虽然有史料价值，但不是史学写作。同样《荷马史诗》也非史学作品。古代希腊的初始的史学作品，出自一批所谓“纪事家”或“故事收集者”（logographer）之手，其中贺卡泰乌（Hecataeus of Milites，约公元前500年左右）最为重要。他们的作品有三大特点，一是对希腊神话的摈弃；二是对同期波斯文化的关注和吸收；三是他们作品所采用的散文（prose）而不是诗歌（verse）的形式。在20世纪初年，英国剑桥的钦定史家约翰·布瑞（John Bury，1861—1927）强调指出，贺卡泰乌等“故事收集家”使用散文来写作，为历史学的诞生创造了条件。[①]他的意思是说作者采用了散文而不是诗歌能在写作中更好地保存和展现史实。布瑞的这种态度现在看来含有一定的偏见，因为就保存历史意识而言，诗歌同样有效。但布瑞的看法，却让中西古代史学有了可比之处，因为古代中国的史书如《春秋》和《左传》，也采用了散文而不是韵文或诗歌的形式。

不过，上述也许就是中西古代史学的最大可比之处了。与古代中国不同的是，古希腊没有史官；史学基本是史家个人所为。由此古代希腊史家不像古代中国的史官那样，以“书事记言”为主要工作。相反，他们不但需要记载历史事件，又必须“勒成删定”，建构历史的叙述。如希腊史学之父希罗多德，其作品出自他在广场上面对听众的大声宣读，因此呈现故事的生动性和连贯性为其必须。[②]生动性让希罗多德注意讲好故事，而连贯性促使他对

---

① John Bury, *The Ancient Greek Historians*, New York: Macmillan Company, 1909, pp.16–17.

② 有关古希腊史家将之作品于广场上宣读的研究，详见Angelos Chaniotis, *Historie und Historiker in den griechischen Inschriften: epigraphische Beiträge zur griechischen Historiographie*, Stuttgart: Steiner Verlag Wiesbaden, 1988。

事件的来龙去脉加以探究。因此“历史”（ἱστορία）一词在希腊文中的含义是“通过调查获取的知识”。换言之，与以前的“故事收集者”不同，希罗多德不仅只是采集一些传言，而且想将其贯通起来，构成历史叙述，于是他被誉为西方“史学之父”。之后的修昔底德则又进了一步，其所著的《伯罗奔尼撒战争史》不但主题更为集中，而且更努力地探求历史的因果关系，为此他也更注意历史事件发生的时间关系。[①]于是，古希腊和之后古罗马的史家，均是语法家（grammarians）、演说家或修辞家（rhetors），十分注意修辞造句，也即不但运用散文，而且希望写出美文。而商周时代的史官主要是文书（scribes，clerk），其记录未免流于固定的程式，由此而引起孔子的不满，以致他修改鲁国的《春秋》，属辞比事，创造了“春秋笔法”。[②]古希腊史学与先秦史学的重大差异，在此可见一斑。

但罗马帝国的建立，则让其史学写作与中国汉代的史学，呈现出较多的可比之处。首先，虽然古罗马没有专设史官，但史家如李维（Titus Livius，约公元前59—公元17）、塔西佗（Tacitus，55—120）和苏维托尼乌斯（Suetonius，约69—122），均曾在帝国供职，与当权者不但有互动和关联，而且还能接触和利用宫廷的档案。另外一些史家如恺撒（Gaius Julius Caesar，公元前102—前44）、萨鲁斯特（Sallust，约公元前86—前34）和阿匹安（Appian，95—165），则出身官僚世家，本人又曾任重要的官职，对诸种政事及其变迁有深入其内的知识。而且，虽然现存罗马史学的作品，残缺不全，也许只是冰上一角，但还是能反映出罗马共和、特别是帝国时期史学的发达。有人把罗马史学作品分为两类，一类为编年史，另一类是叙述史，但其实其中的界限并不明显，比如塔西佗就既著有《编年史》，又写有《历史》。不过编年史的编修，在某种程度上或许可以与中国古代史官“书事记言”的传统想比仿。其次，正因为罗马人很早就有将史事编年记载的传统，所以罗马史家较之古希腊史家，具有更多连贯发展的视野，也即通史的眼光。而罗马在

① 参见Thomas F. Scanlon, *Greek Historiography*, Malden, MA: Wiley Blackwell, 2015, pp.10–11。

② 孔子尝言：“文胜质则史，质胜文则野，文质彬彬，然后君子。”这里的“史”，现在常将之视为过于斯文，其实不通。孔子第一句的意思其实指的是史官的风格，而“文胜质则史”指的不是写作过于浮华，而是指史官的记录，常常流于形式，不能很好地呈现事物的本质。笔者对这句话的理解，曾就教于已故的庞朴先生，特此申明。

地中海地区乃至欧洲南部大一统地位的建立——Pax Romana——为其史家尝试写作通史乃至世界史，亦创造了前所未有的条件。罗马时代不仅出现了多部“通古今之变”的著作，如波里比阿的《通史》、李维的《建城以来史》，而且还有狄奥多鲁（Diodorus Sicilus，约活跃于公元前50年）和通古斯·庞培（Trogus Pompeius，约活跃于公元元年前后）的多卷本《世界史》，颇有司马迁“究天人之际”的宏阔眼光，描述和呈现他们的所知世界（oikoumene）。复次，与古希腊史学相比，罗马史学显然更具“官方色彩”，因此其史家更为重视史学的政治镜戒功用和道德训诲功能。这一点与班固“究西都之首末，穷刘氏之废兴”以及“纬六经，缀道纲，总百氏，赞篇章，函雅故，通古今”的企图，[①]颇能相比。最后，除了历史悠久的编年记载的传统，罗马史学还有注重人物传记的特点，苏维托尼乌斯和普鲁塔克均以此体裁的作品而闻名于世。或许在一个不同的程度上，我们也可将之与纪传体在汉代的兴起相比较。[②]毋庸赘言，纪传体在此之后成为中国史学的正统体裁，而传记类的史书写作，也在罗马帝国灭亡之后，仍然在中世纪和近现代欧洲大行其道。

如上这些罗马史学的特点，与持久而又庞大的罗马帝国的建立和扩张，显然有着密切的关系。但需要指出的是，西罗马帝国于476年灭亡之后，这些特点并没有都成为明日黄花，随着帝国的消失而荡然无存。相反，其中不少仍然对中世纪欧洲的历史著述，产生了明显的影响。但无论如何，从“3世纪的危机”开始到7世纪，也即在所谓的“古典后期”（late antiquity），欧洲史学在总体上逐渐出现了种种新的现象，导致古典史学走向终结。用卜冉安·克洛克（Brian Croke）的话来形容，那就是“对于历史的读者和作者而言，那时不但有一个转变，而且还是一个中止、断裂和衰降。在史学史的意义上，人们必须重新回顾和形塑过去，使其成为变化的诱因”。[③]对于这一欧洲史学史新时期的到来，人们可以从多个方面加以描述，比如基督教观念

---

① 前句引刘知几《六家》，后句出自班固《汉书·叙传》下。此段对罗马史学的概括，亦可参考王晴佳：《西方的历史观念：从古希腊到现在》，北京师范大学出版社，2013年，第三章。

② 周一良先生已经指出罗马史家普鲁塔克等人的纪传体，与司马迁在汉代创建纪传体有些可比之处。见《周一良学术论著自选集》，首都师范大学出版社，1995年，第280页。

③ 见Brian Croke, “Late Antique Historiography, 250–650 CE,” in John Marincola (ed.), *A Companion to Greek and Roman Historiography*, Malden MA: Blackwell, 2007, p.573。

如何影响、推动了世界史、普世史的编纂，而这类普世史的出现，又如何采用、遵循和阐述基督教的纪年方法，将人类历史的发展看作一个有始有终的过程。而本文的重点，则在考察罗马衰落、灭亡之后民族史或蛮族史在欧洲的出现及其意义。笔者同意美国史学史名家唐纳德·凯利（Donald Kelley）的观察，“正当西罗马帝国为来自北方和东方的入侵所削弱和衰亡的时机，西方史学的主体也为这些入侵者所改造。这些蛮族部落进入了往日罗马帝国的疆域，带来了自己独特的经验和实力，并有建筑在一半神话、一半历史基础上自身的文化认同和传统”。①

具体而言，自410年罗马城陷落之后，帝国的西部疆域战火不断。帝国的皇位虽然多次易主，但难阻颓势。这些来自北方和东方的蛮族部落，在军事征服的过程中，模仿参照了罗马帝国的治理机构，推举出自己的国王，先后建立了自己的政权，如西哥特王国、勃艮第王国、汪达尔王国、苏埃维王国、法兰克王国、东哥特王国以及盎格鲁-撒克逊诸王国等。这些蛮族王国如汉代之后出现的诸多王朝一样，短命的远多于长命的，更遑论与罗马帝国相比了。但也有如西哥特王国和法兰克王国，历时好几个世纪。也许正因为许多王国骤兴骤亡，为了总结历史经验，一些史家撰述了以这些蛮族王国为题材的史书。一般而言，后人认为有以下几部著作大致代表了欧洲蛮族史或民族史的写作，它们按时间先后分别是约达尼斯（Jordanes，约500—554）的《哥特史》（*De origine actibusque Getarum*，简称为Getica）、都尔的主教格雷戈里（Gregory of Tours，约538—592）的《历史十书》（*Libri Historiae X*，俗称为《法兰克人史》）、塞维利亚的伊西多尔（Isidore of Seville，约560—636）的《编年史》（*Chronica*）和《哥特、汪达尔和苏维汇史》（*Historia de regibus Gothorum, Vandalorum et Suevorum*）、圣·比德（St. Bede, 672/673—735）的《英吉利教会史》（*Historia ecclesiastica gentis Anglorum*）和主祭保罗（Paul the Deacon，约720—799）的《伦巴第史》（*Historia Langobardorum*）。笔者认为这些史书可以被称为欧洲的“国史”，

① Donald Kelley, *Faces of History: Historical Inquiry from Herodotus to Herder*, New Haven: Yale University Press, 1998, p.104.

与中国汉唐之间的国史或王朝史（断代史）的编纂，在视角、时段、内容、功用及其影响等方面都颇有可比之处。①

依照唐纳德·凯利的看法，上述这些史书的作者，是“欧洲第一代的史家”。②他的意思是说这些人的作品，首次将游离于罗马史学之外的欧洲其他地方，当作了考察和写作的对象。换言之，虽然罗马史学有着世界史写作的传统，但其视野所及，仍然只是罗马人的世界，即Pax Romana。③其他史家则指出这些史家作品的另一个特点，那就是以单个民族或族群，也即罗马人贬称的“蛮族”（barbarian）为叙述对象，因此是一种民族史（Volksgeschichte）或族群史（ethnic history）。笔者想强调的还有一点，那就是这些作品还以王国的兴衰而不是天下为对象，反映了帝国倒塌、天下崩裂之后的情形。易言之，它们是国史（state history），其写作不但注重当代的事例，还有明确的政治目的和道德关怀。

值得一提的是，虽然上述这些史书，抑或欧洲的国史有一些显著的共同性，但我们同时也应该承认，对这些共同性的认识，不免带有后见之明的视角。譬如美国中世纪史专家沃尔特·葛发特（Walter Goffart），撰有《蛮族史家》（*The Narrators of Barbarian History*）的专著，将约达尼斯、格雷戈里、圣·比德和主祭保罗称为“中世纪欧洲的第一代杰出史家”，但他在书中也用细致的笔触，指出这四位“蛮族史家”之间的许多不同。④同样，亚昆·皮萨罗（Joaquín Martínez Pizarro）为黛博拉·戴丽雅尼斯（Deborah Mauskopf Deliyannis）所编的《中世纪的史学》（*Historiography in the Middle Ages*）一书撰有“族群和民族史，约500—1000年”（Ethnic and National History, 500-

---

① 查尔斯·韦斯特在他撰写的“王朝史”一章中，也认为与中国史学的王朝史（断代史）相较，约达尼斯、比德和主祭保罗等人的著作均可称为西方的“王朝史”（dynastic history）。“Dynastic Historical Writing”，in Sarah Foot, Chase Robinson (eds.), *Oxford History of Historical Writing* Oxford: Oxford University Press, 2012, p.498. 查尔斯·哈特曼（Charles Hartman）和安东尼·迪巴莱斯（Anthony DeBlasi）在他们写的“唐代中国的发展的历史方法”（The Growth of Historical Method in Tang China）中称官方史家编写的史书为“国史”（state history），Ibid., pp.17-36。

② Donald Kelley, *Faces of History*, p.106.

③ 参见Ernst Breisach, *Historiography: Ancient, Medieval and Modern*, Chicago: Chicago University Press, 1983, pp.75-76。

④ Walter Goffart, *The Narrators of Barbarian History: Jordanes, Gregory of Tours*, Bede and Paul the Deacon, New Haven: Yale University Press, 1988.

1000）一章，其中他也告诫读者不能简单地将这些史家视为族群史或民族史的先驱。[①]笔者以为，上述这些史家所表现的审慎绝对必要，因为如同上述，在古典世界随着西罗马帝国灭亡走向终结的时候，史学写作在欧洲经历了一个很大的转折，而这一转折绝不仅仅表现在一个方面。比如罗马帝国的一统天下虽然崩裂，但在它的废墟上则渐渐出现了不断走向整合、统一的基督教会。在一定程度上，蛮族进入罗马帝国的疆域所建立的一系列王国，均经历了一个“基督教化”的过程。于是古典晚期和中世纪早期的史书写作，似乎始终存在着一种“分”与“合”的张力，即使在这些以蛮族人及其王国为对象的史书中也有明显的表现。

约达尼斯的《哥特史》大约在551年开始写作，是现存唯一的有关哥特人的史书。据约达尼斯自己说，他的写作主要依据卡西奥多卢斯（Cassiodorus，约490—575）的同名著作，也参考了拜占庭史学家普利斯库斯（Priscus，约5世纪人）编写的《拜占庭与阿提拉的历史》以及阿布拉比乌斯（Ablabius）编写的一部有关哥特人的史书。约达尼斯本人应是贵族出身的哥特人，并曾任军队的书记官。他的《哥特史》以描述当时世界的一般状况（他所称谓的大洋及其岛屿）开始，然后转至日耳曼人的发源地斯堪德扎岛的地理环境。第一部分的第四章开始描述哥特人如何离开斯堪德扎岛（今斯堪的纳维亚），南下迁徙到东欧平原，与罗马人交往互动，逐步建立自己的领地和家园的各类活动。书的第二部分讲授哥特人与罗马帝国的来往，是一个大致和平共处的过程。第三部分开始出现了大的变动，因为哥特人受到来自远东的匈人的攻击，为此他们向罗马人求援，获得了一定的支持。但好景不长，哥特人又借机攻击罗马人，并横扫意大利，攻陷了罗马城。第四部分的内容更加戏剧化，描述的是匈人在阿提拉（Attila，406—453）的领导下，再度向罗马帝国发起有力的攻击，并最终导致其灭亡。最后的第五部分讨论哥特人如何在西罗马帝国的废墟上，建立自己的王国，与其他蛮族及东罗马帝国，也即拜占庭帝国争权夺利的历史。由上的简单概括可以看到约达

① Joaquín Martínez Pizarro, “Ethnic and National History”, in Deborah Mauskopf Deliyannis (ed.), *Historiography in the Middle Ages*, Leiden: Brill, 2003, pp.43–88.

尼斯《哥特史》的史料价值——它的存在让后人能一窥哥特人的起源及其扩张，并从中了解其对手罗马帝国如何走向衰亡的细节。

如果说约达尼斯叙述的重点是从一个角度交代罗马世界的分崩离析，那么格雷戈里的《法兰克人史》则提供了另一个蛮族王国起源和壮大的历史。不过与约达尼斯不同，格雷戈里有着宏阔的视野；他将法兰克人的兴衰，置于人类史的大框架下来叙述和分析。其实，格雷戈里的著作，原名为《历史十书》，共有十卷，第一卷从创世开始一直讲到391年，第二卷从391年到511年，描述法兰克人早期的历史，直至克洛维国王之死。第三卷从511年到547年，之后的各卷描述愈加详细，涵括的年份从几年一卷到一年一卷，最后的第十卷终于591年，也即格雷戈里去世的前一年。一般认为，格雷戈里于575年，也即他担任都尔主教之后第二年开始著述《法兰克人史》，所以这部著作虽然从上帝创世开始，似乎是一部世界通史，但其实还是一部族群史和当代史——从第三卷中间开始，格雷戈里便可以参照他的亲身经历了。于是唐纳德·凯利这样评论，虽然格雷戈里看起来继承了优西比乌（Eusebius，260—340）、哲罗姆（St. Jerome，347—420）和奥罗修斯（Orosius，375—418）写作世界编年史的传统，但他其实对此仅仅敷衍了事而已。“他对《圣经》的历史之简要概述，只是表面文章，之后便很快转入他自己经历过的那个小小的高卢的历史；其书十分之六的内容都是当代史。”[①]

以对优西比乌、哲罗姆和奥罗修斯等人著作的态度来看，伊西多尔应该比格雷戈里显得更为认真。他是一位饱学之士，像格雷戈里一样担任过主教，并以编纂了《词源学》（*Etymologiae*）这本百科全书式的作品而闻世。从许多方面来看，伊西多尔在学术文化上的成就，让他成为沟通古典晚期和中世纪早期文化的重要人物，或“古典世界的最末一位学者”。伊西多尔所著的《哥特、汪达尔和苏维汇史》，有许多地方参考和利用了优西比乌、哲罗姆和奥罗修斯等人的著作，并在大体上采用了编年史的体裁。但在590年之后的史实则主要由伊西多尔自己撰写，所以此书是现存有关西哥特人的重要史书。同时，伊西多尔还有两篇附录，简约地记载了汪达尔人和苏维汇人

---

① Kelley, *Faces of History*, p.108.

的历史。但伊西多尔虽然受到了哲罗姆、奥罗修斯等人的影响，以其作品的实质来看，他还是一位“蛮族史家”。伊西多尔的《哥特、汪达尔和苏维汇史》有前史的部分，但像格雷戈里的《法兰克人史》一样，此书还是以当代史的叙述为主。更重要的是，他对哥特人及其成就，充满自豪。他的《哥特、汪达尔和苏维汇史》有一“引子”（prologue），描述了西班牙的地理环境，赞其为“最美丽的地方”，因为那是西哥特人主要活动的场所。伊西多尔转引了前人的编年史记录，其目的显然是为了光大西哥特人的历史。所以费利斯·里夫施茨（Felice Lifshitz）指出，伊西多尔是首位将哥特人的王国视为独立的政治主体，不再将之从属于（东）罗马帝国的中世纪史家。由此他对西哥特人最终将东罗马帝国军队赶出西班牙的事迹，称赞有加。[①]

顾名思义，圣·比德《英吉利教会史》的主要内容以不列颠人和撒克逊人如何在传教士奥古斯丁（Augustine，？—604）的帮助下，逐渐皈依基督教的过程为主线。像上述几位史家一样，比德的学问为当时人所钦敬，在他死后不久就有“可敬的比德”的美称。他留下的《英吉利教会史》也让他获得“英国史学之父”的美誉。他的著作从不列颠列岛的自然环境讲起，然后描述罗马人的入侵和统治，再转到盎格鲁-撒克逊人如何进入不列颠及其之后的纷争，最后终于731年，也即比德去世之前四年。因此此书也有相当一部分的内容属于当代史。而此书的史料价值，则在于比德叙述了不列颠自古以来的历史，以不列颠的立场来构建其历史演化。在比德的笔下，这一演化自然是在基督教会教化为主线展开的。他为之颇费笔墨，记载了大量的“神迹”，即基督教传教士和皈依了教会的国王如何显示神力、制造奇迹的事迹。但同时需要注意的是，比德看起来似乎在歌颂基督教会的神圣光辉如何普照到了不列颠，但他其实注重的是如何从政权的递嬗、更迭入手，构建一部以国王为中心的不列颠民族史。因此费利斯·里夫施茨甚至称他的书带有王权主义（royalism）的特点。[②]换言之，与伊西多尔类似，比德笔下的历史是站在不列颠各民族的立场上写就的。

---

① Felice Lifshitz, “The Vicissitudes of Political Identity: Historical Narrative in the Barbarian Successor States of Western Europe”, *Oxford History of Historical Writing*, Vol. 2, p.378.

② Ibid., p.380.

如果比德的《英吉利教会史》是在教会史的面罩下呈现的英吉利民族史，那么主祭保罗的《伦巴第史》则更为直接的展现其民族史的立场。保罗出身高贵，幼年受过良好的教育，成年之后又以其学问之精湛进入伦巴第国王的宫廷，并成为其女儿的塾师。保罗之后又有机会拜见查理曼大帝，后者也为其学问所折服。保罗之写作《伦巴第史》，在一定程度上得到了查理曼的鼓励。保罗在8世纪晚期写作，参考和模仿了我们上述提到的约达尼斯、伊西多尔、格雷戈里和比德等人的著作，因此其作品的民族史特点格外明显。他的著作从追溯伦巴第人在斯堪的纳维亚的起源开始，一直写到他所处的时代，主题集中，不枝不蔓，将伦巴第人视作一个独立的政治主体。饶有趣味的是，在主祭保罗写作的时候，伦巴第王国已经为查理曼大帝所击溃和征服，因此他的《伦巴第史》有一个独特的视角。作为伦巴第人的后代，保罗显然热爱他的民族，有意为之树碑立传，但他又为其征服者查理曼大帝写作，所以未免又有一些矛盾的心理。他的《伦巴第史》终于伦巴第二代国王利乌特普兰德（Liudprand，712—744年在位）的时代，不知是否有意为之，因为利乌特普兰德堪称伦巴第人最伟大的统治者。在他之后，伦巴第王国每下愈况，三十年后便落入了法兰克王国的统治之下。与前面的几部著作相比，《伦巴第史》作为一部民族史、抑或国史的特点最为明显，因为它几乎勾勒了一个民族、王国的起源、兴起和衰降的整个过程。

三、欧亚“国史”的异同及其意义

上面已经提到，中国唐代史学著述十分发达，修撰了二十四部正史中的三分之一，在中国史学史上形成了一个高峰。其实，这一高峰的出现有其预备期，并非无源之水、无本之木。从长程的眼光来看，汉代司马迁、班固等人的著述，代表了中国史学史上的奠基时代，而汉代之后则开始步入了一个逐步发展、走向繁荣的阶段，为唐代史学的高峰做了准备和铺垫。已故的北大周一良先生是魏晋南北朝史研究的名家，对那一时期的史学有着精到的观察。周先生指出，魏晋南北朝时期不但史部著作走向独立、史官制度逐渐固定，而且“比起前一时期，史部著作数目骤增，性质复杂多样，门类异彩纷呈”。另外，周先生还认为在魏晋南北朝的时代，中国的史书编纂尚有纪传体与编年体并行发展的特点。[①]饶有趣味的是，周先生概括的汉代之后中国史学的特点，颇能与欧洲西罗马帝国之后的史学发展做些比较。当然，比较不是生搬硬套，用一个模式来比照另一个模式，因为每一种文明都有其自身生成、发展的独特环境。譬如西方史学从修辞学分支的地位中走出来，变成一门独立的学科要到文艺复兴时期才渐渐完成，而类似于中国古代的史官制度在整个欧洲历史上都几乎付诸阙如。但在罗马帝国衰亡之后，史书数量和种类则有明显增多的趋向。而且中世纪欧洲史学也有编年史与纪传体史书（除了皇帝、国王的传记众多之外还有圣徒传的盛行）并行发展的主体趋向。

笔者以下的讨论，还想尝试换一个角度，在史学思想变迁的层面，从四个方面比较、探究欧亚帝国之后国史撰述的一些异同。首先是帝国消亡之后，史家对历史看法，也即他们历史观、世界观之改变。概括而言，那就是有一个从帝国到王国、天下到国家和大一统到各族群、各民族的过程。当然，这一过程本身在中西方的表现有着明显的差异。以中世纪西方而言，这一族群意识的表现各有千秋。如同上述，约达尼斯、伊西多尔、格雷戈里、圣·比德和主祭保罗等人著作的取径，颇为不同，抑或颇有特色。在族群意识的表现上，约达尼斯和主祭保罗似乎颇为显著。如约达尼斯的《哥特史》以他所了解的世界开始，指出哥特人发源地斯堪的纳维亚之重要，然后以赞美的笔调，讲述了这一“光荣的种族”如何从北欧起步，逐步向南迁徙，与罗马帝国接触、互动和交流（当然也包括冲突），然后如何成功地建立自己的王国。他认为自己的祖先属于这个种族，并自豪地写道，在罗马时代，“哥特人比其他所有野蛮人都要有教养，几乎可以与希腊人相提并论……哥特人的名气是如此之大，以至于人们传说，被诗人们赞颂为战神的玛尔斯（Mars）就是在他们那里诞生的”。[②]伊西多尔对“美丽的西班牙”的赞美，主要是因为这是哥特人建功立业的所在。他说道：“从西方到印度，所有的土地上，唯有西班牙最为美丽。啊！西班牙，你神圣的土地上孕育了不少领袖和民族。而你

---

① 见周一良：《魏晋南北朝史学发展的特点》，见《周一良学术论著自选集》，第270—289页；引文见第276页。相关论著还可见邱敏《六朝史学》（南京出版社，2003年）和郝润华《六朝史籍与史学》（中华书局，2005年）。

② 约达尼斯：《哥特史》，罗三洋译，商务印书馆，2012年，第31—32页。

现在是各个领地中的女王，其光辉从西方一直普照到东方。你代表了世界的光荣和美丽，是地球上最富庶的地方，在这里哥特人休养生息、繁荣发展，建立了丰功伟绩。”①

同样，主祭保罗的《伦巴第史》虽然在伦巴第王国被征服之后写就，而且他与征服者查理曼大帝颇为友善，但他还是坚持为伦巴第人写史，以身为伦巴第人的立场，称颂他们的丰功伟绩。现存保罗的《伦巴第史》以伦巴第国王利乌特普兰德之死为结束。对于这位国王，他充满赞语，指出他“充满智慧、信仰宗教和热爱和平。他还擅长谋略、英勇骁战，却又有仁慈之心，圣洁、谦虚、虔诚和乐财好施。他虽然不通文墨，却足以与哲学家相比；他爱护臣民且又依法治国”，等等。②保罗对利乌特普兰德国王如此称赞有加，让许多人都看出，“他显然对自己的民族（伦巴第人）充满感情。与他对查理曼大帝的好感相比，只多不少”。③

与他们相比，格雷戈里和圣·比德的族群意识表现相对隐晦一些，因为他们的著作在表面上似乎超出了民族史的规模。格雷戈里将之与人类史相关联，对法兰克王国的诸多国王也远没有像主祭保罗那样，抱持肯定，乃至赞美的态度，而是多有批评和指责。但此书的结构安排还是让人将之列为一部民族史，足以使后人将他所记载的史实抽绎出来重构法兰克人的早期历史。在比德的笔下，至少有七个民族的活动在不同程度上形塑了不列颠列岛的历史，他本人也显然对诺森布里亚王国有着特殊的好感。但他在写作中还是毫不迟疑地将所有这些民族都糅合在一起，从而构建了一部统一的英吉利早期史。

汉帝国灭亡之后，在三国时代，中国史家的族群意识表现尚不明显。但西晋在4世纪初遭受五胡乱华之后，北方异族入侵中国，建立了自己的王国。史家的族群、民族意识即刻开始表现，而且呈现出与原来的夷夏观念不同的景象。崔鸿（478—525）的《十六国春秋》堪称最早记录这些北方民族的史

① Isidore of Seville, *History of the Goths, Vandals and Suevi*, Jr. Guido Donini & Gordon Ford (trans. and intro.), Leiden: Brill, 1970, p.1.

② Paul the Deacon, *History of the Lombards*, William Dudley Foulke (trans.), Philadelphia: University of Pennsylvania Press, 2007, p.306.

③ Ibid.，爱德华·彼得斯（Edward Peters）为英文本所写导言，p.XV。

书，其中对各地胡人的起源及其演变，做了平实的描述。如现存该书有关前赵的创建者刘渊（249/253—310），有如下的描述："刘渊字元海，新兴匈奴人。其先夏后氏之苗裔，曰淳维，世居北狄。千有余岁至冒顿，袭破东胡，西走月氏，服丁零，内侵燕代，控弦四十万。汉祖患之，使刘敬奉公主以妻冒顿，约为兄弟，故子孙遂冒姓为刘氏。"而对后赵的建立者石勒（274—333），也记载他为羯族："石勒字世龙，上党武乡羯人。父周曷朱，勒生时赤光满室，白气自天属于庭中。长而壮健，有胆力，雄武好骑射。"[①]有关中原王朝邻国的记载，在司马迁、班固的史书中已经出现，如前者有《南越传》《东越传》《朝鲜传》《西南夷传》和《大宛传》，后者则有所简化，将有关汉代四夷归为《匈奴传》《西南夷两粤朝鲜传》《西域传》三传而已。但自崔鸿开始，魏晋南北朝的史家的族群意识明显强化，其表现是他们史书中出现了许多族群，对他们的描述更为细化。

南朝史家沈约的《宋书》，称占据北方的王国为"索虏"，为之列传之外，又加上活跃于西北的鲜卑和吐谷浑（合为一传），再为北方的氐胡和南方的夷蛮分别列传，共有四传。同为南朝史家萧子显的《南齐书》除了将北朝称为"魏虏"，还记录了蛮东、南夷、芮芮（柔然）、氐、羌等民族。相较之下，魏收的《魏书》则要详细得多。《魏书》除了泛称南朝诸国为"岛夷"之外，对北方和南方其他民族多有描述，称谓也多达20余种："匈奴、羯胡、铁弗、徒何、氐、羌、鲜卑、高句丽、百济、勿吉、失韦、豆莫娄、地豆于、库莫奚、契丹、乌洛侯、吐谷浑、高昌、邓至、蛮、獠、蠕蠕（柔然）"等，以致《魏书》有关各个族裔的列传，有八卷之多。《魏书》所收的民族，以北方居多。这与北魏身居北方，与这些民族多有接触有关。

除了上述有关这些众多族群的记载以外，魏晋南北朝时期族群意识的明确表述，或许以南朝、北朝的对立为一显例。但这一对立，又不像原来的夷夏观念那样固定。如同上述，南朝史家喜用"索虏"来称呼北朝诸国，而北朝史家则将南朝蔑称为"岛夷"。此类例子，不胜枚举，表明在各族混合的

---

① 崔鸿：《十六国春秋》，引自《二十五别史·十六国春秋辑补》，齐鲁书社，1998年，第1、75页。

状态下，原来的夷夏观已经受到了很大的冲击。[①]下面这个例子颇能说明问题。北魏开国时期担任大臣的汉人王肃（464—501），到了北方之后，开始仍然坚持自己的饮食方式，为其他人所不解。北魏杨衒之的《洛阳伽蓝记》中有一段生动的记载：

> 肃初入国，不食羊肉及酪浆等物，常饭鲫鱼羹，渴饮茗汁。京师士子道肃一饮一斗，号为漏卮。经数年已后，肃与高祖（拓跋宏，467—499）殿会，食羊肉酪粥甚多。高祖怪之，谓肃曰："卿中国之味也。羊肉何如鱼羹？茗饮何如酪浆？"肃对曰："羊者是陆产之最，鱼者乃水族之长。所好不同，并各称珍。以味言之，甚是优劣。羊比齐鲁大邦，鱼比邾莒小国。唯茗不中与酪作奴。"高祖大笑。[②]

上面的例子，似乎是一个南北调和、皆大欢喜的结局。但在实际的历史中，冲突显然大于融合。作为汉人的王肃和身为鲜卑的北魏高祖拓跋宏，认为他们的生活方式虽然迥异，但都代表了"中国"。唐朝建立之后，大一统天下得以重建。鉴于魏晋时期南北史家相互攻讦，唐代史家李延寿积三十年之功另撰了《南史》和《北史》，希求消弭、摆脱这种相互对立。但他分别撰述了南朝和北朝的历史，可见在李延寿眼里，虽然有隋唐的统一，但汉代之后南北文化之间的分野，仍然存在。

本节讨论的第二个方面有关欧亚国史的撰述与前代帝国之间的复杂关系。换言之，虽然帝国消亡了，史学写作出现了明显的变化，呈现出种类繁多、体裁多元的倾向，但帝国的阴影还在。美国汉学家查尔斯·霍尔库姆（Charles Holcomb）曾著有一本研究南朝思想和社会的专著，题为《在汉帝国的阴影下》，[③]维也纳大学的中世纪史专家沃尔特·波尔（Walter Pohl）也以

---

① 据郝润华统计，南朝的史书如《晋书》《宋书》《南齐书》《梁书》和《陈书》中，称北方王朝"索虏"的达140次，而《魏书》和《随书》也蔑称南人"岛夷"18次。见郝润华：《六朝史籍与史学》，第233页。王志刚：《家国、夷夏与天人：十六国北朝史学探研》（北京师范大学出版社，2013年）一书中也提及魏晋时期夷夏观的变化，但语焉不详，未能充分展开。

② 杨衒之：《洛阳伽蓝记校释》，中华书局，1963年，第125—126页。

③ 参见Charles Holcomb, *In the Shadow of the Han: Literati Thought and Society at the Beginning of the Southern Dynasties*, Honolulu: University of Hawaii Press, 1994。

“帝国的阴影”（Shadows of Empire）为题，组织了有关罗马帝国灭亡之后欧洲历史变迁的国际会议，并正以此题目编辑论文集。的确，虽然帝国的一统天下不再存在，但后世的政权在很多方面仍然必须与之联系。史学著述似乎更是如此。以中国史学而言，汉代的灭亡引发了后代史家必须面临的“正统论”的问题。[①]这个问题自东晋的习凿齿（？—383）首先提出之后，各方的讨论愈演愈烈；在唐代略有收敛，而到了宋代则又死灰复燃，经久不息。习凿齿的《汉晋春秋》，质疑陈寿《三国志》视曹魏承袭汉室的观点，认为蜀国才能接续汉祚。他之指责陈寿有着深远的含义，即在汉代之后，如果一个继起的政权未能控制中国的北方，是否还能继承汉祚，获得正统的地位。如上所述，魏晋时期南朝的史家均以“索虏”称呼北朝，视其为入侵者，希图褫夺他们正统王朝的地位。但北朝的史家不凡落后，也将南朝政权贬为“岛夷”，其含义是对方已经丧失了中原，退居了海上，根本无法代表“中国”了。

魏收在编纂《魏书》中，全以“中国”自居，贬东晋为“僭晋”，在列传第八十四中对东晋皇帝司马睿（276—323）有如下的叙述：

> 平文帝初，叡自称晋王，改元建武，立宗庙、社稷，置百官，立子绍为太子。叡以晋王而祀南郊。其年，叡僭即大位，改为大兴元年。其朝廷之仪，都邑之制，皆准模王者，拟议中国。遂都于丹阳，因孙权之旧所，即禹贡扬州之地，去洛二千七百里。地多山水，阳为攸居，厥土惟涂泥，厥田惟下下，所谓“岛夷卉服”者也。《周礼》，职方氏掌天下之地，辨其邦国都鄙，四夷、八蛮、七闽、九貉、五戎、六狄之人民与其财用、九谷、六畜之数要，周知其利害。东南曰扬州，其山镇曰会稽，其薮泽曰具区，其川三江，其浸五湖，其利金锡竹箭，其民二男五女，其畜宜鸟兽，其谷宜稻。春秋时为吴越之地。吴越僭号称王，僻远一隅，不闻华士。楚申公巫臣窃妻以奔，教其军阵，然后乃知战伐。由

① 有关论著参见饶宗颐《中国史学上之正统论》（远东出版社，1996年），江湄《从大一统到正统论》（《史学理论研究》，2006年第4期），刘浦江《南北朝的历史遗产与隋唐时代的正统论》（《文史》，2013年第2期）和王东《正统论与中国古代史学》（《学术界》，1987年第5期）等论著。

是晚与中国交通。俗气轻急，不识礼教，盛饰子女以招游客，此其土风也。战国时则并于楚。故地远恃险，世乱则先叛，世治则后服。秦末，项羽起江南，故衡山王吴芮从百越之兵，越王无诸身率闽中之众以从，灭秦。汉初，封芮为长沙王，无诸为闽越王，又封吴王濞于朱方。逆乱相寻，亟见夷灭。汉末大乱，孙权遂与刘备分据吴蜀。权阻长江，殆天地所以限内外也。[①]

可见在北魏君臣眼里，已经退居江南的东晋——“权阻长江，殆天地所以限内外也”——到了中国之外，无法代表正统了。在《魏书》的另一处记载，北魏高祖欲讨伐江南，大臣高闾（？—502）对之劝说道：“汉之名臣，皆不以江南为中国。且三代之境，亦不能远。”高祖曰：“淮海惟扬州，荆及衡阳惟荆州，此非近中国乎？”[②]高闾对皇帝的劝说虽然看来没有成功，但他们之间的对话则表达了同样的观点，也即中国南方的政权不能接续汉代的正统。

南朝的史家如沈约自然不愿也不会承认北朝为正统，所以其《宋书》记载道，自汉朝之后，中国北方逐渐“胡化”，不复“汉土”了：

晋武帝泰始后，中国相尚用胡床、貊盘，及为羌煮、貊炙。贵人富室，必置其器，吉享嘉会，皆此为先。太康中，天下又以毡为絈头及络带、衿口，百姓相戏曰，中国必为胡所破也。毡产于胡，而天下以为絈头带身、衿口，胡既三制之矣，能无败乎。干宝曰：“元康中，氐、羌反，至于永嘉，刘渊、石勒遂有中都。自后四夷迭据华土，是其应也。”[③]

换言之，中国北方在永嘉之乱、五胡乱华之前，已经开始渐渐胡化，失去其政治和文化上的正统地位了。

中国史学的正统论讨论，牵涉诸多王朝，争论激烈和持久。与之相较，

① 魏收：《魏书》，卷九十六《列传第八十四僭晋司马睿》，第2092页。
② 魏收：《魏书》，卷五十四《列传第四十二高闾》，第1208页。
③ 沈约：《宋书》，卷三十《志第二十五行一》，第867页。

西方中世纪史学与罗马帝国的关系，亦十分复杂和持久，其中牵涉两个方面。第一自然是与罗马帝国，特别是仍然存在的东罗马帝国的关系；第二则是与逐渐兴起和扩展、希图在精神上统一欧洲的罗马教廷的关系。如果比附中国文化，并用中文来表述，也就是前者代表了政统，而后者代表了道统。约达尼斯的《哥特史》在东罗马帝国皇帝查士丁尼南征北讨的时候写出。他一方面称颂查士丁尼对汪达尔人的征服："这个光荣的家族起源于一位很光荣的君主，而降服于一位英勇的军人，他们的名望在几个世纪里都没有消退；没有，而且人们一直管得胜的查士丁尼皇帝和他的执政官贝里萨留叫作'汪达利库斯'（汪达尔人的征服者）、'阿非利加努斯'（非洲的征服者）和'格提库斯'（哥特人的征服者）。……即便如此，我也没有采用所有有关他们的文章或传说，因为我并不打算把他们的光辉业绩置于他们的征服者的荣耀之上。"①但另一方面他又充分保留了对哥特人的同情，希望罗马人和哥特人能友好相处，不要你争我斗。与此相较，伊西多尔在其写作中，虽然采用了罗马皇帝的纪年，却对查士丁尼没有表露什么好感。他在455年记载道：哥特国王阿塔纳吉尔德（Athanagild）为了争夺王位，引狼入室，求查士丁尼派军队进入西班牙，最后搬起石头砸自己的脚，阿塔纳吉尔德之后一直与罗马军队作战，希望将他们赶走，但劳而无功。不过，在哥特国王苏因提拉（Suinthila）的领导下，哥特人终于在625年将东罗马帝国赶出了西班牙，他的哥特史叙述也在此终卷。②

如果让约达尼斯、伊西多尔有所为难的是政统的问题，那么格雷戈里、圣·比德著作反映的则是道统，即蛮族王国与基督教关系之错综。从表面上看，他们两人都在宣扬基督教对蛮族王国的教化作用，但如同上面已经指出的那样，其实他们更关心的是自身民族的历史。李隆国在多年前发表的一篇论文中提请读者注意，格雷戈里的《法兰克人史》开始以罗马帝国的纪年叙述，但在456年之后，也即在西罗马帝国灭亡之前便放弃了这一纪年方式，而是改为采用法兰克国王的纪年了。《法兰克人史》之后的篇章中也出

① 约达尼斯：《哥特史》，罗三洋译，第187页。
② Isidore, *History of the Goths, Vandals and Suevi*, pp.22, 29.

现了几位东罗马皇帝，不过只是在他们与法兰克的历史相关的时候才提及。一言以蔽之，格雷戈里用法兰克王国接续了罗马帝国的历史——“皇帝的历史变成了国王的历史”。①同样，比德的《英吉利教会史》为基督教普及欧洲诸王国提供了一个案例，但如同费利斯·里夫施茨所指出的那样，在比德的笔下，基督教传教士奥古斯丁等人的成功，似乎大多仰赖于不列颠诸岛国王（包括一些女王）的恩惠。②

本节讨论的第三方面，或许也是帝国之后欧亚史学变化最突出的方面，那就是历史与政治与道德之间出现的愈益紧密的联系。此处“愈益”两字比较重要，因为在帝国统治的时代，抑或说在史学诞生之时，其政治说教、道德训诲的作用就为人所熟知。但一统帝国衰亡之后，王国兴亡频仍，让其统治者更为注意史学编修，不但希图通过历史著述来论证其统治的合法和合理，而且还想吸取历史教训，以求维持、加固自己的政权。如上所述，帝国灭亡之后，史书的数量和种类在欧洲和亚洲都增加了不少。这一增加显然与统治者之重视史学有关。在中国史学史上，唐太宗将历史比为镜戒的例子十分有名。《旧唐书》“魏徵传”中记载魏徵殁后，唐太宗感叹道：“夫以铜为镜，可以正衣冠；以古为镜，可以知兴替；以人为镜，可以明得失。朕常保此三镜，以防己过。今魏徵殂逝，遂亡一镜矣！”③这一将历史视为明镜的比喻，也在13世纪的欧洲出现了。多米尼教派的学者文森特的博韦（Vincent of Beauvais）（约1190—1264）编有一本百科全书，题为《通镜》（*Speculum Maius*），包含三个部分，其中“历史之镜”（Speculum Historiale）最为著名。那是一部在编写宗旨和规模上，颇能与司马光（1019—1086）的《资治通鉴》匹敌的著作。唐纳德·凯利在其西方史学史的专著中，于是以“中世纪镜下的史学”为题讨论古典世界终结之后的欧洲史学。④

以西方史学而言，本文所举的几部著作自然无法全面反映中世纪史学与

---

① 李隆国，《认识西罗马帝国灭亡：公元476—800年》，载《北大史学》，2012年第0期，第224—226页。

② Felice Lifshitz, “The Vicissitudes of Political Identity: Historical Narrative in the Barbarian Successor States of Western Europe”, *Oxford History of Historical Writing*, Vol. 2, p.380.

③ 刘昫：《旧唐书》，卷七十一《列传第二十一魏徵》，第2561页。

④ Kelley, *Faces of History*, p.99f. 恩斯特·布雷塞赫（Ernst Breisach）在《史学》（*Historiography*）中，也多次用了“镜子”（mirror）来讨论中世纪的史学特点，pp.121-137。

政治、政权之间的紧密联系。但窥一斑见全豹，这些所谓的“蛮族史家”都在不同程度上与其王国的统治者多有关系，而且他们大多也对自己为何写史的目的毫不隐晦，那就是为自己的民族留下哪怕是草率粗糙、吉光片羽的记录。约达尼斯在《哥特史》的前言中自谦，自己虽然以卡西奥多罗斯的作品为底本，但只有三天时间通读，加上自己的“表达水准无疑存在着缺陷”，又无法获取相应的许多史料，所以无法完美地完成为哥特人写史的“宏大任务”。[①]而格雷戈里的序言更为直率，其中写道：“尽管言辞粗鄙，我也要把往事的记忆留传后世，决不使那些邪恶的人和正直的人之间的斗争湮没无闻。”[②]在这些自谦话语的背后，都反映了一个相当崇高的目的，那就是通过历史著述不仅为后人留下历史记录，而且还要通过历史叙述的展开揭橥政治信条、道德观念和宗教信仰。由此沃尔特·葛发特说道，在一定的程度上，这些作者的历史著述可以被视为是“政治宣传品”，当然他承认这一说法略有些夸张。[③]

具体而言，格雷戈里和比德都相信历史的惩戒作用，也即善有善报、恶有恶报的理念。比德将自己的《英吉利教会史》虔诚地奉献给诺森伯里亚的国王，并写下了如下的文字：

> 上一次我曾欣喜地遵照陛下的意愿，把我新近写出的那本有关英吉利教会历史的书呈奉给陛下过目审阅；现在我再度把它呈交陛下，以便您能制作一份副本，供公余时更加仔细地披览。您不仅热衷于聆听《圣经》的训导，而且还十分关注您以往时代的特别是我们国家的那些高尚人物所做的事情。对您这种真诚的热情，我只能表示高度钦仰。因为，不管怎样，如果一部历史著作记载了善人善行，那么细心的人听到这些故事后就会深受感动而且仿效他们；如果一部历史著作记载了恶人恶行，那么它同样可以使忠诚善良的读者或听众避免那些对灵魂有害的东西而更加自觉地追求他知道是合天主意的善事。您出于对公众利益的尊

① 约达尼斯：《哥特史》，罗三洋译，第13页。
② 格雷戈里：《法兰克人史》，寿纪瑜、戚国淦译，商务印书馆，1981年，第1页。
③ Goffart, *Narrators of Barbarian History*, p.433.

重，仔细考虑了这一事实，为了教诲您自己也为了教诲那些天主授权您管理的其他人，意欲更大量地发行上述历史著作。[①]

在他笔下，诺森伯里亚的国王颇能与唐太宗相比，不但高度认可历史的价值，而且还鼓励比德著述，并帮助其著作的传布。同时，这段话也反映了比德自己的坚定信仰，那就是历史能劝善惩恶，有助国家的长治久安。他和格雷戈里的书中都列举事例，揭橥恶人、恶行遭到天谴、报应的事例。由于篇幅所限，本文就不再一一举例了。

中国自古以来就有的史官制度，让人清晰地看出历史写作与政治、道德之间的联系，在中国文化中源远流长。不过在魏晋南北朝之前，中国王朝虽有史官，但尚未建立史馆，所以没有集体修史的制度。而从魏晋南北朝到唐代，中国史学出现了从史官到史馆、从私史到官史的逐步演变。与唐代史馆修史的做法相比，中国史学奉为楷模的“前四史”，也即司马迁的《史记》、班固的《汉书》、范晔的《后汉书》和陈寿的《三国志》，都在不同程度上可以被看作是“私史”，因为它们的修撰，起始于个人的意欲而不是政府的指令。本文第一节经过史料耙梳，探讨“国史”一词的出现及其含义之变迁，目的是借此来帮助勾勒上述的过程。易言之，“国史”从指称一种史书到成为专门负责这类史书编修的官职——“修国史”“监修国史”等——反映了汉代以后，史馆集体修史制度的建立及其逐步走向完善。[②]当然，由于这一史馆修史制度的系统化，“国史”也作为一种特定的史书体裁而成为官方修史的核心部分了。官修历史的一个自然结果就是皇权对史家的控制。北魏崔浩的“国史之狱”便是一个佳例。崔浩为北魏皇帝拓跋焘的重臣，屡建功勋。但他因为在修国史时希求“直书”，触犯了皇帝的忌讳，于是一生功名，毁于一旦。[③]

① 比德：《英吉利教会史》，陈维振、周清民译，商务印书馆，1991年，第18页。

② 胡宝国指出，魏晋南北朝时期，北朝几乎从一开始就以官方修史为主，而南朝则有一个从私家修史逐步转向官修历史的过程，反映的是南朝逐步向北朝靠拢，也强化了皇权对历史书写的控制。氏著：《汉唐间史学的发展》，商务印书馆，2003年，第186—213页。

③ 有关崔浩“国史之狱”之起因，似乎众说纷纭，但笔者比较信任周一良先生的解释，见氏著：《崔浩国史之狱》，见《周一良学术论著自选集》，第358—366页。

到了唐代，史馆修史已经呈现了一个循序渐进、十分完备的程序，从起居注、时政记到日历和列传，然后整合成实录和国史，最后纂修成正史。上述这些不同的历史记录名称，在魏晋南北朝时期均以出现过，所以唐代官修史书，继承和发扬了汉代之后中国史学演化的成果。唐代史馆的建立和操作，使得此类作品的制作，在每一步都有专人负责，而一步完成之后亦有合适的交接，形成了一套十分有效的系统作业。在这一貌似机械的程序化、制度化的背后，透露了唐朝统治者对历史的态度和理念，那就是让史家“努力专注于撰写富有教育意义的历史：不仅在其最广泛的意义上，历史当体现出往昔所应提供给全体士人的道德伦理教训；而且在一个更狭隘的意义上，为那些参与治国的人士提供大量丰富的先例与榜样”。①从这一意义上来看，唐太宗对史书编写的重视，唐代史书之络绎不绝，绝非偶然。

本节讨论的第四，也是最后的部分，希望简略地分析帝国之后，欧亚史学这些围绕“国史”写作所出现的变化，对后世的史学著述产生了多大和怎样的影响。以西方史学而言，这些古典晚期、中世纪早期史家的影响似乎不言而喻：如果这些人不能充任唐纳德·凯利之谓“欧洲第一代史家”的美誉，他们至少像沃尔特·葛发特所说的那样，“为近代民族国家史的写作提供了养料”。②换言之，这些史家留下的作品，不但是近代民族史家重构法国史、英国史、德国史等国别史的主要依据，而且他们的观念和实践，也在不同程度上影响了后人的写作。举例来说，德国19世纪的史家利奥波德·冯·兰克（Leopold Von Ranke，1795—1886）向来被视为民族国家史写作的典籍者。兰克的成名作《拉丁与日耳曼民族史（1494—1514）》重新勾勒了欧洲文艺复兴以来主要民族的形成和变迁，建立了以后民族国家史写作的模式，不但兰克本人之后努力实践，而且也让之后好几代的欧洲史家争相效仿。用心的读者翻开兰克这部名作，便会发现他的叙述风格和重心，与本文讨论的史家的作品大致相似，唯一的不同是在兰克的叙述中，读者几乎见不到神迹的

① 引自杜希德：《唐代官修史籍考》，黄宝华译，上海古籍出版社，2010年，第73页。有关唐代史学的中文论著很多，但杜希德此书却是在研究唐代史馆制度上最为专门的著作。

② Goffart, *Narrators of Barbarian History*, p.8.

描写。[①]

除了剔除了神迹，近代民族史家的作品在其他许多方面，还是与约达尼斯、伊西多尔、格雷戈里、圣·比德和主祭保罗的民族史，存在显著差别。毕竟，从他们生活的时代到18、19世纪，也即民族国家史盛行的年代，中间相隔了约有一千年，期间的欧洲历史出现了众多的变迁甚至新的断裂。即使以中世纪史学的传统而言，民族史、族群史只是其中的一支。除此之外，始自优西比乌、哲罗姆等人的世界编年史的编纂，在中世纪的各个时代均后继有人，俨然代表了中世纪史学的主流。而就民族史写作的传统而言，自格雷戈里、比德之后，虽然带有传人，其中也发生了明显的变化。一个比较明显的不同就是约达尼斯、伊西多尔等人的写作，与政权和教权之间都有一定程度的联系，但他们作品所关注的是他们自身民族的早期历史，因此他们成为民族史、族群史写作的先驱。不过主祭保罗的《伦巴第史》已经表明，伦巴第人是从北方和东方进入欧洲南部的最后一支日耳曼蛮族，而在保罗写作的时候，伦巴第王国也已经被征服了。于是在主祭保罗之后的类似著作，基本以王国的兴衰为主题，因此更确切的称呼应该是王朝史（dynastic history）了。从民族史到王朝史，强化了我们上面讨论的史学与政治的关联，也让西方中古史学与中国中古史学之间，显现出了更多的可比之处。

在比德的《英吉利教会史》之后，但确切不知何时，有关不列颠诸岛王国的历史开始被记录在《盎格鲁-撒克逊编年史》（*Anglo-Saxon Chronicle*）中了。这些记录提供了有关各王国统治者以及他们所作所为的重要资料。而在12世纪《盎格鲁撒克逊编年史》大致停止的时候，英伦诸岛出现了几位比德的追随者，写作了一些以国王以及他们的王朝为中心的史著。而在法兰克王国，格雷戈里的效仿者也不绝如缕。在查理曼大帝的时代，卡洛琳王朝编写了《法兰克王朝纪年》（*Annales regni Francorum*）。而到了12世纪初年，还有《法兰西大纪年史》（*Les Grandes Chroniques de France*）的编纂。像《盎格鲁-撒克逊编年史》一样，这些纪年或编年史主要记述了国王及其王朝的事迹，与中国汉代之后的史家编写《实录》有些类似。

---

① 参见兰克：《拉丁与日耳曼民族史（1494—1514）》，付欣等译，广西师范大学出版社，2015年。

中世纪后期到文艺复兴时期，王朝史的写作在欧洲出现了一个繁荣期。其中的一个主要原因是王权的增长，使得王朝史的写作日益显出其政治实用性。15世纪的时候，法国宫廷设置了“国王史家”，担任其职的多是当时法国的著名学者。类似的官方史家也出现在西班牙。意大利的一些富庶城市，其首领也常常出资聘用史家为其政权写作历史。英法之间的百年战争（1337—1453）促进了民族主义情绪的增长，而在那时，其表现往往与自身王朝的命运相连。这一阶段王朝史的发达，还有一个重要的文化上的原因，文艺复兴孕育的人文主义研究，加上印刷术的采用，让学者觉得有必要整理、考订和修正前代所修的历史，并在采用它们的基础上、运用自己民族的语言（而不是拉丁语），重新写作和构建历史。[①]文艺复兴和宗教改革之后，民族国家逐渐在欧洲兴起和建立，上述这些王朝史的作品成为史家追溯其国家历史渊源的基础和材料。18—19世纪的史家写作的历史，基本都是政治史、军事史和外交史。它们像王朝史一样，以政治和社会的精英人物为历史叙述的中心。这一史学传统的改变，大致要在第二次世界大战之后才逐渐开始。

唐代以后，中国的国史、王朝史（断代史）的编纂，成了历史著述的正宗。遵循唐代的模式，历代修史成了一种必需，直到最后一个王朝、清王朝于1911年被推翻之后，仍然得以继续。中华民国初年《清史稿》的编纂，便是一个例证。更值得一提的是，这一官方修史传统的影响，不但时间久远，而且在空间上颇有扩展。唐朝的文化对周边的亚洲各国，均产生了深远的影响。以历史编纂为例，朝鲜、越南和日本，都参照唐代的模式，逐渐建立了王朝官方修史的传统。[②]以日本为例，其早期的历史记载被称为“国史”，由《日本书纪》《续日本纪》《日本后纪》《续日本后纪》《日本文德天皇实录》和《日本三代实录》构成，统称为“六国史”。从“六国史”的名称和内容来看，均可视为唐代官方史学的翻版，或者尚未完全成型的翻版，因为根据

① 参见Chantel Grell, “History and Historians in France, from the Great Italian Wars to the Death of Louis XIV” 和Daniel Woolf, “Historical Writing in Britain from the Late Middle Ages to the Eve of Enlightenment”, *Oxford History of Historical Writing*, José Rabasa, et al. (eds.), Oxford: Oxford University Press, Vol. 3, 2012, pp.384-405, 473-496。

② 参见朱云影：《中国文化对日韩越的影响》，黎明文化事业公司，1981年；孙卫国：《明清时期中国史学对朝鲜的影响：兼论两国学术交流与海外汉学》，上海辞书出版社，2009年；伊格尔斯、王晴佳：《全球史学史》，杨豫译，北京大学出版社，2011年，第50—53页。

唐代史馆修史的步骤，“实录”是为“国史”编写的材料而已。不过这些日本史书的留存，也为我们保存了一些唐代史学的风貌，因为唐代的实录留存至今的极少。

唐朝灭亡之后，中国对周边的影响明显削弱。以日本而言，国史的编纂不再继续。但中国的一些史学观念和实践，仍然施展着影响。8世纪之后，日本出现了不少以“镜”命名的史书类作品，如13、14世纪著名的《吾妻镜》，可见将历史视作镜子的比喻，在日本影响深远。而在朝鲜王朝于14世纪建立之后，逐渐建立了详备的官方修史制度。越南的官方修史虽然时断时续，但也为时久远。越南和朝鲜的官方修史，都延续到了19世纪。更值得一提的是，日本1868年明治维新之后，翌年明治天皇便诏令修史，强调其必要：

> 修史乃万世不朽之大典，祖宗之盛举，但自三代实录以后绝而未续，岂非一大缺憾？今已革除镰仓以来武门专权之弊，振兴政务，故开史局，欲继祖宗之绪余，广施文教于天下。任总裁之职，须速正君臣名分之谊，明华夷内外之辨，以树立天下之纲常。①

这个诏令的重要之处在于，明治天皇希望日本史家接续“六国史”的传统。虽然这一计划的实施历尽曲折，最后似乎以夭折告终。但为之设立的国史编纂处，以后虽屡次改名，但至今仍作为东京大学的一个机构而存在。

最后回到现代中国。《清史稿》之后，官方修史的传统正式告一中断。中国当代史家对清朝史和民国史的研究和撰述，基本都在大学或研究所里进行。但值得一提的是，2002年由中国人民大学清史研究所戴逸先生发起、2004年由中共中央和国务院批准的《清史》编纂工程，其组织者和政府都毫不讳言，《清史》工程的宗旨、规模和编纂都是为了承续中国官方修史的传统。根据百度“清史（学术性文化工程）”的介绍：“《清史》主体将多达 92 卷，约 3000 多万字。当这个浩大工程完成的时候，距离《二十四史·明史》

---

① 转引自坂本太郎：《日本的修史与史学》，沈仁安、林铁森译，北京大学出版社，1991年，第166页。

的成书之日正好是275年。”戴逸先生对这个工程的发起，亦有如下的解释：

> 这样规模的工程，人员可能动用二三百人，用款可能达到几个亿。几个亿在文化方面显得很大，但在整个经济建设上是个小数，对清代的整个文化遗产进行抢救，是很值得的。江泽民主席讲社会科学和自然科学有四个同等重要，但是我们现在缺乏标志性的文化工程。清史编纂如果按照这样的规模进行，可以称得上名副其实的国家行为、国家工程，是新世纪标志性的文化工程，意义重大，影响深远。它的实现依靠全体编纂委员和整个学术界的共同努力来完成。我相信全体编纂委员愿意承担这样艰巨、宏大的任务，积极地投入这项巨大的文化工程。这项工程时间很长，难度大，工作复杂，但我相信有党中央国务院强有力的支持，有文化部领导的协助，我们和广大历史学者团结一致、积极努力、开拓创新、与时俱进，一定能够完成党中央国务院和全国人民委托给我们的编纂清史的任务。①

这段说明，让我们看到官修正史在当代中国的深远影响，以其作为我们讨论和本文的结尾，实在是再好不过了。

（王晴佳，北京大学历史系长江讲座教授、美国新泽西州罗文大学历史系教授）

---

① 见百度“清史（学术性文化工程）”条目。

兰克《罗曼与日耳曼诸民族史·第一版序言》的思想史解读[1]

吕和应

摘要：兰克的处女作《罗曼与日耳曼诸民族史》[2]虽然不够成熟，但它却让兰克获得了柏林大学的教职，从而开启了德国现代史学的兰克时代。后世对这部经典著作的评论众多，而对其中第一版序言的评论尤甚。鉴于这篇序言的重要性，本文拟对其进行文本细读，并根据《罗曼与日耳曼诸民族史》的第一版序言、正文和附录等直接相关的材料来重新解读第一版序言，尤其是wie es eigentlich gewesen这句格言。首先，笔者重新探究了第一版序言的结构，认为第一版序言存在一个由“意图”“研究”与“表现”三部分组成的“隐微”结构，在论及“研究”与“表现”孰轻孰重的问题时，笔者强调，在兰克那里，“研究”要优先于“表现”，这是本文进行相关解释的出发点。其次，在将wie es eigentlich gewesen去经典化的过程中，笔者进一步论证了这句格言主要是针对“研究”层次而言的。再次，通过分析兰克回应利奥的文章，笔者指出，布劳等学者利用这篇回应文章进行的论证偏离了兰克的本意，事实上，他是要将史实的求真与生动形象的描述在“研究”的层次上统一起来。最后，笔者认为，兰克之所以这样做，是因为他希望在近代史领域复兴古典史学传统。在上述分析的基础上，笔者着力批判了从历史主义和审美主义的角度对第一版序言进行

---

① 【基金项目】本文系四川大学中央高校基本科研业务费项目“德国现代史学的职业化进程及其危机”（项目编号：SKQY201414）和“德国思想文化史研究”（项目编号：SKZX2015-GB27）的阶段性成果。

② 此书中译本为《拉丁与日尔曼民族史（1494—1514）》，是根据英文版翻译，本文译自德文版，故书名略有差异。——编者注

的时代误置的解释。

关键词：《罗曼与日耳曼诸民族史》第一版序言　wie es eigentlich gewesen　“隐微”结构　去经典化　兰克与利奥的论战　复兴古典史学传统　时代误置的解释

《罗曼与日耳曼诸民族史》（1824）是兰克的处女作，这部历史著作虽然不够成熟，但它却让兰克获得了柏林大学的教职，从而开启了德国现代史学的兰克时代。这样一部经典著作在当时以及后来都引发了强烈的反响，而围绕其中第一版序言展开的研究更是层出不穷。

兰克生前出版的《罗曼与日耳曼诸民族史》一共有三个版本，分别是1824年第一版、1874年第二版和1885年第三版，[①]而对应的序言则只有两篇：一篇是第一版序言（1824、1874、1885），后世研究者对这篇序言用力甚勤，它也是本文讨论的重点；一篇是第二版序言（1874、1885），即《罗曼与日耳曼诸民族史》被收入《兰克全集》时兰克新增的序言，[②]这篇序言重在说明为什么《罗曼与日耳曼诸民族史》只出版了第一卷；在第三版中（1885），兰克没有另外增加新的序言。

由于兰克每次修订《罗曼与日耳曼诸民族史》时都对1824年第一版序言做了程度不一的修订，因此，第一版序言相应也有三个版本，分别是1824年第一版序言、1874年第一版序言和1885年第一版序言。其中，1874年和1885年的第一版序言是1824年第一版序言的修订版。1874年第一版序言对1824年第一版序言做了一定幅度的修订，其中大部分的修订是拼写和语法方面的修

① Leopold von Ranke, *Geschichten der romanischen und germanischen Völker von 1494 bis 1535*, Bd. 1, Leipzig und Berlin: G. Reimer, 1824; Leopold von Ranke, *Geschichten der romanischen und germanischen Völker von 1494 bis 1514*, Leipzig: Verlag von Duncker und Humblot, 1874; Leopold von Ranke, *Geschichte der romanischen und germanischen Völker von 1494 bis 1514*, Leipzig: Verlag von Duncker und Humblot, 1885. 流传至今的《罗曼与日耳曼诸民族史：1494—1514》只是原计划出版的《罗曼与日耳曼诸民族史：1494—1535》的第1卷，第2卷并未出版。1874年和1885年版《罗曼与日耳曼诸民族史：1494—1514》属于兰克全集版。

② 参见Leopold von Ranke, *Geschichte der romanischen und germanischen Völker von 1494 bis 1514*, Leipzig: Verlag von Duncker und Humblot, 1874, Vorrede, S. IX–X。

订，只有少部分的修订涉及遣词造句和关键概念的修订。1885年第一版序言又对1874年第一版序言做了进一步的修订，但它与1874年第一版序言差别不大。还需要说明的是，1824年，《近代史家批判》是作为《罗曼与日耳曼诸民族史》第一卷（Band）的“附录”出版的，[①]在1824年第一版序言中，《罗曼与日耳曼诸民族史》被称为“当前的这本书”，《近代史家批判》被称为“另一本书”（Buch），这一称谓在1874年和1885年的第一版序言中被保留下来。《近代史家批判》自成一体，而且拥有独立的序言，但它与第一版序言关系密切，本文虽名为第一版序言研究，但实际的研究对象还包括《近代史家批判》及其序言。

在《罗曼与日耳曼诸民族史》的两篇序言中，第一版序言通常被视为兰克史学的宣言，兰克在《罗曼与日耳曼诸民族史》中提出的观点以及采用的研究方法和写作技巧在这篇序言中都有所体现。与兰克后来一系列历史著作相比，《罗曼与日耳曼诸民族史》并没有使用档案文献，后世史学家在相关领域的研究中不断推陈出新，使兰克这部处女作的价值大打折扣。尽管如此，从史学史的角度来看，因其划时代的意义，第一版序言一百多年来依然被反复研究着。

一、学术史回顾

截至目前，对《罗曼与日耳曼诸民族史》第一版序言的研究主要涉及如下几个方面：对第一版序言的文本研究；对第一版序言的整体研究；对第一版序言中最常被引用的格言wie es eigentlich gewesen的研究。[②]总的来说，既往研究体现了两个特点：第一，研究越来越深入，切入点越来越小，甚至小

① 与《罗曼与日耳曼诸民族史》一样，《近代史家批判》也有三个版本，分别是1824年版、1874年版和1884年版，其中，1824年第一版为《罗曼与日耳曼诸民族史：1494—1535》第一卷的附录，1874年和1884年两个版本是单行本；在排版上，第一版与后两个版本有很大出入，后两个版本之间相差甚微。参见Leopold von Ranke, *Zur Kritik neuerer Geschichtschreiber, Eine Beilage zu desselben romanischen und germanischen Geschichten*, Leipzig und Berlin: G. Reimer, 1824; Leopold von Ranke, *Zur Kritik neuerer Geschichtschreiber*, Leipzig: Verlag von Duncker und Humblot, 1874; Leopold von Ranke, *Zur Kritik neuerer Geschichtschreiber*, Leipzig: Verlag von Duncker und Humblot, 1884。

② 本文所谓wie es eigentlich gewesen这句格言，并不是指wie es eigentlich gewesen所在的整个句子，而是指er will bloß sagen/zeigen, wie es eigentlich gewesen这半句，为了行文方便，笔者经常将其简化为wie es eigentlich gewesen；指wie es eigentlich gewesen所在的整个句子时，笔者使用“整句格言”来表述。

到对一个概念的研究，比如，对eigentlich的研究，对1824年第一版序言中的sagen被修订为1874年第一版序言中的zeigen的研究；第二，德国学者或德裔学者在兰克研究方面占据主导地位，一方面，德国学者对19世纪德国史学的研究素有传统，另一方面，哈乔·霍尔本（Hajo Holborn，1902—1969）、菲利克斯·吉尔伯特（Felix Gilbert，1905—1991）、伊格尔斯等德裔学者推动了英语世界的兰克研究，并为其培养了新生代的研究者，毫不夸张地说，德国和美国是迄今最重视兰克研究的国家。鉴于第一版序言的相关研究异常丰富，加之本文篇幅所限，笔者将选取代表性的研究成果加以概述和分析。

在第一版序言的相关研究中，大部分研究以兰克的格言wie es eigentlich gewesen为中心展开，但也有一些例外。比如，恩斯特·舒林（Ernst Schulin）的《兰克的处女作》和特奥多尔·冯·劳厄（Theodore H. Von Laue）的《兰克的早期生涯》。舒林的论文名义上是分析兰克的处女作《罗曼与日耳曼诸民族史》，实质上则是分析其中第一版序言。舒林在文中探讨了兰克为什么没有写出《罗曼与日耳曼诸民族史》的第二卷，也就是涉及1514年至1535年欧洲历史的那一卷。他给出的一种解释是，在写到1514时，兰克发现当时的出版物很少涉及1514年之后的事件，材料不足使他的研究无法继续下去；后来，兰克在柏林、维也纳、威尼斯和梵蒂冈等地发现了丰富的档案文献，而这些材料又使其研究偏离了他在1824年为《罗曼与日耳曼诸民族史》设定的方向。除此以外，舒林还探讨了兰克这部经典著作的基本观点：罗曼与日耳曼诸民族是一个统一体，在他看来，这种超越于政治之上的观点终究不可能成功。[①]与舒林的研究不同，劳厄在其《兰克的早期生涯》的第一章中系统地分析了《罗曼与日耳曼诸民族史》的第一版序言。劳厄首先概述了路德新教、古典语文学、德国观念论、浪漫主义、民族主义、法国大革命、拿破仑以及波旁王朝复辟对兰克的影响，在随后的分析中，他强调由于时局的缘故，兰克从古典语文学转向近代史研究，尽管如此，兰克的《罗曼与日耳曼诸民族史》还是保留了古典语文学的印迹。劳厄指出，古典语文学与历史学具有相通之处：首先，兰克在莱比锡大学接受的古典语文学训练使他未经历

① Ernst Schulin, “Rankes Erstes Buch”, *Historische Zeitschrift*, Bd. 203, 1966, S. 581–609.

史学训练就可以胜任历史研究的工作；其次，兰克直接将古典语文学的方法移植到近代史研究中，更新了历史研究的方法；再次，兰克也像古典语文学家那样，超出语法和文本去把握被研究对象的生命和思想。[①]

鉴于本文的重点是基于第一版序言的整体结构来重新解释wie es eigentlich gewesen，为此，笔者将花费更多笔墨来分析既往关于这句格言的研究。

由于wie es eigentlich gewesen长期遭到误解，为了澄清这句格言，有的研究者诉诸词义演变分析；有的研究者在各种文献中寻找与此类似的句子，以求获得类比性的解释；有的研究者综合兰克前后期的观点进行整体性的解释。这些解释策略是否有效呢?

第一种解释策略是词义演变分析。为了解释这句格言，伊格尔斯曾诉诸词义演变分析，他认为，在兰克时代，eigentlich的含义比现在模糊，它既有actually之义，又有characteristic或essential之义，而且兰克更多是在后面两种含义上使用eigentlich。伊格尔斯这样解释eigentlich，意在强调eigentlich具有“个体性”的意蕴，以便将这句格言朝着历史主义的方向进行解释。[②]事实上，伊格尔斯的解释并不具有说服力，因为仅凭词义演变分析，并不能彻底改变对这句格言的理解。我们可以看到，比伊格尔斯夫妇译本晚出的英译本大多仍将eigentlich译作actual或actually。[③]而在兰克自己的论著中，eigentlich也并不罕见。在《近代史家批判》中，兰克曾言，“马基雅维利并非那个时代真正的史学家”，[④]此处“真正的”即eigentlich；在晚年自述中，兰克又言，“尼布尔实际上更热衷于赋予传统某种意义”，[⑤]这里的“实际上”即eigentlich。

第二种解释策略是类比性的解释。类比性的解释能否澄清兰克这句格言呢？汤普森在其《历史著作史》中声称，早在1778年，施密特（Michael

① Theodore H. Von Laue, *Leopold Ranke: The Formative Years*, Princeton, NJ: Princeton University Press, 1950, pp. 9–32.

② Leopold von Ranke, *The Theory and Practice of History*, Georg Iggers, Konrad von Moltke (eds.), New York: The Bobbs-Merrill Company, 1973, “Introduction” , p. xix.

③ Hajo Holborn, “The Science of History” , in Joseph R. Strayer (ed.), *The Interpretation of History*, Princeton University Press, 1943, p.73; J. D. Braw, “Vision as Revision: Ranke and the Beginning of Modern History” , *History and Theory*, Vol. 46, No. 4, 2007, p. 47; Ranke, *The Secret of World History*, p. 58.

④ Leopold von Ranke, *Zur Kritik neuerer Geschichtschreiber, Eine Beilage zu desselben romanischen und germanischen Geschichten*, 1824, S. 7.

⑤ Leopold von Ranke, “Dictat vom November 1885” , *Sämmtliche Werke*, Vol. 53/54, Leipzig: Verlag von Duncker & Humblot, 1890, S. 62.

Ignaz Schmidt，1736—1794）已在其《德意志人史》第一卷的导论中使用了类似wie es eigentlich gewesen的表达（wie es das worden sey, was es wirklich ist）。[①]汤普森下此判断的预设是，与wie es eigentlich gewesen类似的表述，其含义也与这句格言类似。仔细搜索，我们可以发现，有类似表述的绝不止兰克一人。在兰克之前，威廉·洪堡和尼布尔也使用了与wie es eigentlich gewesen类似的表述。洪堡在《论史学家的任务》的开头说道，“史学家的任务是表现发生之事”（Darstellung des Geschehenen）。[②]尼布尔在《古代史讲义》中评论说，“有一次，一位有智慧的男人问道：‘据说，人们已经到了如此地步，在阅读古代史时，竟将古代史当作真实发生之事’（als ob sie wirklich geschehen）。”[③]在兰克之后，格维努斯（G. G. Gervinus）在《十九世纪史导论》的序言也有过类似的表述。聚贝尔（Heinrich von Sybel）在《历史知识的原则》（1864）的最后总结道：“但科学不能过问倾向和私欲，它只能追问真理（nur nach Wahrheit fragen）。”[④]聚贝尔将兰克视为德国观念论的重要体现者，但具体到对这句格言的解释，他还是认为，由于受约翰·冯·穆勒（Johhanes von Müller）和尼布尔的影响，兰克在格言中强调的是批判的方法。[⑤]据此，我们是否可以推断出，洪堡、尼布尔、格维努斯和聚贝尔都持有与兰克类似的观点呢。显然，这是不可能的，因为要真正澄清这句格言，除了考察它本身的含义之外，还需要以第一版序言以及其他直接相关的材料为依据，仅凭不同学者的两句话之间的相似性，势必难以达到此目的。

批评性的解释是类比性的解释的变体。尼采对兰克的解读就是典型的批评性的解释。[⑥]尽管尼采在《历史对于人生的利弊》（1873）中对客观史学大

---

① 参见James Westfall Thompson, *A History of Historical Writing*, vol. 2, New York: The Macmillan Company, 1942, p. 125。汤普森译作how the *things have come to be what they are*。德语原文参见Michael Ignaz Schmidt, *Geschichte der Deutschen*, Erster Theil, Ulm: Verlag August Lebrecht Stettins, 1778, Vorrede, S. 3。

② 参见Wilhelm von Humboldt, “Über die Aufgabe des Geschichtsschreibers”, *Deutsche Geschichtsphilosophie von Lessing bis Jaspers, herausgegeben und eingeleitet von Kurt Rossmann*, Bremen: Carl Schünemann Verlag, 1959, S. 153–155.

③ B. G. Niebuhr, *Vorträge über* alte Geschichte, Bd. I, Berlin: Druck und Verlag von G. Reimer, 1847, S. 427.

④ Heinrich von Sybel, “Über die Gesetze des historischen Wissens”, *Vorträge and Aufsätze*, Berlin: A. Hofmann, 1874, S. 20.

⑤ Heinrich von Sybel, “Gedachtnisrede auf Leopold von Ranke”, *Historische Zeitschrift*, Bd. 56, 1886, S. 467–468.

⑥ 新康德主义者乃至20世纪几乎所有历史哲学家都对兰克这句格言进行了望文生义的批评，在他们看来，兰克是不折不扣的实在论者。参见吕和应：《20世纪历史哲学中的兰克形象》，见《政治认知与历史变迁》（《世界历史评论》第1辑），上海人民出版社，2014年，第133—150页。

加鞭挞，但在1885年的笔记中，他坦陈，直到写作《人性的，太人性的》（写于1876—1878年，出版于1878年），他才真正阅读了兰克的历史著作。1877年初，尼采读到了兰克的《教皇史》，在《朝霞》的第307节，尼采写出了自己的读后感："事实，虚构的事实！——历史学家处理的，不是实际发生过的事（was wirklich geschehen ist），而是在人们想象中发生的事，因为只有在人们想象中发生的事才会有效果……"①在这里，尼采并未点名批评兰克，而且他使用的表述was wirklich geschehen ist与兰克的wie es eigentlich gewesen看起来也不尽相同，但研究者还是将尼采的批评与兰克联系了起来。②关于这句引文，尼采著作Pütz版的编者注释为："……历史科学的首要任务是，永远只探讨一个时代的精神，以及通过这种方式同时只描写那个过去了的时代有效的事实或'观念'（例如可参兰克）。尼采反对这种观点，对于真实发生的事件的解释的效果代替了真实发生的事件。"③从编者的这条注释来看，尼采的批评所针对的，是兰克主张史学家要描述"实际发生过的事"，而尼采在阅读兰克的历史著作之后强烈感受到，兰克的史学主张与其历史著作给人的实际印象反差太大，为此，他才感叹"历史学家处理的……是人们想象中发生的事"，借用编者的话来说，即"对于真实发生的事件的解释的效果代替了真实发生的事件"。看得出来，尼采是强调"解释"对于历史学具有决定性的意义，在其他著作中，尼采曾强调，"没有事实，只有解释"。尼采的洞见很有启发性，但无奈他所批评的兰克并非真实的兰克，兰克的格言也并非他想象的那么简单。

第三种解释策略是整体性的解释。我们以布劳（J. D. Braw）的《作为修正的"可视性"：兰克与现代史学的开端》为例来加以说明。④布劳这篇论文极具挑战性，它试图颠覆关于《罗曼与日耳曼诸民族史》的既有解释，即方

---

① 尼采：《朝霞》，田立年译，华东师范大学出版社，2007年，第302—303页。

② Thomas H. Brobjer, "Nietzsche's Relation to Historical Methods and Nineteenth-Century German Historiography", *History and Theory*, Vol. 46, No.2, 2007, pp.171–173.

③ 尼采：《朝霞》，田立年译，第303页。

④ J. D. Braw, "Vision as Revision: Ranke and the Beginning of Modern History", *History and Theory*, Vol. 46, No. 4, 2007, pp. 45–60. 与布劳的解释类似的还包括：Felix Gilbert, *History: Politics or Culture? Reflections on Ranke and Burckhardt*, Princeton, NJ: Princeton University Press, 1990。吉尔伯特在该书中分析了兰克史学的成就，在他看来，对兰克而言，wie es eigentlich gewesen不仅意味着尽可能正确地确立历史事实，而且还意味着将历史事实置于当代语境中加以生动的再现。

法论创新的解释和历史主义的解释，在他看来，兰克的这部处女作的核心思想，既不是方法论的创新——将古典语文学的方法移植到近代史研究中——又不是历史主义，而是呈现历史本身的“可视性”的文学策略，如类比和隐喻等策略；布劳认为，兰克史学算不上范式革命，只能算是某种修正。为了论证其观点，布劳使用了大量材料，除了《罗曼与日耳曼诸民族史》的第一版序言、正文和附录，还包括兰克与海因里希·利奥（Heinrich Leo，1799—1878）论战的文献，兰克其他历史著作以及1824年前后的书信和日记，聚贝尔、狄尔泰、约克伯爵和梅内克等后世学者的观点也被当作重要的佐证。尽管这篇论文具有较强的说服力，类似观点也已成为主流的解释，但布劳的观点及论证并非无懈可击。首先，布劳在选取材料时有失偏颇，为了论证wie es eigentlich gewesen的本义是展现历史本身的“可视性”，布劳援引了大量强调历史学是一门艺术的材料，但兰克从早期到晚期一直强调历史学既是一门科学又是一门艺术，在有些段落，他格外强调历史学的求真追求，对于这方面的材料，布劳置若罔闻。其次，布劳并未严格依据《罗曼与日耳曼诸民族史》的第一版序言、正文和附录以及兰克与利奥论战的文献等直接相关的材料来论证其观点，他援引的大多数材料与第一版序言只是间接相关。

并非所有研究者都赞同布劳的观点，两位青年学者齐格弗里德·鲍尔（Siegfried Baur）和阿图尔·阿西斯（Arthur Alfaix Assis）就提出了不同的看法。鲍尔在其《青年兰克的历史知识理论》中论证说，兰克将历史学区分为“研究”（Forschung）与“写作”（Schreibung）两个层次，wie es eigentlich gewesen对应于“研究”的层次，因此，这句格言并不是强调历史写作的艺术性，而只是强调历史研究的科学性。[①]阿西斯在《史学何为?》中将这句格言解释为兰克“为知识而知识”，其观点与鲍尔类似。[②]鲍尔和阿西斯一反主流解释，源于他们看到了第一版序言中“研究”与“表现”之间的区分。

上述三种解释策略是本文重新解释第一版序言需要借鉴的，但笔者认为，相关研究还是存在一些疏漏：

---

① Siegfried Baur, *Versuch über die Historik des jungen Ranke*, Berlin: Duncker & Humblot, 1998, S. 67–155.

② Arthur Alfaix Assis, *What is History for? Johann Gustav Droysen and the Functions of Historiography*, Oxford: berghahn, 2014, p. 43.

关于兰克《罗曼与日耳曼诸民族史》第一版序言的研究，数量虽多，但没有哪一种解释是最终的解释，这是由这份文本的性质决定的。第一版序言翻译成中文只有2300字左右，在这样的篇幅内，兰克不可能将所有想法都呈现出来，更不可能将每一种想法都透彻地说清楚，因此，每一种解释都是研究者自己的诠释。在相关研究中，援引兰克其他论著、书信和日记的情况俯拾皆是，之所以如此，是因为第一版序言无法完成自我诠释，必须借助其他辅助材料才行。

在借助其他辅助材料进行解释的过程中，出现了历史主义和审美主义的解释取向。在下文中，笔者将通过文本细读来澄清，这两种主要的解释取向都存在时代误置的问题，它们都忽略了兰克撰写《罗曼与日耳曼诸民族史》第一版序言的具体语境，而且在使用其他辅助材料时不够谨慎。在本文中，对第一版序言的研究力求依据直接相关的文本，如《罗曼与日耳曼诸民族史》的第一版序言、正文和附录，兰克与利奥论战的文献，以及与《罗曼与日耳曼诸民族史》直接相关的书信和日记，这些材料才是重新解释第一版序言的基础，兰克在其他论著中表述的观点最多只能作为补充性的材料，否则，对兰克早期观点的解释就有可能变成对兰克一生观点的解释，甚至出现以今度古的情况。

既然《罗曼与日耳曼诸民族史》第一版序言是本文研究的落脚点，加之第一版序言的三个版本之间又存在一定的差异，那么在重新展开研究之前，文献整理就成为必要的准备性工作。

二、第一版序言的文献整理

要准确把握《罗曼与日耳曼诸民族史》的第一版序言，文献整理是其基础。就目前的研究现状来看，这项工作姗姗来迟。1999年，托马斯·马丁·布克在《历史年鉴》上发表了《论兰克1824年的格言：一项以文本考证为主的研究》，[1]在该文中，他详细考证了1824年、1874年和1885年的第一版

---

① Thomas Martin Buck, “Zu Rankes Diktum von 1824: Eine vornehmlich textkritische Studie” , *Historisches Jahrbuch*, Bd. 119, 1999, S. 159–185.

序言的区别，并将1874年和1885年的两次修订归纳为十类，其中大部分修订只涉及拼写和语法，对研究者不具有任何意义，但少数修订，如兰克将er will bloß sagen, wie es eigentlich gewesen一句中的sagen修订为zeigen或将某些句子整句删除，就具有值得探讨的深意。布克的工作不只是整理文献，他还着重研究了1874年和1885年的第一版序言为什么要将整句格言中的sagen修订为zeigen，在他看来，sagen是“说出”之义，zeigen是“展示”之义，兰克借此修订，旨在说明史学家“不需要说出，而只需要展示……他所看到的东西”，以突出历史现象的“个体性”和历史写作的“直观性”。诸如此类的修订，显然系兰克有意为之，因此，研究者在引用第一版序言时，要随时注意1824年第一版序言与1874年和1885年的第一版序言之间的差别，这是研究第一版序言的前提，但目前关于《罗曼与日耳曼诸民族史》第一版序言的大多数研究，往往都忽视了这一点。在第一版序言现有的多个德文版和英文版中，编校者或编译者径直将1874年修订后的版本等同于第一版序言的标准版而未加说明。为此，研究者今后在引用第一版序言时，需要标明是1824年第一版序言，1874年和1885年的第一版序言，还是布克的考证版第一版序言（考证版第一版序言可以对观三个版本的第一版序言，它以1824年第一版序言为底本，另外在脚注中标明1874年和1885年的第一版序言做了哪些修订）。本文在引用第一版序言时，若未专门说明，皆默认为引用考证版第一版序言。

本文将基于第一版序言的整体结构来重新解释wie es eigentlich gewesen，因此，还需要就这篇序言的分段问题略作交代。在1824年第一版序言中，总共有五段文字，第一段是总纲，兰克表示他要在“意图”（Absicht）、“材料”（Stoff）和“形式”（Form）三个层次上概要说明《罗曼与日耳曼诸民族史》的成书情况，在第一段之后的三个段落，兰克分别从“意图”“材料”和“形式”三个层次展开论述，最后一段是补充性说明（这一段以endlich开头），兰克在该段落中提出了个体与整体的关系问题。针对德文版第一版序言的这种分段方式，大多数英译本都做了改动，尤其是在涉及“意图”的第二段和涉及“形式”的第四段。可能是考虑到第二段和第四段的德文原文过长，英译本往往将第二段一分为三，将第四段一分为二。为了方便读者的阅读，这种重新分段的方式并非全无道理，但作为一个经典文本，在重新分段之后，整篇序言的层次不清，而且极易误导研究者。

本文并不想在布克的基础上重新整理第一版序言，而只是鉴于现有的英译本①和中译本②都存在一些瑕疵，为了下文论述的方便，才有意根据布克的考证版重新翻译第一版序言。在翻译过程中，笔者将以1824年第一版序言为底本，同时在注释中标明哪些重要内容在1874年和1885年的第一版序言中被修订过，由于拼写和语法方面的修订很难在中文中显示出来，故暂不作翻译。

我必须承认，对我而言，当前这本书在付梓之前比现在也即行将付梓之时看起来更完美。但我还是希望善意的读者们更多地关注本书可能有的优点，而不要只盯着它的缺点。鉴于本书正文并不具备澄清所有事情的功能，因此，我还是有必要对本书的意图、材料和形式作一个简要的说明。

一位史学家的意图取决于他的观点。关于我的观点，我有两点需要在此说明。第一，我把罗曼与日耳曼诸民族视为一个统一体。这一概念与以下三个相近的概念都不同：第一个概念是普世基督王国的概念，这一概念包括了亚美尼亚人；第二个概念是欧洲统一体的概念，因为土耳其人是亚洲人，而俄罗斯帝国包括整个北亚，所以我们只有深入了解亚洲的整个国际关系，才可能从根本上理解土耳其和俄罗斯；第三个也是最相近的概念是拉丁基督王国的概念，但斯拉夫人、

---

① Leopold von Ranke, "Preface: Histories of Romance and Germanic Peoples" , in Fritz Stern(ed.), *The Varieties of History: From Voltaire to the Present*, New York: Vintage Books, 1956, pp. 55–58; Leopold von Ranke, "Preface to the First Edition of Histories of the Latin and Germanic Nations" , in Georg G. Iggers and Konrad von Moltke (eds.), *The Theory and Practice of History*, Indianapolis : The Bobbs-Merrill Company, 1973, pp. 135–138; Leopold von Ranke, "Introduction to the History of the Latin and Teutonic Nations" , in Roger Wines (ed. and trans.), *The Secret of World History: Selected Writings on The Art and Science of History*, New York: Fordham University Press, 1981, pp. 56–59.

② 第一版序言目前有两个中译本，分别译自弗里茨·斯特恩和罗格·文斯的英译本。兰克：《1494—1514年的拉丁和日耳曼民族史·前言》，柳卸林译，见何兆武主编：《历史理论与史学理论》，商务印书馆，1999年，第222—224页；兰克：《〈拉丁与条顿民族史〉导言》，易兰译，见罗格·文斯编：《世界历史的秘密》，复旦大学出版社，2012年，第77—80页。新近出版的《拉丁与日耳曼民族史，1494—1514》（付欣等译，广西师范大学出版社，2016年）依据英译本翻译，由于该英译本没有收录第一版序言，故中译本缺少这篇极其重要的序言。

拉脱维亚人、匈牙利人都属于拉丁基督教世界，它们具有某种无须赘言的特色。关于罗曼与日耳曼诸民族统一体之外的事情，我只在必要时涉及，而且一笔带过，我将集中关注拥有纯日耳曼或日耳曼-罗曼血统的亲缘民族，它们的历史是整个近代史的核心。接下去的导论主要是通过对外功业的线索，试图展示这些民族究竟多大程度上是在一个统一体中以及在相同的运动中获得发展的。这就是作为当前这本书的基础的那种观点的一个面相，而另一个面相则直接体现在本书的正文中。**这本书远未涉及这些民族的全部历史，而仅仅涉及其中一小段历史，**[①]而这一段历史也可以视为近代史的开端——但它是复数的历史，而非单数的历史。一方面，这本书涉及西班牙君主制的建立、意大利自由的丧失；另一方面，还涉及了一个双重的对抗的形成，政治对抗因法国人而起，宗教对抗因宗教改革而起，换言之，我们的民族分裂为两个敌对的阵营，而整个近代史都奠基于这一分裂。本书始于这样一个时代，在当时，意大利还是一个统一体，而且至少享有外部自由，因为教皇在意大利，所以意大利甚至还有可能被视为霸主。本书试图表现意大利的分裂，法国和西班牙人的入侵，一些国家丧失全部自由，另一些国家丧失自主权，最后还试图表现西班牙的胜利以及西班牙在意大利的统治的开始。其次，本书也始于政治上虚弱的西班牙诸王国走向统一，统一的王国联合起来打击异教徒，并影响了基督教的内在发展。本书力图阐明，与异教徒的斗争是如何导致美洲被发现以及当地的几大王国被征服的，但最重要的是阐明，强化基督教的企图如何导致西班牙在意大利、德意志以及尼德兰称霸的。再次，本书也始于查理八世通过反土耳其的斗争——法兰西在此过程中遭遇了所有幸运与不幸——而成为基督教先锋，到41年之后弗朗索瓦一世又寻求土耳其的帮助以对抗皇帝时代。最后，通过追溯德国在政治上集体反对皇帝、欧洲在宗教上集体反对教皇，本书力图为更全面地洞察宗教改革所引起的重大宗教分裂铺平道路。关于这一宗教分裂，需要考察的只

① 在1874年第一版序言中作：这本书仅仅涉及这些民族的一小段历史。

是第一阶段。本书尝试把所有这些事件以及其他相关事件置于罗曼与日耳曼诸民族的统一体中加以把握。人们曾赋予历史学评判过去、教导当代人以利于未来的职责，当前的尝试不敢奢望这样的重任，它只是想**说出**[①]事情的本来面目。

要重新来研究这段历史，材料从何而来呢？回忆录、日记、书信、外交报告、目击者的原始记录等原始材料是当前这本书的基础。至于其他著述，只有当它们直接援引了上述原始材料或由于其包含了某种最初的认知而与上述原始材料等价时，才会被采用。每一页都会标明援引的著作有哪些。研究方法以及考证结果将在同时出版的另一本书中展现。**尽管柏林皇家图书馆藏书甚丰，但得益于主管部门的特许以及图书馆员维尔肯、布特曼、施派克的仁慈，这座图书馆向我敞开了大门，这项研究尚有多少改进的余地，日后会自己显露出来。**[②]

本书的形式取决于它的意图和材料。人们并不能要求历史学做到可以在诗性作品中发现的那种自由发挥（诗性作品至少在理论上可以自由发挥），而且我也并不知道，人们是否应该相信已经在希腊和罗马的大师的作品中发现了这样的自由发挥。严格地表现事实——即便事实可能是偶然和枯燥乏味的——无疑是最高的法则。对我来说，其次是阐明各个事件的统一性和进步性。因此，虽然人们本来期待我首先对欧洲的公共关系进行一般性的表现，但我并不会这样做，如果这样做，即使不会打乱我的视角，也会使我的视角不够集中，我偏好更详实地展示每一个处在异常活跃或霸主地位的民族、强权和个人的本来面目。我并不在意我之前在这里和那里已提及它们，因为我如何能够避免提及它们的存在呢？通过这种方式，至少它们普遍采取的路线、它们所走的道路以及激发它们的思想都可以得到更好的把握。

最后，对个体的处理是史学工作中这样一个本质性的部分，而我能够就它说些什么呢？对个体的处理通常不是粗糙的、残缺的、死板的、

① 1874年第一版序言，“说出”（sagen）被修订为“展示”（zeigen）。

② 这句话在1874年第一版序言中被删除。

令人生厌的吗？在这方面，古代和近代都有高贵的典范——人们不要忘了近代也有这样的典范，但我不敢模仿这些典范，因为它们的世界与众不同。对个体的处理，确实存在一个崇高的理想：使各个事件易于被人们理解，既要把握其统一性，又不失其多样性；这个理想是有可能实现的：但我知道，我离这一理想还有多远。**还说什么呢？**[①]有人尝试过了，有人努力过了，但最终还没人实现这一理想。人们不应该为此而失去耐心！重要的事情始终是我们要处理什么，正如雅各比所说，我们要处理人类的真正面目，不管这种面目是不是能够说清楚，换言之，我们要处理的是个体的生活、一代代人的生活、一个民族的生活，有时还要处理高居于它们之上的上帝之手。

三、第一版序言的重新解读

兰克一系列历史著作具有共同的结构，它们都是由序言（Vorrede）、导论（Einleitung）、正文和附录（Beilage）四个部分组成的。四个部分各司其职，一般来说，序言主要是介绍正文的基本观点、材料来源，并在此基础上提出一些零星的史学思想；导论是正文的先导，它与正文构成一个整体；正文之后的附录，要么是对某些历史著作的批判，要么是资料的汇编。在兰克的历史著作被翻译成英文的过程中，序言和附录通常都被省略掉，事后看来，此举造成了兰克长期被英语世界的读者误解。在兰克生前，他的讲稿、书信、日记以及晚年自述并未公之于众，人们要想了解兰克的史学思想，唯有通过阅读其历史著作获得自己的认识，而这些历史著作的序言和附录，往往有助于人们判断自己的认识是否符合兰克的本意，如果轻易省略掉，那么读者就只能按照自己一厢情愿的理解来评价兰克了。在兰克所有重要历史著作的序言中，《罗曼与日耳曼诸民族史》的第一版序言占据着特殊的地位，一方面，它是兰克史学的宣言，另一方面，这篇序言与其他序言在结构方面有所不同，它有一个相对完整的结构。

---

① 这句话在1874年第一版序言中被删除。

1. 第一版序言的“隐微”结构

兰克在《罗曼与日耳曼诸民族史》第一版序言的开头就已经说明了这篇序言的基本结构，笔者在上文也做了简单的交代，事情已经足够清楚，现在还有必要重提吗？笔者以为，如果要澄清第一版序言的诸多谜团，那么重新分析其结构就非常必要。事实上，这篇序言包含了两套结构，一套是“显白”结构，另一套是“隐微”结构，正是这两套结构相互交织，才使这篇序言容易被误读。

第一版序言的“显白”结构是，它由“意图”“材料”和“形式”三部分组成，其“隐微”结构则是，它由“意图”“研究”（Forschung）与“表现”（Darstellung）三部分组成。这样一套“隐微”结构的存在，可以在第一版序言以及《近代史家批判》中找到直接的文本根据。

第一版序言的第二段以“一位史学家的**意图**取决于他的**观点**”[①]开头。在这句引文中，我们需要说明，第二段中的哪些内容属于他所谓的“观点”（Ansicht），哪些内容属于他所谓的“意图”（Absicht）。[②]由于第二段德语

① 德语原文：Die *Absicht* eines Historikers hängt von seiner *Ansicht* ab.

② 笔者在此考证了兰克所谓的“意图”（Absicht）究竟是指什么，它与“目标”（Zweck）又有何区别。对照《近代史家批判》中的一些段落，我们发现兰克有时混用Absicht和Zweck两词。在《近代史家批判》的序言第一段，兰克开门见山地说，“在本书中，我有三个**意图**”（Bei gegenwärtiger Schrift habe ich drei *Absicht*），而在该序言的第三段，兰克又称，“……是本书最主要的**目标**”（der vornehmste *Zweck* vorliegender Schrift）。比较两处的具体论述可知，不管是兰克所谓的“意图”还是他所谓的“目标”，其实都是指辨析近代史家的著作中哪些材料是真实的，哪些材料是伪造的。就此而言，这里的“意图”和“目标”可以通用。我们还可以举一个例子来进一步说明Absicht的用法。兰克在《教皇史》序言的开篇即说，“我的**意图**是表现，至少是概要地表现……（...habe ich die *Absicht* wenigstens im Umriß darzustellen）教会权力暂时复兴的时代，以及教会的革新和内在发展，进步和衰落。”根据这些材料，我们可以得出如下结论：在兰克那里，Absicht是指其历史著作主要涉及的内容，虽然Absicht与Zweck可以通用，但Zweck不具有特别的含义。

在既往研究中，研究者有时将兰克所谓的“意图”与他赋予历史学的“职责”（Amt）混淆起来。事实上，二者具有明显的区别：“意图”是史学家个人在主观上试图达到的目标，在行文中，兰克通常是说“我的意图”、“本书的意图”或“某某人的意图”，它是指兰克的历史著作主要涉及的内容；而“职责”是历史学对每位史学家的客观要求，它往往是阐述某种史学原则。显然，兰克在第一版序言第二段重点交代的是他的“观点”和“意图”，而非段末的“职责”。在其他文献中，我们还可以找出一些兰克用来表示某种史学原则的说法。比如，1827年，兰克在柏林大学讲授“18世纪初以来的文学发展”时提出，“**历史学的目标**是将过去的生活呈现在眼前”（der *Zweck der Historie* ist, das vergangene Leben sich vor Augen zu stellen）。在《法国史》第五卷（1861）中，兰克又写道，“相反，**史学家的任务**同时是文学和学术的；历史学同时是艺术和科学”（*Die Aufgabe des Historikers* dagegen ist zugleich literarisch und gelehrt; die Historie ist zugleich Kunst und Wissenschaft）。1873年5月，兰克在写给儿子奥托·兰克（Otto Ranke）的信中说，“历史学的科学和表现是一种**职责**，只有牧师的职责可与之比肩”（Die historische Wissenschaft und Darstellung ist ein （转下页）

原文太长，第一版序言的英译本和中译本都将它一分为三，在第二段的第一部分，兰克首先亮出了他的“观点”:“我把罗曼与日耳曼诸民族视为一个统一体”；与此相对应，他在第二段的第二部分和第三部分表明了他的“意图”:“本书尝试把所有这些事件以及其他相关事件置于罗曼与日耳曼诸民族的统一体中加以把握”。在第二段的末尾，兰克道出了历史学的“职责”(Amt):“人们曾赋予历史学评判过去、教导当代人以利于未来的**职责**，当前的尝试不敢奢望这样的**重任**（hoher Ämter），它只是想**说出/展示**事情的本来面目。”

兰克在论及“材料”的第三段开头说，“要重新来**研究**（erforscht）这段历史，材料从何而来呢？”[①]言下之意，材料是服务于研究的，要重新研究这段历史，就需要新的材料。兰克随后又在第三段段中补充道，“**研究**（Forschung）方法以及考证结果将在同时出版的另一本书中展现”，[②]即在附录《近代史家批判》中展现。根据这两句引文的表述不难看出，用“研究”(Forschung)来替换“材料”(Stoff)并将其作为这一段的关键词是可行的。若不固执于兰克本人就第一版序言的结构进行的说明，我们甚至可以说，“研究”是更合适的关键词，对此，笔者有两点理由：第一，兰克的史学成就很大程度上得益于他所使用的新材料，在《教皇史》和《宗教改革时期的德国史》的序言中，兰克着墨最多的正是新材料的获取过程；有时候，他甚至断言，如果没有获取大量新材料，他很可能写不出像样的历史著作。但是，获

(接上页) *Amt*, das sich nur mit dem priesterlichen vergleichen läßt)。由上述材料可见，不管是“历史学的目标”“史学家的任务”还是“历史学的职责”，都反映了兰克对史学功能的某种原则性认识，它们与兰克所谓的“意图”完全是两码事。《近代史家批判》的两句引文分别出自 Leopold von Ranke, *Zur Kritik neuerer Geschichtschreiber, Eine Beilage zu desselben romanischen und germanischen Geschichten*, 1824, S. III, S. IV;《教皇史》的引文出自 Leopold von Ranke, *Die römischen Päpste, ihre Kirche und ihr Staat im sechszehnten und siebenzehnten Jahrhundert*, Bd. 1, Leipzig: Verlag von Duncker und Humblot, 1885, Vorrede, S. V; 课程导论的引文出自 Leopold von Ranke, *Vorlesungseinleitungen*, hrsg. von Volker Dotterweich und Walther Peter Fuchs, München: R. Oldenbourg Verlag GmbH, 1975, S. 64;《法国史》的引文出自 Leopold von Ranke, *Französische Geschichte vornehmlich im sechzehnten und siebzehnten Jahrhundert*, Bd. 5, Leipzig: Verlag von Duncker und Humblot, 1870, S. 5; 书信的引文出自 Leopold von Ranke, *Das Briefwerk*, Walther Peter Fuchs (Hg.), Hamburg: Hoffmann und Campe Verlage, 1949, S. 518。

① 德语原文：Woher aber konnte dies neu *erforscht* warden?

② 德语原文：Art der *Forschung* und die kritischen Resultate wird ein zweites Buch vorlegen, das mit gegenwärtigem an Einem Tage ausgegeben wird.

取新材料本身不是目的，目的是更新既往的研究成果，形成新的历史认识，新材料只是研究的必要条件之一。第二，兰克对德国现代史学影响至深，不仅是因为他撰写了一系列经典著作，更是因为他的研究方法惠及更多后学；尽管兰克在《近代史家批判》中直接展现的只是考证结果，但其背后隐含的研究方法更让人心驰神往，考证结果可能会受到利奥的质疑，①但他所示范的研究方法却是授人以渔，在其晚年自述中，兰克谈及《罗曼与日耳曼诸民族史》的写作时，津津乐道的正是其研究方法的独创性。②

在涉及"形式"的第四段中，如果联系兰克被普遍接受的形象，最先跃入眼帘的一句话必然是，"严格地**表现**（Darstellung）③事实——即便事实可能是偶然和枯燥乏味的——无疑是最高的法则"。④"表现"在这一段中总共出现了两次，虽然其中一处只是一般用法，不具有上述的特殊含义，但我们依然可以用"表现"来替换"形式"并将其作为这一段的关键词，因为早在启蒙时代，德国学者就已经在史学方法论中大量论及"表现"问题。⑤

在第一版序言中，兰克分别论述"材料"与"形式"，并将其视为历史学的两个重要的层次，这与启蒙时代德国学者区分"研究"与"表现"是一致的。在18世纪下半叶，随着历史学开始被视为德语意义上的科学，"研

---

① Heinrich Leo, "Rezension von Rankes *Geschichten der romanischen und germanischen Völker* und der *Kritik neuerer Geschichtschreiber* desselben", *Ergänzungsblätter der Jenaischen Allgemeinen Literaturzeitung*, Nr 17&18, 1828, Sp. 129f; Heinrich Leo, Replik auf Rankes Replik, *Intelligenzblatt der Jenaischen Allgemeinen Literaturzeitung*, Nr. 39, 1828, Sp. 305f.

② Leopold von Ranke, "Dictat vom November 1885", S. 61–62.

③ Darstellung系日耳曼语单词，它是拉丁语repraesentatio的近似翻译（参见U. Theissmann, [Art.] Darstellung, in Joachim Ritter [u.a.] (Hrsg.), *Historisches Wörterbuch der Philosophie,* Bd. 2. Stuttgart: Schwabe, 1974. S. 11.）Darstellung与Historiographie和Geschichtschreibung具有相通之处，故而它也具有"历史编纂"或"历史写作"之意。鉴于大部分英译者都将Darstellung译作exposition、presentation或representation，笔者也将其译作"表现"，"表现"概念与海登·怀特的"叙事"概念基本上可以互换。

④ 德语原文：Strenge *Darstellung* der Thatsache, wie bedingt und unschön sie auch sei, ist ohne Zweifel das oberste Gesetz. 中译者常将wie es eigentlich gewesen译为"如实直书"，但笔者认为，最适合译为"如实直书"的并非wie es eigentlich gewesen，而是Strenge Darstellung der Thatsache，因为Darstellung本身就具有"书写"之意。

⑤ 参见Horst Walter Blanke und Dirk Fleischer (Hrsg.), *Theoretiker der deutschen Aufklärungshistorie*, Stuttgart: frommann-holzboog, 1990; Stefan Jordan, *Geschichtstheorie in der ersten Hälfte des 19. Jahrhunderts: Die Schwellenzeit zwischen Pragmatismus und Klassischem Historismus*, Frankfurt am Main: Campus Verlag, 1999; Friedrich Rühs, *Entwurf einer Propädeutik des historischen Studiums,* Berlin: Realschulbuchhandlung, 1811; Wilhelm Wachsmuth, *Entwurf einer Theorie der Geschichte*, Neu herausgegeben und eingeleitet von Hans Schleier and Dirk Fleischer, Waltrop: Hartmut Spenner, 1992; G. G. Gervinus, "Grundzüge der Historik", *Schriften zur Literatur*, Berlin: Aufbau-Verlage, 1962, S. 49–103.

究”就逐渐从“表现”中剥离出来。1784年，启蒙史学家施罗策尔（August Ludwig Schlözer，1735—1809）论述与史学相关的从业者时，明确地区分了“历史研究者”（Geschichtforscher）与“历史写作者”（Geschichtschreiber），① 由此说明，在史学界，“研究”与“表现”之间的区分已经普及。②19世纪初，弗里德里希·余斯（Friedrich Rühs，1781—1820）和威廉·瓦克斯穆特（Wilhelm Wachsmuth，1784—1866）分别在《历史研究入门提纲》（1811）和《史学理论提纲》（1820）中，以“研究”与“表现”之间的区分为根据来架构其史学方法论。③与同时代的学者一样，兰克也接受“研究”与“表现”之间的区分。1828年，兰克分别在“研究”和“表现”层次上回应了利奥，在“研究”层次上，他主要是反驳利奥对其材料运用的指责，在“表现”层次上，他主要是努力证明自己的叙述条理清楚。④

“研究”与“表现”之间不仅有区分，还存在孰轻孰重的问题。一部德国现代史学史，就是“研究”逐渐取代“表现”的历史。在科学化之前，历史学更重“表现”，在科学化之后，历史学更重“研究”。⑤表面上来看，兰

---

① Horst Walter Blanke und Dirk Fleischer (Hrsg.), *Theoretiker der deutschen Aufklärungshistorie*, Stuttgart: frommann-holzboog, 1990, S. 597–598.

② 需要说明的是，尽管在德语史学理论最近的讨论中，Forschung与Darstellung这对概念几乎完全被Geschichtsforschung与Geschichtsschreibung这对概念所替代，而且单独使用的Darstellung有时也被Erzählung所替代，但鉴于我们是在19世纪的语境下讨论Forschung概念，我们将沿用Forschung与Darstellung这对概念。

③ Friedrich Rühs, *Entwurf einer Propädeutik des historischen Studiums*, Berlin: Realschulbuchhandlung, 1811; Wilhelm Wachsmuth, *Entwurf einer Theorie der Geschichte*, Neu herausgegeben von Hans Schleier and Dirk Fleischer, Waltrop: Hartmut Spenner Verlag, 1992.

④ Leopold von Ranke, “Erwiderung auf Heinrich Leo’s Angriff”, *Sämmtliche Werke*, Vol. 53/54, Leipzig: Verlag von Duncker & Humblot, 1890, S. 659–666.

⑤ 一个重要证据是，用于指称“史学家”的德语单词发生了变化，Geschichtschreiber逐渐被Geschichtforscher或Historiker取代。前者通常被用来指称19世纪之前的史学家，特别是西方古典史学家（希罗多德、修昔底德、波里比阿和塔西佗）及其近代的模仿者（奎恰尔迪尼和吉本），而后者通常被用来指称强调考证的历史研究者。这一点在19世纪初的过渡期文本中就有所反映。尼布尔继续在书信中使用Geschichtschreiber来表示史学家；洪堡在《论史学家的任务》（1821）中也使用Geschichtschreiber来表示史学家，但在其早期论文《论古代文化特别是古希腊文化的研究》（1793）中，他却使用Historiker和Geschichtforscher来表示史学家。就笔者所见，兰克从未使用Geschichtschreiber来表示自己的职业身份，但他常用它来指称奎恰尔迪尼等近代史家，他一直将自己视为Historiker，读者可以在《近代史家批判》中找到证据。

兰克的《近代史家批判》也算是“过渡期文本”，其中，兰克有时也混用Geschichtschreiber与Historiker。《近代史家批判》的德文标题为Zur Kritik neuerer Geschichtschreiber，也就是说，他批判的对象是近代的Geschichtschreiber，但在行文过程中，兰克偶尔也使用Historiker来指称近代史家。比如，在《近代史家批判》的序言中，他论及奎恰尔迪尼等意大利、西班牙、德意志和法国史学家时，使用的是（转下页）

克是“研究”与“表现”并重，因为其史学思想始终关照了“研究”与“表现”这两个层次。在《罗曼与日耳曼诸民族史》第一版序言中，兰克既论述了“材料”，又论述了“形式”。这种认识与他后来的主张是一致的。在1831—1832年的课程导论中，兰克论证说，在搜集、发掘和解析材料的层次上，历史学是一门科学，在“构形”（gestalten）和“表现”（darstellen）前一阶段成果的层次上，历史学则是一门艺术。①在《法国史》的第五卷（1861）中，兰克同样肯定了历史学既是一门科学又是一门艺术，并强调二者并不矛盾。正是在此处，除了将“科学”与“艺术”对举之外，他还成对地使用了“内容”与“形式”“语文学”与“文学”“美”与“真”“形式”与“探究”“表现”与“知识”以及“表现”与“研究”等概念。②

尽管如此，这些论述真的意味着兰克是“研究”与“表现”并重呢？在笔者看来，单就第一版序言来说，事实并非如此。兰克在第一版序言的第四段段首明言，“本书的形式取决于它的意图和材料”，换言之，对兰克而言，“表现”取决于“研究”，“研究”与“表现”不是并重的，“研究”要优先于“表现”，这是兰克早期的史学原则，也是我们重新解释wie es eigentlich gewesen的基础。尽管兰克曾说过，“**史学家的任务**同时是文学和学术的；历

（接上页）Geschichtschreiber，而在评论“马基雅维利不是那个时代真正的史学家”时，使用的则是Historiker。兰克在《近代史家批判》第五编讨论了法国史学家，第五编第六章，兰克使用的小标题是Historiker（vom Fach）[（专业）史学家]，以区别于Geschichtschreiber vom Hof（宫廷史学家），在1824年《近代史家批判》第一版中，我们还不能发现不一致，但在1874年的第二版和1884年的第三版中，我们发现了不一致：《近代史家批判》第一版没有设置页眉，而在第二和第三版的页眉中，第五编被命名为Französische Geschichtschreiber（法国史学家），这与第二和第三版的第五编第六章的小标题Historiker不一致。1828年，兰克再次谈及他对近代史家的批判时，他使用Historiker来指称近代史家（参见Leopold von Ranke, “Erwiderung auf Heinrich Leo's Angriff”, S. 663）。由此说明，兰克用来指称奎恰尔迪尼等近代史家的Geschichtschreiber也逐渐被Historiker所取代。到写作《宗教改革时期的德国史》的1840年前后，兰克在谈到档案大量涌现之后，写作近代史不再需要借助近代史家的著作时，他是用Historiker来指称这些近代史家（参见Leopold von Ranke, *Deutsche Geschichte im Zeitalter der Reformation*, Bd. 1, Leipzig: Verlag von Duncker und Humblot, 1881, Vorrede, S. IX–X）。在晚年自述中，奎恰尔迪尼等近代史家被称为Autor（参见Leopold von Ranke, “Dictat vom November 1885”, *Sämtliche Werke*, Bd. 53/54, S. 61）。兰克始终将自己定位为Historiker，从《罗曼与日耳曼诸民族史》开始就是如此。

① Leopold von Ranke, “Idee der Universalhistorie”, *Vorlesungseinleitung*, Volker Dotterweich und Walther Peter Fuchs (Hrsg.), München: R. Oldenbourg Verlag, 1975, S. 72.

② Leopold von Ranke, *Französische Geschichte vornehmlich im sechzehnten und siebzehnten Jahrhundert*, Bd. 5, S. 5–6. 相关研究可参考Rudolf Vierhaus, “Historiography Between Science and Art”, in Georg G. Iggers, James M. Powell (eds.), *Leopold von Ranke and the Shaping of the Historical Discipline*, NY: Syracuse University Press, 1990, pp. 61–69。

史学同时是艺术和科学”（1861），“历史学的科学和表现是一种**职责**，只有牧师的职责可与之比肩”（1873），但这与我们强调“研究”要优先于“表现”并不矛盾。

纵观学者对wie es eigentlich gewesen的研究，我们发现了两种各执一词的解释取向。美国科学史学派和新康德主义者分别将兰克视为科学史学家和历史实在论者，他们对这句格言的解释过于依赖它与“研究”层次的联系；吉尔伯特和布劳等学者强调wie es eigentlich gewesen的审美维度，他们对这句格言的解释又过于依赖它与“表现”层次的联系。鉴于美国科学史学和新康德主义的解释早已被抛弃，我们将以布劳为例，聚焦对这句格言的审美主义解释。我们注意到，布劳在论文中直接将Historie译为history-writing，同时将wie es eigentlich gewesen视为“表现”（布劳将Darstellung译为representation）层次上的追求。[①]他曾援引“历史学的目标是将过去的生活呈现在眼前”一语（出自兰克1827年的课程讲义）作为重要证据，乍一看，这句话应该是针对“表现”层次而言的，因为兰克是在概述文学发展史时顺带论及历史学的目标的；但结合兰克回应利奥的文章来看，这句话也未必是完全针对“表现”层次而言的，它也很可能同时是针对“研究”层次而言的，因为兰克在这篇回应文章中论证说，生动形象的历史不仅需要依靠合理的想象，而且更需要原始材料的支撑。总之，布劳对wie es eigentlich gewesen的解释一开始就偏离了“研究”优先于“表现”这一史学原则。

在下一节，笔者将结合《近代史家批判》对第一版序言加以分析，这样做，既是为了说明wie es eigentlich gewesen并非经典，又是为了说明这句格言主要是针对“研究”层次而言的。

2. wie es eigentlich gewesen 的经典化和去经典化

《罗曼与日耳曼诸民族史》第一版序言的“隐微”结构长期被忽视，与wie es eigentlich gewesen被格言化存在直接的关系。由于被大量引用，wie es eigentlich gewesen逐渐成为经典的格言，甚至成为兰克史学的代名词。此过

---

① J. D. Braw, “Vision as Revision: Ranke and the Beginning of Modern History”, pp. 47–48.

程并未让人们越来越了解兰克的史学主张，反倒使其主张遭到越来越多的误解，究其原因，是由于后世学者将这句格言与其语境剥离开来、任意解释而造成的。而本节所谓“wie es eigentlich gewesen的去经典化”，是指将这句格言重新置于其语境中，以便让它在《罗曼与日耳曼诸民族史》的第一版序言、正文和附录等直接相关的材料中呈现出原初的朴素含义。

兰克本人非常清楚，《罗曼与日耳曼诸民族史》算不上成熟的历史著作，在着手编辑其全集时，他并未将这部不成熟的历史著作编入全集第1卷（被置于首卷的是《宗教改革时期的德国史》），而是连同《近代史家批判》编入第33、34卷。在兰克生前，《罗曼与日耳曼诸民族史》的第一版序言并未引起特别的关注，wie es eigentlich gewesen更少被学者谈及。但随着时间的推移，变化正在悄然发生，我们可以在伯伦汉（Ernst Bernheim，1850—1942）和新康德主义者身上发现这种变化。

还在担任哥廷根大学的编外讲师时，伯伦汉就已经出版了《历史研究与历史哲学》（1880）一书，他在该书中评论说，兰克的《近代史家批判》具有重要的方法论意义，不过，此时他并未提及《罗曼与日耳曼诸民族史》的第一版序言，更没有提及wie es eigentlich gewsen。[①]然而，在稍后几年出版的《史学方法论》（初版，1889年；修订后的第五和第六版，1908年）中，伯伦汉在概述史学方法论的发展史时，特别表彰了兰克的《罗曼与日耳曼诸民族史》及其附录《近代史家批判》的贡献：伯伦汉认为，《罗曼与日耳曼诸民族史》的出版使历史学真正变成了科学，作为佐证，他完整引述了“人们曾赋予历史学评判过去、教导当代人以利于未来的职责，当前的尝试不敢奢望这样的重任，它只是想展示事情的本来面目”，而没有引述该书中的其他文字；对于《近代史家批判》，他更是推崇备至，他称《近代史家批判》在方法论上开创了新的纪元。[②]尽管伯伦汉在其论著中多次提及兰克，但上述观点无疑是他对兰克最重要的评价。伯伦汉的这部史学方法论教材影响巨大，

① Ernst Bernheim, *Geschichtsforschung und Geschichtsphilosophie*, Göttingen: Verlag Robert Peppmüller, 1880, S. 8.

② Ernst Bernheim, *Lehrbuch der Historischen Methode und der Geschichtsphilosophie, Mit Nachweis der wichtigsten Quellen und Hilfsmittel zum Studium der Geschichte*, Leipzig: Duncker & Humblot, 1908, S. 237.

他对兰克的评价也传播甚广。与伯伦汉的史学方法论进路不同，新康德主义者坚持反实在论的立场，在他们眼中，历史实在论在德国最重要的代表就是兰克。作为新康德主义的早期代表，文德尔班在晚年的《历史哲学：战时讲义》中分析“历史哲学”的任务时写道：“根据兰克著名的格言，人们只能断言，历史不得不单纯而客观地确定历史事件是什么，也就是wie es eigentlich gewesen；而哲学应该判断历史事件具有什么样的价值。”①根据引文提示，我们知道，文德尔班是较早将wie es eigentlich gewesen视为格言的学者。在文德尔班之后，李凯尔特、西美尔、卡西尔等新康德主义者延续了文德尔班对兰克的认识。

同样是在19世纪与20世纪之交，美国科学史学派成为wie es eigentlich gewesen格言化的另一主导者。当时很多美国史学家单纯地认为，wie es eigentlich gewesen就是指客观地记录历史事实。尽管卡尔·贝克尔和查尔斯·比尔德等史学家后来反对这种史学观，但他们并不反对此前美国史学家塑造的兰克形象，这种状况一直要持续到流亡的德国史学家的到来。在“二战”前后流亡到美国的德国史学家在“二战”后纷纷撰文，纠正美国史学家对兰克这句格言的片面理解。“二战”后，英语世界与德国的学术交流增多，纠正兰克形象的问题也成为了德国学者的重要任务。

正是在误解和纠偏的过程中，wie es eigentlich gewesen在不经意间就变成了一句经典的格言，与其说这句格言本身很经典，还不如说它是被塑造为经典的。在本节剩下的篇幅中，笔者准备结合相关材料，让这句格言去经典化。

要去经典化，首先需要回归第一版序言和《近代史家批判》等直接相关的材料。据布克的考证版第一版序言，我们将整句格言翻译为：

> 人们曾赋予历史学评判过去、教导当代人以利于未来的职责，当前的尝试不敢奢望这样的重任，它只是想**说出/展示**事情的本来面目。

---

① Wilhelm Windelband, *Geschichtsphilosophie: Eine Kriegsvorlesung*, Wolfang Windelband und Bruno Bauch (Hrsg.), Berlin: Reuther & Reichard, 1916, S. 20.

(Man hat der Historie das Amt, die Vergangenheit zu richten, die Mitwelt zum Nutzen zukünftiger Jahre zu belehren, beigemessen: so hoher Ämter unterwindet sich gegenwärtiger Versuch nicht: er will bloß sagen/zeigen, wie es eigentlich gewesen.)

从使用的词汇和句式来看，这句格言并不具备独特性。

首先，正如上文所述，兰克在1874年将1824年第一版序言中的sagen修订为zeigen。在笔者看来，此处修订只能表明zeigen更贴合第一版序言的遣词造句，更能传达兰克的史学思想，而不能表明在此处修订前后，兰克的史学思想发生了转变。从正面来说，除了此处修订，兰克在第一版序言的其他地方原本就使用了zeigen或类似表述（ins Licht zu setzen），特别是"我偏好更详实地展示每一个处在异常活跃或霸主地位的民族、强权和个人的本来面目"一处使用的zeigen，与"展示事情的本来面目"中的zeigen在用法上几乎相同。1828年，在回应利奥的批评时，兰克也多次在"表现"层次上使用zeigen一词。[①]从反面来说，sagen在1824年第一版序言中出现达五次以上，在1874年第一版序言中，仅格言中的sagen被修订为zeigen。正反两方面都说明，sagen和zeigen都是第一版序言中的常用词，1874年第一版序言将格言中的sagen修订为zeigen只是锦上添花，不具有根本的重要性。

其次，整句格言常被简写为wie es eigentlich gewesen，在第一版序言和《近代史家批判》的序言中，我们也可以发现类似的句式。比如，在第一版序言中，我们可以找到如下表述："我偏好更详实地展示每一个处在异常活跃或霸主地位的民族、强权和个人的**本来面目**"（**wie sie gewesen**），"正如雅各比所说，我们要处理人类的**本来面目**"（**wie sie ist**）；而在《近代史家批判》的序言中，我们则发现了这样的表述："还有一些人只是以转述**已发生的事为目标**"（**was geschehen ist**）。这些出现在同一时间、同一文本中的常见表述应该可以佐证，wie es eigentlich gewesen未必有后世学者反复揣摩的深意。

① Leopold von Ranke, "Erwiderung auf Heinrich Leo's Angriff", *Sämmtliche Werke*, Vol. 53/54, Leipzig: Verlag von Duncker & Humblot, 1890, S. 664.

从内容来看，整句格言与《近代史家批判》的序言存在一定的对应关系。

《罗曼与日耳曼诸民族史》第一版序言具有清晰的层次感，每个段落之间的衔接都非常紧密。上文已证明第一版序言存在“隐微”结构并就各个组成部分进行了简要说明。笔者当下疑惑的是：wie es eigentlich gewesen这句格言在第一版序言第二段中处于什么位置，它在整篇序言中又处于什么位置？在第二段中，为什么兰克在论述了自己的“意图”之后，突然加上了整句格言？从表面上看，整句格言与第二段所论述的“意图”无关，兰克的“意图”是撰写近代开端的历史，并将罗曼与日耳曼诸民族视为一个统一体，而整句格言表达的是历史学的职责，二者风马牛不相及。整句格言似乎与第三段关于“材料”的论述也无关，因为兰克在第三段开头说，要重新研究近代开端的历史，接着就提出，什么样的材料使他有可能重新研究这段历史。

经过对比，笔者惊奇地发现，“人们曾赋予历史学评判过去、教导当代人以利于未来的职责，当前的尝试不敢奢望这样的重任，它只是想说出/展示事情的本来面目”这整句格言与《近代史家批判》的序言存在一定的对应关系。笔者得出这个结论，是基于如下几点理由：

其一，整句格言与《近代史家批判》序言中的一些句子传达的意思相同。就“人们曾赋予历史学评判过去、教导当代人以利于未来的职责”这句而言，我们可以在《近代史家批判》的序言中找到对应的内容：“一些人庄重地走来，他们想要表现，他们自认为走的是古人走过的道路。另一些人则想从过去获得一些教益以供未来之需。有很多人想要辩护或控告。有不少人出于更深层次的原因，出于热情和爱好，致力于推动事件的发展。还有一些人只是以转述已发生的事为目标，撰写报告的目击者就是为了实现这一目标。”[①]其中，“另一些人则想从过去获得一些教益以供未来之需”与第一版序言中的“人们曾赋予历史学评判过去、教导当代人以利于未来的职责”何其相似。在第一版序言中，兰克“只是想说出/展示事情的本来面目”，而在

① Leopold von Ranke, *Zur Kritik neuerer Geschichtschreiber, Eine Beilage zu desselben romanischen und germanischen Geschichten*, S. III. 译文参考了新近出版的《近代史家批判》中译本（兰克：《近代史家批判》，孙立新译，北京大学出版社，2016年）。

《近代史家批判》的序言中，兰克则声称，《近代史家批判》的主要目标是弄清哪些作者掌握了“原始认识”(originale Kenntniß)，从哪些作者那里“能够获得真正的教益”(wahrhaft belehrt werden können)；这两句话分别表明了兰克希望在《罗曼与日耳曼诸民族史》和《近代史家批判》中达到的效果，虽然前者是希望说出 / 展示近代开端的历史的本来面目，后者是希望弄清近代史家中哪些人的著作值得信赖，但二者在结构上何其相似：前者试图突破近代史家设定的职责，后者试图突破近代史家占有的材料。

其二，兰克在第一版序言第三段开头宣称，要重新研究近代开端的历史。一般而言，要重新研究一段历史，要么是关于这段历史的既有著作粗陋浅薄，要么是出现了新观点或新材料。事实上，二者互为表里，在大多数情况下，都是由于新出著作在观点或材料上更新颖而使既有著作被淘汰。与《近代史家批判》对近代历史著作的尖锐批评相比，兰克在第一版序言中表现得更为克制，他一上来并没有直接说既有著作不堪卒读，而是说他产生了新观点，并有新材料作为支撑。

研究者在援引 wie es eigentlich gewesen 这句格言时，一般都未留意它前面的一句话，即“本书尝试把所有这些事件以及其他相关事件置于罗曼与日耳曼诸民族的统一体中加以把握”。这句话是兰克所谓的“意图”最精炼的概括，在这句话结束之后，兰克才强调，“人们曾赋予历史学评判过去、教导当代人以利于未来的职责，当前的尝试不敢奢望这样的重任，它只是想说出 / 展示事情的本来面目”。整句格言前面的那句话是强调兰克在《罗曼与日耳曼诸民族史》中引进了新观点，根据《近代史家批判》的序言来看，整句格言的前半句“人们曾赋予历史学评判过去、教导当代人以利于未来的职责，当前的尝试不敢奢望这样的重任”则表明，兰克不满意近代史家留下的著作，它们赋予了历史学过多的职责。由此可见，兰克要重新研究近代开端的历史，应该是出于两方面的考虑：一方面，他提出了新观点，另一方面，他不满意既有著作。正因为如此，他在第二段论述其“意图”之后，接着谈及自己不敢奢望像近代史家那样撰写历史，而“只是想说出 / 展示事情的本来面目”。

由于要重新研究这一段历史，加之既有著作不能令他满意，兰克才在第一版序言第三段讨论新材料。柯林武德曾形象地将西方传统史学概括为“剪刀加糨糊”的史学，这种评价显然低估了西方传统史学的价值，但却无意间道出了它在材料运用方面的局限，那就是大量援引前人历史著作中的材料，甚至是直接摘抄。兰克只想“说出/展示事情的本来面目”，而近代史家的著作注重评判过去、为当代人提供教益，更关键的是，这些著作中存在大量史实错误，因此，它们就不可能成为兰克直接援引的材料。兰克在整句格言的前半句真正想表明的是，除了与近代史家“道不同不相为谋”，还有他对近代史家无法直接为他重新研究这一段历史提供更多材料表达不满。

通过上述分析，可知第一版序言第二段末尾与第三段的开头是紧密衔接的。兰克在第三段中称“研究方法以及考证结果将在同时出版的另一本书中展现”，这只说明了第一版序言与《近代史家批判》的表面关系，第二段与第三段之间的衔接在更深层次上展现了二者的关系：《近代史家批判》是《罗曼与日耳曼诸民族史》的前提，这并不是说后人不能重新研究同一段历史，而是说，没有《近代史家批判》的话，兰克就很难取得研究上的突破。

wie es eigentlich gewesen去经典化的过程见证了《罗曼与日耳曼诸民族史》第一版序言与《近代史家批判》之间非同寻常的关系。有鉴于此，要真正理解wie es eigentlich gewesen，就必须充分重视《近代史家批判》。根据上一节对第一版序言的“隐微”结构的分析，《近代史家批判》体现了“研究”之于历史学的重要性，因此，笔者认为，wie es eigentlich gewesen主要是针对“研究”层次而言的。

3. 驳海因里希·利奥

既然wie es eigentlich gewesen主要是针对“研究”层次而言的，那么它与美国科学史学派和新康德主义者的解释有何区别呢？难道时至今日我们还必须接受“wie es eigentlich gewesen就是指客观如实地记录历史事实”这一解释吗？答案当然不是，在本节中，笔者将重点分析兰克回应利奥的文章，在此过程中，笔者将顺带指出，这句格言的意思与美国科学史学派和新康德主义者的解释有天壤之别。

兰克的《罗曼与日耳曼诸民族史》出版之后，褒扬者有之，但批评者也不乏其人。1828年，也就是这部历史著作出版四年之后，海因里希·利奥在《耶拿文学通报·副刊》上发表了一篇小文章（分两期连载），对兰克的《罗曼与日耳曼诸民族史》大肆攻击，在兰克看来，这样刻薄恶毒的批评让他忍无可忍，他的还击是出于被迫。兰克在《哈勒文学通报》上发表的回应文章篇幅也不大，其中还包含了不少出自《罗曼与日耳曼诸民族史》和《近代史家批判》的引文。他分别在“研究”（Forschung）、“表现”（Darstellung）和“思考”（Besinnung）三个层次上反驳了利奥的观点，这是他第一次站出来澄清他在《罗曼与日耳曼诸民族史》中确立的原则和方法。

在“研究”的层次上，利奥主要批评了兰克在材料运用方面的问题。兰克在第一版序言和《近代史家批判》中确立了根据材料得出事实的原则，而且声称要“严格地表现事实”，但在利奥看来，兰克本人也未严格遵循他自己确立的原则。利奥以德意志史学家皮尔克海默尔（Bilibald Pirkheimer）的《瑞士战史》为例。兰克曾在《近代史家批判》第四编第二章中批评了皮尔克海默尔，他认为应该一分为二地看待皮尔克海默尔的历史著作：一方面，皮尔克海默尔曾参加过一些战斗，他关于这部分历史的记载是可信的；另一方面，对于他未参加过的战斗，他的记载多半是道听途说，而且错误比比皆是。尽管如此，兰克在《罗曼与日耳曼诸民族史》中论述瑞士与士瓦本同盟之间的战争时，还是大量援引了皮尔克海默尔著作的说法，这一点在该书密集的脚注中清晰可见。利奥借皮尔克海默尔对兰克发难，是因为利奥认为，兰克无中生有，虚构了皮尔克海默尔著作中没有记载的东西，也即出现了利奥所谓的“诗性的添加物”。神圣罗马帝国皇帝马克西米利安一世在1499年的鲁德霍尔兹战役中被瑞士人打败，兰克曾就此写道：“马克西米利安的希望都落空了。最初，他将自己关在林道的皇宫里，并且让邦君等在门外，但不久他就使自己镇静下来。在傍晚时分，他打开房门，在大庭广众之下就餐；然后，他从窗户遥望星空，并谈及星星的本质。”[①]在叙述结束之后，兰克还特意加上脚注，说明他援引了皮尔克海默尔，但利奥发现，他在皮尔克海默尔的著作中找不到“马克西米利安的希望都落空了”或“他让邦君等在

① Leopold von Ranke, “Erwiderung auf Heinrich Leo’s Angriff”, S. 660.

门外”这样的说法，因此，他怀疑兰克是在虚构情节。兰克辩解道，他没有虚构情节，这样一些说法可以在皮尔克海默尔著作的其他段落中找到文本依据。至于他为什么在《近代史家批判》中批评皮尔克海默尔而又在《罗曼与日耳曼诸民族史》中援引他，兰克又辩解道，他最在意的是“对个体进行根本性的研究”（gründliche Erforschung des Einzelnen），为此需要具有“原始性”（Originalität）、“直观性”（Anschauung）和“丰富性”（Fülle）的一手材料。[①]唯有如此，他才能对个体的“特殊性”加以描述。最后他说，“他并不想骗人”。

在“表现”的层次上，利奥批评兰克的叙述混乱不堪，兰克以《罗曼与日耳曼诸民族史》第二章第一节“统一的西班牙”的第一段为例予以回应。在这段话中，兰克论述了西班牙的卡斯蒂利亚和阿拉贡的联合以及西班牙与法国、英格兰和葡萄牙的关系。兰克先整段引用，并虚拟大声朗读，然后再逐句分析，以此说明他的叙述并不混乱，最后他讽刺道：“我要问的是，哪里混乱了？是我的表现混乱还是我的解释混乱了呢？”[②]兰克声称该段落意在直接表现“普遍性”（Allgemeine），因而没必要赘述“特殊性”（Besondere）。对他来说，表现整体和精神是诗性和艺术性表达的本质特征，这是他在《罗曼与日耳曼诸民族史》中的重要尝试。兰克认为，利奥与他“走的是完全不同的道路”，他并不怪罪利奥。[③]

在“思考”的层次上，利奥批评兰克在《罗曼与日耳曼诸民族史》中不时论及“上帝之手”对历史进程的影响。兰克予以否定，他坦言，自己在著作中论及“上帝之手”，与教会史家具有根本的差别，教会史家意在证明历史进程是由上帝意志决定的，而他只是在古代神话和悲剧的层面谈论上帝对于历史写作所具有的意义。[④]兰克以古希腊的色诺芬为例加以说明。在色诺芬的《希腊史》和《长征记》等著作中，神对历史进程不起决定作用，之所以论及神，更多是宗教习惯使然，再者是修辞的需要。

---

① Leopold von Ranke, “Erwiderung auf Heinrich Leo’s Angriff” , S. 663.

② Ibid., S. 664.

③ Ibid., S. 665.

④ Ibid.

兰克这篇回应文章进一步阐发了他在第一版序言以及《近代史家批判》中未能充分阐发的观点，它也是我们解释第一版序言最重要的补充材料。

在第一版序言中谈及“材料”问题时，兰克突出了一手材料的重要性，《近代史家批判》已表明，他强调一手材料的缘由是，近代史家的历史著作存在大量史实错误。当然，这只是问题的一个方面。从兰克的回应文章来看，他强调一手材料还有另一个重要的缘由：“对个体的根本性研究”。要做到这一点，史学家不可能像司各特的历史小说那样杜撰史实，而只能在一手材料中去寻找相关素材。一手材料往往是事件参与者或目击者对历史的记录，其情节的复杂性和丰富性绝不逊色于历史小说，若将这些记录移植到历史著作中，必然会使之更加生动形象。因此，搜罗一手材料并以之为基础，不仅意味着在史实上求真，而且还可以呈现出历史的个体特征。

在第一版序言最后一段，兰克重点讨论了对个体的处理，在他看来，对个体的处理难度不小，为了使历史事件易于理解，“既要把握其统一性，又不失其多样性”，虽然古代和近代都有处理个体问题的典范，但兰克并不清楚自己能否实现这样的理想。从他最终的表态来看，他想要尝试一番。于是，我们就看到了《罗曼与日耳曼诸民族史》中大量生动形象的细节描述。这些描述是否成功呢？从同时代和后世的评论来看，兰克还是取得了成功，但与此同时，该书遭到的批评，大半也与他对“个体”的描述有关。生动的细节描述与材料之间可能存在紧张甚至矛盾的关系，为了描绘鲜活的历史场景，纵然是兰克，也难免超越材料进行发挥。在面对利奥的质疑时，兰克只能诉诸合理的想象来为自己辩护。

在第一版序言中谈及“表现”问题时，兰克除了强调“严格地表现事实”，还强调要“阐明各个事件的统一性和进步性”，因此，我们在《罗曼与日耳曼诸民族史》中既看到了生动形象的细节描述，又看到了很多提纲挈领的概述，这些概述是兰克对某段历史的总体把握，往往鞭辟入里，与生动形象的细节描述相映成趣。利奥批评兰克类似的概述过于混乱，兰克则认为，追求个体的整体性和精神性是“表现”的重要任务，因为历史分为外在和内在两个方面，外在呈现出“特殊性”，而内在则呈现出“普遍性”，对历史的揭示，需要将外在和内在结合起来，由此说来，通过概述来揭示历史的趋势是必需的。其中一个佐证是，尽管兰克在《近代史家批判》中对奎恰尔迪尼的细节描述有大量批评，但他并没有以此否定奎氏著作的经典地位，因为奎氏对历史的总体把握充满了睿智和敏锐的洞察力，而这同样是史学家需要具备的能力。

这篇回应文章再次见证了兰克史学思想的丰富性，它为我们重新认识第一版序言打开了一扇新的窗户。在兰克那里，在“研究”的层次上，除了追求史实的真实，还包括了生动形象的细节描述，在“表现”的层次上，除了审美需求，还包括了史学家提纲挈领的概述。这与美国科学史学派和新康德主义者（前者属于经验主义者，后者属于唯心主义者）把兰克多元化的史学思想简单归结为wie es eigentlich gewesen大异其趣。且不论他们对这句格言的理解是否可信，仅凭他们以点带面的思路，我们就可以对其观点置之不理。

最后，我们有必要从另一个角度来审视布劳的观点。布劳曾依据这篇回应文章论证说，wie es eigentlich gewesen的含义是展示一种“可视性”，即历史本身的丰富性、复杂性和戏剧性。[①]我们看到，兰克分明是在“研究”的层次上而非“表现”的层次上强调这种“可视性”的，换个角度来看，兰克此处不正是强调“可视性”必须建立在可靠的一手材料基础上吗？

兰克为什么要追求建立在可靠的一手材料基础上的“可视性”呢？这是笔者将在下一节着力解答的问题。

4. 回到早期的兰克

通过前面三节的梳理，第一版序言传达的史学思想已逐渐呈现出来，笔者尝试将其概括如下：

（1）兰克不想赋予历史学“评判过去、教导当代人以利于未来”的重任，这些是近代史家赋予历史学的职责，他只是“想说出/展示事情的本来面目”。

（2）如何“说出/展示事情的本来面目”呢？兰克认为需要依靠书信、日记、外交报告和目击者的原始记录等一手材料，近代史家的著作因为被赋

① J. D. Braw, “Vision as revision: Ranke and the beginning of modern history”, p. 53.

予过多的职责，而导致了大量史实错误，近代开端的历史需要重新研究。

（3）为了“说出/展示事情的本来面目”，在搜集材料时就需要注意哪些材料可以更好呈现个体的特征，兰克强调，要寻找一些具有原始性、直观性和丰富性的材料。

（4）在“形式”或“表现”层次上，史学家既要“严格地表现事实”，不能虚构情节，同时又要“阐明各个事件的统一性和进步性”，揭示历史的趋势，二者不可偏废。

根据上述概括，似乎很难看出兰克的史学思想具有什么样的开创性？事情真的是这样吗？

布劳通过一系列论证，最终想达到的结论是：兰克史学只是对既往史学的修正，算不上范式革新。而赖尔（Peter Hanns Reill）则倾向于认为，兰克的《罗曼与日耳曼诸民族史》算不上划时代的著作，它与启蒙史学有着千丝万缕的联系。[①]格拉夫敦也提醒我们，欧洲学者自近代以来已经发展出系统的考证方法，在19世纪初，史学家似乎已不需要兰克再来强调考证的重要性。[②]为此，越来越多的研究者开始质疑：既然这部著作的划时代意义是后世赋予的，不管是兰克本人赋予的，还是被其他学者赋予的，那么兰克的意义究竟何在？

赖尔和克拉夫敦的解释值得商榷，他们都将兰克置于某种传统中加以考量，并认为《罗曼与日耳曼诸民族史》并未超越传统，这种解释的根本问题在于没有注意到兰克史学自身的特点。兰克的史学成就绝不止于对考证的重视。大多数研究者都忽略了，兰克在第一版序言中为自己树立了一个崇高的理想：复兴古典史学（近代史家模仿古典史学的著作可称为“新古典史学”）。既往研究者如劳厄也试图从古典语文学的角度来解释第一版序言，他曾大量论及古典语文学对兰克史学的影响，却很少论及兰克意在复兴古典史学。兰克的考证方法得自古典语文学不假，但即使没有古典语文学的专业训练，他也有可能通过其他渠道掌握考证方法，因为考证方法当时已通行于历史学、神学和法学等学科。事实上，古典语文学对兰克的意义在于，它只是

---

① 参见Peter Hanns Reill, “History and Life Sciences in the Early Nineteenth Century: Wilhelm von Humboldt and Leopold von Ranke”, *Leopold von Ranke and the Shaping of the Historical Discipline*, pp. 21–35。

② 参见安东尼·格拉夫敦的《脚注趣史》（张弢、王春华译，北京大学出版社，2014年）第二章和第三章。

让兰克真正了解古典史学的跳板而已。接下来，笔者将结合兰克在晚年自述中关于《罗曼与日耳曼诸民族史》写作背景的论述进行解释。①

兰克在普伏塔文科中学就开始接受古典语文学的训练，后来在莱比锡大学又以古典语文学和神学为专业。古典语文学对兰克的影响是终身的。修昔底德等古典史学家一直是兰克心目中无法超越的“大师”，②他的博士论文就是以修昔底德为题。在法兰克福中学教书期间，他更是通读了古典史学家的所有著作。那时候，他讲授的课程大多与古典文学有关。可以说，兰克对古典时期的著作了如指掌。古典语文学对兰克的影响绝不止于考证方法，在题材和写作技巧方面，古典史学家皆是兰克的楷模。

兰克在第一版序言以及《近代史家批判》的序言中将1494年至1535年的罗曼与日耳曼诸民族的历史视为“近代史的开端”，③这就足以说明他选择了一个重大的题材。纵观希罗多德、修昔底德、波里比阿和塔西佗等古典史学家的著作，他们的著作无一例外地声称自己选择的是重大历史题材。兰克的青少年时代正值法国大革命和拿破仑战争席卷欧洲，他早年的书信、日记以及晚年的自述都清晰显示出这些事件在他脑海中留下的难以磨灭的印象。他由古典语文学转向历史研究，也是时局所致。他没有像古典史学家那样直接记录自己时代的历史事件，而是往前追溯，探究现时代是如何形成的，他在此过程中发现，1494年至1535年的罗曼与日耳曼诸民族的历史为近代史奠定了基础。这与希罗多德追问希波战争爆发的原因，波里比阿追问罗马崛起的原因是一样的。在古典史学家那里，所记述的事件具有重大影响是它们值

---

① Leopold von Ranke, “Dictat vom November 1885”, S. 58–63.

② 在第一版序言和晚年自述中，兰克都不是用“史学家”（Geschichtschreiber或Historiker）而是用“大师”来称呼古典史学家。

③ 第一版序言是兰克在新旧史学交替的时代背景下写就的，通过文献整理，我们才能发现他所使用的一些概念发生了重要的变化。比如，在第一版序言中，为了表示“近代史的核心”“近代史的开端”和“近代史”，兰克分别使用了Kern aller neuern Geschichte，Anfang der neuern和alle neue Historie三种表述；在《近代史家批判》的序言中，同样为了表示“近代史的开端”和“近代史”，兰克又分别使用了Anfang der neuern Historie，neuere Geschichte和Anfang der neuern Geschichte三种表述。但在1840年代的《宗教改革时期的德国史》、1854年的《近代史上的各个时代》以及1885年的晚年自述中，兰克统一使用Anfang der neuern Geschichte和neuere Geschichte来表示“近代史的开端”和“近代史”。另外，在《罗曼与日耳曼诸民族史》和《近代史上的各个时代》中，我们还可以发现兰克混用Geschichte和Historie的情况，尤其是他将Historie用来指称历史本身，但让人奇怪的是，早在1840年代的课程导论中，兰克就有意识地区分Geschichte和Historie了。柯塞勒克曾指出，后来的趋势是，Geschichte更多被用来指称历史本身，而Historie则更多被用来指称历史学。

得记述的根据。对兰克而言，一方面，罗曼与日耳曼诸民族的历史在近代史上具有重大影响，因此值得记述，但鉴于它与现实已相隔数百年，不会直接作用于现实，而只是人们更好地理解现实的知识，他才认为无需赋予历史学“评判过去、教导当代人以利于未来”的重任。

兰克在第一版序言中两次提及古典史学家，其中一次，他带着崇敬的心情谈到古典史学家为处理个体问题树立了榜样，接着，兰克话锋一转，说古典史学家乃至近代史家与他所处的时代不同，兰克在此或许是想表明，在他自己的时代，历史学已逐渐成为一门科学，以重叙述的古典史学家为楷模可能要冒一定的风险，因为在这样一个富于科学精神的时代撰写历史，对材料及其真实性都提出了更高的要求，如何协调二者之间的关系是一大难题。尽管如此，兰克还是不畏艰险，甘愿尝试一番，这一尝试也让他后来遭遇到很多误解。

古典史学家往往都是具有丰富的政治军事经验的实践者，他们务求准确而详实地将自己亲身经历的重大历史事件记录下来。在兰克时代的德国，职业史学家的题材不再是他们亲身经历的重大历史事件，他们撰写数百年之前的历史，如果他们想要复兴古典史学，并获得古典著作带给人们的现场感，那么只有搜集和利用一手材料中的相关材料。作为古典史学的模仿者，兰克就是像带着镣铐跳舞的学者，一方面，他希望自己的著作像古典著作那样生动形象，另一方面，他又必须确保这种生动描述有据可循。正如布劳所言，兰克在选择材料时就已经非常注重“可视性”，但笔者的观点是，与其说兰克强调的是“可视性”，还不如说他强调的是“可视性”必须建立在可靠材料的基础上。这是笔者与布劳的根本分歧，笔者可以举出一些正面和反面的事例加以说明。

比如，兰克曾提及，在莱比锡大学就读期间，他沉迷于德意志民族的古老语言，由于路德对德语书面语具有关键性的影响，于是他就向路德学习德语，但最后对路德的论著以及路德的生平事迹产生了兴趣，最终，他决定用路德本人的语言来叙述路德的历史。① 又如，兰克在回顾《罗曼与日耳曼

① Leopold von Ranke, “Fragment über Luther. 1817”, in Walther Peter Fuchs (Hrsg.), *Frühe Schriften*, München-Wien: R. Oldenbourg Verlag, 1973, S. 329–455.

诸民族史》出版之后的反响时承认，他从近代史家的著作中借用了一些叙述模式，并将他们艰涩的句式结构移植到自己的著作中，这种奇特的风格引来了不少批评。再如，兰克初读司各特的历史小说时兴奋不已，但他后来发现其中有太多情节与事实不符，遂决定抛开历史小说，誓言“严格以事实为根据”（mich streng an die Thatsachen zu halten）。在这三个事例中，前两个事例属于正面事例，第三个事例属于反面事例。

这些正反事例足以说明，兰克以路德本人的语言来叙述路德的历史，借用近代史家的叙述模式，将其艰涩的句式结构移植到自己的著作中，目的有两个：一是使他的叙述看起来像事件的参与者或目击者的叙述，从而生成某种现场感，一是使他创造的现场感有据可循。兰克的《罗曼与日耳曼诸民族史》与司各特的历史小说最根本的区别就在于，前者既生动形象又实事求是，这也解释了一个看似矛盾而且长期困扰研究者的现象：兰克的叙述往往以文学性著称，但他又经常强调“严格以事实为根据”。

综上所述，我们可以得出这样的结论：

第一，第一版序言要处理的问题，首先不是纯理论的问题（如兰克后来发展出来的历史主义思想），而是如何在19世纪撰写一部新古典史学著作的“技艺”问题。

第二，兰克强调一手材料和考证，目的是使“对个体进行根本性的研究”有据可循；他强调原始性、直观性和丰富性，是了更好展示历史的本来面目。

第三，吉尔伯特和布劳等学者对wie es eigentlich gewesen的解释错误地强调了这句格言的审美维度，而忽略了其中蕴含的科学性。

四、时代误置的解释

基于上述分析，本文将继续驳斥既往关于wie es eigentlich gewesen的两种经典解释，一种是历史主义的解释，一种是审美主义的解释。尽管这两种解释相较于19世纪与20世纪之交美国史学家的科学史学解释更具有说服力，但它们同样存在缺陷，因为它们都是时代误置的解释，都忽略了兰克表述自己观点的语境。历史主义的解释混淆了兰克在不同时期有区别的观点，而审美主义的解释则是以今度古。

1. wie es eigentlich gewesen 是一项历史主义原则？

上文对wie es eigentlich gewesen的解释，只依据了《罗曼与日耳曼诸民族史》的序言、正文和附录以及兰克与利奥论战的文献等直接相关的材料，如果不局限于这些材料而借助其他间接相关的材料，在更大的语境中做进一步的解释，其效果将如何呢？

我们的解释将围绕一个核心问题展开：在整句格言中，兰克并未明言，为什么历史学过去曾承担了“评判过去、教导当代人以利于未来”的重任，现在就不需要承担了，而只需要“说出/展示事情的本来面目”即可。要解答这个问题，我们很难在《罗曼与日耳曼诸民族史》的第一版序言、正文和附录以及其他直接相关的材料中找到十分明确的答案。对研究者而言，这是一个相对开放的问题，抑或是兰克在撰写《罗曼与日耳曼诸民族史》时未曾深思熟虑的问题。有鉴于此，笔者将尝试做出两种解释，在第一种解释中，笔者尽量根据《罗曼与日耳曼诸民族史》第一版序言等直接相关的材料进行解释，在第二种解释中，笔者将根据兰克在1830年代之后的论述进行解释。

第一种解释是“科学史学”取代“范例史学”。阿西斯近期的研究表明，在18世纪与19世纪之交，德国史学家的史学功能观发生了质变。在西方传统史学中，历史学被视为“范例史学”，它所叙述的事件和人物被后世当作值得模仿的典范。然而，在启蒙时代之后，范例史学逐渐被抛弃，这在萨维尼、黑格尔和洪堡等学者身上都有所体现，在此背景下，黑格尔说过，历史给我们的唯一教训是我们从历史中学不到任何东西。[①]了解这一点之后，我们再来看待兰克的wie es eigentlich gewesen，可能就会有不同的感受。兰克身处史学功能转换的时代，他不再赋予历史学“评判过去、教导当代人以利于未来”的重任，一方面是因为近代史家的范例史学造成了大量史实错误，另

① Arthur Alfaix Assis, *What is History for? Johann Gustav Droysen and the Functions of Historiography*, p. 41.

一方面是因为“为史学而史学”已开始变成一种崇高的理想，历史学不再需要服从于其他更高的目标。

这种解释的材料基础何在呢？正如上文所述，“研究”概念是《罗曼与日耳曼诸民族史》第一版序言的核心概念之一，它正是第一种解释的材料基础。“研究”概念的流行，与18世纪科学理性在欧洲的兴起有关，具体到德国，则与现代研究型大学的出现有关。在柏林大学的筹建过程中，费希特、施莱尔马赫、洪堡等思想家对新型的大学都充满了期待。施莱尔马赫（1763—1834）在《德国式大学随感》（1807）中指出，大学的任务就是培养独立进行研究（forschen）、发现和表现（darstellen）的能力。①洪堡的观念更为直接，他在《论柏林高等学术机构的内外组织》中宣称：“高等学术机构还有一个特点：它始终把科学当作一个还未完全解决的问题，因此也始终处于研究（forschen）状态中……因此称之为高等学术机构的要摆脱政府的一切形式，只能把人的精神生活、外在的悠闲和内在的追求导向科学和研究……”②洪堡的大学教育改革涉及诸多层面，其中最重要的一项是将教学与研究统一起来。大学讲坛不再是单纯传播知识的地方，大学教师除了讲授必要的课程之外，还需要像科学院一样从事研究工作。在洪堡看来，“在研究和教学统一的假设下，只有一位好的研究者才可能成为一位好老师：也即研究（Forschung）是主业”。③

当研究成为制度性规定之后，各个大学纷纷建立研究所和讨论班。就此而言，兰克在第一版序言中将“研究”作为核心概念之一，与当时的教育思潮的转变正好契合。在推崇研究的时代，历史研究不再是“垂范历史”的手段，它本身就是目的。

以此为契机，我们需要重新来看待赖尔和格拉夫敦对兰克的“低估”。我们必须承认，赖尔和格拉夫敦说出了一部分的真理：兰克史学与启蒙史学

---

① Friedrich Schleiermacher, *Schleiermachers Werke*, Bd. 4, Leipzig: Verlag von Felix Meiner, 1911, S. 556.

② 威廉·洪堡：《洪堡人类学和教育理论文集》，胡嘉荔、崔延强译，重庆大学出版社，2013年，第90页。引文有改动，引文中有两处“学术”被改译为“科学”（Wissenschaft）。

③ Thomas Nipperdey, *Deutsche Geschichte 1800–1866*, München: Verlag C. H. Beck, S. 472.

乃至整个近代史学都有着深厚的渊源关系，在考证方法方面，兰克绝不是真正的开创者。既然如此，兰克为什么要声称他在考证方法上的独创性呢？事实上，除了兰克之外，兰克的前辈尼布尔和兰克的晚辈德罗伊森都强调自己在方法论层次上的独创性，①因此，兰克声称自己在考证方法上的独创性就不足为奇了。尽管我们可以说兰克等学者夸大了自己的学术贡献，但这一现象恰巧说明，对作为研究的重要组成部分的考证的推崇，正好反映了研究已成为历史学中普及性的价值理念，否则当时的学者也不必为了独树一帜而虚张声势。

第二种解释是历史主义的解释。在19世纪初，哲学对历史学等新兴学科造成了强大的理论压力，如何论证历史学对个体的研究是合理的，对兰克来说是一个棘手的问题。兰克从两个角度论证了这个问题。

首先是神学的角度。还在任教于法兰克福中学时，兰克就在书信中宣扬上帝存在于历史中："在一切衣食住行的历史中，都可以认识到上帝。每个行为都证明了上帝的存在，每个时刻都宣扬了上帝的名字，但我认为，上帝最重要的所在是重大历史的关联中。上帝站在那里，就像是神圣的象形符号，我们只能感知他的轮廓并将这种轮廓保留下来，以免它从未来数个世纪的视线中消失"。②上述引文表明，兰克具有神正论的历史观，史学家透过历史能感知上帝的存在，这也从侧面为历史学提供了神学奠基。进入柏林大学任教之后，兰克被卷入学院政治斗争，他加入了施莱尔马赫为首的一方。黑格尔早在1822年就开始批评以尼布尔为代表的"考证史学"，面对来势汹汹的黑格尔派，兰克不断论证历史哲学的缺陷以及历史学存在的合理性。在《普遍史的理念》这篇课程导论（1831—1832）中，兰克强调个体都有赖于上帝，个体都具有神圣性，因此，历史学不能怠慢个体，哲学家也没有理由批评历史学对个体的研究。③在第一版序言中，我们看不到这样的神学论证。在撰写《罗曼与日耳曼诸民族史》时，兰克还是一个未坚定自己未来是否会从事

① Peter Hanns Reill, "Barthold Georg Niebuhr and the Enlightenment Tradition", *German Studies Review*, Vol. 3, No. 1, 1980, pp. 9–26. 吕和应：《德罗伊森时代的学科之争——兼论德国现代史学的诞生》，载《历史研究》，2015年第3期。

② Leopold von Ranke, *Das Briefwerk*, S. 17–18.

③ Leopold von Ranke, " Idee der Universalhistorie" , S. 75–76.

历史研究的中学教师，他自然不会借助神学来论证历史学存在的合理性。在进入到大学体制后，兰克对此定然有不一样的认识，唯有如此，他才会祭出神学论证来驳斥来自哲学的批评。如果《普遍史的理念》是借助神学来论证历史学存在的合理性，那么《近代史上的各个时代》则是借助神学来论证历史上的每个时代都有其特殊的价值、都应该获得尊重，其目的在于否定启蒙时代的进步史观。[①]

神学还具有一种功能，那就是论证古典语文学的考证方法适用于历史学。在西方诠释学传统中，先于历史学引入诠释和考证观念的是圣经学、法学和古典语文学，在三门学科中，考证之所以占有较为重要的地位，是因为它们处理的都是经典文本（《圣经》、法律文书和古典著作），经典文本的每个细节都不容差错。而历史学的对象是历史本身，而非经典文本，如何在理论上论证古典语文学的考证方法适用于历史学呢，笔者以为，当务之急是论证历史本身的神圣性，我们看到，兰克在《近代史上的各个时代》中就完成了这一论证。历史本身被赋予神圣性之后，对历史进行考证才变得有意义和价值。

其次是哲学的角度。从早期到晚期，兰克都具有一种“普遍史”（Universalhistorie）的理念，[②]但他所谓的“普遍史”，与其说是一种体例，还不如说是一种视角。“普遍史”与历史哲学不同，康德、费希特和黑格尔式的历史哲学以普遍性作为终极目的，“普遍史”虽然也追求某种总体性，但对特殊性的研究是其基础。兰克曾言，“对特殊性的研究总是需要与更大的语境关联起来”，而且“将特殊事物与普遍事物联系起来不会损害研究”，但他同时强调，“普遍史包含了人类过往生活的丰富性和总体性”。[③]兰克以退为进，先肯定普遍性，再阐明特殊性与普遍性之间的辩证关系，由此为特殊性赢得了生存空间，但从根本上来说，哲学论证也需要以上文的神学论证为

---

① 兰克论证说：“但我坚信，每个时代都直接与上帝相通，而且它的价值不在于它产生了什么，而在于它自身的存在，在于它自身的特征。” Leopold von Ranke, *Über die Epochen der neueren Geschichte*, Historisch-kritische Ausgabe, Hrsg. von Theodor Schieder und Helmut Berding, München: R. Oldenbourg Verlag, 1971, S. 59–60.

② Ernst Schulin, “Universal History and National History: Mainly in the Lectures of Leopold von Ranke”, *Leopold von Ranke and the Shaping of the Historical Discipline*, pp. 70–81.

③ Leopold von Ranke, “The Role of the Particular and the General in the Study of Universal History”, *The Theory and Practice of History*, pp. 58–59.

前提。

与第一种解释有所不同，兰克还必须完成一系列论证之后，才能赋予wie es eigentlich gewesen更深层次的含义，也就是历史主义的内涵。在《罗曼与日耳曼诸民族史》第一版序言中，虽然兰克论及了个体性问题，但其论述更多是从“表现”的层次即一种技艺的层次展开的，而此处所述，则是从纯理论的角度展开的。从第一版序言到《普遍史的理念》一文，时隔数年，我们明显看到，兰克在理论上的成熟，可以说，从《普遍史的理念》开始，兰克逐渐形成了历史主义的史学思想。

笔者更倾向于上述两种解释中的第一种解释，因为它可以在《罗曼与日耳曼诸民族史》的第一版序言、正文和附录等直接相关的材料中找到文本依据，而既往的大多数研究都借用了晚于《罗曼与日耳曼诸民族史》的其他间接相关的材料来证明自己对wie es eigentlich gewesen的解释是合理的。第二种的解释大量使用了1830年代之后的材料来解释《罗曼与日耳曼诸民族史》第一版序言，其缺陷一目了然。1824年的时候，兰克还没有发展出系统的历史主义史学思想，即使有，也最多只是某种萌芽形式，以他后来发展出的成熟的历史主义史学思想来诠释1824年第一版序言，难免会“时代误置”，夸大兰克早期的理论成就。

2.“科学出于艺术”？

通过对兰克《罗曼与日耳曼诸民族史》第一版序言的解读，笔者还发现，由于受海登·怀特及其《元史学》的深刻影响，近几十年来，不管是在德国还是美国，大多数研究者在解释兰克时越来越倾向于从审美主义的角度入手。①福尔达在论及德国现代史学的诞生时甚至声称“科学出于艺术”。平心而论，相较于从科学角度入手的解释，这种解释更加新颖，而且极大地丰

① Daniel Fulda, *Wissenschaft aus Kunst: die Entstehung der modernen deutschen Geschichtsschreibung (1760–1860)*, Berlin: Walter de Gruyter, 1996; Daniel Fulda (ed.), *Literatur Und Geschichte: Ein Kompendium Zu Ihrem Verhaltnis Von Der Aufklarung Bis Zur Gegenwart*, Berlin: Walter de Gruyter, 2002; Maurer, Kathrin, *Discursive Interpretation: Literary Realism and Academic Historiography in Nineteenth-Century Germany*, Heidelberg: Synchron Publishers, 2006; Jörn Rüsen, “ Rhetoric and Aesthetics of History: Leopold von Ranke” , *History and Theory*, Vol. 29, No. 2, 1990, pp. 190–204.

富了兰克史学的面相，但同时也造成了明显的“时代误置”。

尽管在笔者看来，在早期的兰克那里，“研究”要优先于“表现”，但这并不妨碍他赋予“表现”重要的角色，我们看到，后来他还反复强调历史学既是一门科学又是一门艺术；相隔一个半世纪之后，德国学者吕森同样强调历史学既是一门科学又是一门艺术。这两种看似相同的观点其实折射出了德国史学思想在长时段内的变化。

兰克希望在近代史领域复兴古典史学的传统，乍看起来，他是“研究”与“表现”并重，但就其实质而言，前者是后者的依靠。不同于兰克的是，德罗伊森希望将历史学提升为一门科学，对他而言，“研究”是现代史学的基础。尽管如此，在其《历史知识理论讲义》（始于1857—1858）及其《纲要》（1868、1875、1882）中，德罗伊森还是特地为“表现”（《讲义》和《纲要》中的“体裁论”）保留了重要的位置。只不过，在德罗伊森那里，他对“表现”问题的认识发生了一些明显的变化。“表现”问题最初属于历史研究的方法论，但1882年及其后的各版中，“表现”问题即《历史知识理论纲要》中的“体裁论”（Topik）获得了与历史研究的方法论并列的地位。[①]

德罗伊森《历史知识理论纲要》各版的结构变化

<table>
<tr><th colspan="2">1857年版、1868年版和1875年版</th><th colspan="2">1882年版及以后各版</th></tr>
<tr><td rowspan="4">方法论</td><td>启　发</td><td rowspan="3">方法论</td><td>启　发</td></tr>
<tr><td>考　证</td><td>考　证</td></tr>
<tr><td>解　释</td><td>解　释</td></tr>
<tr><td>Apodeixis（表现）</td><td>系统论</td><td></td></tr>
<tr><td>系统论</td><td></td><td>体裁论</td><td>Apodeixis（表现）</td></tr>
</table>

德罗伊森在“体裁论”开篇就批判了格维努斯的历史诗学。在《纲要》

① 在《历史知识理论纲要》1882年版（修订版）中，虽然“体裁论”从“方法论”中独立出来并取得与“方法论”并列的地位，但在1882年版《纲要》的导论中，除了第18节有所体现之外，其他地方并未体现出“体裁论”的重要性。

中，他也明确指出“历史知识理论”不是历史写作的诗学，[①]但此处他实际批判的对象可能不只格维努斯，[②]很可能还包括了兰克，[③]英国史学家卡莱尔和麦考莱。[④]既然德罗伊森将“体裁论”置于与方法论并列的地位，为什么他依然反对“历史写作的诗学”？有研究者指出，德罗伊森这样做，是为了突显历史表现中方法理性的优先性。[⑤]因此，德罗伊森在“表现”问题上较为纠结：他既希望用“研究”（具体表现为“方法论”中的“考证”和“解释”）来克制“表现”中过多的艺术成分，但面对兴起于19世纪中叶的实证主义时，他又觉得有必要重新肯定“表现”的重要性。

虽然其地位尊崇，但在历史学职业化稳步推进的19世纪下半叶，兰克和德罗伊森的上述观念依然被后学视为“不合时宜的”。在“研究”与“表现”孰轻孰重的问题上，后来的学者几乎一致选择了前者。作为兰克的弟子，聚贝尔对兰克敬而远之，他在《历史知识的原则》中独尊“考证”和“解释”而贬抑“表现”。[⑥]作为德罗伊森的继承者，伯伦汉在其《史学方法论》（1889年初版）中只是简要涉及了“表现”问题，他们认为，“表现”保留了历史诗学的残余，有违历史学的科学性原则。狄尔泰与新康德主义者主要讨论的是“历史知识如何可能”，“表现”问题自然就被忽略了。从19世纪末到20世纪六七十年代，“表现”概念日益淡出了史学家的视野，而“研究”则无可争议地成为历史学最核心的概念。“xxx研究”不仅大量出现在论著标题中，而且还被设定为某些期刊的刊名，“研究”一词的流行绝非偶然，它

---

① 德罗伊森对诗学的、修辞学的和艺术的表现方式的批评，参见J. G. Droysen, *Historik,* Bd. I, Textausgabe von Peter Leyh, Stuttgart: Frommann-Holzboog, 1977, S. 217。

② 对格维努斯的批评，参见J. G. Droysen, *Historik*, Bd. I, S. 217，以及J. G. Droysen, *Historik: Vorlesungen über Enzyklopädie und Methodologie der Geschichte*, München: R. Oldenbourg, 1937, S. 273。

③ J. G. Droysen, *Historik: Vorlesungen über Enzyklopädie und Methodologie der Geschichte*, S. 322. 此处未点兰克的名字，只是暗示说“我们时代最伟大的历史学家”。兰克的历史著作与文学艺术的关系，参见Daniel Fulda, “Literary Criticism and Historical Science: The Textuality of History in the Age of Goethe-and Beyond”, in Peter Koslowski (ed.), *The Discovery of Historicity in German Idealism and Historism*, Berlin: Springer Verlag, 2005, pp. 123–124。

④ 德罗伊森：《艺术与方法》，刘鑫译，见何兆武主编：《历史理论与史学理论》，第281—290页。这篇译文并非德文版《艺术与方法》的全译本，中间有段落删节。

⑤ Viktor Lau, *Erzählen und Verstehen: Historische Perspektiven der Hermeneutik*, Würzburg: Königshausen & Neumann, 1999, S. 499.

⑥ Heinrich von Sybel, “The Principles of Historical Knowledge”, in Robert M. Burns (ed.), *Historiography: Critical Concepts in Historical Studies*, Vol. 1, London: Taylor & Francis Group, 2006, p. 30.

反映出，已主导现代学术体制的“研究”概念代表了学术的最高旨趣。在历史叙事理论于1970年代复兴之后，德国学者才重新关注“表现”问题并将德国这一传统发掘出来，其中最重要的代表人物正是吕森。①

海登·怀特对历史叙事理论的复兴产生了决定性的影响。在怀特看来，历史叙事理论的复兴并不意味着照搬传统。在传统的历史叙事理论中，叙事只是实现解释和理解的一种话语模式，叙事附属于解释和理解；②在他自己的历史叙事理论中，叙事超越于解释和理解之上，叙事不再是完成解释和理解的最后一道工序，而是历史研究的对象得以可能的先验条件。换言之，在传统的历史叙事理论中，叙事只是史学方法论的基本“技艺”之一，而在怀特的历史叙事理论中，叙事具有了本体论意义。借用“研究”与“表现”这对德语概念来说，在怀特的历史叙事理论主导的时代，“表现”完全凌驾于“研究”之上。

当传统的史学理论家起来反对叙事主义历史哲学时，吕森坚定地站在怀特等学者一边，但基于“二战”后德国的社会现实，他也并不完全赞同怀特他们的观点。吕森更多强调了启蒙理性对于“二战”后的德国史学所具有的道德意义，在他看来，叙事主义历史哲学只重视历史叙事中的审美维度而忽视其中的科学合理性是其致命弱点。为了弥补叙事主义历史哲学的不足，吕森“研究”与“表现”并重。

通过梳理“研究”与“表现”概念在德国史学理论中的此消彼长，我们清楚地看到，怀特从叙事角度入手对兰克进行的解释揭示了“表现”在兰克史学中的分量，而这恰好是兰克研究中长期被忽略的问题。就此而言，怀特的解释具有纠偏的作用。但依笔者之见，这种解释的文本基础稍显薄弱。怀特用来解释兰克史学思想的材料非常有限，而且大多局限于英文材料，更严重的问题在于，他经常撇开兰克表述自己观点的语境，而将结构主义的分析

---

① 参见吕森等学者的著作，例如Heinrich Lutz, Reinhart Koselleck, Jörn Rüsen(eds.), *Formen der Geschichtsschreibung*, München: Deutscher Taschenbuch Verlag, 1982; Jörn Rüsen, *Zeit und Sinn: Strategien historischen Denkens*, Frankfurt am Main: Fischer Taschenbuch, 1990; Jörn Rüsen, *Lebendige Geschichte: Grundzuge einer Historik III: Formen und Funktionen des historischen Wissens*. Gottingen: Vandenhoeck & Ruprecht, 1989。

② Hayden White, “The Politics of Historical Interpretation: Discipline and De-Sublimation”, *The Content of the From: Narrative Discourse and Historical Representation*, p. 60. 中译本参见海登·怀特：《历史阐释的政治学：规范与非崇高化》，见《形式的内容：叙事话语与历史表现》，董立河译，文津出版社，2005年，第84页。

强加给兰克，以此获得符合其解释策略的结论。然而，这样的结论既没有顾及兰克在不同时期的观点之间的区别，又没有考虑到兰克本人的观点与他的观点之间的区别。众所周知，解读历史著作与解读小说有所不同，忽略兰克表述自己观点的语境，必然使怀特的解释矫枉过正。

为了更准确地评判怀特的解释，我们不妨诉诸一种对比性的分析。对兰克来说，在他之前的时代，历史学是一门艺术的观点在西方已流传上千年，他论及“研究”与“表现”两个层次，其实意在突显前者。对吕森来说，他强调历史学既是一门科学又是一门艺术，则是在叙事主义历史哲学大行其道的时代，为历史学作为一门科学争取生存空间。在兰克的学术生涯早期，历史学尚未独立成科，强调历史学是一门科学，是一种趋新的观念，强调历史学是一门艺术，则是一种保守的观念；在吕森所处的当代，强调历史学是一门艺术，是一种趋新的观念，强调历史学是一门科学，则是一种保守的观念。以此为参照，笔者斗胆断言，虽然兰克的弟子以及研究者从科学角度入手对兰克进行的解释失之片面，但怀特的解释却罔顾事实。在19世纪初，历史学是一门艺术的观点依然相当流行，兰克无须再强调“表现”之于历史学的重要性，他更应该强调的是“研究”之于历史学的重要性。从兰克研究史的角度来看，怀特的解释是新颖的，但其新颖也仅止于此；从兰克表述自己观点的语境来看，这种解释却是对兰克极大的误解。泛言之，吉尔伯特和布劳等学者从审美主义的角度切入wie es eigentlich gewesen也纯属时代误置的解释。

五、小结

本文的初衷是根据《罗曼与日耳曼诸民族史》的第一版序言、正文和附录等直接相关的材料来重新解读第一版序言，尤其是wie es eigentlich gewesen这句格言。这种解释策略与词义演变分析、类比性的解释和整体性的解释都不同，上述解释策略将第一版序言与其语境剥离开来，最终得出了时代误置的解释，如历史主义的解释和审美主义的解释。

笔者重新探究了第一版序言的结构，认为第一版序言存在一个由“意图”、“研究”与“表现”三部分组成的“隐微”结构，在论及“研究”与“表现”孰轻孰重的问题时，笔者强调，在兰克那里，“研究”要优先于“表现”，这是本文进行相关解释的出发点。在将wie es eigentlich gewesen去经典化的过程中，笔者进一步论证了这句格言主要是针对“研究”层次而言的。通过分析兰克回应利奥的文章，笔者指出，布劳等学者利用这篇回应文章进行的论证偏离了兰克的本意，对兰克而言，生动形象的描述不仅属于“表现”层次，更是属于“研究”层次，他要将史实的求真与生动形象的描述在“研究”的基础上统一起来。兰克之所以这样做，是因为他希望在近代史领域复兴古典史学传统。

理解青年兰克，我们需要回到他所处时代的语境中。历史主义对他而言更多是论证历史学作为一门科学的合理性，审美主义对他而言则是西方历史写作传统的延续。根据兰克早期的论证，历史学是一门需要进行“研究”的科学，其神圣性来自新教神学和德国浪漫主义，经由这种论证，青年兰克才能赋予迥异于自然科学的历史学另一种科学性。与此类似的情况同样发生在了德罗伊森身上，虽然德罗伊森与兰克存在较大差异，但他也借助历史主义和审美主义进一步论证了历史学的科学性。对德国现代史学奠基者的兰克和德罗伊森来说，历史主义和审美主义都是手段，科学性才是其目的，在那个时代，强调历史学的科学性是大学研究体制催生的基本观念，坚持这种观念也算是一种“时髦”。对当代史学家来说，历史主义和审美主义是一种新颖甚至非常值得借鉴的理论，但在一个多世纪之前，这两种理论对德国史学家来说都是常见的理论，历史学的科学性在19世纪逐渐获得认可并在世纪末成为主流观念，本身就说明了科学性在当时也已经成为历史学最高的价值尺度。据此，我们就不能根据今天的历史观念来看待青年兰克的史学思想。

（吕和应，四川大学历史文化学院副教授）

布克哈特与文化史

金寿福

摘要： 布克哈特被称为文化史之父。本文以《意大利文艺复兴时期的文化》和《希腊文化史》为例，试图探讨布克哈特对历史书写的理解和践行，强调他在写史过程中对文化的重视，指出他考察文化史的时候注重时代精神和人的灵魂状态的原则，以及布克哈特与尼采之间相互影响的事实。

关键词： 布克哈特　文化史　希腊文化　尼采

布克哈特（Jacob Burckhardt）在西方学界被视为文化史之父，这是对他很高且非常公允的评价，不过这一认可来之不易。从担任巴塞尔大学教授伊始，布克哈特就走上了与当时渐成气候的主流史学不同的教学和治学之路。

布克哈特认为，作为大学教授，他的任务不是向学生讲授个别的历史事件和人物，而是指导和帮助他们掌握观察和分析整个世界的能力。从这个角度看，"历史是生活之师"这个名句才具有一个崇高但又非常简单的意义。研读历史，按照布克哈特的理解，不是为了变得精明（免得下一次犯类似的错误），而是为了变得更有智慧（一辈子享用）。布克哈特在其著作中屡次略带自嘲地说自己的研究没有多少科学性，根本谈不到方法论，所谓方法论，他显然是暗指黑格尔等人强调的历史的规律性和历史走向的可预见性。黑格尔相信，历史的画卷沿着上帝制定的路线展开，德意志民族在这个历史过程中扮演主角，所以他认为，追溯历史的发展过程以及伟人在其中发挥的不同寻常的作用，是历史学家的主要任务。布克哈特认为，历史充满了未知和不可预测的东西，它绝不是黑格尔想象的一个设计得非常完满的伟大工程，会以理性大获全胜宣告完成。相反，布克哈特以为，史家如何看待和解释一个过去的事件比他描述它发生的具体和详细的过程更加重要。布克哈特坚决反对实证主义，他在考察历史时并不是把重点放在具体史实、杰出的政治人物和军事将领，而是试图理清国家、宗教和文化之间的相互关系和张力。

布克哈特从文化视角考察人类历史，尤其重视那些在历史上做出过卓越贡献的民族所特有的文化，着力探究一种文化在特定的时间段和区域内何以和如何繁荣。在布克哈特看来，一个民族高度发展的精神可以从三个方面认知和分析，换言之，文化史包括这三个方面的内容，它们分别是一个民族建立的国家，他们信仰的宗教以及他们在一定时间内世俗的精神生活。布克哈特坚信，一个民族在精神层面获得的成就最真实和清楚地体现在他们的艺术中。有关法律思想和社会现象的描述在布克哈特的著作中并不占据中心位置，相关民族的经济活动更是被一笔带过。这并不是说它们不重要，而是因为它们只是构成了衬托一个民族独特精神的基础和背景。

布克哈特相信，在了解一个民族的时候，他们发展和演绎出来的科学并不是彰显这个民族特有文化的典型代表，因为一个民族在特定时间未能发展起来的科学会在适当的时间被另外的民族加以发展。这等于是说，科学具有很强的普遍性和传承性，而艺术则不然，它是特殊的，许多艺术观念及其表现形式是特定民族所独有的，它们需要特别的时空条件。文化史特别重视它，不仅在情理之中，而且对理解人类精神的发展至关重要。因为布克哈特关注的是一个民族或一个时期的时代精神（Zeitgeist），一个伟人的非凡功绩也无法在他的书中占据主导地位。按照布克哈特的理解，每个民族都拥有两种伦理，其中一种体现了民众生活的实际特征和切实诉求，另外一种则是包括哲学家在内的精英们的理想和假设。文化史重点描述的是前一种。

在书写一个民族或一个时代的文化史时，被置于浓墨重彩下的不是孤立的事件和超群的个体。在这里，布克哈特与兰克之间、文化史与政治史之间的差别显得非常清楚。文化史要研究的是深藏在重大事件和重要人物背后的复杂原因，它旨在揭示作用于一个民族或一个时代的恒定的潜能。归根结底，伟人及其丰功伟绩都是这个恒定的潜能外在的表现，只要这个潜能存在，伟人和奇迹会不断地出现。从这个意义上说，典型的事件和人物比一次性的事件和人物更加重要。在《希腊文化史》（*Griechische Kulturgeschichte*）中，布克哈特向我们展示了什么是“永远的希腊人”，即蒙森（Theodor Mommsen）和维拉莫维茨（Ulrich von Wilamowitz-Moellendorff）所说的“未曾存在过的希腊人”。

布克哈特注重对史实的收集和运用，不过他的目的不是为了堆砌它们，而是要从中净化出文化的精髓，他感兴趣的不是事件或人物本身，而是该事件和人物为何发生和存在以及以眼前的形式发生和存在的原因。对布克哈特来说，“事实的原样”实际上就是历史学家想象的样子，因为在绝大多数情况下，事件的原貌已经无法完全复原。就文化史学者而言，关键是要从纷繁和凌乱的史料中或者偶然流传下来的零星残迹中嗅到并读出具有普遍价值的意义。布克哈特认为，所谓的真实性来自史家对所有相关文献凭借直觉进行分析和判断之后得出的结论。对局部的认知和对个体的评价有赖于史家对全局完整的了解。如果没有对特定历史事件和人物所处生活环境的动态的了解，如果没有基于多年积累和敏锐眼光基础上的直觉评断，史家无法抓住典型性，也无法归纳出规律性。当然，这其中存在主观臆想的危险，布克哈特既了解这种危险，也清楚无法完全消除它。

布克哈特很早就意识到当时在德国历史研究中扮演主导作用的历史叙事内在的局限性。虽然宣称遵循渐次的原则，这种叙事形式却无法把过去按照时间顺序把发生的事情立体地展现给读者，有鉴于此，布克哈特采用包括艺术品在内的多种材料，不是依时间先后而是从不同的视角和分多个层次剖析历史事件和人物所处的具体环境。从这个意义上说，布克哈特进行的历史叙述不是在撰写自传，也不是绘制肖像，应当说，他是在给这些事件和人物描画底色。一方面，个体事件和人物并非无足轻重，不过二者只是展现文化得以发展和繁荣的众多的细胞中的成员，并不能独立构成文化史的主体；另一方面，无数细胞的分工协作才促成了一个文化的诞生，并支撑它延续。单个细胞从诞生到逐步生长和最终死亡的过程被淹没在它所属的文化的兴衰历程中。

在书写一个民族的文化史的时候，布克哈特关注的不是那些在其他民族身上、其他地方也能看到的东西。因为一个民族或一个时代的精神经历了酝酿期和成长期之后才会迸发出其特有的潜力和特性，布克哈特的文化史一般略去它所探讨对象的起始阶段。布克哈特侧重文化的研究路径在当时并没有受到学界的首肯，没有引起足够的重视。《向导：意大利艺术品鉴赏导论》一书于1855年首次面世，布克哈特在有生之年看到这本书出版七个版次，而后来让他成名的《意大利文艺复兴时期的文化》(*Die Kultur der Renaissance in Italien*)一书，出版后销售不温不火。不过，英国著名历史学家阿克顿意识到了这本书的不同寻常之处，称它敏锐和深刻地洞察了意大利文艺复兴时期的人文。正如阿克顿所言，布克哈特在此书中捕捉到了当时起主宰作用的时代精神。海登·怀特认为，历史学家在描写历史真实时不必一定要借助叙事，像讲故事一样一定要有开头、展开、结尾。在这方面，他举了在他看来最著名的四位学者，其中一个就是布克哈特。

在《希腊文化史》中，布克哈特勾勒了古希腊精神的实质及成就。这部四卷本的鸿篇巨制起初也没有受到应有的重视，尤其在英语世界，部分原因在于一直没有英译本。《希腊文化史》是在布克哈特死后由人整理其在巴塞尔大学的讲稿而成的。布克哈特游离于学术圈，他很少参加学术会议。在他眼里，多数学者在会议期间的表现实在令人作呕，要么煞有介事地装腔作势，要么到处探听并传播小道消息。布克哈特经常称自己是个离经叛道者和无知的人。当有人建议他把《希腊文化史》讲稿整理以后出版时，布克哈特的回答是“到了这个年纪，我需要的是宁静”。他早已意识到这样的一本书会引来不同的声音甚至非议。在一定程度上，评论者的话道出了实情，布克哈特确实没有按照他们的套路使用文献，也没有像他们那样排列注释，更没有像他们那样为了写书而做研究。按照布克哈特的理解，“所谓历史，无非就是前世的记录中被后世视为有用的那些东西”。换句话说，每个时代的历史都是由它后面的时代塑造的。他当然很清楚别人对自己处事待人方式和著述的看法，正是因为这个原因，他去世前留下遗嘱，手稿和讲义一定要付之一炬。他曾经以特有的辛辣语调说：“我原来从那位可怜的尼采教授的书受到启发，想出版一部希腊文化史，可惜他现在住进了疯人院，说明我当初的想法是错的。"

《希腊文化史》终于在1902年出齐，好几位德国古典学家都给出非常负面的评价，其中包括国际古典学界的权威蒙森、贝洛赫（Julius Beloch）和维拉莫维茨。他们都认为布克哈特撰写了一部不存在的书，意思是说书中讨论的问题子虚乌有。蒙森不屑地说布克哈特描写的希腊人从未存在过。维拉莫维茨更是宣称布克哈特的知识结构太陈旧，对学界在过去50年在文献、史实、研究方法和视角等方面取得的成就视而不见，关于布克哈特首次用polis称呼古希腊城邦，维拉莫维茨称它是"布克哈特式的愚蠢的流行语"。贝洛赫嘲笑这本书是由一个聪明的半吊子为业余爱好者写的。

大约50年之后，在谈到布克哈特倡导的注重时代精神的观点时，莫米利亚诺（Arnaldo Momigliano）认为布克哈特所谓的时代精神不过是一个空虚的概念，没有什么实质性的内容，想赋予它生命的气息完全是徒劳之举。有意思的是，恰恰是莫米利亚诺曾经的学生，英文版《希腊文化史》的编纂者默里（Oswyn Murray）认为布克哈特是研究人的思想的先驱，从方法论上说，布克哈特的角度可以被称为"后现代"。在默里看来，布克哈特的《希腊文化史》迄今为止仍然是解读古希腊文明最好的一部著作。他以为，布克哈特的《希腊文化史》为后来的学者真正理解希腊文明奠定了基础。布克哈特首次揭示了古希腊文化中的竞技特征，这样的例子当然很多，其中最小的可能是他引入的城邦概念，不过这个概念无疑指出了古希腊政治格局和市民政治生活的实质，它的重要性和产生的深远影响如何强调都不过分。默里认为布克哈特在文化史领域的地位可以与莎士比亚、伦勃朗和贝多芬等人在他们各自的领域相媲美。剑桥大学著名的古典学家和社会史家芬利（Moses Finley）一直想编辑英文版的《希腊文化史》，并与此书后来的英文译者斯特恩（Sheila Stern）达成协议，可惜芬利于1986年去世，后来由默里接手。几乎在德文版问世一个世纪后的1998年，英文版终于面世。布克哈特得到重视的过程说起来足够漫长，不过也足见《希腊文化史》这部著作经过两次世界大战和随后的冷战以及殖民时代的终结仍旧没有丧失其价值，更确切一点说，更清楚地体现了布克哈特这位学者的洞察力和远见。

在18世纪之前，欧洲人称赞斯巴达胜过雅典，赞美罗马又胜过雅典，这种情况在18世纪开始发生变化，至19世纪，随着人们日益强调和珍视民主，雅典无论是在政治还是美学层面都变成被歌颂的主要对象。布克哈特充分意识到民主走向暴力和暴政的潜在危险。他认为古希腊的城邦不同程度地限制和剥夺了公民的自由。在他眼里，古希腊最伟大的时期是公元前6世纪，即贵族们通过大型的竞技活动来施展才能并滋养丰富多彩和富有生命力的希腊文化的那段时间。布克哈特认为有助于达到完善的竞争是古希腊人特有的，因为这些地位平等的贵族，无论权利还是财力都处在相对原始阶段，他们需要在评判者前借助比赛来证明自己的出类拔萃，而这些评判者是通过公平原则挑选的。这一点在布克哈特看来非常难能可贵。他以为，罗马人不会费力劳神去搞这些，对罗马人来说，非实用的就是没有价值。可是，当原来的竞技精神中有害但处于从属地位的因素成为主旋律的时候，比如为了取胜而不择手段，意味着古希腊文化开始走下坡路——崇高的竞技沦为无聊的好斗，竞争者原来为了取胜可以撒谎，而此时这种权利转化为一种冲动；原来是为了保全名誉复仇，此时演变为不加选择地发泄仇恨，从残忍地毁掉别人的行为中得到快感，而且对这一做法根本不加掩饰；告密者和演说家在城邦生活中起到关键作用，加上潜在的以侵吞公物和未能完成任务以及亵渎神灵的罪名遭到起诉的危险，城邦的空气中充斥了恐怖气氛。在布克哈特眼里，散布谣言和煽动民众是最为典型的反民主手段，使用这一手段的最典型的人物是来山得，他把这种手段利用到极致的程度，既说明了他的堕落，也证明他具有这方面的天赋。尽管来山得来自斯巴达，类似的人物在其他城邦也很容易找到。雅典人都是优秀的演说家，但是善辩超出了限度就有害无益；当它恰到好处时使得诗歌丰富多彩，滥用的结果只能是华而不实，甚至哲学家们也有蜕变为演说家的趋向。居心叵测的野心家蛊惑人心，公民为了既得利益像乌合之众摇摆不定，并且受庸俗的物欲驱使，这些都窒息了原来健康的城邦精神。城邦后期日益严重的福利政策实际上无异于自残甚至自杀，表明城邦前进的动力已经消耗殆尽。

在布克哈特眼里，古希腊人的宗教主要表现在国家出于公共需要举行的仪式上。古希腊人的伦理因此也基本上是世俗的。他们的宗教中没有祭司、教义和神学，来世信仰在其中也无足轻重。布克哈特以为，德尔斐的众多建筑是用战利品建造的，它们生动地展现了古希腊人之间的矛盾和仇恨。他们的许多高尚的艺术品也由此生成。布克哈特断言，悲观主义像一条红线贯穿古希腊文化。做一个希腊人绝对不是一件容易的事情，甚至可以说是沉重的负担。我们只需想一想他们的悲观，他们多么迷恋自杀。当古希腊人不是忙于相互残杀的时候，他们就对生存变得绝望。布克哈特这些尖锐的观点当然有所夸张，但是不能否认，他窥探到隐藏在古希腊人心灵深处的东西。布克哈特并不以为，一个社会物质条件的改善会促进民众在精神方面也取得进步。物质上的进步并非与道德上的完善同步，他认为美国人把二者等同起来，或者至少混淆了二者。他不同意进步史观，即便不说他是悲观论者，他至少是非常现实的文化史家。布克哈特不仅不相信历史会走向至善，反而认为它经常改变原来的轨迹，走向反动和堕落，因为，推动历史车轮的动力当中有若干潜在的力量，它们不以个人的意志转移，在其中起到关键作用的权力从本质上说是邪恶的，它的影响力无法用正常的思维进行判断。

布克哈特对古希腊文化总体的评价与当时占据主导地位的观念大相径庭。他认为古希腊人并不幸福，他们是极度悲观的民族。古希腊人取得的成就有目共睹，而且对后世尤其是欧洲文明的影响不言而喻。不过，布克哈特在古希腊人的创造性和创造力背后窥探到他们趋于破坏的冲动，其中包括为了实现抱负或野心不惜采用任何手段的趋向，违反城邦的规定和逾越道德的界限以及在城邦内和城邦之间争斗都是这种趋向的结果。布克哈特也没有把希腊文化视作人类理性的高峰，而是把它理解为充满非理性和危险因素的结构，这种颇具现代性的解读深深地影响了尼采。布克哈特很早就认为希腊神话当中沉淀了他们的过去，其中的反社会的英雄和极具悲剧色彩的受害者都是他们处在非理性状态的表现。在布克哈特眼里，古希腊人的非理性最明显地反映在制度化的暴力，当一个城邦需要扩张或者一个首领想扩大自己的权力时，他们确实到了不择手段的程度。这些暴力源于古希腊人对荣誉的追求，而他们如此渴望和珍惜荣誉是因为他们处在各种危险当中并有必要不断地克服它们。这些危险当中最为典型的就是被人诬陷为不虔诚，苏格拉底和亚西比德均为其受害者。所以，正是在城邦最为辉煌时期，城邦、民主、竞技等美好的理念被颠覆，徒留一个黄金时代的美名，成为怀旧的对象。正是因为古希腊文化走向了衰落，雅典才会被马其顿征服，虽然后者把古希腊文化传播到地中海沿岸甚至更远，但是它内在的创造力已经不复存在。

在《希腊文化史》中，布克哈特使用了各种文献，许多是被当时的学者忽视的材料。他善于抓住材料的精髓，而不是为了展示自己的博学而罗列没完没了的脚注。他的主旨是勾勒古希腊人的思维方式和他们的精神状态。他们的竞争意识因此就构成了他探讨的主题，从荷马、品达、柏拉图到修昔底德，从为了安抚一个令战车翻车的幸灾乐祸的亡灵在奥林匹亚建造祭坛，到一个织地毯的艺人把美化自己的字或画编在地毯上，布克哈特都看到了古希腊人爱荣誉和重荣誉的品质。对荣誉的过度重视当然会导致对青春和年轻人的崇拜，这一点表现在柏拉图的《理想国》中，有专门讨论暮年的段落以及古希腊医生设法把灰白头发染成黑色的实例中。古希腊人即使是在欢庆的喜悦中都无法忘掉人必死的命运。他们对生命所持的悲观态度在悲剧和短诗中表露无余。一首短诗中写道："给我那只盛满甜酒的高脚杯，它像我一样用泥土制作，我死后将安卧在这些泥土当中。"他们想到死就感到悲伤，联想到美好的人生就会变得更加黯然神伤。布克哈特在书中反复强调古希腊人这种悲观的人生观。有时读者会觉得他过分强调了这一点，但是他引用了丰富的史料，阐述得如此深刻，很难予以反驳。

布克哈特把古希腊人取得的成就置于他们日常的物质和精神生活之中，许多不可想象或难以理解的事情也显得合情合理。这应当说是布克哈特解读文化的高妙之处。布克哈特并没有像黑格尔那样大谈历史哲学之类冠冕堂皇的概念，相反，他强调研究历史的人要有直觉，善于用直觉判断历史人物和分析历史事件。比如，他在《希腊文化史》谈到了古希腊人长什么模样。他认为，流传下来的雕塑不可能反映普通希腊人的长相。不过，如果古希腊人都长得很丑陋，他们也不可能创造出我们今天所能看到的优美的雕塑，因为他们关于美的理想化概念本身就不会好到哪里去。古希腊雕塑体现的希腊人的美丽的容貌和匀称的体型能否在文学作品中得到印证呢？按照布克哈特的理解，古希腊文学作品善于使用夸张这一修辞手法，不足以作为信史。恰巧，布克哈特找到了犹太人早期谈论人相学的论著，其中称古希腊人拥有世界上最美的眼睛。从这个小小的例子中不难看出，布克哈特看问题的角度非常特别，叙事娓娓道来，注脚则信手拈来。在需要聚焦的时候，布克哈特会讲述古希腊人的名字和他们起名方面的一些习俗，甚至提到把阿克特翁撕成碎片的几条狗的名字，他也会说起某一户人家的地板上铺了什么样的地毯；假如有必要，他就采用长距离、全景式的概览。他超乎想象的博学、清晰的写作特点和独特的叙事风格以及语气的简洁和自信，都能够让读者在纷繁的历史丛林中看到一条连接过去与未来的小路，了解其中的暗流和险滩以及它们的成因和由来。

布克哈特对民主的成见一方面源于他的家庭出身和他在巴塞尔的生活背景，另一方面也与德国当时日益高涨的民族主义情绪相关。布克哈特认为不平等是自然法则，他对暴民运动深恶痛绝。布克哈特偏向于把他对当下的不满和批评延伸到评价历史方面，克罗齐称布克哈特反历史似乎也是在这个层面做出的判断。作为贵族和学者，布克哈特很容易理解古希腊寡头制对民主的态度。民主无疑牺牲了精英的权利，削弱了有教养和有知识的上层人士的地位，这是关系到精英文化能否维系的重要问题。他天生的保守思想让他至多能接受柏拉图的哲学王。在布克哈特看来，古希腊人试图把政治上的平等与个人的自由嫁接，其结果只能是民主演变为大众对个体的专制。布克哈特以为，公民权利与政治权利是两码事。布克哈特推崇古风时期，而不是古典时期。他举了许多例子支撑自己的观点，其中有一条似乎很可笑，但实际上令人深思。他认为在前一个时期战争没有后一个时期多，代替战争的是真正的竞技。此外，布克哈特并不相信历史上曾经有过黄金时代。在他看来，在评判历史事件和人物的时候，个人的喜好起到很重要的作用。他承认自己偏向于那些个人的创造力不受限制甚至得到张扬的时代。法国大革命以后，欧洲的文化潜力被完全消耗，个体只能沉浸在回忆以往的美好时光，比如文艺复兴时期。布克哈特从1868—1873年讲授《关于历史学习》（后来以《世界历史沉思录》书名出版），从1872—1886年讲授《希腊文化史》课程。不难看出，两个课程之间有着内在的关联。

布克哈特对民主持怀疑并不等于他不注重个体和个体的权利。正如上面提到，布克哈特相信不平等是自然法则，所有人拥有同等的权利是空想或迷惑人的口号。布克哈特的《意大利文艺复兴时期的文化》开创了探讨身份问题的先河，他认为从近代早期开始，人们把自己视为精神上的个体。在此之前，人只知道自己是种族、族群、集体、家庭、行会等组织的成员。这些笼罩个体的盖头最先是在意大利被揭开，人由此成为拥有自己意识和身份的个体。

我们或许能够从布克哈特与尼采的关系以及尼采《悲剧的诞生》一书的命运更好地理解布克哈特生活时代德语区的学术环境和他的研究方法和观点的超前性。在聆听过布克哈特希腊文化课程的人当中，有两位的名字特别值得提及，其中一个是尼采，另一位是弗洛伊德。尼采曾经称赞布克哈特是当时希腊文化研究领域最有造诣的人。布克哈特曾经与尼采同时在巴塞尔大学任教。两人从不同角度探讨古希腊人的悲观主义。在《悲剧的诞生》一书中，尼采借助狄奥尼索斯这个神话形象抒发了人在逆境中依靠意志战胜各种困难的豪情壮志。不过，尼采不久之后被人送进精神病院，如果说他亲身演绎了这个悲剧，那么这场胜利的悲剧色彩似乎过于浓厚。相比之下，布克哈特比尼采幸运许多。

尼采和维拉莫维茨曾经先后在瑙姆堡附近的普弗塔中学读书，尼采年长维拉莫维茨四岁，所以上学也早四年，两人在学校时均为尖子生。中学毕业以后，尼采开始在波恩大学学习古典语文学。1869年，他从莱比锡大学毕业，同时获得了巴塞尔大学古典语文学教席。他没有写博士论文，更没有完成教授资格论文，只有导师里奇尔（Friedrich Wilhelm Ritschl）写给巴塞尔大学原古典语文学教席拥有者基斯林（Adolf Kiessling）的推荐信。当然，他在大学期间已经发表了有分量的文章，在古典学界被称为奇才。1869年4月，鉴于尼采出色的学术成就，莱比锡大学授予他博士头衔。

相比之下，维拉莫维茨的求学道路就寻常得多。中学毕业以后，他先是到尼采曾经就读过的波恩大学注册，然后转到柏林，并于1870年在柏林大学古典语文系完成了博士论文。维拉莫维茨认识尼采是在1871年，他此时是新出炉的博士，而尼采已经是教授。维拉莫维茨特地拜访尼采，他此行的唯一目的就是为了向后者郑重地表达自己的崇敬心情。

尼采于1872年出版了第一部重要的著作——《悲剧的诞生》。这本书面世几天之后，音乐家瓦格纳特地写信向尼采表示祝贺，称自己从未读过如此美妙的书，甚至瓦格纳的岳父，著名音乐家李斯特也深表钦佩。不过，尼采更加渴望的是得到同行——古典语文学家们——的称赞。但是这些人集体保持沉默，只有尼采的朋友、基尔大学古典学教授罗德（Erwin Rhode）愿意站出来为尼采说公道话。不久，维拉莫维茨发表了书评，他的评论文章题为《"未来语文学"：驳弗里德里希·尼采的〈悲剧的诞生〉》。当时有不少人对瓦格纳超前的音乐不以为然，轻蔑地称之为"未来音乐"，维拉莫维茨的目的显然是一石二鸟。维拉莫维茨全盘否定了尼采的研究思路，指责尼采根本没有以科学的方式撰写这本书，具体地说，尼采作为希腊语文学教授没有按照语文学的套路写书。按照维拉莫维茨的标准，尼采不是进行科学研究，而是凭直觉找寻智慧，使用的语言不是严谨的学术语言，而是兼有公函和新闻稿的风格。在维拉莫维茨看来，尼采在书中提出来的许多设想和观点犹如痴人说梦，只能说他无知和缺乏对真理的热爱。

瓦格纳亲自撰文为尼采辩护，他以"那个语文学博士"称呼维拉莫维茨，鄙视的意味不言而喻。瓦格纳认为维拉莫维茨未能理解尼采书中的真知灼见。罗德再次写评论文章，设法反驳维拉莫维茨的指责，替尼采主持公道，称尼采是古典语文学家中少数能够洞见古希腊人灵魂的人。在《悲剧的诞生》出版后久，巴塞尔大学决定提高尼采的工资，以此表彰他在研究方面取得的成就并受到学生们的喜爱。不料，维拉莫维茨之后的评论使得尼采在古典学界受到了毁灭性的打击，破坏了他的美好现状和前景。在1872年写给罗德的信中，尼采表达了自己的愤怒和不解："好像我犯了什么罪，这些人在漫长的十个月里一声不吭，似乎他们与我的著作毫不相干。"尼采认为，整个巴塞尔大学都因为他而蒙羞，最终于1879年，他向巴塞尔大学校长递交了辞职申请书。

维拉莫维茨无疑是杰出和严谨的学者，不过他对尼采及其著作做出的反应很难说是公允和纯粹出于学术的目的。维拉莫维茨对《悲剧的诞生》一书的评论以及回应瓦格纳和罗德的文章并没有多少学术价值，难怪它们后来都未被收录在他的文集中。在1928年的一篇回忆文章中，维拉莫维茨承认自己严厉抨击尼采是受了同事舍尔（Rudolf Schöll）的唆使，但是他同时声称自己并不因为曾经的莽撞感到懊悔。相比之下，自从遭到维拉莫维茨的尖刻批评之后，尼采一直纠结于自己是否是称职的语文学家这个问题，最后甚至责备自己名不副实。我们似乎能够从中看出两个人不同的人品。

辞去巴塞尔大学教职以后，尼采成为一个没有家乡的自由思想家。1889年，尼采从客居的意大利都灵给布克哈特写了一封长信，他在信中描绘了自己的宏伟蓝图，同时也透露了落魄的处境，他在信的末尾写道："说到底，我宁愿当巴塞尔的教授，而不是上帝；不过，我没有胆敢让自己的私欲如此膨胀，为了满足私心置创造世界之大事而不顾。"布克哈特把这封信给尼采的朋友、巴塞尔大学神学教授奥弗贝克（Franz Overbeck）看。两个人都很清楚，尼采的健康状况已经到了不能放任的程度。奥弗贝克赴都灵把尼采接到巴塞尔，然后把他送进弗里德马特神经病医院，即今天的巴塞尔大学精神病院。后来，尼采的母亲设法让儿子转院到位于耶拿的精神病院。尼采再也没有能够回到巴塞尔，于1900年在魏玛去世。在上面提到的写给布克哈特的信里，尼采似乎不认为自己放弃巴塞尔大学的教授席位是错误的，他说："一个人不管怎样和在哪里生活，做出牺牲是不得已的事情。"确实，假如他一直当维拉莫维茨认可的语文学教授，按照维拉莫维茨认同的套路做学问，那么他剖析人类悲剧和探讨人生哲学的著作可能就不会诞生，他的名字可能早已被人遗忘。

克吉（Werner Kaegi）在《世界历史沉思录》后记中说："对尼采来说，他与布克哈特之间的关系成为他人生中一个伤感和沉重的篇章，而对布克哈特来说，他的余生中根本就没有尼采这一章。他们之间的关系是不对等的。"他们之间的关系确实是不对等的，但是说布克哈特的余生中没有尼采这一章，很显然言过其实。一方面，两人的影响是相互的，不能否认尼采的为人及其著作对布克哈特产生了影响。说起来，两个人在学术志趣和研究视角诸多领域有许多相同和相似之处。梅内克（Friedrich Meinecke）在评价布克哈特时说："读者会马上发现，他的历史观点与他德国同事的观点之间横着一条鸿沟。布克哈特关于文化的定义有其独到之处，不同于由来已久的那种空洞的议论。即使所谓的现代文明，布克哈特也以相当悲观的角度加以审视。"我们似乎在这句话中看到了尼采的影子。1874年2月，布克哈特收到了尼采赠送的《不合时宜的沉思》，在写给尼采的信里，布克哈特一方面谦虚地说自己眼下还没有能力对书做总体的评价，另一方面承认他与尼采在学术兴趣和研究思路非常相近，所以有一吐为快的冲动。布克哈特称赞尼采在书中针砭时弊，他同意教历史和学历史不是为了积累史料，而是为了学会思考的方法和掌握思考的能力。

（金寿福，复旦大学历史系教授）

大历史与小大历史

孙　岳

摘要：“大历史”是近年在国际学术界新兴的一个史学流派，试图全面整合多个学科的人类知识、构建一种统一的宇宙演化大背景下的历史图景，以应对目前人类知识支离破碎的境况和面对席卷全球的人类大问题无以自持的局面。本文旨在对“大历史”学派做一全面介绍，包括大历史问世的社会和学术背景、大历史概念、大历史的代表人物和代表作品、大历史理论及其核心概念、大历史科研的突破方向：小大历史。最后对大历史的未来发展做一瞻望。

关键词：大历史　理论　核心概念　小大历史

> 人类是一件多么了不得的杰作！多么高贵的理性！多么伟大的力量！多么优美的仪表！多么文雅的举动！在行为上多么像一个天使！在智慧上多么像一个天神！宇宙的精华！万物的灵长！可是在我看来，这一个泥土塑成的生命算得了什么？
>
> ——莎士比亚：《哈姆雷特》（第二幕，第二场），朱生豪译

“我是谁？我的归属何在？我所属的那个整体又是什么？”换言之，人究竟是什么？是天使？还是不过泥土抟成的污物？人类在地球上目前的生存处境

如何？人类有否未来？人类的未来又何在？现代人的生存窘境和重重困惑使这些鲜有当代史学家触碰的大问题再次摆到了史学家的面前：显然，“在全球化趋势日益明显的今天”，“人类面临的最大问题”已经不限于“各人类群体如何自处（即身份认同）和如何处理彼此关系（即文明对话）的问题”，而是整个人类的可持续生存和“全球公民”身份认同的问题。[①]于是，大历史问世了。

一、概述

1. 大历史的问世

“大历史”一词由澳大利亚学者大卫·克里斯蒂安（David Christian）于20世纪80年代末90年代初创造。据说，“大历史”问世的背景非常简单：1988年，在澳大利亚悉尼麦考瑞大学（Macquarie University）历史系的一次教师研讨会上，有人提出“历史该从何时讲起”的问题，擅长俄罗斯历史的克里斯蒂安主张“从最初讲起”。可哪里是所谓的“最初”呢？是猿转变成人的一刻，还是作为人类生存环境的地球的形成，抑或137亿年前的宇宙“大爆炸”？克里斯蒂安选择将宇宙“大爆炸”作为大历史叙述的起点，并于1991年在国际知名的《世界史杂志》上发表了《为“大历史”辩护》一文，首次使用“大历史”一词并阐发其大历史思想。[②]受此启发，荷兰史学家弗雷德·斯皮尔（Fred Spier）1996年率先出版了《大历史的结构》一书，从理

---

① 当代“大历史”的创始人大卫·克里斯蒂安在其专著《时间地图：大历史导论》中开宗明义地就提出了这样的问题，参阅David Christian, *Maps of Time: An Introduction to Big History* (Berkeley, CA: University of California Press, 2004), p. 1，中文版（晏可佳等译，上海社会科学院出版社，2007年）第2页。而另一位“大历史”的早期倡导者和理论家弗雷德·斯皮尔则将其最新的著作直接命名为《大历史与人类的未来》，见Fred Spier, *Big History and the Future of Humanity* (Chichester, UK: Wiley-Blackwell, 2010)。有关“文明互动”的观点，可参阅刘新成：《文明互动：从文明史到全球史》（《历史研究》，2013年第1期），尤其是第5页的说法，即以上引文。根据史学家《真理的历史》的作者阿迈斯托的说法，人类似乎正处于一个没有真理且不愿再去寻找真理的时代，其窘迫与无奈可想而知，参阅Felipe Fernández-Armesto, *Truth: A History and a Guide for the Perplexed*, New York: St. Martin's Press, 1997。

② Marnie Hughes-Warrington, “Big History”, *Social Evolution & History*, Vol. 4, No. 1, Mar., 2005, pp. 8–9; David Christian, “The Case for ‘Big History’”, *Journal of World History*, Vol. 2, No. 2, 1991, pp. 223–238. 后文有中译本，见大卫·克里斯蒂安：《为“大历史”辩护》，赵婧译，见第夏继果、杰里·H.本特利主编：《全球史读本》，北京大学出版社，2010年，第66—78页。

论上做进一步的探讨，并同时在阿姆斯特丹大学开设“大历史”课程。2004年，克里斯蒂安的专著《时间地图：大历史导论》问世。2007年，美国历史教育家辛西娅·布朗（Cynthia Brown）的教科书《从“大爆炸”至今的大历史》出版。2010年，斯皮尔又推出专著《大历史与人类的未来》。①大约在此前后，“大历史”得到微软前总裁比尔·盖茨的青睐，②在其支持下，国际大历史学会遂于2010年8月20日成立，并于2012年8月3至5日在密歇根州的伟谷州立大学（Grand Valley State University）举行了第一次大会，吸引了来自世界各地多个学科的学者、教师和热情参与者共200多位，大会的主题即为“大历史教学与科研：探索一个新兴的学术领域”；而同样得到盖茨私人基金大力支持，旨在普及中小学历史教育的“大历史项目”（Big History Project）也已启动。在更高的层面，据克里斯蒂安称，截至2011年，全世界至少有50所大学开设有大历史课。③此外还有一系列相关组织和机构问世，如俄罗斯大历史和系统研究中心、新英格兰大历史中心等。

大历史之所以能够如此迅速发展是有着更深层的原因的。首先，“大历史”的诞生源自史学家对“世界史”名不副实状况的不满。④美国学者认识到，“20世纪末新世界史面临的核心挑战是如何讲述全球时代整个世界的历史”。⑤有学者视此为超越传统民族国家历史叙事的呼吁，但对另外一些学者

---

① Fred Spier, *The Structure of Big History: From the Big Bang until Today*, Amsterdam: Amsterdam University Press, 1996; David Christian, *Maps of Time: An Introduction to Big History*; Cynthia Stokes Brown, *Big History: From the Big Bang to the Present*, New York: New Press, 2007。最近，克里斯蒂安等又推出一部新的大历史著作《大历史：虚无与万物之间》(David Christian, Craig Benjamin, and Cynthia Brown, *Big History: Between Nothing and Everything*, New York: McGraw-Hill, 2013)。

② 据说盖茨听了克里斯蒂安的大历史讲座后的第一反应是："他简直让我惊呆了。他读了那么多的书，横跨自然、人文和社会科学并将全部知识融汇成一个统一的框架。我真希望我在年轻时上过大历史课，因为那样的话我就可以整体地思考学校的学业，知道下一步该读些什么。尤其是大历史将全部的科学知识置于有趣的历史大背景之下，并阐释如何应用科学以解决当今时代面临的重大问题。”参见Tom Vander Ark, “Big History: An Organizing Principle for a Compelling Class, Block or School”, *Education Week*, Dec. 13, 2012, http: //blogs.edweek.org/edweek/on_innovation/2012/12/big_history_an_organizing_principle_for_a_compelling_class_block_or_school.html, accessed June 30, 2013。

③ David Christian, *Maps of Time: An Introduction to Big History*, 2nd ed., Berkeley, CA: University of California Press, 2011, “Preface”, pp. xxiii–xxvi.

④ Hughes-Warrington, “Big History”, p. 8; David Christian, “The Return of Universal History”, *History and Theory*, Theme Issue 49, Dec., 2010, pp. 6–27.

⑤ Michael Geyer and Charles Bright, “World History in a Global Age”, *The American Historical Review*, Vol. 100, No. 4, Oct., 1995, p. 1041.

来说，从“世界”到“全球”的转变还远远不够，他们要超越传统“史学”的界限，书写包括人类起源与进化、生命体和地球甚至整个宇宙演化的“大历史”。[①]而这种“大历史”之所以可能，是因为现代史学具备了先前不曾有过的两个基本条件：1. 近一个世纪的史学研究积累；2. 自20世纪中叶以来发生的“精确计时革命”（Chronometric Revolution）。[②]事实上，有很多侧重时间维度的学科——如古生物学、地质学、宇宙学等——的学者纷纷加入到“大历史”的建构中来，出现了所谓自然科学的“历史化”和历史的“科学化”。[③]

其次，也许是更重要的，“大历史”的问世是史学家对我们这个时代关乎人类生存的种种不确定性的激烈回应。一方面，在“大历史”学家看来，我们这个时代正经历着某种深刻的危机：“在一个充斥着核武器、生态危机俨然跨越了众多国界的世界里，我们非常有必要将人类看作一个整体。在此背景下，那种主要关注民族、宗教和文化分立的历史叙述显得狭隘、不合时宜甚至非常危险”[④]；另一方面，即在人的精神方面，后现代主义者声称任何形式的元叙事，无论是历史的还是科学的，都不过是对既定权力的维护，从而掩盖了真实存在的混乱、断裂和无意义，[⑤]而这种虚无主义的论断对改善人类的生存状况并无助益。中国学者对此亦有所认识，甚至言辞激烈、锋芒直

---

① Hughes-Warrington, “Big History”, p. 8.

② Christian, “The Return of Universal History”, pp. 16–19.

③ Ibid., p. 19. 威廉·麦克尼尔也有类似的普世史追求，主张史学家开阔视野，运用多学科的研究成果将人类在地球上的历史纳入到更为宽广的宇宙、生物和社会背景之中，以实现历史的科学化。此处的科学化并非以往的“科学主义”，而意旨史学全面利用人类既有的各类科学成果实现的综合化、条理化。参阅 William H. McNeill, “History and the Scientific Worldview”, *History and Theory*, Vol. 37, No. 1, 1998, pp. 12–13, 引自 Christian, *Maps of Time*, p. 4; William H. McNeill., “A Short History of Humanity”, *New York Review of Books*, Vol. 47, No. 11, Jun., 29, 1999, pp. 9–11。

④ Christian, *Maps of Time*, p. 8. 克里斯蒂安的这一立场并不孤立，类似的忧虑和文献很多，如 Seth D. Baum, “Is Humanity Doomed? Insights from Astrobiology”, *Sustainability*, Vol. 2, No. 2, Feb., 2010, pp. 591–603; Johan Rockström, et al., “A Safe Operating Space for Humanity”, *Nature*, No. 461, 2009, pp. 472–475; Paul R. Ehrlich, Anne H. Ehrlich, “Can a Collapse of Global Civilization Be Avoided?”, *Proceedings of the Royal Society B*, Vol. 280, Jan., 2013, pp. 1–9。不过也有学者对此表现出一定程度的乐观态度，如 H. Charles J. Godfray, et al. “Food Security: The Challenge of Feeding 9 Billion People”, *Science*, Vol. 327, No. 5967, 12 Feb., 2010, pp. 812–818。

⑤ Jean-Francois Lyotard, *The Postmodern Condition: A Report on Knowledge*, Geoff Bennington, Brian Massumi (trans.), Minneapolis: University of Minnesota Press, 1984; Craig Benjamin, “The Convergence of Logic, Faith and Values in the Modern Creation Myth”, in Cheryl Genet, et al. (eds.), *The Evolutionary Epic: Science's Story and Humanity's Response*, CA: The Collins Foundation Press, 2009, pp. 147–152.

指西方人与自然对立的世界观和消费主义的资本主义制度。[①]作为回应，“大历史”的目标就是要追根溯源，谱写出一部能够赋予当今人类社会以“定位感”和“归属感”的“现代创世神话”。[②]

第三，从史学史的角度来看，“大历史”的问世在本质上是“普世史”的回归。所谓“普世史”在19世纪史学专业化兴起以前，一直是历史叙述的常态。但此后，“普世史”却逐渐从史学家的视野中消失了。在克里斯蒂安看来，其原因有三：1. 史学家对所谓“科学”史学的追求；2. 民族主义的盛行；3. 兰克史学在大学、学院内部的确立或机构化。[③]在这种情势下，史学细化成多个分支专业，史学家把精力集中在民族史的书写和国家文明发展轨迹的梳理上，根本无暇顾及对宏大历史的考察，直至后来汤因比、斯宾格勒、威廉·麦克尼尔等人著作的问世，这种情况才得到改变，全球史（抑或普世史）甚至“被普遍承认为一种历史叙述范式”。[④]

2. 何谓大历史?

不过，“大历史”或克里斯蒂安所谓的“普世史”却与以往的“普世史”有所不同，它是一种“试图在所有可能的尺度上理解过去”的历史，甚至涵盖整个宇宙，并“同时关注历史的偶然因素及细节和能够廓清细节的大的格局”，或可称之为一种“全面、统一的关于已知世界或宇宙的历史”。[⑤]斯皮尔的定义是“大历史乃不同尺度上复杂性生发与消亡的历史”，[⑥]显得有些令人费解，因为其中的“复杂性”概念需先解释一番（见下文）。借用国际

---

① 王文元：《人类的自我毁灭》，华龄出版社，2010年，第80—82页。

② 克里斯蒂安：《时间地图：大历史导论》，晏可佳等译，第1—6页；Benjamin, “The Convergence of Logic, Faith and Values in the Modern Creation Myth”, Par. 1-18。克里斯蒂安在接受笔者的访谈时对“大历史”的“现代创世神话”内涵也有过一段精彩的论述，参阅克里斯蒂安等：《大历史：在宇宙演化中书写世界史》，载《光明日报》，2012年3月29日。

③ Christian, “The Return of Universal History”, pp. 13-15.

④ Spier, *Big History and the Future of Humanity*, p. 14; Christian, “The Return of Universal History”, pp. 15-16；刘新成：《文明互动：从文明史到全球史》，第4页。张旭鹏：《超越全球史与世界史编纂的其他可能》(《历史研究》，2013年第1期)，第18页有将“大历史”归入“普遍史”的说法。

⑤ 参见Christian, “The Return of Universal History”, pp. 6-27，根据第7页注释2。

⑥ Fred Spier. “How Big History Works: Energy Flows and the Rise and Demise of Complexity”, *Social Evolution and History*, Vol. 4 No. 1, Mar., 2005, pp. 87-135; Spier, *Big History and the Future of Humanity*, p. 21; Fred Spier, “Complexity in Big History”, *Cliodynamics*, Vol. 2, No. 1, 2011, pp. 146-166.

大历史学会官方网站上（http: //www.ibhanet.org/）为“大历史”所下的定义，我们对“大历史”的内涵可以有一个更为清晰明确的认识：“大历史试图用现今人类已有的可靠证据和学术方法廓清宇宙、地球、生命和人类的整合的历史。”恰如克里斯蒂安指出，大历史有别于“世界史”（与国内的“全球史”相对应）的最突出的特点有二：一是其跨学科的本质，二是其努力寻求多个关注历时变化的学科——如物理学、天文学、地质学、生物学等——的“深层次的统一性”①，而威廉·麦克尼尔则将克里斯蒂安在“混沌和复杂性中（发现）的无尽的华尔兹”称作大历史“最重要的成果”②。

毫无疑问，大历史目前仍处于建构之中，所以近年来大历史在内涵方面又有一些新的拓展。③比如斯皮尔在哈佛大学天体物理学家蔡森（Eric Chaisson）相关著述的基础上正尝试将“复杂性的提升”（increasing complexity）和“能量流”（energy flow）作为大历史叙述的核心观念，并提出和探讨历史发展过程中的“金凤花条件”（goldilocks conditions）问题；克里斯蒂安本人对“集体知识”（collective learning）、“精确计时革命”和“普世史回归”意义的探讨；近年来由诺贝尔奖得主荷兰大气化学家保罗·克鲁岑（Paul Crutzen）提出的“人类世”（Anthropocene）概念也迅速成为大历史学家竞相讨论的话题。总之，大历史是一个开放的学术领域，其视野之宏阔、统合力之强大、融合人文科学与自然科学意愿之强烈，都是以往任何一个学科、任何一种形式的历史撰述所无法比拟的。难怪威廉·麦克尼尔将克里斯蒂安的大历史成果《时间地图：大历史导论》与牛顿和达尔文的成就相提并论，称其为将“自然史与人类史综合成了一篇宏伟壮丽而又通俗易懂的叙述”，④这是有道理的。

3. 代表人物和代表作品

大历史的代表人物无疑首推大卫·克里斯蒂安和弗雷德·斯皮尔，两人

① Christian, *Maps of Time*, 2nd ed., “Preface”, pp. xxiii–xxiv.
② Christian, *Maps of Time*, McNeill, “Foreword”, p. xvii.
③ Christian, *Maps of Time*, 2nd ed., “Preface”, pp. xxiii–xxvi.
④ Christian, *Maps of Time*, McNeill, “Foreword”, p. xv.

分别担任国际大历史学会首届的主席和副主席。

大卫·克里斯蒂安1946年生于纽约的布鲁克林，后随父母迁居尼日利亚并在那里度过了自己的童年，7岁到英国就读于一所寄宿制学校，毕业后考入牛津大学攻读现代史并于1968年获学士学位。两年后，克里斯蒂安在加拿大的西安大略大学获硕士学位。1974年获牛津大学博士学位，论文的主题是沙皇亚历山大一世不曾成功的一场改革。1975年至2000年，他在澳大利亚悉尼麦考瑞大学任教，主要讲授俄罗斯史、俄罗斯文学及欧洲历史等课程。在法国年鉴学派的影响下，他的兴趣转向了俄罗斯人日常生活史，并著有两部有关俄罗斯人饮食的著作《面包和盐：关于俄罗斯食品与饮料的社会史和经济史》（1985）和《活命之水：解放前夕的伏特加酒与俄罗斯社会》（1990）。2001年，克里斯蒂安转至美国加州的圣迭戈州立大学任教，传授大历史的理念和方法并讲授世界史、环境史及内陆欧亚史，2009年又回到澳大利亚悉尼的麦考瑞大学。在此前后，克里斯蒂安还开始在美国的佛蒙特大学和韩国的梨花女子大学兼任教职（梨花女子大学也因此成为亚洲首个开设大历史课的大学）。

克里斯蒂安的《时间地图：大历史导论》一书2004年由美国加州大学出版社出版，次年便获得美国世界史协会（WHA）的年度最佳图书奖。2007年，该书的中译本面世。2008年，为推广大历史教学，克里斯蒂安推出了大历史简明读本《飞逝的世界：人类简史》；[①]2013年，又推出与大历史教育家辛西娅·布朗和克雷格·本杰明合著的一部大历史教材《大历史：虚无与万物之间》。[②]

弗雷德·斯皮尔生于1952年，现任荷兰阿姆斯特丹大学跨学科研究所

① 中译本为大卫·克里斯蒂安：《极简人类史——从宇宙大爆炸到21世纪》，王睿译、孙岳审校，中信出版社，2016年。

② 大卫·克里斯蒂安、辛西娅·布朗、克雷格·本杰明：《大历史：虚无与万物之间》，刘耀辉译，北京联合出版公司，2016年。该教材号称“新的跨学科领域——大历史”的首部教材，见Christian, et al., *Big History: Between Nothing and Everything*, p. xv。其中的“虚无与万物之间”来自帕斯卡尔的《沉思录》：“因为，人在自然界中到底是个什么呢？对于无穷而言就是虚无，对于虚无而言就是全体，是无和全之间的一个中项。他距离理解这两个极端都是无穷之远，事物的归宿以及它们的起源对他来说，都是无可逾越地隐藏在一个无从渗透的神秘里面；他所由之而出的那种虚无以及他所被吞没于其中的那种无限，这二者都同等地是无法窥测的。”Ibid., p. xv。中文版可参阅帕斯卡尔：《思想录》，何兆武译，商务印书馆，1985年，第30页。

大历史专职教授（Senior Lecturer），也是全球首个且目前唯一的大历史专业教职。从1994年起，斯皮尔便在阿姆斯特丹大学开始讲授大历史课程；2003年起，在埃因霍芬科技大学开设一年一度的"大历史系列讲座"；2009年起，在阿姆斯特丹大学学院发起"历史课程中的大问题"系列讲座；2013年起，在著名的鹿特丹伊拉斯姆斯大学组织开设所有入学新生必修的名为"起源"的课程模块。

除大历史之外，斯皮尔还精通世界史与人类史、拉美史及拉美人类学、社会史和环境史、文化人类学、自然科学通论（尤其是生物化学）等。通晓荷兰语、英语、西班牙语，能够阅读法语和德语文献，并粗通拉丁语、古希腊语、希伯来语和奇楚亚语（南美洲原住民的一种语言）。斯皮尔如此广博的知识储备可能是其最终转向大历史的重要原因之一，当然，这与其教育背景密切相关：1978年，斯皮尔在莱顿大学获生物化学硕士学位，此间的主要研究课题为植物基因工程和寡核苷酸的合成；1987年，在阿姆斯特丹自由大学获得文化人类学硕士；1992年，在阿姆斯特丹大学获得文化人类学及社会史专业博士学位，并于1994年发表其多年精研秘鲁宗教与政治、基于其博士论文的专著《秘鲁的宗教政体》，该书一出版旋即获得好评，美国著名人类学家埃里克·沃尔夫（Eric Wolf）将其列入学生的必读书目，而历史学家威廉·麦克尼尔则称此书乃"一部思想成熟、智力超群的学者之作"。

斯皮尔步入大历史研究有一段颇为传奇的经历，带有一个人试图拯救整个世界的意味。据说最初是受到1968年12月阿波罗8号（Apollo 8）登月舱驾驶员威廉·安德斯拍摄的一幅照片的启示，这就是著名的"升起的地球"（Earthrise）照片（见下页）。

"看着这张照片，我震惊了，有一种前所未有的感觉。霎时间，它改变了我对地球的整个认知。……以前我所接受的都是些零散的知识，彼此从不搭界，更不要提从一个统一的角度呈现。"[①]此后是来自罗马俱乐部出版的《增长的极限》一书的震撼，书中特别谈到了事关人类可持续生存的五个重

① Spier, *Big History and the Future of Humanity*, p. 2.

升起的地球

图片来源：维基百科（http: //en.wikipedia.org/wiki/Earthrise）

要变量，即人口增长、食物生产、工业生产、自然资源的有限和不可避免的环境污染。[①] “但在此时，我周围没有一个人，包括中学教师和后来的大学教授，谈到过从太空拍摄到的地球图片实际上是一种视角的巨大转变，而继续坚守既定的教育格局和各自的学科领域。……我感到这是非常令人沮丧的互不关联（most distressing disconnect）。而我却愈发担心我们共同面对的环境问题，想弄清人类究竟是如何步入这一境地的。” [②] 于是便有了后来几十年如一日的求索，试图找到一种新的令人满意的彼此关联的知识框架，直至1992年访问澳大利亚悉尼的麦考瑞大学、巧遇已经从事大历史教学研究的大卫·克里斯蒂安。

目前，斯皮尔正致力于深入并拓展其专著《大历史与人类的未来》中的

① Spier, *Big History and the Future of Humanity*, pp. x–xi.

② Ibid., p. xi.

大历史思路，以期为人类迎接未来的挑战提供启示。

哈佛大学的天体物理学家埃里克·蔡森博士将其学术旨趣锁定在两个宏大目标上：一是研究方面，对各种物理的、生物的和文化的现象进行跨学科的热动力学研究，以廓清星系、恒星、行星、生命和人类社会的起源和演化规律，并以此为基绘制出一种统一的宇宙-演化世界观及人类在宇宙中位置自我觉察的演进；二是教学方面，调动优秀教师和计算机模拟专家努力设计出更好的方法、技术辅助手段和崭新的课程体系，以让更多的教师加入其中，向学生传授自然科学的全貌。为此，蔡森教授在哈佛大学多年来一直在为本科生开设一年一度的宇宙演化课。

除了克里斯蒂安、斯皮尔、蔡森以外，全球各地还有许多颇具视野和成就大历史学家，笔者比较熟悉的有美国达拉斯南卫理公会大学的约翰·米尔斯（John Mears）加州大学伯克利分校的沃尔特·阿尔瓦莱兹（Walter Alvarez）、加州多明尼克大学的辛西娅·布朗、俄罗斯科学院的阿科普·拿撒勒钦（Akop P. Nazaretyan）、密西根伟谷州立大学的克雷格·本杰明、南缅因大学的巴里·罗德里格（Barry Rodrigue）、阿姆斯特丹大学的埃斯特·奎黛克斯（Esther Quaedackers）等。

二、大历史理论与核心概念

> 给我留下印象最深刻、最震撼的是地球看上去竟是那么小……甚至这里的照片都有所夸大，因为照片总有一个有限的外框。把眼球贴近飞船的玻璃窗，差不多就可以看到半个宇宙。……不过与有框的照片相比，那里要黑暗得多，也大得多。……问题倒不是地球有多小，而是地球之外竟然有那么大。[①]

大历史理论首先来源于史学家高屋建瓴的境界。“胸怀‘升起的地

① Andrew Chaikin, Victoria Kohl, *Voices from the Moon: Apollo Astronauts Describe Their Lunar Experiences*, New York: Viking Studio, 2009, p. 158, 引自 Spier, *Big History and the Future of Humanity*, p. ix.

球’的史学家书写人类史自然不同于任何以往的历史叙述。”[①]斯塔夫里阿诺斯在陈述自己的学术观点时曾说过：“就如一位栖身月球的观察者从整体上对我们所在的球体进行考察时形成的观点，因而，与居住在伦敦或巴黎、北京或德里的观察者的观点判然不同。”[②]于沛教授评论说：“然而，这在实际中是很难办到的，”这是因为，我们不能将“一位”居高临下的观察者的意见强加到“民族文化背景不同，历史思维和认知的方式不同，以及历史观和价值观的不同等等”的民族或国家记忆之上。[③]但大历史学者在求同的过程中看到的却是历史研究对象的另一面，即鲜有史学家问津的普遍性或整体性：月球自然比地球要小得多，但从月球看地球，地球不过也是个球！或“宇宙飞船式的”“地球村”。[④]不过不同的是，在这样的一个“村落”居住着数十亿的人类，且划分成数百个国家或更多的群体，彼此言语不通，情感各异，为生存你争我夺、各不相让，至于近现代，工业化与高科技竟成为更高层次、更大范围的群体争权夺利和填充欲壑的工具，以至于根本没有注意到人类整体的生存环境已经岌岌可危！难道这就是号称“宇宙的精华”和“万物的灵长”的人类所为吗？难道人类历经数千年尚不能学会先顾全整体的利益而做些许的让步吗？难道我们就不能为未来计而学会以“全球公民”的身份实现大同的认同吗？

正是从这一境界和追求出发，大历史学家正在建构自己的也是世人渴望的框架性理论。相信有无数的人——包括史学家——都看过“升起的地球”的照片，闲暇之余或梦幻之中也曾有过类似美好的愿望，以超脱身边不断发生的虚伪、敲诈、污浊、懈怠和不公，但却很少有人——尤其是历史学家——像克里斯蒂安或斯皮尔那样能够积极反思并努力建构基于现代科学——即现今人类最可靠的知识（可证真伪的经验知识和符合学术规范的

---

① Spier, *Big History and the Future of Humanity*, p. 111.

② 斯塔夫里阿诺斯：《全球通史——1500年以前的世界》，吴象婴、梁赤民译，上海社会科学院出版社，1999年，第54页。

③ 于沛：《全球史：民族历史记忆中的全球史》，载《史学理论研究》，2006年第1期，第20—21页。

④ 斯塔夫里阿诺斯：《全球通史——1500年以前的世界》，吴象婴、梁赤民译，第55页。

科学方法）——的“创世神话”[①]，所以大历史一俟问世，便受到了众多学者（更多是非历史学家的学者）的热切关注和认同，尤其是青年学生，可能是因为青年比成人更渴望获得关注整体和全局的世界观，用一位大历史学家的话说，大历史实际上是“现代创世神话框架下逻辑知识、信仰和价值观的多位合一”，而另一位大历史学家斯皮尔则试图在大历史的框架下推演人类的道德。[②]

很显然，大历史是从大处着眼看世界的，而不是传统专业史学中的“小为美”。[③]这一点从克里斯蒂安和斯皮尔的专著中均可一目了然，且人类史——即传统世界史甚至全球史关注的范畴——只占很小的部分。克氏的《时间地图：大历史导论》全书八部十五章，从“无生命的宇宙”到“地球上的生命”，全书仅三分之一尚不见人影，而是传统宇宙史、地球史、地质演化史、生物（命）进化史的内容；及至“早期人类的历史”，也是先谈复杂性和能量，再问“人为什么会产生”，追溯灵长目动物、人科动物等的进化历程，就是不肯进入“人的世界”；待最终触及“农业的起源”、城市、国家和文明，我们又很快步入“渐行渐远的现代化”和全球化，看到“20世纪的大加速”并很快进入了“未来”。斯皮尔的《大历史与人类的未来》全书八章，一章绪论、一章理论说明、两章宇宙史和星球演化史，然后是生命的进化，整个人类史占两章偏多的篇幅，但也不过几十页，然后同样是以瞻望未来结束。而最新的教材《大历史：虚无与万物之间》同样是围绕“整个历史”的八个“临界点”或“节点”（threshold）展开的，即：一、大爆炸和宇宙的起源；二、星系和恒星的起源；三、新的化学元素的最初生成；四、太阳和太阳系的涌现；五、地

① 有不少大历史学者不赞同“创世神话”的说法，因为他们坚信大历史是建立在科学的基础上的。比如斯皮尔在《大历史与人类的未来》中便绝口不提“创世神话”。此处只是笼统的说法。

② Benjamin, “The Convergence of Logic, Faith and Values in the Modern Creation Myth”, *World History Connected*, Vol. 6, No. 3, Oct., 2009, 19 pars；弗雷德·斯皮尔：《大历史中的道德问题初探》，孙岳译，载《全球史评论》，第6辑，2013年，第43—62页。

③ Fred Spier, “Big History Research: A First Outline”, *Evolution: A Big History Perspective*, No. 2, 2011, pp. 26-36. 事实上，美国著名史学家伯纳德·贝林早在1981年就对当下史学中千回百转的细微趋势提出质疑，并提出“史学面临的挑战”正在于为众多的区域史研究“提供一种秩序……通过综合使用叙述的方式针对大的主题把这种秩序重新传达给广大受众”，参阅Bernard Bailyn, “The Challenge of Modern Historiography”, *The American Historical Review*, Vol. 87, No. 1, Feb., 1982, pp. 1-24, esp. pp. 7-8。

球上生命的涌现；六、智人的出现；七、农业；八、现代世界与人类世界，并进而瞻望未来，以“宇宙中的人类”告终。这样的安排显然无法让传统的世界史家甚至全球史家满意，相反，甚至会如刺在喉、怒火中烧。④

但且慢！大有大的好处。正如克里斯蒂安所说：只有从大处着眼，才能够提炼出我们这个时代“迫切需要将人类看作一个整体”的视角，才能够容许史学家大胆借鉴其他各个研究领域的最新成果并打破阻碍学科之间合作的藩篱，才能够发现为人类赋予意义的强有力的“元叙事”框架或“现代创世神话”，也才能够了然人自身的局限并认识到任何“完美的描述”均不可企及从而抱持一种开放的现实主义——而不是抱残守缺、故步自封——的学术心态。⑤斯皮尔同样非常明确：大历史就是关于“必然性”（necessity）的，所以它必然要采纳“从上到下”（top down）的理念，因为只有这样才能见到“从下到上”研究取向根本无缘得见的“总体格局”（general patterns）；斯皮尔还非常坦白：为弥补知识和见解上的短视和缺憾，他的做法是“把自己的观点交给从天文学家到社会科学家的多个不同领域的专家去评判”，⑥这种跨学科的努力在史学家当中是不多见的。

更重要的是，大历史学家为历史的叙述提供了前所未有的清晰框架或叙事线索，并为此提出了一系列的核心概念，比如“体系”“集体知识”“物质与能量”“复杂性”“复杂性的提升”“能量流”和“金凤花原理”等。现就笔者的理解能力所及择要分述如下：

---

④ 事实上，在对待大历史的态度上，史学家是分化不一的，有赞同者，有温热者，有怀疑者，也有明确的反对者，分别见Christian, *Maps of Time*, McNeill, “Foreword”, pp. xxv–xviii; Andre Gunder Frank, “Universal History: Sizing Up Humanity in Big History”, *Journal of World History*, Vol. 16, No. 1, Mar., 2005, pp. 83–97; John R. McNeill, “Homogeneity, Heterogeneity, Pigs and Pandas in Human History”, *Cliodynamics*, Vol. 2, No. 1, 2011, pp. 106–120; Kenneth Pomeranz, “How Big Should Historians Think?”, *Cliodynamics*, Vol. 2, No. 2, 2011, pp. 304–329; Wolf Schäfer, “Big History, the Whole Story, and Nothing Less?”, *Canadian Journal of History,* 41, Autumn 2006, pp.317–328; Rebekah Higgitt, “(Pseudo)scientific History?”, *The Guardian*, 16 Aug., 2012, http: //www.guardian.co.uk/science/the-h-word/2012/aug/16/history-science, accessed June 30, 2013等。对此，笔者认同积极的反思，而不是认定“历史自古就如此”且“只当如此”之类的态度，比如《历史动力学》杂志的编辑们所为，见David C. Krakauer, John Gaddis, Kenneth Pomeranz, “Editors' Column: An Inquiry into History, Big History and Metahistory”, *Cliodynamics*, Vol. 2, No. 1, 2011, pp. 1–5。不过有意思的是，就在这篇编者序中，“大历史”被定义为“不依赖文字材料的全部历史建构”（第3页），也可能是一种外在特征的归纳。

⑤ Christian, *Maps of Time*, pp. 8–11.

⑥ Spier, *Big History and the Future of Humanity*, pp. 18–21.

1.“集体知识”

“集体知识”（collective learning），是克里斯蒂安在《时间地图：大历史导论》一书中逐渐梳理出的一个大历史极为核心的概念，主要用于界说人类史的发展历程。不过早期的阐述不甚详尽，也不大成体系，但近年来克氏对“集体知识”颇为用心，[①]也愈发重视，甚至称“大历史的建构实乃集体知识的演练”[②]。

简而言之，“集体知识”是指“某一物种非常精确、有效地分享信息的能力，其结果是在个体习得知识的同时，知识能够被存储到群体和整个物种的集体记忆之中，从而实现世代的累积”。[③]

那么“集体知识”概念为何如此重要呢？在克里斯蒂安看来，这主要是因为：“集体知识”：

> 能够解释整个生物圈的历史上人之为人的特质；说明在近四十亿年的演化过程中人类为何能够成为唯一一个长时期不断变化的物种；廓清人类史演进的独特本质，正如同自然演化概念帮助廓清生物进化史演进的独特本质一样；使人明了为何当今人类拥有如此卓尔不凡、令人惊骇的力量，以至许多学者惊呼人类的诸多活动已经威胁到人类自身甚至大部生物圈的可持续生存。[④]

集体知识概念的核心有二：“集体”和“临界点”。正因为“集体”分享信息，人类创造的知识便不会因为某个人的死亡而消逝，而能快速、准确、有效地传播分享，从而形成一种愈来愈大的集体知识信息库；正因为突破了

---

① 可参阅David Christian, *Maps of Time*, pp. 146–148; David Christian, “Collective Learning”, in Ray C. Anderson (ed.), *Berkshire Encyclopedia of Sustainability: The Future of Sustainability*, Great Barrington, MA: Berkshire Publishing, Vol. 10, 2012, pp. 49–56。克里斯蒂安本人在2012年国际大历史学会第一次大会上的重要发言之一就是关于“集体知识”的；据说他指导的大历史专业博士生大卫·贝克（David Baker）毕业论文主要也是探讨“集体知识”的。可参阅大卫·贝克：《集体知识：起源、机制和意义》，刘凌寒译，载《全球史评论》，第6辑，2013年，第129—154页。

② Christian, *Maps of Time*, 2nd ed., “Preface”, p. xxvi.

③ Christian, “Collective Learning”, p. 49.

④ Ibid.

"临界点"，人类拥有了超越基因变异的强有力的文化，借助人类特有的语言和符合系统传播知识，其速度之快，范围之广，造成了一种无可限量的协同创新能力。[①]这种人类独有的协同创新能力虽曾导致大规模使用矿物质燃料并制造出原子弹以至造成严重的环境污染或危及人类自身的安全，但它同时说明人类有潜力再度利用"集体知识"找到解决之道。[②]

然而大历史更多的理论和概念来自斯皮尔。虽然这许多概念并非斯皮尔原创，但却是他广泛阅读、深入思考、多方借鉴后有意识的建构。此处无法全面展开，故此只集中在经斯皮尔阐发的几个核心概念上。详情可参阅其专著和相关论文。

2."复杂性"与"复杂性的提升"

谈到"复杂性"，必先交代"物质"和"能量"的概念。其实，在物理学中，对"物质"的定义并不是非常清楚，且有循环定义的嫌疑。比如，蔡森将"物质"定义为"凡占据空间且拥有质量的存在"，又将"质量"定义为"物体包含物质的总量"。且不止如此，几乎所有的物理学教程都是这样"含糊不清"地界定的，所以也就很难明白无误地界定"能量"。[③]对此，斯皮尔是这样界定的：物质是原则上人能够触碰的一切存在，而"能量"则是能够改变物质结构或运动方式（其中包括物质的复杂程度）的那种东西。[④]

在斯皮尔看来，宇宙间存在的万物是有着不同的复杂度的，而伴随复杂度的不同，物质中会涌现出不同的特性（emergent properties）。物质复杂度的高低取决于其组块（building blocks）的多寡、彼此间联系的程度（connections）和排列组合的顺序（sequences）；如此便出现了一个由无生命的物质经有生命的存在到高度复杂的文化社会的复杂程度等级。无生命的物质是迄今人类所知的宇宙间最大量的存在，其次是有生命的存在，再次是复杂程度极高的文化社会。就此，斯皮尔提出了一个颇为得意的比喻：若假定地球的重量为一吨，即一辆普

---

① Christian, *Maps of Time*, pp. 183–184; David Christian, "Collective Learning", p. 53.

② Christian, "Collective Learning", pp. 55–56.

③ Spier, *Big History and the Future of Humanity*, p. 21.

④ Ibid., p. 23.

通轿车的重量，那么地球上所有有生命存在物的重量约为17微克，相当于轿车上剥落的一小片漆，整个太阳系的重量大致相当于一艘超级油轮，而整个银河系的重量，更不要提整个宇宙的重量，目前还不为人所知，所以无法比喻。①

无生命物质的存在和运动完全遵从最基本的“自然规律”，其中并不存在一个或多个“信息中心”（information center）决定其存在的外观或内情，虽然有时人们会对大自然貌似精巧的存在叹为观止，甚至认定其中必有某种“蓝图”的设计者在发挥作用。有生命存在显然要比无生命存在复杂得多，前者最大的特点是要通过某种特殊的机制不断地获取物质和能量以维持生存，为此，有生命物的身上往往会发展或“涌现”出由简单到复杂的特殊机制，如储存在DNA之中的遗传信息组织等。及至迄今为止复杂程度最高的文化社会——主要指人类社会，其获取物质和能量的机制和总量都远非其他有生物堪比：整个人类的净重约占地球上全部生物总重量的约十万分之五，然而人类控制地球上全部有生存在物的比例竟高达25%至40%。但就总体而言，有生命的存在物很有可能只是一种边缘性的存在，其一是其数量甚为稀少，其二是有生命的存在往往位于更大体系（regime）的边缘地带。比如，地球便处于太阳系相对边缘的地带，而大多数生命体只是附着在地球的表层。

还有一点颇为费解的是，复杂生命体（包括人类社会）的存在事实上有悖著名的热力学第二定律（又称“熵增定律”），因为根据该定律，随着时间的推移，自然过程中孤立系统的总混乱度（即“熵”）不会减小，或称不可逆热力过程中熵的微增量总要大于零。那么有生命体尤其是人类是如何保证这一切得以实现的呢？

3.“能量流”

能量流的概念其实并不复杂。复杂性的提升和持续存在必然要求有能量在物质中流动，因为只有这样才能令任何形式的复杂结构涌现。比如生命的涌现就必然要求有能量在生命体的内部持续流动，而行星、恒星和星系要存在也同样需要能量的流动。这一点已成为现代科学的共识。比如，根据比利时化学

---

① Spier, *Big History and the Future of Humanity*, pp. 24–29.

家、物理学家、诺贝尔化学奖获得者、非平衡态统计物理与耗散结构理论奠基人伊利亚·普里高津（Ilya Prigogine）的说法，人类欲持续其复杂性的存在就必须要不断地吃、喝并呼吸，一旦停止这类摄入能量的活动，人类的复杂性存在很快就会解体。人类摄入的能量有很多功能，比如维持新陈代谢的持续不断地进行、行为、思考等。在此过程中，摄入的高能物质转化成低能物质并被排泄掉。[①]加拿大环境科学家瓦茨拉夫·斯米尔（Vaclav Smil）称：

> 能量是举世皆然的唯一共性：能量有多种存在形式，但只有一种形式的能量转化成其他形式的能量才会使众星闪烁、行星转动、植物生长、文明演进。能够认识到这一共性可谓19世纪人类最伟大的成就之一；但令人吃惊的是，这一认知却并未引领世人从事围绕能量展开的全面系统的研究。[②]

哈佛大学的蔡森教授甚至设计出了测量能量流及物质复杂度的公式并排列出宇宙间几种存在物的复杂程度次序，见下表：

一些物质存在的能率密度比较图[③]

结构通称	大致年代（10^9年）	Φ_m均值（10^{-4} watt/kg）
银河系	12	0.5
星系（太阳系）	10	2
行星（地球）	5	75
植物（生物圈）	3	900
动物（包括人体）	10^{-2}	20000
大脑（人脑颅骨）	10^{-3}	150000
人类社会（现代）	0	500000

① Spier, *Big History and the Future of Humanity*, p. 30.

② Vaclav Smil, *Energies: An Illustrated Guide to the Biosphere and Civilization*, Cambridge, Mass.: The MIT Press, 1999, p. x，转引自Spier, *Big History and the Future of Humanity*, p. 30。

③ Spier, *Big History and the Future of Humanity*, p. 32. “能率密度”指“单位时间单位物质系统中流过能量的总量”，参阅蔡森：《宇宙演化的终极全球史》，孙岳译，载《全球史评论》，第6辑，2013年，第31—42页。有关细节可参阅Eric J. Chaisson, *Cosmic Evolution: The Rise of Complexity in Nature*, Cambridge, MA: Harvard University Press, 2001; Eric J. Chaisson, *Epic of Evolution: Seven Ages of the Cosmos*, New York: Columbia University Press, 2005；等等。

4. “金凤花原理”

所谓“金凤花原理”其实非常简单，乃是基于英国浪漫派诗人罗伯特·骚塞（Robert Southey）创作的在西方家喻户晓的童话故事《三只熊》（*The Story of the Three Bears*），又名《金凤花姑娘和三只熊》（*Goldilocks and the Three Bears*）或《金凤花姑娘》。故事的情节也非常简单：

> 有个小姑娘离家到树林去玩，在森林里迷了路，怎么也找不到回家的路，却闯到林中的一座小房子里。房子里住着三只熊：熊爸爸、熊妈妈和熊宝宝。恰好三只熊都不在家。小姑娘走进饭厅，看见桌子上有大中小三碗粥，分别是熊爸爸、熊妈妈和熊宝宝的，每只碗旁边都放着一把汤匙：大的、中等的和小的。经过一番尝试和选择，小姑娘觉得熊宝宝的小碗粥最好喝，于是就喝掉了小碗粥。小姑娘想坐下来歇歇，看见桌子旁边有大中小三把椅子，经过尝试和选择，她最终选择了小椅子。但小椅子给她摇垮了，小姑娘摔倒在地板上。她爬起身走进第二间房间。房间里有大中小三张床，经过尝试和选择，小姑娘躺到小床上呼呼地睡着了。三只熊回到家里，一阵惊讶和吵闹，小姑娘被吵醒了。她睁开眼，看见三只熊，其中小熊正要咬她。小姑娘连忙扑到窗口，从窗口跳出来，飞也似的逃跑了。熊没能追上她。[①]

无疑，这则寓言故事是有深意的。斯皮尔将故事解读为“复杂性”产生的条件：

> 蔡森虽注意到但却未能阐发的问题是：复杂性只有在适当的条件下才能涌现。这里的条件包括，首先，合适的组块及能量流；其次，合适的温度、压力和辐射等众多外在因素。如果条件不适当，复杂性就不会

① 比如可参阅 Robert Southey, “The Story of the Three Bears”, in Maria Tatar (ed.), *The Annotated Classic Fairy Tales*, New York: W. W. Norton & Company, Inc., 2002, pp. 375–379。

涌现，或很快消亡。复杂性消亡的原因通常在于能量流出现了问题，对某种具体的复杂性存在而言，能量流过高或过低都会导致复杂实体的消亡。比如，包括人类在内的生物若失去合适温度的保护而持续置身摄氏10度以下或40摄氏度以上的环境便会死亡。显然，人类只能在一定温幅（bandwidth of temperature levels）的条件下才能够生存，而且诸如此类的幅度限制不止适用于所有生物，还包括岩石、行星和恒星。①

由“金凤花条件”，斯皮尔提炼出“金凤花原理”和“金凤花等级”（Goldilocks gradients）的概念，借以梳理从宇宙大爆炸至未来人类生存的条件和历程。②

有了这样的框架和叙事线索，大历史的全貌便呈现出来。以下是国际大历史学会官方网站（http://www.ibhanet.org/）的梗概介绍，正是这样一个“完整”的故事，不过，其中没有“神”的位置，可能正契合中国人“无神论”的追求：

大约自138亿年前，一段至今持续不断的历史被开启了，其间曾经历过几次显著的临界跃迁。大历史讲述的就是这样一段基于证据的有关复杂性涌现的历史，伴随时间的流逝，最初相对简单的物质组合成新的单位，后者也因此具有了一些新的特性和更大的能量流。

在宇宙大爆炸后最初时刻，整个宇宙的温度极高、密度极大，所以物质只能以夸克-胶子汤的形式存在。随着宇宙的膨胀和渐趋冷却，物质也开始呈现新的形式，包括最初的质子和中子，而中性原子的出现还要晚得多。早期的宇宙差不多处于一种完全的均质状态，但些许的不均从最初便已存在，而且伴随宇宙时间的推移并受引力的驱动，这些物质的非均质程度开始加大，密度较小区域的物质被拉向密度较大的区域。这一过程造成了我们如今所见到的宇宙存在的大格局，包括星系、星系团和超星系团。

① Spier, *Big History and the Future of Humanity*, p. 36.

② Ibid., pp. 36–40.

在星系内，引力造成了气团的塌陷从而形成了恒星，其间原子核通过核聚变过程形成更重的元素。在第一代恒星问世前，宇宙中只有氢、氦和少量的锂（都是在宇宙大爆炸后的瞬间形成的，因为那时宇宙的温度还足够高，能够支撑聚变过程）。而巨大的恒星在形成过程中也同时通过聚变造就了碳、氧以至于铁等多种重元素。当恒星耗尽燃料后发生爆炸形成超新星时，其释放出的巨大能量又造就了金、铀等更重的元素。被超新星抛射出来的富含重元素的气团与先前就存在的气团和尘埃团混合，然后在引力的作用下塌陷就形成了第二代恒星。因为第一代恒星造就了重元素，这些重元素便可在引力的作用下形成有岩石或陆地的行星。

太阳和地球的生成大约是在46亿年前。太阳系位于银河系外旋臂，被称为猎户臂或猎户支臂。我们与银河系中心的距离在25000—28000光年之间，而银河系中恒星的数量要以数千亿计。太阳系环绕银河系的中心运转，速度是每秒大约220公里，绕行一圈需要2.25至2.5亿年的时间。在过去的46亿年间，地球经历了许多划时代的变迁，包括大气层的变化、陆地的出现、板块的迁移，等等。

地球上的元素和分子通过化学变化形成了各式各样的组合。约4亿年前，其中的一些组合中出现了膜，有了膜，就可以获得更多的化学元素和能量并从而形成新陈代谢和带变异的繁殖。我们称作生命的东西就是在这种极端不均匀的进化过程中形成的，有时候会变得更加复杂多样一些。如此经过几次重大的变迁就形成了诸如细胞核、光合作用、意向性运动、多细胞的专业化合作、头、骨干、四肢等生命体的特质和功能。

大约6500万年前恐龙灭绝后哺乳动物开始博兴，并进而导致类人科动物的出现。最终，在距今20万年出现了智人。这种双足、大致无毛、脑容量极大、对生拇指的人类后来发明了象征符合系统和极富想象力的语言，他们的后代继承了前代的社会性特征，且有明确的道德规范。

人类通过自己的文化系统改造了自然，并同时在这一过程中造就了自身。从食腐到采集再到狩猎，随着生活方式的转变，人类在大约7万年前离开了最初的非洲故乡，向全球各地迁徙，其间在大约两万年前穿越白令海峡进入美洲（关于此举的确切时间还存在不少学术争论）。他们先是成群结伙，后又形成血亲集团、组成村落、建立酋邦、构筑城市、成立民族国家、建成庞大帝国，其间，人类跨越了几个主要的临界点，如最初的农业立国、发现并使用化石燃料直至近年来步入信息数字时代。

人类在自身的形成和发展过程中经历了多次彼此间的战争，并致使环境恶化、资源枯竭。诸如此类的很多问题严重影响了人类的生活质量，甚至危及整个人类的生存。我们目前面临着一场异常严峻的危机，我们有可能因之而丧失自己的复杂性特征。在地球上曾经存在过的所有物种有99%现在已经灭绝。迄今为止，还没有任何一个复杂物种能够持续生存几百万年的时间；人类如能持续存在数百万年，那真是我们值得庆幸的一件事情。

大历史能否为人类提供这样一种统一连贯的历史叙事，以帮助人类培育本属于人类社会性特征一部分的同情与合作情结呢？人类能否组合成一个不同以往的复杂程度更高的完美共同体呢？还是听任现有社会复杂程度的群体走向无情的灭亡？

但不管对此如何作答，假若数十亿年之后在地球上还有任何物种生存的话，那么明智的选择终将是跳上宇宙飞船向另外一个星系进发，因为生活在地球上的生物到那时将面对一个异常炽热的太阳。大约在50亿年之后，太阳核心处的氢燃料将最终耗尽并演变成为一颗红巨星，滚滚的热浪使所有的海洋迅速干涸，然后吞噬整个地球。太阳最终会蜕掉原有的外层，只剩下其核心，即一颗白矮星，而这颗白矮星在数万亿年之后也将冷却下来，直至最后消失。与此同时，其他星系亦将离我们的周边的星系群而去，那时候地球上的天空将不再有繁星闪烁，而这些曾经闪烁的繁星正是人类了解宇宙和地球周边宇宙背景的唯一途径。

三、小大历史

大历史既然是从普遍、统一的宏大视角审视整个的历史，试图建构同一性的“创世神话”——而不是像传统史学追求“小为美”并因此“细而微”的多样化或多元化目标，那么大历史本身是否会因为“粗而疏”而不具有可研究性呢（researchability）？换句话说，是否只有几个大家提供了上述大历史基本原理和框架，其他人只顾推衍、演绎就能够行得通呢？对此，包括已故著名世界史学家本特利（Jerry H. Bentley）和著名史学理论家伊格尔斯在内的不少史学家都曾提出过质疑。显然，果如上述，大历史必将很快走进一个死胡同。即便大历史在高中、大学通识教育中做得再成功也无法弥补其作为一个独立学科而无法深入研究的缺憾。

对此，大历史学者的回应是：一、保持大历史的“开放性”（open-ended nature），广泛吸纳来自各个不同学科的研究成果并积极争取不同学科学者的加入和积极建构，以提升大历史的跨学科研究潜力，上面提到的有关“人类世”的热烈讨论即为一例，又比如最初的大历史课多是不同专业的专家共同讲授。二、哪怕是在探讨“深层次的统一”或普遍规律这种关乎大历史核心命题的问题时也绝不会故步自封，而是多方借鉴，以务本求真、求实为旨归，比如上述有关“集体知识”“金凤花原理”等的探讨，比如斯皮尔请教多方专家批评自己的思路观点等[①]。三、加大对大历史的研究力度。为此，斯皮尔曾提出过一个大历史研究纲要，[②]列举了五类可供研究的方向，其中最具特色的就是“小大历史”的研究。[③]

在斯皮尔看来，“小大历史”就是“把某个研究主题放到大历史的总体框架中并试图（但不必总是）追溯其至宇宙大爆炸的起源，以期丰富人们对该主题的理解”，而研究者的选题可以多种多样，从苹果手机（iPhone）到“我的小弟弟”不等。[④]其实，“小大历史”是斯皮尔的高足和同事埃丝特·奎黛克斯（Esther Quaedackers）在2007年最先想到的。[⑤]当时只是为了给学习大历史的同学布置作业，“让同学们选择一个自己感兴趣的主体，然后将这一主体与系列课程每一讲的内容相联系，”却没有想到“大多数同学（对此）感到兴致盎然”，因为这一方面加深了他们对大历史概念的理解，而另一方面，“他们看到了先前从未想到过的各种密切关联，从而对每一研究主

---

① Spier, *Big History and the Future of Humanity*, pp. xiv.

② Fred Spier, “Big History Research: A First Outline”, in Leonid E. Grinin, Andrey V. Korotayev, Barry H. Rodrigue (eds.), *Evolution: A Big History Perspective*, Volgograd: Uchitel Publishing House, 2011, pp. 26–36.

③ Ibid., pp. 32–33.

④ Ibid., p. 32.

⑤ 准确地说，是奎黛克斯最先想到并在课堂教学中实践，而后由斯皮尔命名为“小大历史”，参阅Esther Quaedackers, “A Little Big History of Tiananmen”, in Leonid E. Grinin, Andrey V. Korotayev, Barry H. Rodrigue (eds.), *Evolution: A Big History Perspective*, p. 269, note 1。

体的丰富和卓越有了更深刻的认识，他们还因此提出了更多有益的问题”。[①]所以斯皮尔总结说："小大历史”远不止教学方面的一个辅助工具，它完全有望成为严肃的研究项目。[②]

从本质上说，“小大历史”就是以“大历史”的宏大视角审视微小的研究课题，甚至可以小到一座城市、一幢建筑或一种植物，但更重要的是研究者取证方法独特，往往能够据此发现某些至为根本的发展格局或规律。[③]换句话说，“小大历史”是要“从一粒沙子中窥见整个世界”：

> 一粒沙的小大历史会讲述无生命的物质塑造沙子的过程，因为沙子的主要成分是氧和硅原子，而后者最初是在星体的核心处酝酿而后凝结成体积更大的岩石并在大约四十五亿年前成为我们的这颗行星——地球——的一个组成部分。还会讲到后来生命体的活动如何影响到了这粒沙子的形成，因为菌类生物会令岩石粉碎，当然此外还有一些非生物的因素，而后来人类又学会了把沙子粘连起来，做成了砖、砂浆、水泥、玻璃等建筑材料并以此改变了整个地球的面貌。[④]

“小大历史”在中国的集体亮相是在2011年7月的世界史协会第二十届年会上，令人耳目一新：克雷格·本杰明以距今约14000年的约旦古城耶利哥为例说明环境在人类早期文明形成中的重要作用；乔纳森·马科利（Jonathan Markley）从粟、黍、稻、竹、谷等禾本科植物中看到了塑造中华文明不可或缺的力量；而埃斯特·奎黛克斯更从动物筑巢的角度对天安门广场的建筑格局进行了新的解读，给与会学者留下了深刻的印象。[⑤]下面结合

① 埃丝特·奎黛克斯：《天安门的小大历史》，孙岳译，载《全球史评论》，第6辑，2013年，第229—251页。

② Spier, “Big History Research: A First Outline”, p. 32.

③ Quaedackers, “A Little Big History of Tiananmen”, pp. 269–280.

④ 奎黛克斯：《天安门的小大历史》，孙岳译。

⑤ Craig Benjamin, “The Little Big History of Jericho”; Jonathan Markley, “China in Big History”; Esther Quaedackers, “The Big History of a Big Square: New Perspective on the Architecture of Tiananmen Square”，所有的论文均发表在首都师范大学举办的世界史学会第20届年会上，北京，2011年7月7—10日。另可参阅方林：《世界史学会第20届年会简述》，载《全球史评论》，第4辑，2011年，第381—384页。此外，清华大学建筑系的博士生刘姗姗正与埃斯特·奎黛克斯联合展开“小大历史”的进一步研究。

奎黛克斯的《天安门的小大历史》一文就小大历史的结构和思路给予简要介绍。本文原已在俄罗斯用英文发表，中文版发表在2013年第6辑的《全球史评论》，不过在翻译再版前作者对文章又进行了一定程度的充实。

与以往任何讨论“天安门”的历史不同，作者把“天安门”置于宇宙史、生命史和人类史的大框架下加以审视，所以看到了以往学者未能得见的造成天安门如此形制的多个因素。

宇宙史让作者看到四种力：引力、强核力、弱核力和电磁力，尤其是引力和电磁力对建造天安门的影响，因为“任何一座建筑都可以被看作是这两种力之间某种不甚牢靠的平衡所致”。为实现力的平衡，“中国古代天安门的建筑师在天安门的基底采取了拱形通道的形式……努力使建筑本身的格局与自然力的分布相吻合，因而使整栋建筑具备合理的压应力，也就是说，整体结构与其所使用建材在引力和电磁力的作用方向上相同”，这与动物挖洞的策略是大致相同的。

生命史的审视使人懂得了“生命体乐于从事建筑，这主要是因为这里（地球）的引力作用足够强却又不是那么强”。生命体既要防范敌人，又要外出觅食，所以就必须在“建与不建”之间做出选择：有的建造沉重不易移动的房屋或堡垒，如人类，而有的选择长在身上并随身携带，如蜗牛和乌龟。生命体要考虑的第二个问题是自身建造的房屋是否能够“轻松享用”：这取决于动物是否必须长久待在一个地方。如果必须长久待在一个地方，以实现自我保护或者炫耀特权、吸引更多的配偶，那么建筑的分工和专业化便出现了。天安门明显属于厚重不易移动且为一群特权者轻松享用型的奢华建筑。

人类史的考察让读者见识了人类“灵活多变的建筑能力”，以至“过去几千年……积累（的）无数种先例”给后代建筑师造成了极大的负担：“面对一项设计任务，设计师总有成千上万种不同的解决思路”，他们须在“各式各样的建材，建筑技术，空间布局方案，审美效果，象征意义，经济效益等”方面加以平衡，“以无数种不同的方式对此进行综合考虑，然后拿出一套方案来”。但这是值得的，因为“采纳文化上由来已久的建筑风格”会降低建筑费用，所以“天安门的建筑师只采纳了（众多方案中的）一种方案”。事实上，与欧洲的建筑传统不同，中国古代建筑表现出令人惊讶的“一致性”，以至“中国许多的传统建筑——包括寺庙和宫殿——与传统的庭院建筑颇有几分相像”：

> 天安门恰好符合这样的一个传统：在某种意义上，天安门就是一个围墙环绕的皇家大院，里面又有很多小院，如紫禁城、花园、祭坛、宫殿、办公场所、作坊和仓库。当然，这个皇家大院的规制规模、用料的讲究和装饰的奢华是寻常的庭院无法比拟的，但皇城的空间布局、厅堂的格局和应用的建筑技术却是根本相同的。另外，皇城的戍楼与传统庭院的门廊也非常接近：一根立柱，一个横梁，上面是曲线的屋顶，下面是一块独立的空间。

作者的意图非常明确，是“将天安门的建筑格局与更为宏阔的发展趋势相联系，比如建筑师与建筑风格的问世，人类发展出的灵活多变的建筑策略，生命体的一般意义上的建筑策略以及影响所有建筑策略的更为根本的力和过程”。从这个意义上说，她确实做到了。毫无疑问，小大历史的研究取向及其对一些根本问题的解答都还是尝试性的，但诚如作者所言，她的《天安门的小大历史》的确让读者学会了“以新颖的视角看待天安门和大历史，常有茅塞顿开的觉悟”。

那么此类联结宇宙史与人类史的范式在中国是否也有先例呢？笔者认为是有的，而其根本理据就在中国史学传统“究天人之际”的主张。主要的例证为中国学者所做的三篇论文，即发表在《皇家学会会刊》上的《中国公元10—1900年间周期性气候变冷促使自然灾害与战争频发》（作者共7名，包括中国科学院的张知彬、田辉东，法国巴黎高师的伯纳德·卡扎勒斯和尼尔斯·切·斯登塞斯，挪威奥斯陆大学生物系的基尔· L.考斯鲁德，德国弗里德里希-亚历山大-埃朗根、纽伦堡大学地理研究所的阿契姆·布朗宁和中国社会科学院世界历史研究所的郭方教授），论述中国公元10年至1900年间战争的发生频率、谷物价格、旱灾、水灾、蝗灾和温度之间的变量关系；[①]国际知名的古环境气候学家许靖华教授的《太阳、气候、饥荒与

① 参阅孙岳：《大历史、小历史与人的历史》，载《全球史评论》，第6辑，2013年，第210—225页（本文曾在2012年10月16日中国社会科学院世界历史研究所主办，世界史跨学科研究室承办的“全球化与大历史”学术研讨会上宣读）。

民族大迁移》一文，认定世界史上的民族大迁徙实与气候变迁导致的生存危机所致；[①]北京大学中国持续发展研究中心叶文虎教授的《论人类文明的演变与演替》一文。[②]叶教授本来是环境学家，但对人类历史的演进，尤其是人类文明的未来发展颇为关注，因此近年来思考并撰写或与人合作撰写了一批“究天人之际”的“历史”题材的文章，[③]并论证：当代中国如欲构建和谐社会和实现可持续发展，就必须努力率先从思想观念、制度安排和技术革新三个层面开启由工业文明向生态文明（即“新的环境文明”）转折，这是一个“崭新的、重大的历史机遇”。[④]叶教授还对当今的史学研究提出了相应的意见和建议，认为：中国现代史学是以“人与人”的关系为主线的，而忽略“人与自然”的关系对人类文明进程的重大作用。以“人与人”的关系和“人与自然”的关系这两条主线考察人类文明进程，有利于科学历史观的构建。[⑤]

在笔者看来，这些研究虽非严格意义上的西方“小大历史”，但却颇有“小大历史”的味道，且是基于中国文化和史学传统的“小大历史”之作。

迄今，“小大历史”研究的个案并不是很多，[⑥]且围绕其研究方法也还存

---

① 许靖华：《太阳、气候、饥荒与民族大迁移》，载《中国科学》，D辑，1998年第4期，第366—384页。

② 叶文虎：《论人类文明的演变与演替》，载《中国人口·资源与环境》，2010年第4期，第106—109页。

③ 可参阅叶文虎、陈剑澜、邓文碧：《中国传统的天人关系理论与可持续发展的伦理学基础》（《中国人口·资源与环境》，1999年第3期，第15—19页）；叶文虎、毛峰：《三阶段论：人类社会演化规律初探》（《中国人口·资源与环境》，1999年第2期，第1—6页）；叶文虎、宋豫秦：《从“两条主线论”考察中国文明进程》（《中国人口·资源与环境》，2002年第2期，第1—4页）；王奇、叶文虎：《人类社会发展中两种关系的历史演变与可持续发展》（《中国人口·资源与环境》，2005年第2期，第10—13页）；叶文虎：《创建中国发展的新模式》（《中国发展》，2009年第1期，第6—11页）；宋豫秦、叶文虎：《第三次文明》（《中国人口·资源与环境》，2009年第4期，第119—124页）；叶文虎：《论人类文明的演变与演替》等。

④ 宋豫秦、叶文虎：《第三次文明》。

⑤ 叶文虎、宋豫秦：《从“两条主线论”考察中国文明进程》。

⑥ Spier, “Big History Research: A First Outline”, pp. 26–36. Craig Benjamin, “The Little Big History of Jericho”; Lana Ravandi-Fadai, “Iran, Macro-Perspectives, & the Cosmos”; Esther Quaedackers, “A Little Big History of Tiananmen”; Zhao Mei, “The Universe Within”; James Tierney, “Two Themes Inherent in Big History”; Nanao Sakaki, “Manifesto”; Andrew Lunt, “Big History: The Graphic Short Story”; Peter Herrmann, “Do We Really Need Human Rights?”; Sada Mire, “Somalia: Studying the Past to create a Future”; Isa Hadjimuradov, “Iles Tataev: Nature, the Cosmos, & Art”; Gary Lawless, “Big History & Bioregions”，全部引自Barry Rodrigue, Leonid Grinin, Andrey Korotayev (eds.), *From Big Bang to Global Civilization: A Big History Anthology*, Berkeley, CA: University of California Press, 2013, 出版中。其中一篇已发表过，即Quaedackers, “A Little Big History of Tiananmen”, pp. 269–280，另一篇为Jonathan Markley, “A Child Said, ‘What is the Grass?’: Reflections on the Big History of the Poaceae”, *World History Connected*, Vol. 6, No. 3, 2009。URL: http: //worldhistoryconnected.press.illinois.edu/6.3/markley.html。

在争议，但“小大历史”确是一种颇有意思的思路和方法，对我们周围习以为常的事物起到“陌生化”作用的同时，还令读者重新思考更为根本的问题，说不定在这一过程中会有某些重大发现，甚至重大的理论发现。

四、未来瞻望

大历史确实不同于以往传统的世界史，甚至超越了时下的全球史范畴。如果说以往的历史主要是关注人本身的，那么大历史则更关注人类生存的大背景——宇宙、地球、生命演进——以及人在其中的定位；如果说传统的历史多注重探寻人与人或人与社会之间的关系或人类社会的发展轨迹，那么大历史拷问的显然是更深层的一个问题：这一切如何可能？故此后者采用了诸如“集体知识”“能量流”与“复杂性的提升”“金凤花原理”之类的叙事线索；如果说既往的历史总是执着于过去，那么大历史关心的却同时包括未来：大历史或可谓指向未来的历史？笔者曾撰文对大历史“超越人类看人类”的做法给予批判，也曾对其未来的发展（尤其是在中国的未来发展）做出展望，[①]自然是希望批判地继承并有所发展，且企望有更多有志的学者为廓清人在宇宙-自然-社会中的恰切位置和人类的可持续发展做出贡献。事实上，笔者对大历史在中国的发展是有信心的，因为我们至少有以下三重力量的驱动：境界/精神追求、史学传统和现实需求。

首先，中国人从不乏超越的境界和“天人合一”的精神追求，前者与大历史颇多契合之处，而后者更有超越大历史的人文蕴涵。事实上，中国学者早就认识到：“任何事物都有它的历史——任何事物的存在都占有一段时间，不仅限于人类，大至宇宙（现在认为它有120亿—150亿年），小至基本粒子（10^{-6}—10^{-23}秒），都占有一段或长或短的时间，也就是说都有其历史。……一切事物都有它的历史”[②]，只不过到了近现代，可能是受西方科学史学和细化学科的影响，中国的史学才逐渐只局限于“人的历史，……人类社会过去

① 孙岳：《超越人类看人类？——“大历史”批判》，载《史学理论研究》，2012年第4期，第49—59页；孙岳：《大历史、小历史与人的历史》。
② 宁可：《什么是历史？——历史科学理论学科建设探讨之二》，载《河北学刊》，2004年第6期，第145页。

的发展过程”，更喜欢纠缠于“社会形态、国家、民族……个人生活的喜怒哀乐的无穷无尽的、各色各样的、此起彼落的事件、事物、事态、事情的形成、发展、转换、变化、结束的过程”。[①]但即便如此，融汇上下四方、往古来今的史学作品也时有所见，比如科学史家董光璧决意“把我们的生命和文明置于宇宙故事之中……让宇宙的伟大历程进入人类的自我意识，使人们的精神健全起来，不再自命不凡，停止彼此争斗，天空会变得清洁，土地会恢复肥沃，生活也会洋溢情趣”。[②]又比如史学家齐涛的著作虽名为《世界史纲》，却要从宇宙史和地球与生命的演化史讲起，然后才是人类最终形成至今的短暂历史，故而主张我们一定要“调整心态，摆正人与自然、人与其他各种动物生命的关系……跳出地球、俯瞰自然”，得出了“能够物化的思维和意识”乃人猿揖别的本质特征的结论，与西方大历史学家的结论几乎不谋而合。[③]另一方面，大历史更多是为人类社会发展进行物质定位，[④]而中国人从古至今的“天人合一”的精神追求或可为人类在宇宙间的生存提供精神定位。如果说古代的“天人合一”理念还有不少“天人感应”之类的迷信色彩，那么现代有越来越多的学者认识到，“天人合一”实乃联结人与自然的中国史学和哲学传统，而更有学者指出“天人合一”理念对当今世界的生态文明建设和世界共同体建设的重要意义。[⑤]“天人合一”或可谓中国人对“大

① 宁可：《什么是历史？——历史科学理论学科建设探讨之二》，第146页。

② 董光璧：《创序的自然与文明的危机》，见董光璧、田昆玉：《天地之初——自然的演进和生命的诞生》，东北林业大学出版社，1996年，引言。

③ 齐涛：《世界史纲》，泰山出版社，2012年，第46—47、50页。克里斯蒂安对这一问题的回答是“集体知识与能够运用符号语言”，而斯皮尔给出的答案是“人类能够改变自身对外在世界的形象——可称之为文化——并相应调整自身的行为”，见克里斯蒂安：《时间地图：大历史导论》，第191—228页；Spier, *Big History and the Future of Humanity*, pp. 112-114. 关于齐涛著《世界史纲》的评论，见孙岳的《中国人的大历史？》（《光明日报》，2012年7月29日）。

④ 比如，克里斯蒂安为人类社会划定的终极出路是向外星殖民，但这终究是异常困难的，所以甚至斯皮尔对此都表示不甚乐观，参阅Christian, *Maps of Time*, pp. 7, 55, 467-491; Spier, *Big History and the Future of Humanity*, pp. 202-203。人虽“本是尘土，仍要归于尘土。”（《创世记》3：19）但问题恰在于“从尘土到尘土”之间的这一段“天人合一”的经历。所以说哪怕向外星殖民是迟早要发生的事，在此之前，作为高智能存在的人类也必须学会如何与自然和谐相处并在其中实现人自身的价值。当然，对于这一理念内涵的历史梳理还需更多的学术努力。

⑤ 费孝通：《从反思到文化自觉和交流》，载《读书》，1998年第11期，第3—9页；费孝通：《“美美与共”与人类文明》，载《学习与研究》，2006年第5期，第37—44页；吴承明：《究天人之际，通古今之变》，载《中国经济史研究》，2000年第2期，第3—7页；瞿林东：《天人古今与时势理道——中国古代历史观念的几个重要问题》，载《史学史研究》，2007年第2期，第1—6页；参见Tu Weiming, “The Ecological Turn in New Confucian Humanism: Implications for China and the World”, *Daedalus*, Vol. 130, No. 4, Religion and Ecology: Can the Climate Change? Fall, 2001, pp. 243-264等。

历史”的一大独特贡献。

第二，中国自古便有“究天人之际”的史学传统，而这一传统或可成为建构具有中国特色“大历史”的有力支撑。司马迁提出“究天人之际、通古今之变”中的“天人”虽有含糊不清之嫌，[①]但“天人”的理念从来都不是不变的。事实上，有越来越多的现当代学者将“究天人之际”中的“天人”理解成自然与人类社会发展之间必须加以协调的关系。黄留珠教授明白指出司马迁的“究天人之际、通古今之变、成一家之言”乃中国“大历史”传统的肇端，[②]而叶文虎教授更试图在“天人合一”观念中挖掘“可持续发展提供一种必要的伦理学基础”，[③]提出了人类社会发展的“三阶段论”和“三元互动论”并基于此得出“当今人类正处于由工业文明时代向环境文明时代转折的过渡时期”的重要结论。[④]颇值得指出的是，中国人的“大历史”观是在西方的“大历史”之外展开的，至少黄留珠、叶文虎二位教授在笔者向其提及之前似乎从未接触过，甚至从未听说过西方人的“大历史”。这种东西方不谋而合的发展本身正说明我们这个时代在呼唤统合人文与自然的大历史，而自然科学家加入史学研究的队伍无疑将对史学的发展产生极大的助力，尤其是更有助于中国的史学家重续“究天人之际”的史学传统。

第三，当今中国的发展需要大历史的视野，而史学家理应为此发挥自身独特的优势。诚如大历史学家及多方学者甚至政府官员所指出的那样，人类目前正经历一场史无前例的重大危机，而出路正在于具备“全球视野”并步入“生态文明”，[⑤]而这正是大历史发端的初衷，即从最根本的源头重新梳理

---

① 班固：《汉书》，卷六十二《司马迁传第三十二》，中华书局，2005年，第2068—2069页；Ying-shih Yü, “Reflections on Chinese Historical Thinking”, in Jörn Rüsen (ed.), *Western Historical Thinking: An Intercultural Debate*, New York and Oxford: Berghahn Books, 2002, pp. 162–163。

② 黄留珠：《论司马迁的“大历史”史观》，载《人文杂志》，1997年第3期，第72—75页。

③ 叶文虎、陈剑澜、邓文碧：《中国传统的天人关系理论与可持续发展的伦理学基础》。

④ 可参阅叶文虎、毛峰：《三阶段论：人类社会演化规律初探》；王奇、叶文虎：《人类社会发展中两种关系的历史演变与可持续发展》；叶文虎：《论人类文明的演变与演替》。

⑤ 如Johan Rockström, et al., “A Safe Operating Space for Humanity”, *Nature*, No. 461, 2009, pp. 472–475; Paul R. Ehrlich, Anne H. Ehrlich, “Can a Collapse of Global Civilization Be Avoided?”, *Proceedings of the Royal Society B*, Vol. 280, Jan., 2013, pp. 1–9；Al Gore, *The Future: Six Drivers of Global Change*, New York: Random House, 2013；周生贤：《走和谐发展的生态文明之路》，载《环境科学研究》，2008年第21卷第1期，第1—4页；潘岳：《中华传统与生态文明》，载《光明日报》，2009年1月14日；姜春云（春雨）：《跨入生态文明新时代》，载《光明日报》，2008年7月17日等。

人类在宇宙、太阳系、地球、有生群体中的位置及生存原理并进而探寻人类的前途甚至最终归宿。与此同时，“大历史”效仿由来已久的“神话”传统，试图创造一个基于现代科学最新最可靠成果的“创世神话”，其用意在构建“全球公民”的认同，所以虽有来自各方学者各种势力的怀疑甚或抵制，“大历史”学者还是坚定地认为，这是一种合情合理的历史①，并引发了史学家对“历史”本身更加深入的思考。②迄今为止，中国学者对大历史所做出的反应虽不是很多，但大多是给予积极的评价，并认定“大历史”所表现出来的对人类历史的人文关怀“远超世界通史”。③

很久以来，史学一直执着于人类的历史，仿佛人类社会的大舞台是恒定不变的，所以只看到表演的精彩和震撼，莎剧《哈姆雷特》中对人类的高度肯定即为一突出例证，因此为人所传颂，人的诸种高贵特征也渐次成为人文学者竞相执着的对象。但在我们这个危机四伏且万事亟须从长计议的时代，莎翁紧随其后的说辞却似乎更发人深思，我们似乎应该从“人是泥土”重新开始规划自身的意义。如果在可能的“全球崩溃”之前，我们无能为力，甚至避重就轻、各谋私利，那么人类简直比泥土抟成的污物还要可憎、可耻。面对苦痛的危机，我们是“听任海怪那诱人的歌声，直至自己最终被化作禽兽之列”？还是相反，要“了解全部真相；哪怕是最可怕的真相，然后准备好去应对”？④这是一个真实的问题，而试图对这一问题进行解答恐怕是大历史最大的意义所在。

（孙岳，首都师范大学副教授）

---

① 如David Christian, “A Single Historical Continuum”, Vol. 2, No. 1, 2011, pp. 6–26; Fred Spier, “Complexity in Big History”, *Cliodynamics*, Vol. 2, No. 1, 2011, pp. 146–166。

② David C. Krakauer, John Gaddis, and Kenneth Pomeranz, “Editors’ Column: An Inquiry into History, Big History and Metahistory”, *Cliodynamics*, Vol. 2, No. 1, 2011, pp. 1–5; Kenneth Pomeranz, “Labeling and Analyzing Historical Phenomena: Some Preliminary Challenges”, *Cliodynamics*, Vol. 2, No. 1, 2011, pp. 121–145, 等等。

③ 参阅刘耀辉：《大卫·克里斯蒂安的“大历史”观述略》，载《国外理论动态》，2011年第2期，第92—96页；刘耀辉：《大历史与历史研究》，载《史学理论研究》，2011年第4期，第38—50页；朱卫斌：《“大历史”与中国高校世界史教学评论》，载《历史教学》（高校版），2012年第1期，第67—70页；克里斯蒂安等：《大历史：在宇宙演化中书写世界史》，载《光明日报》，2012年3月29日；孙岳：《超越人类看人类？——“大历史”批判》；刘耀辉：《大卫·克里斯蒂安的大历史理论探析》，载《人文杂志》，2013年第7期，第90—97页等。

④ Patrick Henry, “Give Me Liberty, or Give Me Death!”, in Lewis Copeland, Lawrence W. Lamm (eds.), *The World’s Great Speeches*, Mineola, NY: Dover Publications, Inc., 1973, p. 232.

大历史：自然史和人类史的统一①

张井梅

摘要：新世界需要新史学。大历史的出现即是一种时代的需要。它试图从各种不同尺度甚至宇宙本身的尺度去探究过去，并结合迄今的科学知识，建构一个涵括整个人类甚至整个生物圈的宏大叙事框架。这种看待历史的视野，破除了人类中心主义的神话，为我们提供了看待我们共同过去的方法，关注那些塑造我们共同过去的重大进程的宏观模式，从而有助于建立一种最广泛的认同，即人类命运共同体的认同。

关键词：大历史　自然史　人类史　大卫·克里斯蒂安　弗雷德·斯皮尔

"大历史"作为20世纪末西方社会的新兴史学领域，近年来发展势头迅猛，一系列著作、讲座、论坛和机构相继推出，[2]引发愈来愈多人的关注。大

---

① 【基金项目】本文为江苏省社科基金项目"西欧博学时代综合研究"（项目编号：13LSC009）研究成果。

② "大历史"这一主题的相关著作，诸如大卫·克里斯蒂安：《时间地图：大历史导论》，晏可佳等译，上海社会科学院出版社，2006年；辛西娅·布朗：《大历史：从宇宙大爆炸到今天》，安蒙译，山东画报出版社，2014年；大卫·克里斯蒂安：《极简人类史：从宇宙大爆炸到21世纪》，王睿译，中信出版社，2016年；大卫·克里斯蒂安等：《大历史：虚无与万物之间》，刘耀辉译，北京联合出版公司，2016年；弗雷德·斯皮尔：《大历史与人类的未来》，张井梅、王利红译，格致出版社，2017年；其他未译成中文的，诸如Fred Spier, *The Structure of Big History: From the Big Bang until Today*, Amsterdam University Press, 1996。相关讲座、论坛，诸如大卫·克里斯蒂安为TTC录制的大历史课程（2007）；比尔·盖茨投资1000万美元建立的在线"大历史教学项目"（Big History Project, 2010），免费向公共开放课程；大卫·克里斯蒂安在TED的演讲："18分钟概览世界历史"（The history of our world in 18 minutes, 2011）；速成课"大历史"系列课程（Crash Course Big Histoy, 2014）。相关机构，诸如国际大历史学会，2010年8月20日成立，大卫·克里斯蒂安是创会主席。目前，该学会已于2012年、2014年、2016年召开了三届大会。

历史的核心理念是从宇宙大爆炸开始的自然历史的视角，考察人类过去的历史，进而对于人类不久未来即将面临的重大挑战给予诠释。这种把人类历史置于宇宙历史的研究方法，与当下国际历史学会倡导的研究趋势不谋而合，即自然史和人类史的统一。2005年（悉尼）、2015年（济南）召开的第20、22届国际历史科学大会，研讨主题分别是“环境、人类和自然”“自然与人类历史”，呼吁人类与自然的和谐共处。由此可见，在21世纪世界联系空前紧密的今天，重新审视人类与自然的关系是一项重大议题，对于构建人类命运共同体至关重要，甚至极有可能在全球掀起一场历史认知变革。而这正是大历史的全部意义所在。

一、打破传统范式的历史书写

我们对于大历史这一术语并不陌生。早在黄仁宇的《万历十五年》《中国大历史》《大历史不会萎缩》等著作中，就已经了解到了大历史。在黄氏那里，大历史（Macro-history）即宏观历史，强调时间和空间的综合归纳，提倡“采取长时间，远距离，而尤以超过人身经验的着眼研读历史”。[①]我们细读黄氏著作，会发现他的大历史叙述无不注重宽广的视界、长远的结构观察历史的脉动。比如他在《大历史不会萎缩》中写道：“如果一个历史学家笔下所处理的明清史与秦汉史全然无关，或者只能在外表上比较而不能在发展的过程中亘世纪或贯穿千百年地互相印证，当中必有蹊跷。而且将历史的非人身因素不断地追索回去，最后必及于所叙国家的天候与地理。”[②]时下，围绕大历史的论著不乏其例：吕思勉的《中国大历史》、何炳松的《欧洲大历史》、吕正理的《东亚大历史》，以及美国萨克雷与芬德林主编的《世界大历史》系列丛书等。这些论著多是抛弃烦琐的历史描述，注重从全局视角进行脉络梳理，希冀给读者呈现高屋建瓴之势，从而清楚把握历史的发展历程。

① 黄仁宇：《为什么称为大历史》，载《读书》，1994年第11期。
② 黄仁宇：《大历史不会萎缩》，中信出版社，2016年，第31页。

然而,本文所要探讨的“大历史”(Big history)①,与黄氏的大历史有着不同的内涵。较之黄氏的长远结构，它的时间单位和空间维度更加绵长宽广，采取更为新颖的尺度丈量历史，将视野扩大至宇宙自然的范围。这一术语的创始人大卫·克里斯蒂安在《为“大历史”辩护》一文中强调:“所谓‘大历史’，我指的是从各种不同尺度甚至宇宙本身的尺度去探究过去。”②因此，形成时空之分的大爆炸，被认为是历史的最初起点。所以，大历史讲述的历史始于137亿年前的宇宙大爆炸，并结合迄今的科学知识，建构一个贯通古今、涵括整个人类甚至整个生物圈的宏大叙事框架，展望多种可能的未来。这种看待历史的视野不同于以往的历史叙述，打破了历史的传统范式，令我们耳目为之一新。对此，大历史另一位主要倡导者弗雷德·斯皮尔给予充分的肯定:“大历史对于人类的过去提出了一种全新的解读，这种解读使得我们在时间和空间上认清自己，而这是迄今为止其他形式的学术历史从未涉及的。”③

一般而言，历史叙述始于文明社会的兴起。历史之所以从此时开始算起，大概是从这时我们能够获取的信息比较多。因为重视文字材料，历史学家关注的最初焦点往往是国家起源与早期国家，而在此之前的人类历史则基本上被忽略，或者只占很小一部分比例。这种情况下，就无从谈及人类诞生之前的历史书写了。长期以来，这种历史书写范式占据着主导地位。20世纪中期，针对此前尤其是19世纪一度流行的民族国家史学，学界重新燃起了对普世历史的兴趣。借用大卫·克里斯蒂安的话而言:“普世史又重新出现了……近年来，在世界史领域，宏大叙事再度兴起，诸如全球史、跨国史、大历史，或者其他类似的称法。”④赫伯特·乔治·威尔斯、阿诺德·汤

① 目前，国内已有一些文章对“大历史”进行介绍与研究，比如《全球史评论》第6辑的主题即是“大历史与全球史”，通过“大历史理论与反思”“小大历史研究”和“大历史教学”等几个版块呈现了大历史的面貌；此外，其他论述还有刘耀辉:《大卫·克里斯蒂安的“大历史”观述略》(《国外理论动态》，2011年第2期)；刘耀辉:《大历史与历史研究》(《史学理论研究》，2011年第4期)；孙岳:《超越人类看人类？——“大历史”批判》(《史学理论研究》，2012年第4期)；刘耀辉:《大卫·克里斯蒂安：宇宙大爆炸以来的历史书写者》(《中国社会科学报》，2013年10月16日)；孙岳:《“大历史”的旨趣——记第22届国际历史科学大会“大历史”小组会议》(《史学理论研究》，2016年第1期)，等等。

② David Christian, “The Case for Big History”, *Journal of World History*, Vol. 2, No. 2, Fall, 1991, pp. 223–238.

③ 弗雷德·斯皮尔:《大历史与人类的未来》，张井梅、王利红译，第1页。

④ David Christian, “The Return of Universal History”, *History and Theory*, Vol. 49, No. 4, Theme Issue 49: History and Theory: The Next Fifty Years, Dec., 2010, pp. 6–27.

因比、威廉·麦克尼尔、斯塔夫里阿诺斯等人就是引领者，他们已经意识到："如果要更加深入地全面了解新近的历史，那么追溯地球起源就显得十分重要了。"[①]即便如此，他们的历史书写对于人类产生之前的地球历史也是着墨甚少。对此，斯塔夫里阿诺斯在《全球通史》第一编行文之前发表了自己的看法："本书显然是以最短的篇幅来论述人类进化过程中最漫长的史前阶段，笔者之所以偏重人类进入文明社会后的历史，是因为人类历史的发展速度一直在不断加快。地质年代以10亿年为计算单位，人类史前时代以千年计，而自从进入文明社会后，纪年单位开始不断缩小，逐渐变成以百年甚至十年计。时至今日，每天都有许多重大事件无休无止地蜂拥而来，无情地包围着我们。"[②]在他们看来，跳出地区史和国别史樊篱的"整体人类史"才是真正的书写中心，至于地球历史、生物圈等，只不过是正式历史书写的前奏而已。

那么，"大历史"的历史书写究竟是如何向传统历史范式发动挑战的呢？首先，把研究范围扩大到宇宙自然史范围。20世纪80年代，大卫·克里斯蒂安在澳大利亚悉尼的麦考瑞大学开设了跨学科的大历史课程，从天文学家到历史学家的各个专业学者参与授课，就自身领域涉及的包罗万象的过往内容进行讲授。这门课程也已经成为其他大学课程的典范。大历史学者宣称："大历史提供了一种万物逐步发展的科学叙述框架。"[③]换言之，"大历史试图建构关于整个时间的历史，回溯到宇宙的开端。"[④]因此，大历史讲述的故事主要是从宇宙大爆炸、星系演变、生命进化，到早期社会的诞生、农业文明的出现、现代社会与文明危机。这种时间和空间的无限延展，几乎覆盖了天体物理学、宇宙学、地质学、地理学、生物学、考古学、人类学和历史学……这种"大统一理论"（grand unified theory）[⑤]是其他形式的学术历史从未涉及的。因此，大历史可以说"是20世纪一项学术创新"[⑥]。

---

① 弗雷德·斯皮尔：《大历史与人类的未来》，张井梅、王利红译，第9页。

② 斯塔夫里阿诺斯：《全球通史》（第7版修订版），上册，吴象婴等译，北京大学出版社，2006年，第2页。

③ Ian Hesketh, "The Story of Big History", *History of the Present*, Vol. 4, No. 2, Fall, 2014, pp. 171-202.

④ 大卫·克里斯蒂安等：《大历史：虚无与万物之间》，刘耀辉译，导论第5页。

⑤ "大统一理论"的最佳表述是宇宙和人类的整体演化史。参见Ian Hesketh, "The Story of Big History"。

⑥ 大卫·克里斯蒂安：《时间地图：大历史导论》，晏可佳等译，序第1页。

其次，把自然科学纳入到研究路径之中。可以说，在学科分类愈来愈专业化的现时代，我们已经人为地将知识碎片化，陷入了知识结构的恶性循环。早在1959年，查尔斯·珀西·斯诺（Charles Percy Snow）在剑桥大学著名的“瑞德讲坛”（Rede Lecture）上，就提请对于科学和人文严重分离的注意。而大历史企求达到的正是自然科学和人文科学的统一。大卫·克里斯蒂安曾信心满怀地说：“大历史允许我们使用新的方法和新的模式处理宏大问题，因为它鼓励我们在不同学科之间建立新的联系。”①所有大历史著作都是在这个目标下进行建构的，无论大卫·克里斯蒂安的“精密计时革命”（chronometric revolution），还是弗雷德·斯皮尔的“体系”（regime），他们的叙述都是把传统的历史学科同我们身后发生的历史化的自然科学结合起来的典范之作。弗雷德·斯皮尔甚至认为：“本书提出的理论框架也许能够促进自然科学和社会科学的再次融合。”②对此研究路径，伊恩·赫凯斯（Ian Hesketh）给予高度评价：“大历史，更重要的是，进行了不同以往的尝试，试图弥合科学与人文之间的鸿沟。”③

再次，它的核心术语是挑战传统历史范式的又一表现。翻阅大历史著作，令人眼前一亮的是“物质”“能量”“熵”“复杂性”“金凤花原理”“人类世”等术语，并且贯穿始终的是“不断增强的复杂性”。比如大卫·克里斯蒂安等的《大历史：虚无与万物之间》，列出了八道复杂性渐增的门槛，依次是大爆炸：宇宙的起源、恒星、较重的化学元素、行星、生命、智人、农业和现代世界/人类世；而弗雷德·斯皮尔的《大历史与人类的未来》更是以“复杂性”连接各主要章节。大历史借用这些核心术语，在人类生命和地球母亲面临重大生存危机的今天，将两者的存在置于宇宙视野进行考察，期望传达“我们就是这个宇宙的产物”④这一理念，从而有助于界定我们自身的定位，有助于建构人类与自然的和谐关系。

① David Christian, “The Case for Big History”, *Journal of World History*, Vol. 2, No. 2, Fall, 1991, pp. 223–238.

② 弗雷德·斯皮尔：《大历史与人类的未来》，张井梅、王利红译，第212页。

③ Ian Hesketh, “The Story of Big History”.

④ 大卫·克里斯蒂安等：《大历史：虚无与万物之间》，刘耀辉译，第438页。

二、超越人类自身的生态关怀

美国环境史协会和欧洲环境史协会创建人唐纳德·休斯（J. Donald Hughes）反复强调：生态分析是理解人类历史的一个重要手段。约翰·麦克尼尔（John R. McNeil）也着重指出："如果历史与生态真能相互融合，或者说当它们相互融合时，我们将对过去有更好、更完整、更吸引人、更全面甚至可以说更复杂的概念……如此一来，我们也将更了解未来可能发生什么事，然后才有能力就这些可能进行辩论与抉择。"[①]无疑，人与环境的互动日益成为世人关注的焦点。当前，人类遭遇一系列史无前例的重大问题，诸如能源枯竭、环境恶化、气候变温、人口压力等，历史学工作者在面对这些生态危机时，更应当肩负重任，关心和探索国家、社会乃至人类的前途命运。

其实，这种关心和探索正是大历史及其研究者的出发点之一。上述论及的研究范围、研究路径、核心术语即是很好的例证。大历史俨然宣告了一个时代的到来：如果我们要进行超越人类自身历史的思考，就必须要大历史。在大历史笔端之下，人类史不再是生物发展史的主宰，而只是它的一个构成部分。回溯自大爆炸以来的岁月，倘若把整个时间压缩为13年，那么地球就形成于5年前，恐龙灭绝发生在3周前，人类与黑猩猩从共同的祖先分化开来大约在3天前，工业革命发生在6秒前，冷战、人类第一次登上月球、互联网诞生全都发生在上一秒钟（大卫·克里斯蒂安和辛西娅·布朗都有过类似的假设）……基于此，布朗得出一个基本的事实："人类的历史在地球时间中如同沧海一粟，微不足道，遑论宇宙时间了。"[②]仔细研读布朗的著作《大历史：从宇宙大爆炸到今天》，会发现整部书中弥漫着她对于人类困境的无尽担忧，尤为重视环境问题。其中，她认为人口增长绝对是造成生态问题的罪魁祸首，极大地威胁了地球环境及其他生物的生存。唐·霍尔辛格（Don Holsinger）在评论该书时指出："它揭示了从环境视角进行历史研究的深远意

---

① 约翰·麦克尼尔：《太阳底下的新鲜事：20世纪人与环境的全球互动》，李芬芳译，中信出版社，2017年，第337页。

② 辛西娅·布朗：《大历史：从宇宙大爆炸到今天》，安蒙译，第41页。

义，对于认清我们自己、认清我们所面临的挑战都产生了重大影响。”①布朗甚至还提出了如下一些问题：“目前的世界政策会导向一个可持续发展的未来，还是会导致一定程度的社会崩溃？”“实现了工业化的人们能否学会和自然和谐共处呢？”②这一系列发问如雷贯耳，发人深省。或许，就是这一个又一个疑问，让大历史关注的生态问题始终处于不断演进之中。

我们知道，宇宙故事中存在着更宏大的历史叙述，有些问题只有当我们将视野放大到无限大时才能探索一二，因为随着视野的扩大，将会看到更丰富的画面，细节就变得不那么重要了。这里的问题即是由于“升起的地球”（Earthrise）视角而加以关注的人类生存问题。③“升起的地球”图片让弗雷德·斯皮尔萌发出关切地球母亲的心声，也正是这幅画面让他一直悉心求索并试图理解：“人类究竟如何走上了我们现今所走的道路。”④可以说，他的《大历史与人类的未来》之问世，就源于对地球生存问题的探讨。他坦言：“我对于大历史理论基础的探究，源自深切关注人类如何对待我们地球上的生存环境。而对于环境的专注，又直接源自20世纪60年代末70年代初的阿波罗登月飞行。”⑤

以“升起的地球”视角撰写的人类历史著述，为我们提供了一种看待我们共同过去的方法，关注那些塑造我们共同过去的重大进程的宏观模式。比如弗雷德·斯皮尔关注的“人工复杂性”和“日益增加的熵”⑥。“人工复杂性”即人类行为创造的各种物质复杂性，包括衣物、工具、房屋、机器和通信工具等，凭借这些东西，人类改变了周围自然环境和人类自身；“日益增加

① Don Holsinger, “A Review of Brown's *Big History*”, *Journal of World History*, Vol. 21, No. 2, Jun., 2010, pp. 308–310.

② 辛西娅·布朗：《大历史：从宇宙大爆炸到今天》，安蒙译，第278页。

③ “升起的地球”一词演化出来的意义很多，包括视野范围、人类境况的改变和有助于构建各种各样政治想象、道德想象、科学想象和商业想象的标志性力量。参见Benjamin Lazier, “Earthrise; or, the Globalization of the World Picture”, *The American Historical Review*, Vol. 116, No. 3, Jun., 2011, pp. 602–630。这幅画面引发了史无前例的环保意识浪潮，也强有力地推动了整体科学方法，诸如大爆炸宇宙论、板块构造和洛夫洛克的盖亚理论。

④ 弗雷德·斯皮尔：《大历史视角中的环境问题》，载《全球史评论》，第4辑，2011年。

⑤ 弗雷德·斯皮尔：《大历史与人类的未来》，张井梅、王利红译，前言和致谢第1页。

⑥ 在斯皮尔看来，熵是热力学第二定律的本质，也是全人类努力抗争的朝向。参Kraig Schwartz, “A Review of Fred Spier's *Big History and the Future of Humanity*”, *Journal of World History*, Vol. 23, No. 1, Special Issue: Global China, Mar., 2012, pp. 147–149。

的熵”指的是随着人类行为的加剧，产生越来越多的废物（也就是物质熵），不可避免地以垃圾的形式充斥地球表面。热力学第二定律表示：任何地方秩序的出现，势必伴随着其他某处更多无序（熵）的增加。又加之人类历史进程中剩余垃圾的逐渐累积，他判断："人类活动的增加也一定与自然环境中人类活动产生的物质熵的增加同步发展。"[①]事实的确如此。如今，全世界人口已近70亿，与之相伴的是关键能源的日益枯竭和污染的恶化，并且长期来看，如果处理不当，势必会破坏许多人工复杂性的持续生产，进一步而言，可能会毁灭我们人类这个物种。因此，"人类历史上，无论人类可能试图执行什么其他计划，但是如果这些计划没有考虑到与熵的不懈抗争，都会注定失败。"[②]借用"复杂性""熵"等科学术语，弗雷德·斯皮尔成功地将人类历史与生态环境巧妙地联系到了一起。也许，正如弗雷德·斯皮尔所言，地球已经进入了第六次物种大灭绝阶段，我们人类可能就是最早遭殃的物种之一。但是，我们也不必过于悲观，只要我们及时地认清自己在宇宙中、在地球中的地位，及时地面对共同的问题、挑战与机遇，人类与自然同样可以是默然再生的关系。

此外，大卫·克里斯蒂安在《极简人类史》和《大历史：虚无与万物之间》两部著作中，纳入了"人类世"的概念，也反映出"大历史关注的生态问题始终处于不断演进之中"的态势。较之"地出"，"人类世"是比较晚近的概念。2000年，为了强调今天的人类在地质和生态中的核心作用，荷兰研究大气层的科学家保罗·克鲁岑（Paul Crutzen）和美国环境科学家斯托莫（Eugene F. Stoermer）指出，我们所处的这个时代应该称作"人类世"，以此取代过时的"全新世"，其中人类对生态圈拥有巨大的影响力，造成了一个充满不可预知的急剧变化的混乱时代。换言之，"人类行为，特别是人类在社会、政治和经济领域的行为，构成了全球变化的关键驱动力。"[③]"人类世"时代标志着一个物种在40亿年以来首次有能力改变生物圈。据此，我们可以

---

① 弗雷德·斯皮尔：《大历史与人类的未来》，张井梅、王利红译，第124页。

② 同上。

③ Jan Zalasiewicz, Mark Williams, Alan Haywood and Michael Ellis, "Introduction: The Anthropocene: A New Epoch of Geological Time?" , *Philosophical Transactions: Mathematical, Physical and Engineering Sciences*, Vol.369, No. 1938, "The Anthropocene: A New Epoch of Geological Time?" , Mar., 2011, pp. 835–841.

思考在20世纪里所见到的快速发展的深层意义，包括科学成就、物质财富以及人类思维等方面。但是，对于这些快速发展所引起的负面影响，人类究竟是否也同样有能力加以控制呢？从目前全球所处境况来看，答案毋庸置疑是否定的。大卫·克里斯蒂安援引“人类世”这一概念，应该是注意到了它的两面性：希望的同时也是困境。因此，他在大历史的时间尺度里既呼吁人类意识到对自然不断增强的控制力，又呼吁人类意识到过去为之（人类取得的利益）付出的巨大代价。他声称：“这种理念就是一个强大的透镜，我们可以透过它审视历史，进一步思考究竟是什么使我们如此与众不同。历史学家可能也会认同这种理念弥足珍贵，因为它提供了一种崭新的、更加准确的思考人类历史纪元的方式……人类世的理念同时也吸引了各种全球性组织以及来自不同背景研究人类活动对生物圈影响的专家们。”[①]所以，通过“人类世”对生物圈、对人类历史进行思考，或许有利于人类在对过去的研究和现实的需要之间适当地找到一种契合点。

三、构建人类命运共同体

每个时代都需要书写它自己的历史。这不仅反映了历史学自身的新陈代谢，同时也折射了历史学与时代的双向互动。大历史的出现即是一种时代的需要。在21世纪世界联系空前紧密的今天，在人类面临越来越多全球性问题时，我们迫切需要一种全球性的历史叙述。全球史研究奠基人威廉·麦克尼尔在研究全球史的过程中，始终以“整个人类命运的关怀”为宗旨。他认为：“影响整个人类历史的因素是疾病和战争。疾病与战争是人类自古至今主要的灾变异数，但它们从来都不是孤立的事件，而往往是人与自然、人与人之间具有的普遍共同性的各种关系互动的结果，因而人类在本质上有一部共同的历史。”[②]无独有偶，大历史研究奠基人大卫·克里斯蒂安也曾指出：“为了理解我们作为人类的共同关切，我们必须清楚人类有一部属于自己的‘大

① 大卫·克里斯蒂安：《极简人类史：从宇宙大爆炸到21世纪》，王睿译，第184页。

② 威廉·麦克尼尔：《西方的兴起：人类共同体史》，孙岳等译，中信出版社，2015年，推荐序第11页。

历史’，这是一部超越特定地区、国家、民族甚至不同世界的‘大历史’。”[①] 由此可见，就现代西方史学内部而言，无论是全球史还是大历史，都通过历史书写寄托了对“世界主义情怀”的向往，即我们应当超越国界、阶级或宗教信仰的差异分歧，把整个人类历史当成整体来审视，重新定义人类存在的意义与责任，最终形成一个我们人类统一共同体的故事。

大历史的兴起，是从教学领域开始的。1989年大卫·克里斯蒂安在麦考瑞大学开设了他自称为“大历史”的课程，以此向他的同事们展示心目中历史导论课的理想形式。与此同时，美国得克萨斯州达拉斯南卫理公会大学（Southern Methodist University in Dallas）的历史学家约翰·米尔斯（John Mears）也开始设计大历史课程。又由于“大历史教学项目”的公开课，大历史影响了美、澳、荷、韩、英等数十个国家的年轻一代。以荷兰的大历史教育[②]为例：1993年，约翰·古德斯布洛姆（Johan Goudsblom）和弗雷德·斯皮尔效仿大卫·克里斯蒂安的研究，在阿姆斯特丹大学准备大历史课程，1994年，大历史课程首次开课，自此以后，每年均有设立。就课程感受而言，弗雷德·斯皮尔做了如下记录：“我们所有讲授过大历史课程的人都感受到了学生对于这门课程的浓厚兴趣。每年都会有许多学生告诉我，我们的大历史课程是他们上过的最好的大学课程，而且这门课程深刻地改变了他们的世界观。”[③]再比如，南缅因州大学巴里·H.罗德里格（Barry H.Rodrigue）记录了一个名叫阿曼达·门罗的学生对他们的大历史课程的反馈：

> 四个月前，当第一次思考我在宇宙中的角色的时候……我完全没有认识到我的周围还存在着一个生物圈，更不用说囊括其他各个民族的地球和宇宙……但经过这段漫长的难以置信的一路探索……我对宇宙有了新的认识。我学到了……我们都是世界的未来，我可以为自己和别人作一点自己的贡献。我很荣幸曾经同阿姆斯特丹大学及其他几个大学一起参与到这场学习“大历史”的运动中。我觉得通过这次活动，我变成了

---

① 大卫·克里斯蒂安：《极简人类史：从宇宙大爆炸到21世纪》，王睿译，序言第17页。
② 《全球史评论》（第6辑）有专文论述荷兰的大历史教育。
③ 弗雷德·斯皮尔：《大历史与人类的未来》，张井梅、王利红译，第20页注释38。

一个更好的、更审慎的人。我现在的任务是让更多的人参与进来，改变惯有的不好的思维方式，尊重这个赐予我们生命的美丽星球。①

可以看出，无论是斯皮尔的学生还是罗德里格的学生，他们都从这种大规模综合研究的授课模式中得到了精神的洗涤。其实，这才是大学（或者中小学）历史学科课程的意义所在：应当具有公民教育的功能，应当具有开启年轻一代新思维模式的责任。当下，我们急切需要的思维模式正如罗德里格指出的那样："我们必须要以新的全球观念塑造世界公民，以点燃世界变革的火种，诚如英国物理学家大卫·胡克斯（David Hookes）所言，我们现在需要一个'全球启蒙'。"②

目前看来，大历史就担负着这种"全球启蒙"的神圣使命。虽然大历史自问世以来饱受诟病，但是它提供的共同的方向、意义、认同和目标，是我们所有人都无法忘怀的。迄至今日，这些内容已经以某种方式作用于大部分人类了。大卫·克里斯蒂安曾多次表达自己的壮志豪情："大历史在21世纪将显出更大的魅力，恰恰是因为它能够帮助人类建立一种最广泛的认同：人类共同体的认同。"③对此，我们也充满了信心，期望"人类命运共同体"的建立，期望人类与自然的和谐相处！

（张井梅，苏州大学社会学院历史系副教授）

① Amanda Munroe, University of Southern Maine, Final essay, LCC 350 Global Past, Global Present, Saco, Maine(USA), 19 May, 2009. 转引自巴里·H.罗德里格：《大历史在美国的兴起》，载《全球史评论》，第6辑，2013年，第124—125页。

② 巴里·H.罗德里格：《大历史在美国的兴起》，第127页。

③ 大卫·克里斯蒂安等：《大历史：在宇宙演化中书写世界史》，载《光明日报》，2012年3月29日。

西方新传记史研究述评[①]

陈茂华

摘要：西方新传记史研究兴起于20世纪90年代，是实践着的西方历史学家对史学思想的前沿探索。新传记史以单个的人或复数的人为研究对象，主要在后结构主义和新马克思主义的理论视野下，通过不断地与其他学科展开对话，将微观分析与宏观分析结合起来，以阐述传主的生活体验和历史体验，揭示人在历史演变过程中的自主性或自由意志，由此补充、修正、丰富和完善人们的历史知识。新传记史研究大大突破和超越了传统的传记史研究范式，已成为一种能够帮助我们提出新问题和反省既有的研究架构的分析工具。

关键词：新传记史　叙事主义理论　人文主义　生活体验

自古典时代以来，传记就是历史学研究领域最主要的一部分内容，是最古老的一种历史阐述方式，其文本流传广，受众多。尤其在历史学职业化的19世纪，以书写社会精英为主要对象的传记颇受史家的青睐。然而，就是在各种新史学纷纷登台的20世纪上半叶，传记在西方历史学家的书写中却一直处于边缘化的位置。直到叙事主义史学理论与微观史学实践互动活跃的六七十年代，传记史学才开始重新受到一些欧美历史学家的重视。

① 【基金项目】本文是2017年国家社科基金项目“西方新传记史学研究”（项目编号：17BSS005）阶段性成果之一。

20世纪90年代，西方人文和社会科学研究领域均出现了“传记的转向”（biographical turn）。[①]在历史学界，这一“传记的转向”指涉的是一种崭新的学术研究范式——新传记史，而非传记史的复兴。从现有研究成果来看，新传记史研究不仅呈现了不同于传统传记史研究的新问题、新方法和新对象，而且还给人们提供了有效的历史知识。进入新世纪以来，在《传记》（*Biography: An Interdisciplinary Quarterly*）、《历史传记》（*Journal of Historical Biography*）、《美国历史评论》（*American Historical Review*）及《法国历史研究》（*French Historical Studies*）等学术刊物和有关出版社的积极推动下，书写新传记史的热潮不断高涨，涌现出一大批优秀的新传记史著述。故此，2011—2012年被称为西方出版业的“传记时代”（biography age）。

一、西方新传记史研究的兴起

从根本上来说，新传记史的兴起既是西方历史学家反省和批评20世纪西方历史书写和历史学职业化的产物，也是叙事主义理论与微观史研究实践不断互动的产物。20世纪上半叶，在结构主义理论和“年鉴”学派的统领下，西方的历史研究以对人的去中心化为基调，过度强调结构性的力量，以长时段和结构代替规律，书写“迈向不见人影之历史”成为一种学术时尚。由于广大普通读者难以从这些充满分析性术语的历史著作中嗅到人味，感受不到可理解的、与自身有更多联系的人类过往和人的自由意志，无法从历史中获得新生的力量，因此不得不对其抱持一种敬而远之的态度。历史学与广大读者渐行渐远。事实上，即使是历史学的从业者，也有不少人公开表示阅读充满统计图表、结构、地理学名词等专业术语的大部头历史著作是一件令人厌倦的事，并进一步指出这种非人格化的、简化主义的、“高冷”的历史著述，从根本上说是一种拒绝历史知识大众化的表现，已经远离了历史学作为一门学科安身立命的学术宗旨，从而将历史学置于趋于解体的危险处境。他们坚持认为，历史学的魅力恰恰在于它的人文主义特性，而非社会科学式的技术

---

① Barbara Caine, *Biography and History*, Palgrave Macmillan, 2010, p.1.

特性。[①]于是，在20世纪六七十年代反抗分析性的结构主义史学的语境下，西方历史学界出现了一股“叙事史学的复兴”潮流。这股潮流的主要引领者是法国“年鉴”学派的重要成员勒华拉杜里（Emmanuel Le Roy Ladurie）和英国历史学家劳伦斯·斯通（Lawrence Stone）。1975年，勒华拉杜里的大作《蒙塔尤》出版。该著以传统的历史叙事方式生动地再现了14世纪初法国一个小山村在经济、社会、宗教方面的日常生活，与那个时代充满分析性、技术性语汇的结构史学著作形成鲜明的对比，从而赢得了难以计数的普通读者的青睐。实质上，《蒙塔尤》在出版上的成功得益于战后新史学在西方史学界的整体性繁荣。尤其是在70年代，妇女史、家庭史和儿童史在法国兴起，日常生活史在德国和意大利出现，它们汇流而成斯通观察到的“叙事史学的复兴”之潮流，20多年前“不要研究环境，而要研究环境中的人”的历史学术理念得以实践。[②]读者们欣喜地在上述具有叙事特征的新史学著作中遇见了缺席已久的人，惊觉人又回到了历史研究的中心，重新认识到人（哪怕是小人物）的自由意志一直都在历史的演变过程中发挥着或大或小的作用。从微观史学的实践来看，曾经遭到以“年鉴”学派为代表的新史学鄙视的事件（史）在方法论层面上得到了新的认识，发挥着一种研究路径或研究视角的作用，叙事的解释功能有所体现。叙事主义理论与微观史研究实践的活跃互动，使历史学呈现出崭新的面貌，历史学家们开始将研究的重心转移到作为群体和个体而存在的人身上。进入20世纪80年代，在文学批评的影响下，历史学家越来越强调到叙事之于历史学的重要性。1987年，另一位法国历史学家弗朗索瓦·多斯（François Dosse）尖锐地批评“年鉴”学派历史书写中对叙事和人的漠视，使历史学陷入了学科合法性的危机。“‘年鉴’学派历史书写的关键性问题不只是忽略了历史学的解释层面，还忽略了历史学的人文层面和个人的自主性。”[③]多斯切中了结构主义史学的要害，进一步激发了西方

① Stephen B. Oates, *Biography as High Adventure: Life Writers Speak on Their Art*, University of Massachusetts Press, 1986, p.54.

② H. R. Trevor-Roper, *History, Professional and Lay*, Oxford University press, 1975, p.21. 转引自劳伦斯·斯通：《历史叙述的复兴：对一种新的老历史的反省》，古伟瀛译，见陈恒、耿相新主编：《新文化史》（《新史学》第4辑），大象出版社，2005年，第8—27页。

③ 弗朗索瓦·多斯：《碎片化的历史学：从〈年鉴〉到“新史学”》，马胜利译，北京大学出版社，2008年，“再版序言”。

历史学家“把人带回来”的人文主义渴望。因此，新传记史研究的兴起是对“年鉴”研究范式的反动，同时也是对叙事主义理论的吸纳和接受。

新传记史在20世纪90年代的兴起还与当代西方人文社会科学学术的发展趋势有关。在20世纪，越来越多的西方思想家高度关注人的现代性处境问题，“生活政治”（life politics）是他们提出来分析和解决这一问题的一个重要理论。葛兰西、海德格尔、卢卡奇、霍克海默、泰勒、福柯、吉登斯、布尔迪厄等人都曾经对“生活政治”进行过理性建构或价值评判。他们都认为人在本质上是政治的，政治是人无法摆脱的生存处境；人的外部生活（社会生活）和内部生活（日常生活）无不展示和体现着社会权力-关系，常人和常识对于社会政治而言，既具有一种保障性的作用，也是一种制约性力量。只有理解了常人的生活体验，才可能经历公正的生活秩序。显然，在这些西方思想家所建构的生活政治理论视野下，芸芸众生的生活/生命体验——政治性地参与世界——才是真正值得我们关切的对象。故此，以人类社会整体为旨趣研究而著称的社会学也发生了以生活史为路径的传记转向，隐藏于其中的是一种后结构主义历史观，彰显的是一种人文主义（社会学以田野调查为主的质性研究方法本身就具有人文主义色彩）的关怀。此外，“二战”后西方人文社会学科的从业者们越来越认识到“叙事”本身所具有的解释功能对于表达和传播学科研究成果的价值和重要性，认为“叙事”是人文社会学科所共享的基本特征，在本质上是超越学科边界的，同时承认故事是一种描述和解释过去的有效方式，因此极力主张以叙事或者讲故事的形式表达人类对自身及其社会环境的理解。

新传记史在20世纪90年代的兴起有其深刻的社会背景。冷战结束后不断加速的全球化进程，致使西方资本主义经济世界遭受了结构性的制约，西方发达国家内部政治力量发生了不同程度的分化和重组，西方社会的传统价值观遭遇了巨大的挑战。于是，人们开始怀疑以科技和金融为中心的全球化现象，人文学者纷纷聚焦于人在全球化过程中的处境，在体悟工具理性的宰制这一现代性命题的同时，对西方文明的进程和民主制度的未来发展产生了悲观的看法，因而渴望复兴曾经在中世纪晚期赋予西方世界新生命的人文主义，重新发现人的自主性和自由意志，由此建立起人们对未来生活的希望；

20世纪90年代是互联网爆炸性发展的一个重要时期，互动式数字化复合媒体是这个时代的主要标志，社会生活方式的急剧变化，知识产生和知识的自我生产、传播途径的根本改变，促使人们渴望通过与历史上的个体或群体建立某种可理解的联系，以此赋予自己的现实生活某种确定性，并筹划未来的走向。总而言之，“重新发现人”成为时代的强音。

二、西方新传记史研究的主要领域及其成就

新传记史之所以被冠名为新，主要在于其研究对象、内容、视野及旨趣均与传统的传记史大相径庭，或者如雅克·勒高夫（Jacques Le Goff）所说呈现了“新问题、新方法、新对象”这三个特点。[①]即使是一些诸如与伟人密切相关的政治、经济、宗教之类的老命题，也在新的研究视野下被重新检视和解释，从而显现出某种陌生化的意义上的历史面向。通过考察新传记史在西方近30年来的实践，我们依据不同的研究对象将新传记史分成五种类型：

1. 名人个体传记史，亦即以历史上的公众人物为研究对象的书写。众所周知，传统的传记史书写基本上都是阐释大人物之于历史的价值或意义。20世纪90年代以来，西方从事名人传记史研究的历史学家在历史观上摒弃了传统传记史学秉持的“伟人理论”观，在语境主义（contextualism）理论的启示下，显示出一种崭新的关切——关注个体对周遭世界的体验、感受及理解方式，以及他们的日常生活政治，在方法上以历史名人为研究取径和事实依据，通过聚集于传主在某个时刻与社会、文化、政治环境的对话，从而阐明某些历史事件或某个历史时期的复杂性或悖论性，并帮助人们理解传主背后那个更加广阔的社会环境。此外，这些名人传记史家还自觉地在史学理论层面上对诸如研究领域、学科边界等问题进行了反省，坚持政治史研究的必要性和重要性，认为大人物研究是更新古老的政治史的一条有效路径。最具代表性的历史名人新传记研究范式是“年鉴”学派的第三代核心

① 雅克·勒高夫、皮埃尔·诺拉主编：《史学研究的新问题、新方法、新对象：法国新史学发展趋势》，郝明玮译，社会科学文献出版社，1988年。

人物雅克·勒高夫书写的《圣路易》。该著书写于20世纪90年代，在建构主义理论视野下，通过审查诸多史料和论据生产的权力关系，阐释法国国王路易九世被历史地建构的过程，逐渐进入传主的内心世界，从而为读者展现"圣路易本人"。可以说，《圣路易》一书在新史学空前繁荣的西方世界确立了传记史研究的新典范，不仅继承并更新了新史学的问题意识，提出为什么人以这样而不是那样的方式来体验生活世界，这是对人与历史关系的一种新认识，而且还在史学理论层面上探究了个人史与总体史的内在一致性，反思了叙述史学与结构主义史学之间的"虚假对立"，指出了传记史研究的有效性。"传记甚至可以变成一种十分合适的观察台，用以对历史学家职业中的常规和雄心、对历史学家研究成果的局限性和这个职业所需的再定义进行有效的思考。"①此外，英国历史学家伊恩·克肖（Ian Kershaw）于1998年书写的《希特勒》②，在研究方法和历史观上显著地区别于传统的大人物传记史研究。此书在后结构主义的理论视野下，聚集于"元首"这一核心词语，借助韦伯的"魅力型权威"概念阐释德国社会的期望和动机是理解希特勒获取和行使权力的关键要素，从而批驳他的前辈历史学家阿兰·布洛克（Alan Bullock）以希特勒的个性和行动为中心而提出的"天赋观"和"本质论"。进入新世纪后，新的名人传记史研究在证据观方面更加强调名人个体的历史例证性作用，力求通过描述个体思考世界的方式，使得一些古老的历史议题得到重新阐释，以此更新人们的历史认识和历史知识。美国哥伦比亚大学美国史讲座教授、妇女与性别研究所教授凯斯勒-哈里斯（Alice Kessler-Harris）书写的《一个执拗的女人：莉莲·海尔曼的挑战性生活与时代》（*A Difficult Woman: The Challenging Life and Times of Lillian Hellman*）做出了积极有益的尝试。哈里斯将美国著名左翼作家、剧作家、电影剧作家海尔曼视作阐明20世纪美国政治境况的"一种事实"，通过展示海尔曼的所思所言与周遭世界的冲突或张力，重新发现了战后遭到无情挤压的政治，以个体传记的视角重新阐释了20世纪美国社会经济状况与政治体制的关系问题，

① 雅克·勒高夫：《圣路易》，许明龙译，商务印书馆，2002年，引言，第12页。

② 伊恩·克肖：《希特勒》，上下卷，廖丽玲等译，世界知识出版社，2015年。

改变了人们熟知的以事件书写政治史的既有路径，从而更新了人们的政治史认知。[①]

2.“失语或沉默”个体传记史，即以在历史上处于“失语或沉默”状态的小人物为研究对象的传记，它受意大利历史学家金兹伯格的影响很深。为与伟人或名人传记史相区别，我们也可以称其为小人物个体传记史。它在历史观、史学理论与方法等方面与微观史学、新社会史学、新文化史学、日常生活史学、性别史学、身体史学、口述史学等有着诸多重叠的地方。它所贯彻的个体生命史观和“自下而上”的历史观，以小人物个体生命的感知作为体认历史的一个视角，注重历史中个体生命的体验、感知和精神状态，由此审查一种特殊的历史模式或历史演变的史学认识思想，实质上是在新马克思主义个人即政治和女权主义理论视野下，对天赋个体人权与人类意义多样性的历史阐释，与新社会史学的民主化解释模式密切相关；它针对不可避免的“碎片式史料”难题而提出的聚焦于特殊文本和某个人生片段为研究重点的史学方法，以及突出条件性陈述句式的“情景化叙事”（contingent narrative）策略[②]，认为个体生命历程中特别有意义的部分可以阐明其整体的认识，实质上是一种将历史存在文本化或话语化思想的体现。书写小人物个体传记史的代表性著作有三部：其一是被美国《图书馆杂志》评为“2006年度最佳图书”的《船长的妻子》（*The Sea Captain's Wife: A True Story of Love, Race, and War in the Nineteenth Century*），作者是纽约大学历史系教授玛莎·霍兹（Martha Hodes）；其二是被《纽约时报》评为2007年度十大畅销书的《伊丽莎白·玛茜的磨难》（*The Ordeal of Elizabeth Marsh: A woman in World History*），作者是在2014年被《星期日泰晤士报》评为“100位最有影响力的英国人”的历史学家琳达·柯莉（Linda Colley）。其三是最近几年国内学者十分关注的汉学研究传记史《梦醒子：一位华北乡居者的人生》，作者是哈佛大学历史系教授沈艾娣（Henrietta Harrison）。

3. 群体传记史，即为具有不同身份标记的群体作传的历史研究，它与新

---

① Alice Kessler-Harris, “Why Biography?” , *The American Historical Review*, Vol. 114, No.3, Jun., 2009, pp.625–630.

② Barbara Caine, *Biography and History*, p.2.

社会文化史、科技史、情感史的关系较为密切。从研究主题来看，主要有以詹姆斯·福克斯（James Fox）的《兰霍恩姐妹》（*The Langhorne Sisters*）为代表的妇女群体研究；以玛莎·汉娜（Martha Hanna）的《你的死将是我的》（*Your Death Would be Mine*）为代表的两性情感关系研究；以芭芭拉·凯恩（Barbara Caine）的《从孟买到布卢姆茨伯里》（*Bombay to Bloomsbury: A Biography of the Strachey Family*）的家庭关系研究；以珍妮·阿格罗（Jenny Uglow）的《月光社的男人们》（*The Lunar Men*，Farrar, Straus and Giroux）和伊恩·麦卡尔曼（Iain Mccalman）的《达尔文的舰队》（*Darwin's Armada: Four Voyages and the Battle for the Theory of Evolution*）为代表的科学家（或实业家）群体研究。这些著作在多元文化主义和建构论视野下，以在历史上享有某个特殊身份的群体为视角，采取跨学科和跨领域的研究方式，通过审查那些通过婚姻、血缘纽带、友谊或者涉及某些特殊活动、某种观念而在相互之间产生密切关系的共同体成员关系、生活模式和价值观，探究隐藏在它们背后作为有机体的社会之变动和意识结构。这种秉持社会是群体生活本身的本体论思想，以及将群体共享的生活模式或人生体验问题化的史学认识观念，事实上是对历史学本质的阐发，显示出对人既是历史的主体又是历史的客体的深刻认识。在叙事策略上，群体传记史学的解释框架阐明了人们对其生活世界的体验、理解、接受乃至利用，也是改造生活世界、参与社会实践的过程。另一方面，对经验性知识的历史性评估，以及诸多人们耳熟能详的概念的历史审查和重新阐释，事实上也是对文化模式与社会、政治、经济体制的有机接合，是对重建整体史学的一种有益尝试。因此，我们说群体传记史是西方新传记史学与传统传记史学分道扬镳最显著的标志。

4. 集体传记史，即针对某个民族或种族的集体性经验和族群认同进行的历史阐释，它与概念史、新文化史相联系，受福柯的影响非常大。值得注意的是，自20世纪90年代以来，数字化技术的出现，为近年来欧美国家纷纷重新编纂《国家传记辞典》提供了便利条件，一个个不同身份的人物依据某些“关键词”而被归类为不同的“集体”。新的《国家传记辞典》不再以表现国家成就观为中心，而是更多地体现出一种平等的、务实的、包容的新视野。此外，西方妇女史学研究自六七十年代以来取得的不俗成绩，也大大激励了新集体传记史的书写。从新集体传记史文本的叙事策略来看，它们往往以某个或某一组描述或界定人类某个特定族群的概念或者话语为研究取径，通过审查这些概念和话语生成、流转、实践的历史性过程，展示该族群的生活体验与认知经验机制的运作，挖掘其背后的意识形态和权力结构，从而把知识的表象与本质区分开来，达到解构现代知识制度的普遍有效性和客观性观念，并重构知识的最终目的。这表明新集体传记史学在方法论意识和历史知识论思想上有所创新，其理论认知来源是社会学的建构论和以福柯为代表的话语论。新集体传记史学认识到在社会背景与意识之间始终存在着某种关联，而概念或话语作为一个独立的历史变项，以一种巨大的张力发挥着塑造族群和型构其社会过程的作用。因此，探究概念或话语的历史性过程，不仅更加有利于阐明某个人类集体在历史上的真实生存状况，而且还能在这一探究过程中树立起正确的知识观。换言之，其理论假设是作为本体论的集体性经验和族群认同必须以概念或话语的方式才能够得以理解和把握。新集体传记史的书写，除了欧美各国纷纷编纂的《国家传记辞典》之外，具有代表性的著作主要有乔·马格丹特（Jo Burr Margadant）的《新传记》（*The New Biography: Performing Femininity in Nineteenth-Century France*）、黛丝莉·迪肯（Desley Deacon）的《跨国界联系》（*Transnational ties: Australian Lives in the World*）与内尔·佩特（Nell Irvin Painter）的《白人的历史》(*The History of White People*)。

5.“自我史”或自传，“自我史”（ego-histoire）这一术语最早出现于1987年出版的《自我史论文集》（Essais d'ego-histoire），是法国学者皮埃尔·诺拉（Pierre Nora）为了解法国历史学家对历史研究实践的反思状况，邀请七位法国历史学家书写他们的生活与学术经历而提出来的。令人意外的是，诺拉的这一学术倡议在欧美历史学家中间掀起了书写“自我史”的小小高潮，涌现出不少杰出的“自我史”著作：意大利左派历史学家路易莎·帕萨里（Luisa Passeri）的《意大利1968年一代人的自传》（*Autobiography of a Generation: Italy, 1968*）、美国女性历史学家论文集《女性历史学家的声音》（*Voice of Women Historian: The Personal, The Political, The Professional*）、著名的英国历史学家埃里克·霍布斯鲍姆《趣味横生的20世纪》（*Interesting Times: A*

Twentieth Century Life）和澳大利亚裔美国历史学家格尔达·勒纳（Gerda Lerner）《杂草》（*Fireweed: A Political Autobiography*）。这些“自我史”著述与传统的自传和回忆录的根本区别有二：对个体记忆和集体记忆的理论认知，以及对历史学学科性质和边界等的追问和反思。从叙事结构来看，“自我史”从历史学家个体自身的生活经验和职业经验出发，展示“我思、我为、我是”，融合三个层面的历史：生活史、当代史、史学研究史。在史学理论层面，“自我史”旨在通过表现历史学家个体的人生态度和职业态度，以实现塑造自我的自传史观，不仅蕴含着社会结构与历史学的主观性、客观性问题可以在“自我史”中得到揭示的认识论思想，而且表明历史学家有能力谨慎地进行自省。这些欧美历史学家们在书写“自我史”时，有意识地赋予他们的生活和职业经历一种连贯性，在思考个体记忆与集体记忆之间关系的基础上，以文化记忆概念阐释20世纪的世界、本国教育体制与身份政治之间的关系，并对自身的史学实践行为所具有的限度、效果及历史学科的性质进行了阐发。

三、西方新传记史研究的主要特征

纵观西方近30年的新传记史研究，无论是聚焦于阐述历史上的个体或群体对周遭世界的体验、感受及理解方式，还是侧重于以个体或群体为研究取径和事实依据的方法论思考，“重新发现人”始终是其问题视域和研究旨趣。新传记史家坚持人类对世界的理解是一种实践性的、情景性的而非抽象性的活动，历史书写应该充分体现对人的生命及生活的关切和尊重，以此阐明人的境况和历史学的特性。①

作为一种崭新的研究范式，新传记史研究有几个突出特点：第一，它具有显著的理论视野。新传记史家深受后结构主义和新马克思主义批判理论的影响，承认日常生活经验是认识和理解世界最可靠的路径，坚信人不可能跳出自身的视角，只能从自身的境域（私人世界）出发来认识周遭世界这个普遍境域。因而，他们的研究以表现历史上不同的人或人群那活生生的、具体

① Jill Roe, “Biography Today, A Commentary”, *Australian Historical Studies*, Vol. 43, 2012, pp.107–118.

的历史性经验为核心，主要通过考察历史语境中形形色色的人的认知方式，即历史上的这些人看待和感知世界的方式，来呈现他们与所处时代的交互性关系，展现人的自由意志和选择性行动的，同时揭示对人起到形塑作用的、或隐或现的制度和体制及其运作方式，以此表明历史演变的多样性和复杂性，并反抗支撑西方文明的普遍真理与客观真理的那种宏大叙事。第二，它在方法上采取了学科交叉和历史学分支学科整合的研究方式，不仅更新了历史研究的证据观，而且引起了学者们对知识重构的重视。为了考察传主生活中的每一个面向，新传记史家不得不采取学科交叉的方式进行研究。无论是处理与历史名人相关的繁多材料，还是面对与“失语或沉默”个体和群体相关的史料的缺损状况，新传记史家必须掌握与研究对象有关联的学科知识，以便于选择、解读乃至建构史料。除了新史学经常借助的文化人类学、知识社会学、心理学、文学批评和文化研究等学科的理论、方法和概念，还必须在一定程度了解诸如修辞学、地质学、病理学等学科。此外，如前文所述，新传记史学与历史学其他分支学科联系紧密，常常打破边界展开对话，具有整合历史研究的特性，从而在很大程度上避免了历史学碎片化的问题。第三，它具有鲜明的人文主义关怀。从研究对象和研究旨趣来看，新传记史家秉持人文主义史学传统，与历史上作为个体、群体、集体的各种人物进行跨越时空的平等对话，渴求在他们的生活历程中探寻历史动因和理解人存在的意义，这不仅是对事件史和体验史（经验史）的重新认识，也是对历史学特性的维护甚至是捍卫。第四，它在叙事策略上采用叙述与分析相结合的模式，将对历史语境的宏观分析与对传主的微观分析结合起来，以期修正、补充、丰富我们对历史的理解。因此，我们说新传记史研究继承了“年鉴”学派所提倡的总体史追求，竭力将传记路径取向研究与社会情势研究结合起来，在以叙述和分析为书写特征的框架内，重构交织着公共事件、政治制度、社会结构和经济结构变化的人类历史。

西方新传记史研究在理论视野上大大突破和超越了传统传记史的研究框架，从而开辟了一个崭新的理论平台；它在方法论层面上所展现的学科交叉特性和分支学科整合性，以及运用叙述与分析相结合的叙事策略，是对史学思想的一种前沿探索，已成为一种能够帮助我们提出新问题和反省既有的研究架构的分析工具。可以预见，西方新传记史研究将继续高扬人文主义史学传统的大旗，不断深化人的自主性。毕竟，它那亲切的“人情味”（the human touch）是历史学具有恒久魅力的根本保障。[1]

（陈茂华，东华大学马克思主义学院副教授）

---

① William Roscoe Thayer, “Biography”, *The North American Review*, Vol. 180, No. 579, 1905, pp.261–278.

海格维希浪漫主义史学思想[①]

易　兰

中文摘要：德国史学家海格维希从世界历史的精神性这一核心观点出发，通过以中世纪、民族国家及精英人物等为主要内容的众多历史论著，叙述了历史个体的多样性，展现历史个体的平等性，阐释历史发展的进步性与连续性，彰显历史个体与历史整体的辩证关系，突出历史认知中的精神因素，倡导历史理解的情感性，为浪漫主义史学的进一步发展奠定了坚实的基础。

关键词：海格维希　浪漫主义　世界历史

在西方史学上，赫尔德对浪漫主义史学的理论贡献居功至伟。[②]而史学实践领域率先引入浪漫主义、用具体的历史研究来展示浪漫主义思想的第一人，当属德国史家迪特里希·赫尔曼·海格维希（Dietrich Hermann Hegewisch，1746—1812）[③]。

---

① 【基金项目】本文为湖南省教育厅重点项目阶段性研究成果（项目编号：17A137）。

② 柯林武德：《历史的观念》，何兆武、张文杰译，商务印书馆，1997年，第137页。

③ 1746年11月15日，海格维希出生于德国奥斯那布鲁希教区的奎肯布鲁克小镇。在家乡初级教学学校接受识字、语法教育之后，1758年海格维希进入奥斯那布鲁希高级中学接受教育。1759年又前往哥廷根大学学习神学，直到1763年七年战争结束。学习期间，海格维希对历史学产生浓厚的兴趣，但一直在神学、历史学两者取舍问题上犹豫不决。1763年海格维希前往汉诺威，在一药剂师家庭做过一段时间的家庭教师，而后一度曾前往荷兰。1774—1780年期间海格维希在汉堡、日内瓦等地辗转，1774年在友人介绍下担任丹麦驻汉堡办事处秘书，1778年成为《美洲杂志》（*Amerikanischen Magazin*）的主要创刊者之一，并担任杂志主编。1780年海格维希因《查理大帝》的成功而获得基尔大学历史学教授一职，1805年受封为丹麦皇家史官，此后一直待在基尔大学直至1812年去世。

这位曾因其在史学上的突出成就而受封为丹麦皇家史官（Königlich dänischer Etatsrat）的历史学家，[①]在后世西方史学史上名声不显，[②]但其史学著作之于浪漫主义史学的意义重大：不同于侧重从哲学层面阐释浪漫主义的哈曼、康德、赫尔德等浪漫派，史家海格维希通过《查理大帝》《法兰克王国史》《康拉德一世至亨利二世时期德意志史》《马克西米利安一世政治史》《德意志中世纪史》《马克西米利安一世时期德意志文化史概要》《阿拉姆与叙利亚》《历史与文学论文集》《格拉古改革史》《世界历史纲要》《石勒苏益格、荷尔斯泰因公国史》《罗马经济史论文集》《英格兰国会史》《爱尔兰简史》《希腊殖民地理、历史文献汇编》《历史年代记导论》等众多历史论著，具体而全面地阐释浪漫主义思想，为浪漫主义史学的进一步发展奠定了基础。

历史学家在从事历史研究时往往会对研究对象本身进行反思，“历史是什么”可以说是历史研究者绕不开的必答题。在回答这一问题时，海格维希从“历史学的目的”这一角度切入来回答这一问题。

海格维希认为，历史学有两个目的：一是告诉人类过去每一时代发生过什么；二是告诉人类现在正发生什么、未来会发生什么。[③]在他看来，“人应当将其所经历的一切告诉他的孩子，人类也需要将过去的一切传递给后代”，将其中的欢乐与悲伤、幸福与不幸等这些经历传递下去；[④]人类存在发展最重要的事情之一就是“记忆”（Andenken）的传承，这种传承使得人类不再一次次面对同样或类似的问题而不知所措，使得人在处理类似问题时避免耗费大量时间精力。但是，人的影像会消失、人的事功会因年深日久而被淡忘，这就需要保存承载着人类过往经历、感受的一切，记录过去的人类运动——历史，历史学由此而得以存在。

---

① Carsten Erich Carstens, “Hegewisch, Dietrich Hermann”, *Allgemeine Deutsche Biographie* 11, 1880, S.278.

② 古奇的《十九世纪历史学与历史学家》和汤普森的《历史著作史》这两本史学史方面的权威著述都未曾提及这位历史学家。

③ Dietrich Hermann Hegewisch, *Introduction to Historical Chronology*, James Marsh (trans.), Burlington, 1837, p.10.

④ Dietrich Hermann Hegewisch, *Grundzüge der Weltgeschichte*, Hamburg, 1804, S.3.

历史学研究对象是人类过去的活动、人类的运动，是不同于自然科学研究对象的。在《历史年代记导论》中，海格维希将历史研究的对象——人类社会内容与自然界发生的运动进行了比较："倘使我们观察自然界的运动，我们会发现在完整而一致的序列当中的个体接踵摩肩，于是从头到尾的每一个部分都能很容易被标记好。……自然界的运动是一个连续的、均一的运动……而我们精神的运动则不然，从其开始到结束，我们很难看清楚、看明白；这种运动不是始终如一的均一运动，我们能感受到、能思索到，但无法明确地标记它。"①存在这种区别最根本的原因在于人类活动是人思想精神的外在表现，而历史研究就是要通过对过去的人类运动描述，展现其中蕴含的思想精神内容，将人的这种思想精神内容传承下去，用以通过这种思想精神的传承提升人类生活。换言之，历史记录的就是人类的思想、精神；"记忆"传承的是精神的内容。

历史研究的具体对象就是体现人类思想精神的所有内容。海格维希曾说："自然事件的划分以自然现象来标注，而建立在法律和习俗基础之上的人类文明的划分，这些也被称为'人为的'或'主观的'；所谓人为，因为这是通过人为的方式建立的；所谓主观，因为这是一由主观决定的事物，……时代的文明或主观的部分则仅仅只是历史知识所管辖的事物。"②历史学的研究对象就是包括法律、习俗等在内的"人为的""主观的"事物；只有体现了人类精神的内容才能被纳入历史研究之中。

之所以将历史研究的内容限定于人类精神之上，是因为这些人类精神对塑造人类的特质起着关键性的作用。在提到世界历史的内容时，海格维希认为，"发生在风俗习惯、观念、科学以及艺术等领域中的伟大重要变化对人类意义重大，甚至可以说，人类整个特质更多是取决于这些事物的变化"。③也正是从这观点出发，海格维希将所有体现了人类精神的内容都纳入其世界历史的框架之内，而他对中世纪在世界历史中地位与作用的肯定也源自于此。

在海格维希的笔下，"世界历史包括每一时代的情况，反映了自人类诞

① Dietrich Hermann Hegewisch, *Introduction to Historical Chronology*, p.12.

② Ibid., pp.14–15.

③ Dietrich Hermann Hegewisch, *Grundzüge der Weltgeschichte*, S.13.

生以来所有人种的赓续延绵，包括所有前后相继的世代”。[①]他认为中世纪是欧洲历史中非常重要的一个时期，欧洲近代民族国家原型都是在中世纪时奠定的。与启蒙理性主义史家们的看法不同的是，这位中世纪研究方面颇有心得的史家认为中世纪并非千年的黑暗、并非没有进步、并非对世界历史没有意义、并非是可以忽略的历史时期。海格维希曾说，中世纪的“思想与情感（这在中世纪是彻底完全不为当时之人所在意）在任何地方都光芒万丈，几乎使得罗马黄金时代都黯然无光”。[②]人们往往一想到中世纪就想起幽闭的修道院、刻板的僧侣、残暴的异端裁判所，而认为中世纪是没有精神创造、对历史发展进程毫无贡献的一个时期。实际上，中世纪的哲学、神学、诗歌、文学等精神创造与任何一时代相比都不逊色，甚至超过了人文主义者、理性主义者交口称赞的古典时代。

不仅如此，海格维希认为中世纪奠定了欧洲民族国家的基础。在1786年，他在谈到1784年开始写作《德意志中世纪史》的原因时说：“民族特性以及道德模式都是源自德国中世纪历史”，现今社会政治、文化生活以及文明的进步等这些体现了人类生活及行为的特定模式都源自中世纪。[③]《德意志中世纪史》一书通篇围绕德意志地区各邦国在中世纪的政治、军事、文化等方面的演变展开叙述，目的就是为了凸显中世纪对形成德意志民族所起的重要作用。此外，海格维希其他的一些著作，诸如《法兰克王国史》《康拉德一世至亨利二世时期德意志史》《石勒苏益格、荷尔斯泰因公国史》《马克西米利安一世政治史》《马克西米利安一世时期德意志文化史概要》等都是研究中世纪历史重要的著述，甚至在其《世界历史纲要》之中，中世纪亦是其着墨尤多的时期。海格维希在其著作中反复强调，对中世纪，“对于这一重要的时期，考查这一时期的历史事件是如何形成的，当时的民族和习俗以及当时人们的精神情感，是非常有价值的”，[④]历史学家切不可忽视中世纪、无视

① Dietrich Hermann Hegewisch, *Grundzüge der Weltgeschichte*, S.8.

② Dietrich Hermann Hegewisch, *Charaktere und Sittengemälde aus der deutschen Geschichte des Mittelalters*, Leizig,1786, S.4.

③ Ibid., S.5.

④ Dietrich Hermann Hegewisch,Vorrede, *Charaktere und Sittengemälde aus der deutschen Geschichte des Mittelalters*, S.2.

中世纪在人类历史上的重要地位。

赫尔德等浪漫派“对教堂、对中世纪、对贵族充满热情”，[①]他们对理性主义嗤之以鼻的中世纪并不排斥，甚至心向往之，但他们更侧重于从哲学层面进行抽象理论建构，并未能用具体史实说明中世纪的价值与意义。而史家海格维希则用具体的史学实践破除前人对中世纪的偏见，将中世纪视为是具有自身价值与意义的一个重要时期；不仅如此，他从世界历史是记录人类精神这一观点出发，阐明中世纪历史承载着当时人们精神活动的内容，是人类历史精神运动中不可缺失的一环。这样一来，海格维希从理论上、实践上为中世纪正名，肯定中世纪是构成人类历史整体性不可或缺的一个重要阶段，从而完善了人类历史整体性的构建。

海格维希除了对中世纪的肯定之外，对历史存在过的所有时代都视为同等重要的存在；即使是没有文字记载的原始社会也是人类历史中不可或缺的组成部分。他指出，人们因为“传统和历史的偏见”而认为那些黑暗神话时代因为没有文字记载、无法传承精神创造的内容而成为历史中可以忽视部分。[②]实际上，那些远古时代的诗歌、神话传说、器物都富含极为丰富的精神内容，反映了当时的宗教、习俗、语言等多方面的情况。在他看来，在那些所谓未开化的蛮荒时代，虽然没有文字记载，但口耳相传的传说、诗歌、谚语等“在某种程度上，更具有可靠性”，更直接地体现了精神的内容。[③]也正是基于这一点，海格维希认为，“就此历史研究的内涵而言，风俗惯例、规章制度等都是历史艺术的内容”。[④]在其《世界历史纲要》中，海格维希还特意从洪荒神话传说入手、花费不少笔墨叙述远古历史种种假说，以彰显世界历史的内容就是人类精神。

海格维希强调世界历史就是展示人类精神运动，只要是人类精神体现的事物均是世界历史的研究范畴。就这一观点而言，人类精神作为甄选世界历

① 卡尔·曼海姆：《保守主义》，李朝晖、牟建君译，译林出版社，2002年，第146页。

② Dietrich Hermann Hegewisch, *Grundzüge der Weltgeschichte*, S.4.

③ Ibid., S.3.

④ Ibid., S.1.

史内容的标准暗含着三层意思：一、有人的存在、就有人精神的运动，世界历史除了要包括所有的时代之外，还应当涵盖所有的国家地区、所有的人；二、历史传承的是精神的“记忆”，这种记忆的不断积累、不断传承，意味着人类历史的发展是一种进步；三、从纵横两方面，或从时间、空间两方面来区划历史个体，都不可避免要将历史个体与历史整体联系在一起。

事实上，海格维希的史学实践也完全印证了上述内容。在提到世界历史内容时，海格维希说：“科学的历史，就必须是叙述真实的事实以及事实所在的整个背景，并在此基础之上，包含所有的人种，或者所有个体的部分，所有的民族与所有的国家。”①海格维希的历史著作多是围绕欧洲民族国家、精英人物展开的，但他从不认为世界历史的内容只有这些民族国家、精英人物。

在承认欧洲诸国所取得的成就前提下，海格维希也看到了其他民族国家存在的价值与意义。他指出：“就目前情况而言，欧洲国家高居于世界上所有其他民族之上，这不仅是指我们通常所说的文化，而且还指欧洲国家施诸世界的权力、幅员辽阔的土地。所以现今的世界史不同于以往，但是欧洲大陆之外的其他国家，那里的人民创造的文化也引人注目，其影响也在欧洲势力范围之外的土地上扩展到了极致。”②海格维希并不否认欧洲在众多方面所占的优势，但他认为从整个漫长的人类社会来看，一开始并不是欧洲世界独步天下，亚洲、非洲都曾孕育出了璀璨的远古文明，这些文明是世界历史中重要的组成部分；即便是到了欧洲霸权膨胀的19世纪，世界其他地区、其他民族的文化也是非常精彩的，是不可忽视的个体存在。

虽然海格维希很注重精英人物在历史中的地位与作用，但他认为精英人物背后的小人物也是世界历史中不可或缺的角色，甚至是历史中最为重要的力量。一方面，海格维希曾说：“将亚里斯泰迪斯、底米斯托克利、利奥尼达斯、伊巴密浓达斯等这些名人排除在外，不知道这样之后是否还有所谓古希腊历史”，③突出精英人物在历史中的价值；另一方面，海格维希指出，“过去

① Dietrich Hermann Hegewisch, *Grundzüge der Weltgeschichte*, S.2.

② Ibid., S.8.

③ Dietrich Hermann Hegewisch, Vorrede, *Uebersicht der irländischen Geschichte*, Altona, 1806, VI.

的一切太过广袤了，而仅仅只是叙述采邑、王侯们的事功是无法展现这全部一切的，仅仅只是通过一些影响重大的战役来展示列强，也是不妥的”；[①]历史之中更多的是芸芸众生，展示众多人的精神运动才是世界历史的要义。应该看到的是，即便是围绕精英展开历史叙述，其中也体现了非精英的作用与价值。人们在阅读塔西佗的著作时，或许只看到了那些高高在上的权贵们对历史的影响，实际上对历史影响更为深远的力量是“奥古斯都所奠定的罗马政制下的罗马公民、士兵、人民”。[②]海格维希甚至还说，“那些伟大的人与惊天动地的事静静躺在历史长河之中，我们对此一无所知、更不会去关注”，那些占绝大多数的普通民众的“记忆”传承更为久远、影响更大。[③]

就研究对象而言，世界历史关注的是人类的精神，研究“人为的”或“主观的”，“建立在法律和习俗基础之上的人类文明”。从这一点来看，“所谓人为，因为这是通过人为的方式建立的；所谓主观，因为这是一由主观决定的事物，因此哪一种对精神运动的划分都说不上什么好与坏”。[④]换言之，只要是人类精神的体现，无分优劣；无论是民族国家、历史时代，还是历史人物、历史事件，都是体现了人类精神的历史个体，都是无分好坏的，都是平等的历史存在。

第二，海格维希是主张历史进步观念的。他认为人类历史发展演变、世代的更替都意味着一种积极的变化，是一种发展，更是一种进步。在其翻印次数最多、影响巨大的《历史年代记导论》一书中，海格维希附上了一篇《论时代在世界历史中的作用》。文中，海格维希提到：“相对而言，历史应被视为是文明进步的演化。在这种进步之中，我们首先看到的是未开化而野蛮的民族；一个或两个开化了的、被其他未进化民族所包围的民族依然还保留着其原有的粗野；文明的传播，这种传播既可能是通过自觉的模仿，也可能是通过开化民族的对外扩张而实现的。然而在文明之初，开化民族的进步以及进步之中的重重障碍，再度使之回到野蛮主义，然后再毁灭，再复兴。”[⑤]

---

① Dietrich Hermann Hegewisch, Vorrede, *Uebersicht der irländischen Geschichte*, IV.

② Dietrich Hermann Hegewisch, *Grundzüge der Weltgeschichte*, S.2.

③ Dietrich Hermann Hegewisch, Vorrede, *Uebersicht der irländischen Geschichte*, VI.

④ Dietrich Hermann Hegewisch, *Introduction to Historical Chronology*, pp.14–15.

⑤ Ibid., p.137.

在历史发展的这一进程中有阻碍，有停滞不前，有倒退，甚至有毁灭，但是从整个世代来看，人类社会是向前发展的，并且人类社会的这种发展进步就是在这种世代延绵不绝中不断从前一世代继承其内在精神内容而继续向前发展的。海格维希指出，远古时期古希腊人所创造的精神内容虽几经辗转、多遭磨难，但并没有断绝赓续，而是一路传承袭来，并经各个民族、各个世代的发展而一直流传到了当代欧洲社会；相比远古时期的古希腊人的精神内容，现今的希腊精神已经有更多的内容与意义，这就是进步。

海格维希认为历史的进步发展绝不是单一化，而是在个体多样性中体现出文明内容的多样性。对于人文主义者将某些世代抹杀，对于启蒙理性主义为强调一致性而将一些个体性阉割的做法，海格维希是坚决反对的。在提及15、16世纪的编年史时，海格维希曾说："15、16世纪知识以及科学的复兴，此时的历史学家们很清楚地认识到，没有一种确定而可信的编年史，就不会有真实而正确的历史。因此，编年史是这些博学之士热衷探求的研究。他们很快发现，研究古代的历史，必须形成一种一致性的、逐步完善的思考模式是其基本的目标，为了实现这一目标，要将古代不同民族国家的各种各样的模式去除掉。"①海格维希反对这种出于某种目的而任意将一些民族国家驱逐出世界历史的范畴，或者说是为了强调所谓的普遍性而忽视个体、抹杀个体的做法，认为这并不是这真正历史发展进步的观点，而只是一种牺牲历史事实的哲学构建，或者是忽视精神内容独特性、无视精神个体的个体性的粗暴做法。

第三，海格维希强调历史个体与历史整体的统一。海格维希指出，世界历史作为一个整体,在他的观念中从来都不应当只是围绕一国、一时代、一人、一事而展开的,而是应当在历史整体中看待历史个体，强调历史个体与历史整体内在联系。在他看来，研究过去的"历史并非是止于单个个体，而是验证完整的整体"。②作为一名历史学家，他不满足于将世界历史构建成罗列所有的时代与民族，他曾感慨："民族兴替，一个接着一个，除了传递着它们的文化、与其他民族不同的模式之外，还通过权力决定其他民族的命运，并

① Dietrich Hermann Hegewisch, *Introduction to Historical Chronology*, pp.130–131.

② Dietrich Hermann Hegewisch, *Grundzüge der Weltgeschichte*, S.8.

且通过这两个方面使得自身与众不同，这就是世界历史的真正主题。我的世界历史不仅仅只是列举世界上所有的民族国家与所有的时代——如果这样做的话，这种世界历史只是收集汇总了诸多的单个个体而已——世界历史确实要囊括这所有的民族与时代，但是这样做的最终目的是获得综合的整体，这一整体包容所有的个体，并展示所有民族创造的文化，或者说，意图将所有的个体视为一个整体，并展示个体他们之间的联系”。[①]世界历史中的各个时代、各个民族各具特色与特性，是世界历史的重要组成部分，但是世界历史并不完全是为了强调单个个体的存在，更重要的是各个个体组成的整体；历史学家就是要通过整体来展示各个个体之间的联系。他认为，世界历史之中的个体存在最大的价值与意义就在世代的赓续以及这其中所体现出来的个体之间的联系，而个体之间的联系必然会上升到整体的高度，并且这种个体联系只有在整体之中才能得到完整而正确的认识。

海格维希认为，在世界历史中，历史个体的独特性并不意味着历史个体与其他个体没有联系，更不意味着历史个体可以独立于历史整体而存在。在论及世界历史时，海格维希曾说：“各个民族、各个国家既是统一整体，又是各具特色：从宗教、物质经济、政治状况等方面来看，他们各自不同”；[②]历史个体的独特性是与历史的整体性紧密联系在一起的。世界历史中的历史个体或许会因为时空的阻隔而不能直接联系在一起，但世界历史是人类精神的展现，精神的交流可以跨越时空的阻隔，实现历史个体在人类精神中统一于历史整体之中。海格维希曾提到，欧洲文明与亚洲文明、玛雅文明等相隔遥远，但深入研究欧洲文明就会发现其中有中国、日本、玛雅等文明影响的痕迹，更不要说古希腊罗马文明对当下欧洲文明的影响。[③]

在谈到撰写爱尔兰史的缘由时，海格维希曾提到，德意志人对爱尔兰史不感兴趣的原因之一就是源自对历史的一种偏见，认为大国的发展与那些所谓的小国之间没有什么关联，没有什么利益纠葛，从而将爱尔兰历史视为与德意志特质形成无关紧要的因素予以忽视。然而，这些所谓的小国对整个世

---

① Dietrich Hermann Hegewisch, *Grundzüge der Weltgeschichte*, S.9.

② Ibid., S.2.

③ Ibid., S.12.

界历史的进展也有着重要的影响。[①]爱尔兰史作为世界历史中一历史个体，其价值与意义取决于它所展示的人类精神；而爱尔兰对其他国家地区的影响不在于国力、时空距离，而在于历史个体之间千丝万缕的联系中，爱尔兰是其中不可缺失的一环。故而，海格维希说："要了解、研究整个世界历史，探讨爱尔兰的历史实属必要。"[②]

历史个体具有独特性，历史整体则是通过历史个体之间千丝万缕的内在联系而构建的；而历史研究则应当既体现历史个体，又体现历史整体。在提到历史研究方法时，海格维希曾说："编年史的方法是将事件的原因与影响依据其发生的顺序罗列出来，而我们通常看到历史是通过某个单独的事件而展示出来的，编年史的方法显然无限展示这种个体性，所以存在不足之处，民族志的方法则是将民族的前后更替记录下来，特点、精神以及彼此的影响等这些人类的个性却凸显不出来。"[③]海格维希认为编年史、民族志等方法具有科学性，但还不算是真正意义上的科学历史，因为它无法全面展现个体、无法展示精神内容的内在联系。海格维希指出，"新的空间类型，单个事件正在发生，或者说民族存在，重要的变化发生了，然而这些首先是作为地球的一部分，只有作为整个人类的一部分才有意义。"[④]换言之，个体只有作为整体中的一部分才能体现其价值与意义，并且只有在整体之中，个体才能得到充分而全面的认知。

历史的内容是人类精神运动，认知、理解这种精神运动的方式则是完全不同于认知自然界运动的方式的。海格维希曾说："在我们人类精神活动的序列中，其开端与结束都是难以觉察到的，精神活动中并不存在像自然界运动的那种一致性。因此，尽管我们能感知精神的运动，尽管这些精神运动也有持续的时间，甚至或许还能细细推敲时代中的这种精神运动，但是这些精神运动并不能用这种方式来估量。"[⑤]

如何来认知这些人类精神内容，海格维希认为，以过去的精神内容为研

① Dietrich Hermann Hegewisch, Vorrede, *Uebersicht der irländischen Geschichte*, IV.

② Ibid., VII.

③ Dietrich Hermann Hegewisch, *Grundzüge der Weltgeschichte*, S.14.

④ Ibid., S.14.

⑤ Dietrich Hermann Hegewisch, *Introduction to Historical Chronology*, p.12.

究对象的历史是通过一个单个历史事实展现出来的，因而历史学家要保证历史学的科学性与严谨性，有必要对单个事实、史料进行严格的辨析。海格维希指出："历史学家是历史事件的见证人,他们要么是自己亲身经历历史事件，要么是听经历者诉说的。……历史学家是见证人，这就意味着他们要么就在事发当场、亲身参与事件，要么是离事件非常近的目击者。历史学家所见证的只有那些在我们眼皮底下发生的事件，这见证并不仅仅只是同步记录，而是能完全接近当时的真实。"[①]他认为，最可靠的历史就是当事人所记载的历史，这种同步记载的历史因为所使用的材料就是当事人目之所见的一切，都是真实可信的。实际上，"辨别见证者的可信度，除了事件自身内在的可能性之外，即事件得以存续的必要先决条件，还取决于见证者的技巧与意愿。他是否知道真相呢？他是否愿意、能够说出真相呢？要达到真相，其记载就必须表现他自己以及外在的环境，即他生活的时代与地点，他的社会地位，他的价值观念，他的偏好与偏见，他的友情，他的敌人。这些有利或不利之处决定了他的叙述是真实还是非真实的。"[②]见证者的客观性也是难以保障的，历史之中的主观性是难以避免的一个大难题。不仅如此，历史整个发展历程中，与整个漫长的人类历史相比，文献材料是少之又少。

面对这一问题，海格维希提出历史理解不光是专注于历史事实，而是要从精神内容的理解出发。他指出，"这种史料判断既是对一偶然发生事件的辨析，也是对其发生所处的环境的判断，即内在与外在环境的辨别。事件外在的环境指的是感受到的一切，比如事件发生所处的时间地点，这一单个事件与后续事件之间的联系，以及事件的方式、语言等之类的。参与事件者的灵魂与情感在事发前后是否有变化？在事发当时与事发后是否有变化？即诸如动机、意图、情感、热情等是否有变化。"[③]对单个史实的辨析，需要考虑人的主观性因素，还注重其中的情感、热情等变化。在对没有文字记载的时代进行研究时，研究者最需要关注的就是蕴含在各种精神内容中的主观性与情感。

---

① Dietrich Hermann Hegewisch, *Grundzüge der Weltgeschichte*, S.5.

② Ibid., S.6.

③ Ibid., S.7.

实现对历史之中所蕴含人类精神的认知，需要从主观性、情感入手，即采用“诗化情感”去理解、认知历史。海格维希认为，“实际上在那些蒙昧而混乱的时代里，这种诗化的语言中所隐藏着的事实常常被发掘出来，通过这些情感强烈、激情澎湃、夸张的诗歌，可以寻求到最令人震惊而使人印象深刻的景象。倘使后人通过这些景象能确切地理解过去，那么这些叙述难道不是真实的吗？特别是在那些只有口述历史遗迹史诗的那些时代，即我们称之为黑暗神话时代，这些诗化的情感对于历史理解尤为必须。”①

诗化的情感是真实的精神存在，通过这种诗化的情感去理解历史，也可以将历史之中的精神内容展现出来的。对于有文字记载的历史，海格维希也主张将情感、想象等主观性的方法运用到历史理解之中去。海格维希曾说：“历史学家应当经验丰富，能在单个个体之间找到其内在原因、这些个体如何链接成为整体及其在历史整体中的位置。从这一点来看，撰写历史的历史学家最好是当事人或者参与者，并且还需要具有敏锐的判断力、品行公正无偏。对于后世研究早已成为过去历史而言，撰写历史是一伟大艺术，针对特定时间、特定地点、特定人与事，结合自己的经验以类比的方式去判断。”②在提到其最为擅长的中世纪研究时，海格维希表示对中世纪的研究并无别的诀窍，就是要“要设身处地地进入他们看到这些事物的角度，以他们的眼光来看，以他们的思想来想”。③通过运用情感达到通感、使用想象实现身临其境，设身处地站在当时人的立场，想其所想、思其所思，这样才能真正使已经过去的历史再次鲜活地展现在人们面前。海格维希认为通过这种情感与想象，历史得以再现，而历史著作也颇为吸引人。

在提到撰写爱尔兰史的缘由时，海格维希曾说，德意志人看不到爱尔兰史方面的德文佳作是因为市面上流行的爱尔兰史要么是由对爱尔兰带有偏见的法国人写的，要么是蹩脚的德语译者翻译的，这些著作都因为“缺乏对爱尔兰历史的深切情感、没有表达出爱尔兰伟大历史中激情而让人不忍卒

① Dietrich Hermann Hegewisch, *Grundzüge der Weltgeschichte*, S.4.

② Ibid., S.7.

③ Dietrich Hermann Hegewisch,Vorrede, *Charaktere und Sittengemälde aus der deutschen Geschichte des Mittelalters*, Leizig,1786, II.

读”，[1]写作异域他乡的历史，时空间隔并不是问题，问题在于能否融入情感去理解历史、写作历史。没有融入情感的历史著作是干瘪而枯燥的。[2]故而，海格维希强调“历史学家要将精神融入研究对象之中”，也就是从这个意义上，海格维希认为“历史如同没有模式可遵循、没有典范可效法的艺术”，历史研究的对象是承载着精神性内容的过去，画家或许可以将某个画面画下来，但历史工作者如从画家的思路去研究历史，那么隐藏在一场场情景中的精神内容会因为画面而被遮盖；另外，画家通过绘画展现的单个、有限的个体，而历史研究即使也展示单个历史个体，但个体与其他个体之间根本无法割舍开来的联系，尤其是内在的精神联系才是历史中最重要的内容，也是历史研究无法绕开的内容。[3]

至此，“历史是什么”这一问题，海格维希通过阐释世界历史的精神性、历史个体的多样性与平等性、历史发展的进步性与连续性、历史理解的情感性，全面回答了这一问题。而海格维希对中世纪的肯定与称颂，对世界历史中的个体与整体关系的把握，对历史发展进步的认知，对历史理解与情感之间密切关系的强调，这使得他与启蒙理性主义史家严格区分开来；他侧重于通过具体的史学实践论证浪漫主义思想、通过史学著作宣扬浪漫主义思想，这使得他与注重理论构建的浪漫主义哲人区分开来。就此而言，海格维希是浪漫主义史学的真正先行者。

（易兰，湖南师范大学历史文化学院副教授）

---

① Dietrich Hermann Hegewisch, Vorrede, *Uebersicht der irländischen Geschichte*, III.

② Ibid.

③ Dietrich Hermann Hegewisch, *Grundzüge der Weltgeschichte*, S.1.

再论柯林武德“一切历史都是史学史”[①]

王丰收　王利红

摘要："一切历史都是史学史”是柯林武德的一个重要历史命题，对于该命题的解读历来充满争议。笔者在之前的论文《试论柯林武德“一切历史都是史学史”》中对于该命题进行了初步的探讨，指出该命题与柯林武德另一历史命题“一切历史都是思想史”同构异体，认为只有把这两个命题结合起来，才能真正读懂柯林武德的历史哲学。在此基础上，本文将进一步解析柯林武德这一命题，拟运用柯林武德意义上的“史学史”观念和方法，把柯林武德本人视为时代的产物，将“一切历史都是史学史”置于思想史和史学史中进行考察，对柯林武德得出这一命题的思想资源以及论证这一命题的逻辑基础进行检视，进而透过这一命题，综合把握柯林武德整体的历史观念和其所处的时代精神，揭示出这一命题所蕴含的哲学、美学以及科学等面向及其意义，并从卡西尔关于实体与功能的角度解析“一切历史都是史学史”这一命题。

关键词：史学史　精神科学　人文科学　实体　功能　问答逻辑

“一切历史都是史学史”是柯林武德的一个重要历史命题，笔者在之前

① 【基金项目】本文为国家社会科学基金一般项目“19世纪欧洲浪漫主义史学思想研究”（项目编号：14BSS001）阶段性研究成果。

的论文《试论柯林武德“一切历史都是史学史”》中，对于该命题已做了初步的解析和论述，但仍有未尽之感。[①]国内学术界对柯林武德的研究，多注重他的史学理论，对其思想的来源提及较多但较少从全局和整体上深入探讨。对于在历史哲学领域很有建树并做出创见和贡献的柯林武德，如果研究的重心过多偏向或局限于他本人，恐难识其“庐山真面目”。本文拟借助柯林武德自己的“一切历史都是史学史”这一命题，用柯林武德自己对待史学史的方式，把聚焦点从柯林武德身上适度移开，走出“只缘身在此山中”的困境，与他本人保持一段距离，扩大思维的空间，检索柯林武德与他之前、之后和同时代的欧洲大陆哲学家、历史学家和思想家之间的理论传承关系和面对的共同问题，尽可能从更广阔的空间来全面透视和探讨柯林武德的历史观念和历史哲学，追踪他历史思想和精神发展之轨迹。柯林武德“一切历史都是史学史”这样的命题，不仅需要放到他的整个历史哲学中去思考，更需要放到柯林武德整个人文科学知识论的视野中去考察。柯林武德的整体思想是继承和回应整个时代精神的产物，因此本文将会以宏观历史的视野来理解柯林武德的整体思想，将“一切历史都是史学史”这一命题视为柯林武德整体思想的一个产物来分析。

柯林武德在自己的《历史哲学纲要》中，明确指出自己的历史哲学的认识论是奠基于康德的三大批判的。康德曾经以《纯粹理性批判》《实践理性批判》和《判断力批判》指出了人的理性的三大问题：我能够知道什么？我应当做什么？我可以希望什么？[②]康德在《纯粹理性批判》中回答了“纯粹数学是如何可能的？纯粹自然科学是如何可能的？”[③]对自然科学和数学知识的合法性进行了哲学的论证，最终以《实用人类学》回答了将三个问题归结而成的一个问题：“人是什么？”康德哲学的最终关怀还是人的问题。其间康德的《历史理性批判文集》成为他未竟的事业，康德没能为历史学以及人文

---

① “一切历史都是史学史”这个命题蕴含着历史是历史学家依照现在的证据对过去的推论这一观点，论证了历史的观念性和现实性；以“我”的同一性和差异性为基础，论证了思想史与史学史的同一，表明了历史的主体性和思想性，进而论证了历史重演论的必然性和可行性；从历史的概念出发，以反思为中介，论证了柯林武德历史哲学的先验性和辩证性。参见王利红、王丰收：《试论柯林武德“一切历史都是史学史”》，载《史学理论研究》，2016年第4期。

② 参见康德：《纯粹理性批判》，邓晓芒译，人民出版社，2004年，第612页。

③ 同上，第15页。

科学提供真正的理性批判与认识论的证成，以至于近代历史学自诞生之初，就一直为自己作为一门独立的知识领域的真理性寻求合法性的论证，而对于历史学本身是什么、历史学应该做什么、历史学能期待什么这三大问题的认识和争论，决定了历史学本身的走向；同时自然科学清晰、条理、自洽的知识体系一直对于历史学产生了强大的压力和诱惑，面对这种历史学的危机，一代又一代历史学家和史学理论家都在寻求解决之道。

直到今天，这项事业也不能说已竟全功，但是历史学作为一门人文科学的合法性已经得到了很好的辩护，其主要原因就在于，对于历史理性的批判这项康德未竟的事业，在后来得到了继承和发展。历史科学的合法性之所以能够逐渐得到辩护，是因为历史学所在的人文科学的合法性都得到了整体的理性批判，并获得了自身的本体论、认识论和方法论的自洽论证。在这其中，狄尔泰（Wilhelm Dilthey）意义上的精神科学、柯林武德意义上的知识地图、卡西尔（Ernst Cassirer）意义上的人文科学，先后都为整个人文世界的合法性做出了出色的证明；历史学作为人文世界的一个分支，自然也就从根本上得到了辩护。历史学乃至人文科学的知识合法性问题，只有与自然科学的知识合法性问题对照才能互为理解，发现并论证人类与自然的不同、自然世界与文化世界的不同、自然过程与历史过程的不同，才是历史学以及人文科学确立自身合法性的真正主线。

在此意义上，狄尔泰、柯林武德以及卡西尔都给出了出色的解析和论证，三人虽各自进路不同，但是都为了一个目的而行动，即关于“人”的学问究竟该怎么做的问题。狄尔泰是先行者，柯林武德是继承者，卡西尔则是完成者。但是因为狄尔泰将自己的精神科学奠基于心理学–诗学、卡西尔则是落脚于人类学–哲学，柯林武德将自己的知识论则是立足于历史学本身，因而柯林武德的历史哲学反而最为完整而成熟。不过三者都对人文世界的自主性进行了独到的论证，因而可以互相参照和补正，进而帮助我们从整体上理解柯林武德的历史哲学。

柯林武德所处的时代，历史学虽已确立，但是实证主义大行其道，人文社会科学包括历史学都深受实证主义的影响。继康德在《纯粹理性批判》之中为自然科学发展出批判的认识论以来，一个世纪以后，“狄尔泰也为关于历史研究的一种更为困难的批判观点建立了指针”。[①]作为新康德主义者，狄尔泰要探讨的是“就精神科学而言知识如何可能？”狄尔泰看到了精神科学与自然科学的不可通约性，如果说自然科学的研究对象和核心是物，那么狄尔泰全部学术研究和精神科学的核心是“人”，狄尔泰认为人“是一种历史性的存在，既是历史的研究者也是历史的创造者，这个事实是使科学的史学成为可能的第一个条件”。[②]与维柯（Giambattista Vico）一样，狄尔泰认为人与动物的根本不同之处、人类世界与自然世界的不同之处就在于，人始终处在由自己创造出来的“文化脉络”之中，并且在这种文化脉络之中不断地生存、创造与发展，这使得历史研究成为狄尔泰精神科学最广阔和重要的背景。狄尔泰认为：“随着自然科学的发展，一组由共同的主体联系在一起的研究，已经自然而然地从那些有关生命本身的问题出发发展起来。”[③]它们就是狄尔泰所说的精神科学，它们都与人类有关，并因此而和自然科学区分开来。

狄尔泰的精神科学包含了几乎所有与人的知识相关的学科，即哲学、经济学、政治学、社会学、心理学、宗教学、人类学、法学、历史学、文学、美学、音乐学。“各种精神科学构成了一个认识关联体，它力图获得一种有关人类-历史-社会世界中的各种体验关系的对象性的和客观的知性认知。”[④]狄尔泰认为“精神科学的发展必须伴随着一种逻辑-认识论的自我反思。换句话讲，关于人类-社会-历史世界的直观-概念系统形成于对过去事件的体验这一基础之上，而精神科学的发展必须伴随着对于这种形成过程的哲学意识。”[⑤]狄尔泰认为，精神科学是一种人类转向自我认识的过程，是从外在的理解走向内部的理解的运动。在此过程中，人类只有通过各种有关自己的生命和他人的生命的表达，把人们实际上体验到的东西表现出来，才能理解自己。而精神科学就建立在这种对生命进行体验、表达和理解的联系之上。贯

① 鲁道夫·马克瑞尔：《狄尔泰传——精神科学的哲学家》，李超杰译，商务印书馆，2003年，第2页。
② 威廉·狄尔泰：《历史中的意义》，艾彦、逸飞译，中国城市出版社，2002年，第2页。
③ 同上，第4页。
④ 威廉·狄尔泰：《精神科学中历史世界的建构》，安延明译，中国人民大学出版社，2010年，第3页。
⑤ 同上，第4页。

穿在人类—历史—社会中的各种体验，就既成为精神科学的知识对象，也成为它的认知方式。狄尔泰特别指出确立精神科学的原因和重要性，即精神世界中的各种事实与自然过程中各种过程达成的一致性之间存在不可通约性，精神世界的事实不可能从属于根据机械论的自然观念确立起来的事实。如果说存在于特定的物质法则领域之中的数学、物理学、化学，以及生理学的区分是必要的，并展示了某种从属关系，而这种关系是随着越来越严格的连贯性而发展的。而当人们尝试把精神世界作同样的区分并划定从属关系时，就会导致各种矛盾，这正表明了精神世界和物质世界的不同。

狄尔泰的精神科学大大拓展了人文科学和社会科学的研究领域和研究方法。但正如鲁道夫·马克瑞尔所言，狄尔泰是一个过渡性的人物，他“生活在一个过渡性时代，他反复修正自己的观点，作为对时代不断变化的问题的回应。他的主要哲学关怀将容纳对各种不同主题的构想，其中很多从未被完全付诸实施”。[①]身处19世纪欧洲“科学方法大辩论”的时代背景中，狄尔泰的首要任务就是证明，精神科学方法论必然不同于自然科学方法论。狄尔泰作为精神科学的创立者，他的知识论和方法论、美学和心理学等对后来的新康德主义者卡西尔，哲学家胡塞尔、海德格尔、加达默尔，社会学家马克斯·韦伯，历史哲学家克罗齐和柯林武德都产生了重要影响，在此需要特别提及的是卡西尔和柯林武德。

狄尔泰直接开启了历史理性批判的道路，力图使历史事实的客观性与历史认识的主观性之间达成真正的和解，确保历史学作为精神科学的自主性，这正是柯林武德历史哲学的中心要旨。我们可以从柯林武德《历史的观念》的史学史部分，其中特别是关于“科学历史学”的论述部分，看到柯林武德为此做出的创新和努力。柯林武德把19世纪末看作欧洲哲学重新焕发生机的春天，正是在那个时候，一场新的思想运动即反抗实证主义的运动开始了，这场思想运动影响所及，使以狄尔泰为代表的哲学家，提出精神科学及其认识论和方法论来对抗实证主义和自然科学。对专注于历史学的柯林武德

---

① 鲁道夫·马克瑞尔：《狄尔泰传——精神科学的哲学家》，李超杰译，第10页。

来说："这场新思想运动也是一种尝试，证明历史学作为一种知识形式是不同于自然科学的，而且它本身有权成为有效的。"[1]

柯林武德分析了这场运动中英国、法国、德国和意大利著名的有代表性的哲学家和历史学家的哲学和史学思想，对他们一一做出评述，既指出他们对实证主义的背离与反叛，同时又指出他们身上带着的难以去除的实证主义的印记和阴影。柯林武德对此的洞若观火，其实反映了他自身所处的处境，他的学术生涯究其根本也是在不断与实在论和实证主义对抗，最终柯林武德在历史学中彻底驱逐了实证主义的影响。"一切历史都是史学史"就是一个在实证论的视域中完全无法理解的命题，而这个命题的根据就在柯林武德独特的知识论之中。《精神镜像或知识地图》尽管是柯林武德早期的作品，但却是他最完整的思想脉络的呈现，他学术生涯后期全面转向历史学，实际上不是断裂，相反说明柯林武德视历史学为知识地图的最终板块，是所有知识形式中最后完成自身证明的领域，历史科学合法性的证明就是精神镜像的最终完成。"一切历史都是史学史"表明柯林武德史学思想中认识论的转向，这种转向实际上早在《精神镜像或知识地图》中就基本完成了。

我们可以看到柯林武德对精神镜像或知识地图的描述，受到狄尔泰很大的影响。柯林武德在书中尝试为艺术、宗教、科学、历史、哲学绘制一幅知识地图，并期望在这幅地图上，"人类经验的每一种合法形式都应当得到显示，它的边界应当得到确定，它和它的邻居的关系应当得到阐明"。[2]但是经过逐项考察，柯林武德最终得出结论，认为这样一幅构想出来的抽象的知识地图是不存在也不可能存在的。因为从根本上说，各种知识形式都是同一的，它们都是精神或心灵对自我的认识，只有心灵本身才是认识的真正对象。一切的认知都需通过心灵折返透视出来，心灵永远处于对知识王国的探索之中，既然如此，绘制知识地图的任务就不可能完成。"探索者、被探索

① R.G.Collingwood, *The Idea of History*, Revised Edition with Lectures 1926-1928, Jan van der Dussen (ed. and intro.), Oxford New York: Oxford University Press, p.134.

② 柯林武德：《精神镜像或知识地图》，赵志义、朱宁嘉译，广西师范大学出版社，2006年，第300页。

的国度以及地图完全是同一件事情。”[①]

通过绘制知识地图的尝试，柯林武德不仅废除了明显不同于知识本身的知识地图的概念，而且废除了一个关于外部世界而非心灵的概念。在他看来：“外部世界不是心灵及其对象之间的一张帷幕，而是心灵自身的一幅图画，绘制这幅图画的目的是帮助它自己进行自我审视……它变成了心灵之镜；在它之中所有的可见细节都被心灵看作对心灵自己的面孔的反映。”[②]这样一来，关于外部对象的所有知识就是心灵关于自身的知识。“在具体的知识中，心灵面对面的看见自己，甚至按照它被认知的方式去认知。在此，客体就是主体，不是在‘那是你’这个意义上……而是在这样一种意义上，即客体通过被主体认知而发现客体自己的生活，而主体也通过对客体的认知而发现主体自己的生活。”[③]正如狄尔泰所言：“进行认识活动的主体与其对象是同一的。”[④]柯林武德后来发展的著名命题：一切历史都是思想史；历史重演论和问答逻辑；以及一切历史都是史学史，都是在此基础上逐步形成的。狄尔泰的知识论和方法论对柯林武德产生了重要影响，历史学成为柯林武德研究的主要兴趣。既然各种知识形式都是精神或心灵的自我认识，柯林武德认为历史就是精神的自我知识。照此推理，柯林武德的“一切历史都是史学史”就是精神自我认识的产物。

众所周知，柯林武德的“一切历史都是史学史”是对黑格尔的“一切哲学都是哲学史”[⑤]的一种创造性摹写，但是不能因为形式上的相似，就想当然地以为两者的意涵是完全一致的，除了针对的学科不同之外都是同一的。实际上，两者完成的转向是恰恰相反的，如果说柯林武德的“一切历史都是史学史”是历史学从本体论到认识论的转向，那么黑格尔的“一切哲学都是哲学史”则是从哲学的形而上学即理念论，转向哲学的运动过程即存在论。哲学因为历史不再空洞，历史也因为哲学不再杂多，这才是黑格尔意义上的

---

① 柯林武德：《精神镜像或知识地图》，赵志义、朱宁嘉译，第304页。

② 同上，第308页。

③ 同上，第309页。

④ 威廉·狄尔泰：《历史中的意义》，艾彦、逸飞译，第3页。

⑤ 黑格尔在《哲学史讲演录》中表明：“哲学史的研究就是哲学本身的研究，不会是别的。”见黑格尔：《哲学史讲演录》，第1卷，贺麟、王太庆译，商务印书馆，1997年，第34页。

“一切……都是……”。所以，柯林武德的“一切……都是……”并非照搬，而是转化。

这种转化的完成，可以参照柯林武德在《历史的观念》的史学史部分对于黑格尔的精彩点评来理解：“他提出了一种新历史学，叫作历史哲学（这个提议和这个术语是早在伏尔泰就有了的）；但是历史哲学对他来说并不是对历史的一种哲学的反思，而是把历史自身提升为更高的势力并使之成为哲学的而区别于单纯经验的，也就是说，历史不仅仅是作为如此这般的事实加以肯定，并且领会那些事实何以是那样发生的原因而加以理解。这种哲学性的历史将是一部人类的普遍的历史（在这里黑格尔追随赫尔德）。而且将显示出从原始时代到今天的文明的进步。这一故事情节的展开就是自由的发展，它和显示在社会关系的外部体系中的人类道德理性是同一回事……（这一切来自康德）。但是历史学对于未来却一无所知；历史的顶峰并不在一个未来的乌托邦，而是在现实的目前当中（这是席勒的思想）。人的自由和他对自己自由的意识是同一回事，所以自由的发展就是意识的发展（这是费希特的思想）。最后，哲学的历史展示为不仅是人类的进程，也是宇宙的过程，是世界在作为精神的自我意识之中逐步实现自身的过程（这是谢林的思想）。这样，黑格尔的历史哲学特点中的每一种观点都是他从他的前人那里汲取来的；但是他以卓越的技巧把他们的观点结合成为一贯而又那么统一的一种理论，以至于作为整体，它配得上称为独立的思考。”①

实际上，这段话完全可以用来作为柯林武德自身的写照，柯林武德的精神资源乃至于处理它们的方法都不是纯粹独立的创造，而恰恰是一种卓越的技巧。对此正如布克哈特所言：“在研究的过程中，每个人都走出自己的路子。每个人所走的道路体现了他的精神思路，因此他以自己独特的方式走进他的研究课题，并且根据自己的思路发展出适合自己的方法。”②“一切历史都是史学史”就是运用这种技巧对于史学史本身进行处理的产物，而这个命题

① R. G. Collingwood, *The Idea of History*, pp.113–114.

② 布克哈特：《世界历史沉思录》，金寿福译，北京大学出版社，2007年，第4页。

实际上就是这个技巧本身。柯林武德把史学史看成一条连续性和差异性共存的河流，它满足了历史学寻求普遍规定性和个别多样性的要求，历史学的连续性表现在史学史中，就是对于过去真实存在，而如今已变成知识的对象的过去的，一种从存在的欲望向知识的欲望的转换；[①]历史学的差异性存在于主体理解方式的差异性。柯林武德理解历史的方式就是这样的"史学史"，即历史理解的主体的优先性和真理性。用他推崇的维柯的话来讲就是"神的真理意味着，神在知晓事物的同时，也就安置和产生了它们；人的真理则意味着，人在认知事物的同时，也就是结合了它们，亦即创造了它们"。[②]真理即创造，人当然就可以理解人创造的历史，同样人在理解历史的同时就是在创造历史。狄尔泰指出我们都是历史性的存在，他和维柯一样，认为历史的研究者也是历史的创造者，他把理解看成是对以过往的形式存在的"我"的重新发现，在其中思维的过程与思维的对象必须共存，否则无一独存。深受狄尔泰历史思想影响的柯林武德，正是在对史学史进行"史学史"的批判与综合之后，提出了"一切历史都是史学史"这一命题，在此命题中，历史的存在自身与历史的表现和认识形式实现了同一。

纵观柯林武德书写的史学史，特别是他对于科学的历史学的论述，就会发现，柯林武德对于科学历史学的建立，怀抱着如同他之前的狄尔泰与和他同时代的卡西尔一样的雄心。这使得他在论述自笛卡尔以来的哲学家和历史学家时，与其说他在批判和反思他们，不如说是通过这种批判和反思，建构和陈述自身的历史的观念，从而树立历史学的科学地位。自从科学意义上的历史学诞生以来，柯林武德的思想历程就是以历史为师，以哲学为法，以美学为根基，以科学为目标，以神学（伦理学）为依归，实现知识论与存在论的辩证综合。如果理解了柯林武德的这种知识抱负，就能找到柯林武德历史哲学的根基所在。柯林武德在《历史哲学纲要》中向康德的理性批判致敬，并希望按照康德的方式完成历史理性的批判，进而将历史学视为人文科学的

---

① 此处可参见安克斯密特：《崇高的历史经验》，杨军译，东方出版中心，2011年，第258—263页，其中有关于存在的欲望和知识的欲望的精彩解读，本文的欲望就是在这个意义上成立的。

② 维柯：《论意大利最古老的智慧——从拉丁语源发掘而来》，张小勇译，上海三联书店出版社，2006年，第11页。

真正主体，至少使历史学与哲学完成同一。但是从《历史的观念》的编纂来看，柯林武德的这一想法并未得到完全实现。至少，康德式的历史理性批判并未获得一种哲学上的整全性，即使是柯林武德专门的哲学论著《精神镜像》和《形而上学论》，也未能真正清晰地完成这一抱负，以至于他自身的许多理论命题都未能获得严格的界定和充分的证明。而真正完成这一使命的却是与柯林武德同时代的符号形式哲学的创始人卡西尔。卡西尔与柯林武德一样都是狄尔泰的精神传人，但是卡西尔的哲学背景使得他在历史理性批判的完成上，较之专注于历史学理论的柯林武德获得了独特的优势，卡西尔的历史理性批判是在整个人类文化批判的意义上完成的。

卡西尔之所以能够完成这一使命，也许正是因为他不是一个专业的历史学家，而是一个专注于文化-人类学-哲学的思想者，以至于他对包括历史学在内的所有的知识形式都做了一次出色而完整的批判，最终完成了康德晚年对于历史理性批判和哲学人类学的真正设想。作为新康德主义者，卡西尔从符号哲学和文化哲学的角度丰富和发展了狄尔泰关于精神科学的思想。卡西尔在《人文科学的逻辑》一书中，明确提出与自然科学的理性逻辑截然相对的人文科学的逻辑。卡西尔认为，人文科学所创造的文化世界是一个"交互主体之世界"。"此一世界并不在于'我'之中，而是对一切主体来说都开放的，而且是所有主体所应该参与的。然而，这一种参与之方式却与物理世界中的所谓参与迥异。与其共同地关联于事物的同一的时空世界，众主体却参与于一共同之行动，并因此而互相统一起来。借着此一行动之共同参与，众主体乃互相认识，并且于那构成文化的各种不同的形式世界的介质中彼此了解。"[①]于此，卡西尔奠定了人文科学逻辑的本体论基础。

而在《人论》中，卡西尔如柯林武德在《精神镜像或知识地图》中一般，逐一考察了神话与宗教、语言、艺术、历史和科学，认为这些学科都是与人和人类文化有关的认识形式。在《人论》中，卡西尔谈到他的"《符号形式的哲学》是从这样的前提出发的：如果有什么关于人的本性或'本质'

① 恩斯特·卡西尔：《人文科学的逻辑》，关子尹译，上海译文出版社，2004年，第121—122页。

的定义的话，那么这种定义只能被理解为一种功能性的定义，而不能是一种实体性的定义。我们不能以任何构成人的形而上学本质的内在原则来给人下定义；我们也不能用可以靠经验的观察来确定的天生能力或本能来给人下定义。人的突出特征，人与众不同的标志，既不是他的形而上学本性也不是他的物理本性，而是人的劳作。正是这种劳作，正是这种人类活动的体系，规定和划定了'人性'的圆周。语言、神话、宗教、艺术、科学、历史，都是这个圆的组成部分和各个扇面。因此，一种'人的哲学'一定是这样一种哲学：它能使我们洞见这些人类活动各自的基本结构，同时又能使我们把这些活动理解为一个有机整体。语言、艺术、神话、宗教绝不是互不相干的任意创造。它们是被一个共同的纽带结合在一起的。但是这个纽带不是一种实体的纽带……而是一种功能的纽带"。[①]

卡西尔用人的劳作，即他所称的功能性来给人或人文科学下定义，这使得他的文化哲学和历史哲学相比于狄尔泰和柯林武德更进了一步。作为柯林武德的同时代人，我们不能确信卡西尔和柯林武德在思想上是否有交集，但从他们所处的时代和他们都受教于狄尔泰这一点，可以推知他们是有共同之处的。柯林武德在谈到历史学的作用时，认为历史学是"为了"人类的自我认识，而这里的"为了"一词带有很强的行动色彩。柯林武德进而认为，认识自己就意味着认识自己能做什么。"历史学的价值就在于，它告诉我们人已经做过什么，因此就告诉我们人是什么。"[②]通过人的行为来定义人本身，这就是一种功能性的进路。当黑格尔提出"哲学就是哲学史"时，在黑格尔那里，哲学一词基本上还是一个实体性的概念，而当柯林武德提出"一切历史都是史学史"的时候，结合他的问答逻辑和情境论，历史重演论，不难看出柯林武德所说之历史已不是实体概念之历史，而更多类似于卡西尔所说的功能性概念之历史。

在《人论》中，卡西尔进一步解释了他的功能性概念。卡西尔指出："自从康德的《纯粹理性批判》问世以来，我们已经把存在与变化的二元论看成

---

① 恩斯特·卡西尔：《人文科学的逻辑》，关子尹译，第106—107页。

② R. G. Collingwood, *The Idea of History*, p.10.

是一种逻辑的二元论而不是形而上学的二元论。我们不再谈论一个与另一个绝对静止的世界相对立的绝对变化的世界。我们并不把实体与变化看作不同的存在领域，而是看作不同的范畴——看作我们经验知识的不同条件和预设。”[①]在考察了人类文化的各种形式之后，卡西尔指出："人不再被看成是自在地存在着并且可以被它自身所认识的一种单纯的实体。他的统一性被看成是一种功能的统一性。”[②]“人不可能过着他的生活却不去时时努力地表达他的生活。”“就这一点而言，历史思想并不是实际历史过程的翻版，而是它的颠倒。”[③]而这种表达和颠倒本身，就是人的思想和行动的参与。历来的历史学家们告诉我们："人之所以有一个历史，就是因为他有一种本性。这就是文艺复兴时期的历史学家们例如马基雅维里的看法，而许多现代历史学家都拥护这个观点。在时间的不断流逝下面，在人类生活的千变万化后面，历史学家们总是希望发现经久不变的人性特征。”[④]而事实上，正如卡西尔所言，人根本没有本性，他所有的是历史。

我们可以从卡西尔关于人的本性或本质的实体性定义和功能性定义的论述中，找到解读柯林武德“一切历史都是史学史”的锁钥。在“一切历史都是史学史”这一命题中，历史或历史的观念不再是一个实体性的定义，而是一种功能性的定义。“一切历史都是史学史”在形式逻辑上的矛盾，或许可以通过把它化解为“一切历史都可以而且必须通过史学史的形式来表达和认识”。在这句话中，作为主语和功能性定义的历史，之所以可以通过作为宾语的史学史来表达，是因为历史作为处于变动中的客观存在，它只有通过作为历史的表现和认识形式而存在的史学史来表达。这样一来，史学史就因其是历史的唯一可能而且现实的表现和认识方式，具有了和历史几乎同等的地位。柯林武德在他的历史哲学论文中说过："所有历史都是在对其直至今日主题进行的研究中做出的论述其进步的一份中期报告，由此，一切历史同时也是史学史。”[⑤]历史既是中期报告，也就意味着它一直处于发展变化中，后来

---

① 恩斯特·卡西尔：《人论》，甘阳译，上海译文出版社，2003年，第271页。

② 同上，第349页。

③ 同上，第289页。

④ 同上，第271页。

⑤ 陈恒、耿相新主编：《柯林武德的历史思想》(《新史学》第3辑)，大象出版社，2004年，第15页。

者参与到历史的进程之中，不仅对过去的历史问题做出解答，而且从实践中不断提出新的问题，并做出新的解答。

由此可见，柯林武德的史学史和历史一样，不是一种实体，甚至不是历史实体的属性和一部分，而是一种形式，抑或是一种方法。因而在此意义上，我们通常认为柯林武德的史学理论完成了历史学的认识论转向。不过回到历史之中进行考察，就会发现这一转向并非是柯林武德独立完成的，毋宁说这一命题的出现，恰恰是历史学为了确立自身的自主性而进行的一系列思想史和史学史运动的产物。对于历史学和柯林武德来说，“一切历史都是史学史”这一命题背后涵盖的正是历史学本身作为一门精神科学的史学史。柯林武德的“史学史”既是对传统意义上的“史学史”的继承，又是对它的改头换面，因为指导柯林武德如此做的观念和方法都改变了，柯林武德的“史学史”作为认识论方法，是在对作为本体论对象的传统的“史学史”进行考察之后，最终提出“一切历史都是史学史”这一命题的。

让我们回到柯林武德自己提出的这一命题，看他是如何进行历史理性批判的。柯林武德思想自身复杂的精神渊源，是“一切历史都是史学史”这一命题的锁头，而他处理自身精神-存在的方法则是钥匙，而这把钥匙并非是一把，而是钥匙的复合体。柯林武德面对和继承的精神资源有多复杂，柯林武德处理这些精神资源的方法本身就有多么精巧，甚至可以单独对柯林武德的方法本身进行一番思想史的考察和史学史的解析。柯林武德曾经在《自传》中明确指出，问答逻辑是他一切史学方法的根基，这启示我们，“一切历史都是史学史”也是问答逻辑的产物。因此如果我们可以对问答逻辑单独进行考察，我们就可以找出“一切历史都是史学史”的方法论，进而考察柯林武德历史哲学整体的逻辑脉络。

问答逻辑所针对的是形式逻辑，核心问题是一个命题如何判断其真值（对/错）。形式逻辑认为命题本身是对错的依据，而柯林武德的问答逻辑却指出，单一命题的对错实无意义，一个命题的对错真假，只能由命题回答的问题来决定。历史学是对历史的叙事，叙事由陈述、说明、分析和评价等组成，其基本组成单位就是命题（即主语+谓语+宾语），命题的本质是判断，即普遍与个别的互相指认。历史叙事通常的句式是主语是什么和什么，主语通常是单称，是个别的和具体的，宾语则是普遍概念。历史学的基本句式都是分析而非综合，因此康德式的批判分析是天然有效的方法。[①]从这个意义上讲，历史学是用语言表达过去的哲学（分析判断是哲学的认识方式），从而指出了历史学的语言学（诗学或者美学）以及哲学的性质。那么，柯林武德的问答逻辑是否指涉了历史学的双重性质了呢？如果说诗学的本质是表现，哲学的本质是认识，那么问答逻辑又是如何保证历史的表现与认识的统一呢？进一步来说，"一切历史都是史学史"是如何在问答逻辑中兼顾历史的表现与认识呢？

柯林武德是用康德的批判分析来回答的：判断一个历史人物的行动正确与否，就必须理解其行动背后的思想，而想理解行动背后的思想，就必须分析行动者面临的局势。局势是什么样的，是一个判断；行为者是怎么思考局势的，是一种选择。局势对当事者来说固然是一种判断，体现着历史中的认识，但在后来者心中却是一幅画面，即历史中的背景，因而是一种历史的表现。行为者的行动对后来者来说是一种历史的表现，但是行为者的行动却是判断的结果，即一种历史中的认识。布克哈特曾对此进行了精彩的论述："精神必须把它对各种经历的回忆转化为自己的财产，过去的欢乐与悲伤无穷无尽，那么现在是从中获得理解能力的时候，这一点不仅对人类整体适用，对每个个体也是如此"。[②]这种表现与认识（理解）的转化，在问答逻辑中可以将历史中的行动者和后来者统一起来，使后者能够理解前者行动的对错与否，给予历史一个公正的评价。因而我们可以说，问答逻辑对于历史的表现和认识来说是同时有效的。

如果这个命题成立，历史与史学史就一定不能同时是实体概念，不然历史不可能只是史学史。如果历史作为实体，那么史学史一定是功能性概念，即历史是存在对象，史学史则是表现和认识方式。前文已证明史学史是历史唯一可能的表现和认识方式，因此历史的实体性就可以被功能性所指代，因而历

---

① 柯林武德在论克罗齐的"单称和历史的判断"的时候，高度肯定克罗齐的美学和逻辑学对于历史学的贡献，因而可以视为柯林武德也高度赞同历史学的哲学性，在《历史的观念》中柯林武德实际上也是着重强调了历史学与哲学的统一性。参见陈恒、耿相新主编：《柯林武德的历史思想》（《新史学》第3辑），第13页。

② 布克哈特：《世界历史沉思录》，金寿福译，第7—8页。

史也变成了一种功能性的实体概念。柯林武德已经说明，问答逻辑是唯一有效的历史的表现和认识方式，那么我们可以说，柯林武德的史学史实际上是“问答逻辑”的另一种表达，或者说是问答逻辑在历史学方法中的必然产物。因而，在柯林武德最为重视的问答逻辑上，我们推演了柯林武德进行历史理性批判的逻辑进路，再次证明了“一切历史都是史学史”的成立，并且与卡西尔的实体与功能的历史学形成了贯通的理解；同时借助“一切历史都是史学史”这一命题，我们完成了一次对于柯林武德的整体思想进行的外部和内部考察。

* * *

柯林武德的“一切历史都是史学史”回答的不是历史是什么，而是怎么去理解历史是什么这一问题。史学史作为一种功能性的表现和认识方式，满足了历史学家的主体性和历史真实的客观性之间的动态平衡，它是在另一种意义上完成了狄尔泰对于历史理性批判的追求。近代历史学自诞生以来，一直受到自然科学和人文艺术的双重挑战，既要证明自身的真理性，又要凸显自身的特殊性，实属不易。一代又一代历史学人将捍卫历史学的自主性地位视为自身的绝对命令，并且将历史学视为人创造文明世界和主体意志的实践理性。历史学因而成为柯林武德最为重视的知识形式，他在《历史的观念》中念兹在兹的就是希望能够完成源于康德而由狄尔泰真正开启的历史理性批判[①]，从而为历史学奠定真正的知识论的自主性，使历史学成为可以信任、可以操作的真实知识的来源。柯林武德以及众多出色的历史学者都为此做出了出色的贡献，历史学不断更新自身，使一切历史都成为史学史。

柯林武德体现了一种批判的活的精神，一种彰显历史学家主体性的精神，一种将现实和认识进行转化的生命气质，一个在现实的差别中保持自由

① 狄尔泰自我坦承，他意识到“我承担起了历史学派的原理及通常为这个学派支配的那些社会研究的模式提供哲学基础的任务，这就要解决历史学派与抽象理论之间的冲突……精神科学的基础问题，对我来说既形成了一种需要，也成为一种计划”。参见Wilhelm Dilthey, *Wilhelm Diltheys Gesammelte Schriften* , Bd.1, Leipzig und Berlin, 1923, S.2。

生长的自由人的形象。对柯林武德而言，历史学家的使命就是通过认识现实并展开行动，从而使人类获得真正的自由，这也是康德在《世界公民观点之下的普遍历史观念》中所期待的人类自由，只有这样的自由才是维柯意义上的诗性智慧，才是黑格尔意义上的人类历史的完成。因此，柯林武德的历史学承载着内在的伦理要求和政治期待：即为人类实现普遍的自由而对历史和现实进行不断的认识，并通过认识来改进行动，进而完善人类的生活，推动历史向前发展。联系柯林武德身处的第二次世界大战的时代背景，这一对于历史学的期待更具有现实的实践意义。而这同时也是康德的理性批判希望达到的境界，即将历史视为人类纯粹理性的对象、实践伦理的目的、审美判断的居所。

“一切历史都是史学史”作为一个时代精神的产物，体现着柯林武德的价值追求和现实关怀，而这正是历史学真正的动力所在。历史学在确立它在知识领域的自主性之后，并非已经高枕无忧。历史学要使人类诗意地栖居在大地之上，并在自身中将人类的存在彰显于世界居所，就必须像柯林武德一样批判综合各种精神资源，进一步丰富对于历史学本身的理解。从这个意义上说，“一切历史都是史学史”并不是一个确定的答案，相反是一个开放的问题。正如柯林武德所言，所有关于历史的研究都是一份中期报告，是中点而不是终点：“所有的历史将其叙述带到今日，不一定是作为历史，而是作为史学史。这就是为什么每一个时代都必须重写历史。每一个人都把他自己的想法带进历史研究，并从带有其个人以及时代特色的观点出发来接近它……从历史学中清除这种‘主观因素’的尝试总是不诚挚的……且总是不成功的。如果成功的话，历史学本身将会消失。”①

历史学本身不会消失，它将在柯林武德意义上的史学史中，并通过史学史一直持续的存在下去。这就是柯林武德“一切历史都是史学史”的真谛。

（王丰收，厦门大学台湾研究院2015级博士生；

王利红，北京联合大学马克思主义学院教授）

---

① 陈恒、耿相新主编：《柯林武德的历史思想》（《新史学》第3辑），第15—16页。

问答逻辑与历史

余　伟

摘要：柯林武德的问答逻辑以反对实在论的命题逻辑的形式出现，分析可认为其强调了历史性原则，并且它的发生也是一个历史的过程。它的提出，与柯林武德的考古学实践有着密切关系，并最终在历史研究中，通过哈德良城墙研究而得到应用和验证。从而在一种动态的历史过程中，把理论、方法与技术融为一体。

关键词：问答逻辑　历史　知识

柯林武德作为当代西方历史哲学的重要代表人物，尽管其以《历史的观念》一书于身后声名鹊起，但其本人在《自传》中，却明确表示其更看重作为其历史思想核心的方法论，即问答逻辑。国内柯林武德研究对此领域关注较少，且侧重分析并评判其问答逻辑的思想内涵与逻辑结构，[①]较少考虑柯林武德的历史学家身份并从历史哲学的角度进行梳理。有鉴于此，本文将试图通过对柯林武德相关文献的讨论，探究问答逻辑与历史的互动关系。

---

① 参见陈静、章建刚:《"问答逻辑" 的问题与逻辑——评柯林武德》，载《思想战线》，1990年第3期；赵振鲁：《柯林武德和伽达默尔问答逻辑的共通性探析》，载《许昌学院学报》，2011年第1期；李庆平、刘明海：《柯林武德的问答哲学及其意蕴》，载《重庆工学院学报》（社会科学版），2009年第12期。国内学界主要侧重对伽达默尔问答逻辑的研究。

一、历史性的问答逻辑

柯林武德的问答逻辑总的来说是一种知识论，但其以历史性特征而不同于以往单纯描述知识是什么的知识论。他本人站在反实在论的立场上，说“我打算用我所谓的问答逻辑（logic of question and answer）来取代命题逻辑”。[①]他认为命题逻辑是认识结果的语词表述，“以这些语词所指示的东西，我将称之为‘命题’”，[②]他用命题逻辑“概指所谓的‘传统逻辑’、18—19世纪的‘观念论逻辑’和19—20世纪的‘符号逻辑’”。[③]由之，他认为知识是问与答的统一体，命题逻辑是不完善的。

他认为：“知识不仅包括‘命题’（propositions）、‘陈述’（statements）、‘判断’（judgments），或逻辑学家用来指明有关思想陈述规则的任何名称（或通过这些规则被陈述出来的东西，因为‘知识’既指认识活动，又指认识结果），而且还包括陈述、命题等所意欲回答的问题。一种只关心答案却忽视问题的逻辑，只能是错误的逻辑。”[④]这种定义指出了我们所接受的只是答案，知识的另一半是问题，二者紧密相连，不可分割。单纯的接受答案，并不能证明我们知识的增加，因为它只是我们认识活动的结果而已。知识本身并不是已定形而无可改变的，恰恰相反，“知识”是在活动中所获得的，活动本身与活动所得是一体的，认识的活动就是在问，而认识的结果就是答。认识内容与认识过程是同一的、动态的，而非一成不变、静止的。

从其问答逻辑的构想来看。他强调问与答的相关性，认为一个答案对应一个问题，两者构成一个综合体，缺一不可。而且不可能一个问题有多个答案，或者一个答案可以与多个问题分别构成综合体。同时，所有的问题与答案都是具体的且明确的。在面对具体问题时，我们不断地对特定问题作答，而每一次应答的结果都会导致我们提出新的问题并作答，直到初始问题得到解决为止。问与答是交替循环着的。已确定的答案将会是下一步提问的基

---

① 柯林武德：《柯林武德》，陈静译，中国社会科学出版社，1993年，第47页。原书题为《自传》（*Autobiography*），中译本改译为《柯林武德》，本文提及此书时亦用《自传》指代。

② 同上，第41页。

③ 同上，第44页。

④ 同上，第40—41页。

础，问答的连续不是可以随意改变的，而是有着一定的内在秩序的。我们的知识是问与答的连续统，从而只要问答进行着，知识就是在不断增长着。

而每一次出现的问题是什么样的呢？柯林武德断言，“这是一个历史性的问题，因此，只有应用历史的方法才能给予解决。”[①]问题本身就不再是现时性的，而是有着历史性，这样历史就名正言顺地进入到了认识中。因而，一切都是历史。问答逻辑从变化的过程进入到历史世界，其历史性不仅仅在于对象或所提问的，也在于问答的本身。问答统一体是历史的。

若是问答逻辑把问与答包容在一起，那么自然面临着问答逻辑之合理性的最后问题，即它的总前提，“何以是这样的问？”

柯林武德把历史性贯彻始终，不仅强调问答的历史性，而且认为问答逻辑本身的前提问题，也依然是一个历史性的问题，只能历史地来回答。自柏拉图时代以来，西方就将知识定义为确证了的真信念，从而构造了庞大的信念体系或者说知识系统。柯林武德认为信念“并不回答问题，而只是设定问题。因此，信念本身并不存在何者为真何者为假的问题，它只表明设定了什么或者没有设定什么。对某个问题的预设有可能是对另一个问题的回答。形而上学家试图研究和整理的那些信念只是对自然科学家提出的那些问题的设定，它绝不回答任何问题。这些信念可以表述为‘绝对的’设定。”[②]问答统一体的另一部分就是预设，两者结合才是完整的问答逻辑。

柯林武德认为人们的心中所蕴含的想法比其表达的要多得多，“在这些想法中，有一些是处于与他已陈述的那一思想的特殊关系中：它们不只是它的情境，它们是它的前提。”[③]柯林武德认为所要探究的这种在先预设是逻辑在先，而非时间上在先。同时，本着问答逻辑的精神，他推论任何既定的问题有且仅有一条产生它的直接预设，而直接预设又有着其他预设，后者是由原初问题所预设的。因为问答的具体性使得逻辑在先的预设要被具体化，以适应具体问答。就单纯的提问与回答一体的观点来说，如此的问答逻辑确实是有强调此时此地的情境的特点，但在预设被认识到之后，完整的情境应该

---

① 柯林武德：《柯林武德》，陈静译，第50页。

② 同上，第81页。

③ R.G. Collingwood, *Essays on Metaphysics*, Oxford: Clarendon Press, 1940, p.21.

包括这种预设。预设导致问题提出，而预设又可区分为相对预设和绝对预设。在问答的连续中，相对预设针对具体问题，对相对预设的提问与相对预设所引导的问答是不同的问答链。被提问的相对预设在新的问答链中转而成了命题（回答）。而绝对预设是人们行动的根本性前提，其本身是可变的，但人们一般不会意识到它，它随着历史变迁而变化，由之使得问答得以展开不同，历史研究也有了可行性，历史的问答也得以实现。

由之，按照柯林武德的问答逻辑，在问答形式下，人们的认知可以从单纯的认知活动扩展到人类实践活动，人类的历史也由之可视作是心灵的问与答的展开，从而，理论认识与实践工作得以统一起来，人们所获得的认识不仅在问答框架中有了一定的合法性与可能性，而且可以被应用于具体的工作中，更重要的，这种认识所得因认知行为的历史性变化而具有一定的历史性。

二、问答逻辑的历史渊源

沿着历史性的问答逻辑深入下去，自然是探究问答逻辑的历史过程，换言之，柯林武德之问答逻辑思想的形成与展开。

柯林武德本人认为其在20世纪初叶就有了关于问答逻辑的思想，但直到1939年出版《自传》时才明确形成文字。从材料上来看，“1919年8月8日，柯林武德在考尼斯顿举行的罗斯金百年研讨会上，以‘罗斯金的哲学’为题致辞。这篇致辞在柯林武德思想演进中是一份令人感兴趣的文献。”[①]对于问答逻辑而言，柯林武德文献的重要整理者杜森敏锐地看到了这篇致辞中的关键字眼“思想固环”（ring of solid though）。按照他的解释，柯林武德认为人人都有自己的哲学或世界观，一个人的内隐的哲学可被界定为“一个人所采纳的根本的和不容置疑的某类特定核心原则，在所有他的思想与行动中都被设定为真”，[②]这就是“思想固环”。这很容易令我们联想到柯林武德在《形

① Jan van der Dussen, *History as a Science*, The Hague: Martinus Nuhiff Publishers, 1941, p.12.

② Ibid., p.13.

而上学论》中所说的绝对预设。同样都是内隐的不言而喻的原则，差别只在于绝对预设不涉及真假，而这里是认其为真，但这种真是在思想活动与实际行动中所必需的，是一种逻辑效力上的真，使用情境中的真，两者并无实际意义上的不同。因而，鲁宾诺夫在《柯林武德与形而上学的改造》中大胆断言："'罗斯金的哲学'必须……被视为代表着柯林武德思想发展中的一个重要阶段。……是它看起来支持柯林武德在《自传》中自我宣告的其在早期哲学生涯中已经达至预设理论和问答逻辑。"①

由之按图索骥，我们就会遭遇到1924年出版的《精神镜像或知识地图》一书。在正式提出"问答逻辑"的《自传》出版之前，郑重其事地提出一套问答学说的就是《精神镜像或知识地图》一书中第三章"艺术"中第五节"作为问与答的知识"。

柯林武德此时的问答思想是在艺术研究框架下进行的。艺术在他看来是纯粹的想象。按他的设想，艺术作为最初的经验形式，某种意义上是我们的最初知识，但它不关心对象是否真实，把判断搁置了起来。然而如果无所谓真假的话，我们所得的知识与随意的胡思乱想有何区别呢？他敏锐地注意到"事实是想象绝不会在真空中（in vacuo）存在……猜想与判断在心灵的历史中不是独立的两个篇章；它们是对立且相关联的两个活动，仿佛形成了知识本身的收缩。一种粗俗的经验主义想象着知识全然由判断构成：知识与判断是同一的。但是只有当认知者回视他已经走过的路的时候，他视知识与判断为一。知识作为过去的事实，作为某些死了的和已完成的东西——那时的知识它已经进入到百科全书和课本中——由判断构成，那些视知识为百科全书和课本事儿的人也许被谅解，因为认为它是判断而非其他东西。但是那些把它看作一桩发现和探究事儿的人绝不会犯这种错误。稔熟知识的人总是直观地知道判断只是对问题的回答。"②柯林武德从对艺术的认识中引发出了把猜想与判断结合起来的知识论。知识固然可以说是判断，但这是在认知活动的某一中点，审视认识过程时，把知识作为一种确定不移的事实来考虑的，知

① Anthony F. Russell, *Logic, Philosophy, and History,* Lanham MD: University Press of America, 1984, p.11.
② R.G. Collingwood, *Speculum Mentis or The Map of Knowledge*, Oxford: Clarendon Press, 1946, p.77.

识成了书写下的直陈语句。他把认识者比作行路人，走过的路可以说是确定的了，可是前行呢？猜想与判断的相互关联使得认识者每时每刻都处于一种既确定又不确定的状态，既对走过的路进行判断，那是知识，又对前方的路做出猜想，那不是由判断构成的知识，而是主动寻求知识，这时的知识是一桩发现和探究的事儿。知识是猜想与判断的连续过程。柯林武德直截了当地把判断看作对问题的回答，此时，作为认识结果的知识与作为认识活动的知识在认识过程中就已经被统一起来，知识不再是传统意义上的名词，而是具有了动词属性。可以看出，柯林武德在该节中已然把知识看作活动与结果的统一，与《自传》别无二致。这里把判断看作是提问的回答，从直陈语句的角度来说，此处的判断与《自传》中的命题也是一致的，只是没有后者那么明确。

然而，柯林武德在艺术视野下沉思而来的结论，似乎不足以说明我们关于问答的疑问。他没有明确的说提问，而说的是猜想，猜想是一种想象，这种似乎不涉及认识对象的纯粹主观的行为与提问是一回事吗？猜想与判断的问答是如何进行的呢？

“猜想与提问实际上是一回事；说得更准确些，猜想，当被正确地视为知识中构成整体所必需的要素时，原来就是提问。”①以一种整体的眼光，从认识活动与认识结果统一的知识的角度来看，猜想成为提问，这样，猜想与判断的知识论就与《自传》中的作为一般知识论的问答逻辑相符合了，而由于把起先认为的知识，即进入到百科全书和课本中的死去的事实，视为解答，则猜想与判断的知识论也具有了特殊性，即对判断的问答，这也就是对命题的问答。可以说在《精神镜像或知识地图》中，这种猜想与判断的问答学说与《自传》中特殊的问答逻辑也是一致的。

把提问与判断二者放置在知识的适当位置，我们可以看出“提问是知识的刃面；判断是刃面之后的给它动力的刀背”。②那么本来是回答的判断又是如何推动提问的呢？提问不是随意地问，而是有所而发的，“未被正面信

① R.G. Collingwood, *Speculum Mentis or The Map of Knowledge*, p.78.

② Ibid.

息引导的提问，随意地发问，是无有所得的；它们如坠云烟，得不到任何知识；信息，当不是探究之刃面的基础时，它就不是知识而只是迂腐之词，明珠投暗了；它应该能引发兴趣，得出新知，并与增加它的体积一样能纯化和纠正其自身。课本与百科全书是可鄙的，仅当被视为构成的和耗尽的知识本身时；作为知识之成就的记录，当构成我们进一步提问的信息体的时候，它们的重要性是不可估量的。信息也许是知识体，但提问是它的灵魂”。①柯林武德要为能够得到真知的提问划定界限，提问需要判断，判断是明确的，这种正面的信息应当进入问答综合体中，是问的前导，它使得人们可以问，并在问的同时不断地修正自己，以保证继续的问。正是有了问，这类信息才可能进入问答之中，并且使得一旦开始就会继续下去，问与答是一个无休止的过程，紧紧地交织在了一起。柯林武德在这里强调了正确的提问是什么以及它的首要地位，“但是一个问题既前瞻也后观。问任何问题，甚至最愚蠢的或最不负责任的，我们必然已经有着信息。一个只提问的心灵甚至都不能框定它的问题；它问的问题只会是审问的标志，空洞的提问形式，问不出东西的问题。它们甚至都不会是那样的，因为甚至提问的空洞形式都暗示着信息已经在那儿的知识”。②无论如何，我们都无法避免这种信息。

这样一来，问答学说的发生学就可以得到解释了。按照他的设想，作为纯想象的艺术是知识的初级形式，但“即使艺术是纯想象，它也必然萌生于具体事实的土壤中”，③“想象不存在于自由状态，其本身要求事实基础。这一事实基础反过来要求一个想象基础，因为没有任何事实可知，除非它被提问的想象活动获得，这一提问本身要求进一步的事实基础，以至无穷（*ad infinitum*）”。④在不言而喻之中，我们开始提问以求得清晰的知识，问答的循环保证了知识的不断丰富。这种从正面信息的角度解释问答循环的发生在《自传》“问答逻辑”一节中是没有阐发的。

因而，对此文本的考察可以看出，问答“这不是无限的回归，只是因为

① R.G. Collingwood, *Speculum Mentis or The Map of Knowledge*, p.78.
② Ibid., p.79.
③ Ibid.
④ Ibid., p.80.

问答这两个环节实际上不可分割。它们的区别仅仅是观念上的区分，每一个都被另一个预设仅仅是陈述它们不可分割性的方法。因而，严格说来，知识的进程与其说问答的两择一不如说是提问的永恒重申，它与回答的永恒修订同一。”①

放宽眼界，《精神镜像或知识地图》全书预设了艺术、宗教、科学、历史与哲学为人类知识的形式。柯林武德自己考察的结果是“我们发现在艺术中，真实世界被暗含，但没有判定；在宗教中，被判定，但未加思考；在科学中，被思考了，但却屈从于虚构的假设；因而在所有这些中我们发现了一个表面对象——艺术品、神、物质宇宙——它被公认为虚假的而非真实的对象。正如我们现在所知的，真正的对象是心灵自身”。②心灵作为认识的主体，认识对象是心灵所意识到的，所得的知识似乎构成一幅由艺术、宗教、科学、历史和哲学等部分组成的地图，然而美学经验是想象的。根据我们上文的考察，我们可以看出人们通过猜想，以问答的形式认识到了艺术是纯想象。随着心灵认识的深入，人们认识到艺术的想象行为有事实基础，但心灵的纯粹美学框架忽略它不计。艺术家未能正确分析自身的经验，经验的两种相关因素（想象与判断）被误为两种类型（美学经验与事实经验），对认识对象的想象性的理解是以逻辑认知为代价的。一旦认识到这一点，艺术赖以实现的预设被消解，转变就是必然的了。同样的道理，宗教认幻想为真；科学区分了真假，注重了抽象却忽视了具体；历史看到了具体，却以历史事实的个别性屈从于整个事实并深陷入了科学意识中；最终问答于哲学，“哲学是自我意识，但这并不意味着有一个绝对孤立于对象世界之外的自我，也不是说哲学忽视对象世界而只研究自我，自我与他的世界是相关的”。③通过问答，心灵逐步认识到了所认识的实际上应是自身，外在的对象只是心灵认识自我所设定的。知识是心灵的知识，问答是心灵的自我问答。“至于心灵的生活是由提出和解决艺术、宗教、科学、商业、政治等问题构成的。这些问题的解决没有给心灵留下已确定事实的残渣，这种残渣是随着心灵工作的继

① R.G. Collingwood, *Speculum Mentis or The Map of Knowledge*, p.80.

② Ibid., p.311.

③ Ibid., pp.247–248.

续逐步增加并固化的。那种残渣仅仅是某一半解决的问题的外在形式：当问题被完全解决的时候，知识的残渣消失殆尽，心灵继续自由地留存。”[①]

通观《精神镜像或知识地图》，从知识探究角度来说，问答是心灵本身的行为，这种心灵的问答最终为柯林武德的问答逻辑奠定了坚实的基础。虽然心灵的自由活动是要实现认识，但“一切思想因行动而存在，我们试图理解我们自己和我们的世界只是为了我们学会如何生活”。[②]在该书导论中一开始就如此言说，使得我们上文所述的心灵的问答被置于了一种历史的情境中。当思想是依凭行动的时候，一切可以说都是行动，单纯的知是不存在的，知与行是一致的，不仅仅是认识结果与认识行为的一致，而是超越认识论的行动，这就进入了实际的领域中。“因此我们会反复说，所有的思想都是为了行动的缘故，每个授以某种哲学给我们的人都必须回答这个问题：要从当前困境中挣脱，我们该做些什么呢?”[③]问答是心灵的活动，是心灵知行合一的活动。按照柯林武德的考察，五种经验形式是人类认识到的并据之而为的活动，它们依次的变化又对应着人类的历史，是有着自己的自然秩序的，对应于个体，幼年是艺术，青春期是宗教，成年则是科学，而在幼年之内，2岁、4岁和6岁则又对应着艺术、宗教与科学。逻辑与历史实现着统一。历史就是问答。

相应地，当柯林武德其后考察西方史学史的时候，对实体性的观念给予了猛烈地抨击，他高度赞扬了休谟，认为“休谟之取消精神的实质等于是奠定了这一原则，即我们必须永远不把精神是什么和它做什么分割开来，而且因此之故心灵的性质就只不过是它所用以思想和行动的方式而已。心灵实质的概念就这样被溶解成为心灵过程的概念”。[④]心灵的历史是一个过程，是自己认识自己的过程，在不断的问答中，心灵不断地认识自己，心灵活动也不断地变化着，心灵问答的历史性正在于这种活动中。心灵是纯行动。可以说，柯林武德把历史性赋予心灵的问答，突出问答的行动性质在不同时期是

① R.G. Collingwood, *Speculum Mentis or The Map of Knowledge*, p.317.

② Ibid., p.15.

③ Ibid., p.35.

④ 柯林武德：《历史的观念》，何兆武、张文杰译，商务印书馆，1997年，第133页。

一致的。

这样一来，《自传》时期的问答逻辑在其首次提出的20年代前后，不仅仅被提出，而且初步完成了它的理论前提，并在《精神镜像或知识地图》一书中得以运用，揭示出人类的一般认识，以至从发生学角度得出问答的历史，并且导出问答是心灵知行合一的自我认识的活动这种重要观点。

三、问答逻辑与历史研究

柯林武德首先是以一名历史学家，确切地说，以罗马不列颠时期的历史学家与考古学家闻名当时。不过，在其转向哲学研究之后，他并没有放弃历史学和考古学的研究。在其教师生涯中，每年暑假他都参与大型的考古发掘，并从1913年起开始独立发掘工作。问答逻辑与历史学发生关系，考古学正是其中重要的一环，考古学经验使得问答逻辑的形成有了坚实的基础。

考古学是广义的历史学科中重要的一个分支，实物与文献的互证与补充是历史研究的一个重要特点，特别是对于文字留存不下的时代要进行研究，考古学有着不可取代的作用。谢里曼发掘了传说中的特洛伊城，证明《荷马史诗》的相关记载是可考的，这对欧洲人来说是具有划时代意义。文献资料的准确性再也不是独断的，实物的发掘带动了整个欧洲历史学的进步，发掘手段的不断更新和发掘意识的不断明确使得传统欧洲的古物学和碑铭研究逐渐发展为现代考古学，并形成了一整套的考古理论。在19世纪90年代，柯林武德的老师不列颠考古的权威哈佛菲尔德和他在坎伯兰考古委员会的同事们都秉持同一条原则："如果不清楚自己要找什么资料，他们决不开掘一条探沟；当他们既知道这资料是他们进一步研究所需要的东西，又知道那条探沟将会提高这一资料时，他们才进行发掘工作"。[①]这种方法显现出认识者目的的明确性，柯林武德受过哈佛菲尔德的专门训练而研究罗马不列颠史，老师的这一系列的研究方法他是熟练掌握的。

按照柯林武德的回忆，在以此方法进行考古活动中，他逐渐发现自己

① 柯林武德：《柯林武德》，陈静译，第145页。

是在知识的实验室里从事试验："首先，我向自己提出一个模糊的问题，如，'这个遗址是弗拉维人的居住地吗？'然后在把这一问题分为许多细目，以某种方式继续发问，如：'这里会有弗拉维人残留的陶瓷碎片和钱币吗？它们是在当时就存放起来的吗？'再下一步是，考虑有助于解答这个新问题的所有可能，把它们一一应用到实践中去，直到最后我可以说：'这是弗拉维人的一处居住地；一个土木结构的保留在有正负若干年出入的某一年根据如此这般的计划修建起来，又在有正负若干年出入的另一年由于如此这般的缘由而放弃了。'"①这种有计划的发掘为柯林武德积累了丰富的经验，明确了他的提问意识，只有明确提问引导下的研究才有可能实现认识，获得真知。提问是问答逻辑的主导力量。明克在考察问答逻辑的时候，说到"柯林武德所述的'问答逻辑'是煽动性的，而且它在逻辑上属于更宽广的预设理论的一部分"。②根据我们上文的逻辑推导，问答逻辑确实蕴涵于预设理论，但却是问答逻辑自身问答的结果，它是自明的。而这里我们对柯林武德考古生涯的研究表明，在时间上，问答意识是先于预设理论的。

当新方法被提出之后，对于柯林武德来说，"为了促进我的哲学研究，我不仅需要不懈地研究哲学，也需不断地研究历史。"③合适的领域是他的本行——罗马不列颠史。多年考古实践的总结使得他可以说"负责发掘的人必须明确知道他为什么要发掘它，他必须首先确定他想要发现的东西是什么，然后要确定什么样类型的发掘点可能挖出他想要的东西。这是'问答逻辑'的中心原则，也适用于考古"。④在考古实践中获得的经验综合柯林武德思考的其他方面造就了问答逻辑，反过来问答逻辑又被有意识的施用于考古学这一领域验证以求进一步的深化具体。

考古实践对促进柯林武德思想发展的积极作用，我们大体可以确定下来。很明显，这里并没有涉及柯林武德反抗实在论后所选择的唯心论，而后者是问答逻辑具体化的舞台与根据。考古实践所得的经验，对于问答逻辑的

---

① 柯林武德：《柯林武德》，陈静译，第32页。

② Louis O. Mink, *Mind, History, and Dialectic*, Bloomington/London: Indiana University Press, 1969, p.123.

③ 柯林武德：《柯林武德》，陈静译，第140页。

④ 同上，第143页。

形成提供了技术支持，问答逻辑是柯林武德对这些经验进行反思而上升到理论层面的产物，它也是实践的产物。

在历史研究领域中，结合考古资料，柯林武德有意识地使用问答逻辑，以求解决某些历史问题。1921年，他发表了《哈德良城墙：一部问题的历史》一文，对哈德良城墙展开了研究，问答逻辑在考古学中初露锋芒。

哈德良城墙又被称为罗马墙，据说是罗马帝国皇帝哈德良时代修筑的，位于英国的北部，全长180公里，最初由泥土筑成，后来又砌上砖块。南北两侧还有深沟，沿途有16座城堡，每隔大约一英里有一座碉堡，在碉堡之间还有两座小角楼。现今一般认为哈德良时代罗马帝国北方防御空虚，哈德良顺势放弃大规模进攻政策，转为防守，在德意志南部修筑长城以抵御日耳曼人的进攻，同时“他又在不列颠岛北部建造了横贯东西的‘哈德良边墙’，以防御那些居住在现今苏格兰的‘蛮族’的侵人”。[①]

柯林武德的这篇文章本身主要是回顾关于哈德良城墙本身历史上的相关记述与研究概况，可以说是一部关于哈德良城墙的史学史，作者从城墙遗迹的考古发掘种种特征，谈论古代作家们的种种认识，指出它们遗憾地都与实际发掘有所偏差，直到科学考古时代，科学发掘而不是文献判读成为主要方法的时候，认识才有实质性的突破，但是西方学者霍奇森抛弃前人的书面资料而独独信赖考古学，解释了城墙却割裂了壁垒；哈佛菲尔德正确解释了壁垒却忽略了城墙，“新理论显然要综合它的两位前辈的优点，并令人满意地首次应允了所有这类问题”。[②]柯林武德宣告了新理论的要求。1920年代的柯林武德已经发明了问答逻辑，认识到要通过问答获得真知，以便能够指出前人的错误，就必须深入到他人的时代，探究他们的问答。巡视前人问答的同时又必须明确问题的指向是哈德良城墙，问答所依据的必须是证据，而不是前人的命题，在这个问题上古代史家们偏重于文献忽视遗迹，因而是无法正确认识哈德良城墙的，柯林武德在这里的工作意义正是在于接受科学考古的研究所得，努力把认识放到证据基础上，而不仅仅是单方面地相信世俗的流

① 李雅书、杨共乐：《古代罗马史》，北京师范大学出版社，1994年，第311页。

② R.G. Collingwood, “Hadrian’s Wall: A History of Problem”, *The Journal of Roman Studies*, Vol.11, 1921, p.66.

言和所谓眼见为实的出土文物。

他本人非常明确地认识到："这篇文章的目的是记录，而不是批评：当新理论提出一种详尽的阐释的时候，它将足够快的找出它的弱点。"[①]对哈德良城墙的问题史的研究正是实践着这一点，这里主要是扫清阻碍正确认识他人问答，把凝固的抽象问题具体化为历史性问题。具体的研究使得柯林武德认识到"必须以目的为根据来解释所有对象，发现任何东西都必须问：'它是用来干什么的？'由此又引导出第二个问题：'对于这个目的它是有益的还是有害的？也就是说，其中的目的它是成功地蕴含着的呢？还是不成功地蕴含着的？'作为历史性问题，它们要求以历史为根据而不是以臆测来作答；回答这些问题的人必须证明，他的回答符合证据"。[②]同年在《集刊》(*The Vasculum*)第八卷第一号的《罗马墙的目的》一文中，柯林武德指出，笼统地说哈德良城墙是阻止凯尔特人南下的边界护墙是不能令人满意的，城墙的特征表明了罗马士兵不会站在城墙上击溃来犯者，它应该是保护士兵防止偷袭的"升高的巡逻道"。但继之而发的问题就是如果它是巡逻道，那么同样的巡逻道一定会延伸，以便监视海港，而那里无须担心偷袭，因而应该有一连串的堡垒，它们与城墙上的堡垒应该是一致的。问题是，它们是否存在？

根据问答逻辑的推衍，柯林武德发出了这一提问。很快，在1928年的地面勘查中找到了这样的堡垒，并注意到此前已经发现的但被人忽视的堡垒。在20世纪初叶的英国不列颠考古界，此种问答带来的结论是相当引人注目的。随着时间的变化，问答的继续深入，也许它会被后世的学者们抛弃，但它确实是正当的，并且是对一般认识的深化，因之发现的新材料也是有助于对这一问题的继续探讨的。

问答逻辑在历史研究中，最终从对认知的分析与解释，转化为一种认知的技术性手段，从而一定程度上实现了理论与实践的统一，这就避免了传统上斯宾格勒、汤因比等宏大叙事的历史哲学，以及近代以来启蒙思想家们所提出的种种历史构想，与实际历史发展进程并不吻合的矛盾。换言之，从

① R.G. Collingwood, "Hadrian's Wall: A History of Problem", p.66.

② 柯林武德：《柯林武德》，陈静译，第150页。

技术的角度，深化了对逻辑与历史相一致的认识。并且因为其历史性的特征，而使得其排斥了绝对客观认识，从而肯定了认知过程与认知所得是一个历史性的产物。正是在这种动态的历史认知中，人们的历史认识将得以继续下去。

（余伟，福建师范大学社会历史学院讲师）

世俗精神与宗教情怀
——威廉·罗伯逊史学中的两重性

李　勇

摘要：威廉·罗伯逊既是苏格兰启蒙运动时期苏格兰长老会温和派领袖，又任爱丁堡大学校长，还是皇家史学家，这就决定其身份具有宗教和世俗两重性。他布道之时不忘世俗之事，从世俗角度解读宗教史。其《苏格兰史》《美洲史》，都体现了其悲天悯人的宗教情怀。他成功地把宗教领袖和启蒙学者这两重属性统一到其历史著作中，可谓宗教领袖写作世俗历史的范例，成为英国史学史上的一座丰碑。

关键词：威廉·罗伯逊　世俗精神　宗教情怀

威廉·罗伯逊（William Robertson，1721—1793）与大卫·休谟、亚当·斯密同为苏格兰启蒙运动领袖。他既是苏格兰长老会温和派领袖，又任爱丁堡大学校长，还是皇家史学家，这就决定其身份具有宗教和世俗两重性。有西方学者称："18世纪不列颠历史学家三驾马车吉本、休谟和罗伯逊，其中只有罗伯逊写出不止一部历史著作。"[①]是的，休谟著《英国史》，吉本写《罗马帝国衰亡史》，而罗伯逊则有《苏格兰史》（*The History of Scotland*）、《查理五世在位时期的历史》（*The History of the Reign of the Emperor Charles*

① D. J. Wormersley, "The Historical Writing of William Robertson", *Journal of the Historical of Ideas*, Vol. 47, No. 3, Jul.-Sep. 1986, p.497.

V)、《美洲史》(*The History of America*) 和《论古人的印度史知识》(*The Historical Disquisition Concerning the Knowledge which the Ancients Had of India*)。罗伯逊作为宗教领袖，布道中有世俗精神；作为启蒙领袖和皇家历史学家，论述世俗事务又有宗教情怀。这两重属性并蓄于其史著之中。

一、宗教活动嵌入世俗事务

关心现实宗教问题、关心历史上的宗教事实，是教士责任所在。罗伯逊作为宗教领袖，谈论或者从事宗教活动不乏世俗精神。他布道之时，不忘世俗之事。这里举出三例，以见其情。

1755年罗伯逊布道《基督献身时的世界情形》，他说：

> 没有一种事业比沉思神掌控世界的智慧更惬意了。人类的公民历史，为这一虔诚的练习打开宽广的领域。以理性之光悉心观察，就神意而言，或许常常形成可能性的推测，能够发现一只巧妙之手引导着人类事务的革命，通过最有效和令人惊奇的手段达到最好的终点。但是，《圣经》中的历史，把覆盖在万能之主劝告上的面纱扯至一旁，设置神对于其创造物的观念的开放式的设计。在那，我们能够追寻那些阶段，以更为确实和愉快完成它们。激起作者写作的那些事实的教益，不亚于它们所教导的道理。后者告诉我们神是强大、聪明和美好的，而前者通过真实和激动人心的例子，揭示这些完美被带进实际行动和注重思辨性的观点。[①]

该布道把上帝的神性和人的理性结合起来，在赞美神的同时，又申明研究公民社会发展的意义。在这个布道中，他概述耶稣诞生时世界的政治、道德、宗教和家庭社会情况，这是典型的在宗教事务中体现世俗精神。

---

① Wilianm Robertson, *The Situation of the World at the Time of Christ's Appearance*, London: Routledge/Thoemmes, 1996, pp.5–6.

1778年2月26日，是为斋戒日，罗伯逊做关于1778年美洲革命的布道，他谴责北美战争说："对一个商业国家的战争，是最为恶劣的罪恶。"表示自己无法理解："这场战争发生于我们同自己首先殖民的人们之间。既然他们曾经珍惜我们的垦殖，就应该与我们牵手以支持整个帝国的权力。"①他祈求上帝保佑英国胜利，呼吁宗教虔诚和美德，提倡爱国之心。②他对未来做和平性的设想："让我们记住他们是有着同样信仰和血统的民族，让我们虔诚地祈祷他们会迷途知返——手和脚永远不能高得与头脑抗衡，和平会再次朝我们微笑，刀枪终要入鞘。"③这也是在宗教活动中谈世俗问题的典型，尽管他站在宗祖国立场上来看待这场战争的观点值得商榷，然而他能够在布道中结合现实社会问题，是其宗教活动嵌入世俗事务的又一案例。

1788年"光荣革命"一百周年之际，罗伯逊布道：

> 一百年前，我们的国家从国内和宗教压迫中解脱出来，给王室特权设置了高尚的界限，人们的自由和权利获得解放，国教巩固了其所有的宗教特权。④

> 在履行职责中，我或许使它成为我谈话的对象，指出这1688年发生的革命在政府中的必要性，解释和评价政府所基于的政治原则；我也许会转移你们的注意力到这一伟大事件的有利的结果，描述其在不列颠统治下的人们国家和情感的有益作用。⑤

> 我要提到，作为这一我们正在纪念的伟大转变的第一个幸福结果，是自由原则，人类自然权利的知识、和公民政府真正结束的知识，得以更为普遍传播，和更为完美的理解。⑥

---

① Wilianm Robertson, *Miscellaneous Works and Commentaries*, Jeffrey Smitten (ed.), London: Routledge/Thoemmes, 1996, p.139.

② Ibid., pp.140–141.

③ Ibid., p.142.

④ Ibid., p.175.

⑤ Ibid.

⑥ Ibid., p.177.

我们正在庆祝的伟大转变的另一个结果，是就人类的宗教权利而言更为公正的观点得以建立。①

这里罗伯逊在布道中，歌颂“光荣革命”给社会带来的改善，给人们带来的希望，这还是宗教活动中嵌入世俗问题。

布雷塞赫论罗伯逊时指出：

作为一位虔诚的长老会教信徒，他能轻松地像启蒙哲学家那样按照一般性术语说话。他依然宣称历史的神性计划。当覆盖在全能上帝会的面纱被扯到一边时，“神圣”的历史就直接处置这一计划，使公民的历史得以自由，可以探索“人类事务的革命”。在这些事务上，上帝不直接起作用，通常使用战争、愚蠢、残忍和其他令人惊奇的手段对人类的终结发生作用。②

布雷塞赫赞赏罗伯逊的在宣誓神性之时却发布如其他启蒙学者的思想言论，此段论说精辟。

二、从世俗角度解读宗教史

罗伯逊从世俗角度解读宗教史，已有学者指出：“这一世俗主义者的兴趣，实际就是从诺克斯传递到罗伯逊的苏格兰史学。”③

罗伯逊高度赞赏宗教改革，他说：

宗教改革是人类历史上的最伟大事件之一，无论我们以怎样的着眼

① Wilianm Robertson, *Miscellaneous Works and Commentaries*, p.180.

② Ernst Breisach, *Historiography: Ancient, Medieval, and Modern*, 2nd edition, Chicago and London: The University of Chicago Press, 1994, p.216.

③ Mary Fearnley-Sander, “Philosophical History and the Scottish Reformation: William Robertson and the Knoxian Tradition”, *The Historical Journal*, Vol. 33, No. 2, 1990, p.336.

点看待它，都是有教育意义和有益处的。[①]

他评价历史人物功过是非，与宗教改革联系起来。在《苏格兰史》中，罗伯逊评价历史人物，看他是否有利于宗教改革。

他颂扬亨利八世：

对于罗马天主教的倒台作出贡献。他在这个民族建立宗教自由，其愤恨引导他废除教会权力。其贪婪导致他剥夺教会财产。[②]

他对亨利八世继承人爱德华六世期间英国宗教改革，对包括苏格兰在内的欧洲宗教改革所取得的成就颇为欣赏：

获得和传播知识的手段的革新精神变得更为普及了，特别是那一时期变得更为勇敢和普遍了。[③]

他批评反对宗教改革的吉斯玛丽促成的苏格兰跟法国的联合：

不列颠民族双方都失去了权力，也失去了声望，因为这不愉快的争执。这对双方都是竞争和仇恨的战争，而不是利益，并且在民族仇恨之下上演着。[④]

他从世俗历史角度讨论宗教改革取得进步的原因。《查理五世在位时期的历史》第二卷中，有关于宗教改革的论述，秉持世俗眼光。

罗伯逊看待马丁·路德宗教改革是世俗的视角，他说：

---

① William Robertson, *The History of Scotland*, Vol.1, London: Routledge/Thoemmes Press, 1996, p.146.

② Ibid., pp.121–122.

③ Ibid., p.138.

④ Ibid., pp.133–134.

> 马丁·路德开始提出免罪功效问题，声明反对邪恶生活及其努力传播者的错误教义，就在这个时候，其同胞的心灵正需要聆听他的讲话。……他在非凡的学习中获得的进步，增进了其学问，提高了其尊严。①

他论马丁·路德遭到天主教神学家围攻时说：

> 他们所采取的争论方式，对其事业无甚益处。路德试图依据建立于理性之上或者源自《圣经》的讨论去反对免罪。除了经院哲学家的意见、教会法规和教皇敕令外，他们没有产生什么支持性的东西。②

特别是，罗伯逊分析了路德宗教改革取得进展的原因，颇具世俗性。他把原因归结为：第一，在路德之前，罗马教廷的腐败就受到过谴责，这些谴责尽管夭折了，但是，到路德那时，“危机与成熟相结合，各种情形在推动他采取每一步走向成功中，共同发生了作用”。③第二，“14世纪后半期和15世纪之初，长期和诽谤性的分裂，把教会分割开来，摧毁世界已经习惯把教廷看成高贵的那种崇敬。”④第三，在路德之前半个世纪，印刷术的发明，加速人们对其著作的阅读。⑤第四，学术复兴对宗教改革的促进。他说：“15和16世纪学术的复兴，把世界从多年昏睡中唤醒，人类心灵感到自己的力量，打破长期坚守的固定的权威，努力把研究对象推向更大的领域，以巨大的勇气和成功的惊喜推向所有对象。”⑥例如，伊拉斯谟对《圣经》的研究，对教会丑行的揭露，“对于路德的成功具有显著贡献。”⑦他总结道：“可以证明，宗教改革的成功是许多有力原因的自然作用，这些原因是独特的天意预定好

① William Robertson, *The History of the Reign of the Emperor Charles V*, Vol.2, London: Routledge/Thoemmes Press, 1996, pp.109–110.

② Ibid., pp.113–114.

③ Ibid., p.135.

④ Ibid.

⑤ Ibid., p.153.

⑥ William Robertson, *The History of Scotland*, Vol.1, p.146.

⑦ William Robertson, *The History of the Reign of the Emperor Charles V*, Vol.2, p.157.

的。这些原因愉快地协力促成那个结局。”[①]特别是，他有一段话很耐人寻味，自己标明与基督教史学家的迥异，可又未能摆脱其教士的潜意识：

在长长的情形罗列中，这些情形在有助于路德主张进步或弱化其对手的反抗中，结合在一起。我拒绝任何关于天主教教义的神学原理的讨论，不想表明它们跟基督教精神多么不一致，多么缺乏理性、上帝之声或者早期教会实际的基础。把这些话题全部留给教士史学家，这些完全属于他们的领域。[②]

就罗伯逊这种宗教史写作中的世俗精神，巴恩斯说过：

他花其部分生命于做新教牧师，相信宗教改革最初是由神性的上帝引起的。当不是一个狂热的基督徒时，其理性主义主要体现在关于基督教会史的论述。[③]

巴恩斯所说罗伯逊的理性主义，其实就是与宗教相对立的世俗精神之一种。

三、世俗事务上的宗教情怀

罗伯逊无论是写苏格兰历史，还是欧洲乃至美洲和印度的历史，特别是《苏格兰史》《美洲史》，都体现了其悲天悯人的宗教情怀。

在《苏格兰》史中，罗伯逊赋予世俗事务以宗教情怀。例如，他同情女王玛丽一世的不幸，特别是1587年2月7日，玛丽得到死刑通知和临刑前表现出的镇定、大方和凄美，其中有：

---

① William Robertson, *The History of the Reign of the Emperor Charles V*, Vol.2, p.160.

② Ibid., p.159.

③ Harry Elmer Barnes, *A History of Historical Writing*, New York: Dove Publication, Inc., 1963, p.156.

> 她和周围的仆人跪下，感谢上苍她的困难到头了，祈祷她能体面而坚忍地忍受依然存在的苦难。她花晚上大部分时间去处理国际事务。她亲自写遗嘱，她的钱、宝石和衣服依照位次或者功绩分发给侍从。她给法王写封短信，另一封写给吉斯公爵，充满温情和大度，把灵魂托付给祈祷者、受折磨的仆人和卫士。她像平时一样十分适度、温和地吃饭，轻松、愉快地谈话，同每一个仆人喝一杯，请求他们，假如没有尽到责任，则予以宽恕。到惯常之时，她到床上平静地躺了几个小时，早早地退到密室，花不少时间祈祷。八点钟郡长和他的办公室人员进入王后的房间，发现她正跪在圣坛上。她立刻起身，神采庄严、面无惧色，甚至流露出愉快走向行刑之所。①

对玛丽一世的这一悲惨结局，罗伯逊感叹道："苏格兰玛丽女王，活了44岁零两个月，度过19年的监禁生活，其死亡是如此之悲惨。"②关于罗伯逊的这一倾向，斯图尔特认为：

> 玛丽的形象被重新描绘，其不幸的故事被重新讲述，并且这一表述和同情力非同一般，那是历史学家对其错误方面更为深入的探讨和对其平凡给予更多的褒扬。但是，在罗伯逊博士所写的历史那里，每个人依然首先阅读玛丽王位的传承。罗伯逊衬托得那样具有技巧性，以致在不可抗拒的叙述魅力的伴随下，他所讲述的、美丽而不幸的女王故事，总体说来，与那些所有的、罗马教会同情热忱或者苏格兰骑士团忠诚所激发起来的，把她宣称为圣徒的试图所产生的关于她的回忆录相比，激起了对于其运气更为深刻的兴趣，和对于其命运更为生动的同情。③

此论确实精当。

在《美洲史》中，这里以罗伯逊在第九、十编中流露的社会倾向为例，

---

① William Robertson, *The History of Scotland*, Vol.2, pp.175–176.

② Ibid., p.180.

③ Dugald Stewart, *Account of the Life and Writings of William Robertson*, London: Thoemmes Press, 1997, pp.35–36.

加以说明。

罗伯逊既为启蒙学者，又为苏格兰长老会领袖、苏格兰皇室史学家，其写作英属殖民地弗吉尼亚、新英格兰史，表现出明显的社会倾向，是其宗教精神情怀的流露。

他既对殖民者的艰辛报以同情，又对其屠杀印第安人加以揭露。英国人最初到达美洲其生存艰辛是可想而知的，《美洲史》第九、十编中多次讲到他们遭受饥饿、疾病的困厄和当地土著的骚扰，导致人口寥落，他报以关切和同情之心，具体不赘述。倒是英国人屠杀印第安人以及罗伯逊的态度，须稍加论列。

定居弗吉尼亚的英国人和土著人发生冲突，罗伯逊在这个问题上其感情没有明显倾向，他说：

> 英国人定居后不久，卷入一场同土著人的战争，部分因为他们自己不检点，部分是野蛮人疑心和凶恶。尽管印第安人以独立部族散布于毗邻詹姆斯河的村野，然而它们是如此之微弱以至于其中任何部族几乎都不能聚集起超过200人的战士。印第安人以其不断的不友善骚扰最初的殖民地。①

从这段话可以看出，他对英国人和土著人各有褒贬，一方面说英国人不检点，另一方面说土著人的疑心和凶恶，没有明显的倾向性。

然而，随着英国人势力在北美的扩张，罗伯逊对针对他们先后的不同做法，由赞同走向批评。1612年英国颁布新的特许状，托马斯·代尔（Thomas Dale）与当地最强大而好战的部族签订条约，救过斯密（John Smith）性命的土著人波卡琼塔斯（Pocachuntas），是酋长的女儿，嫁给殖民者拉尔夫（Ralfe），实现英国定居者与土著人的联姻，波卡琼塔斯在英国受到国王夫妇的礼遇。代尔把过去的公共土地分配给各位成员，社会得以稳定和繁荣，罗伯逊给予高度赞赏。可是，对于英国人烟草种植业的飞速发展，罗伯逊却批

---

① William Robertson, *The History of America*, Books Ⅸ and Ⅹ, London: Routledge/Thoemmes, 1996, p.69.

评道：他们“向印第安人提出新要求”，“导致结怨”。[①]特别是土著领袖，也就是波卡琼塔斯的父亲去世后，印第安人势力膨胀，不满英国人对其土地和劳动力的占有，开始杀戮英国人，1619年英国人对印第安人开战。关于这场战争，罗伯逊写道：英国人“每个人都拿起武器，一心要消灭那整个种族，无论老少统统消灭。西班牙人在南美的行为被公开提倡为最值得模仿的榜样”。[②]罗伯逊还写道：“他们卖掉印第安人的庄园，屠杀每一个他们能够控制的人，把剩下的赶进森林，在那里许多印第安人因饥饿而灭亡，一些离英国人最近的部落完全消亡了。这种杀戮行为，是犯罪，却努力表现为一种必要的报复。”[③]显然，罗伯逊对于双方联姻是赞同的，但是对英国人的贪婪持批评态度，尤其对英国人大开杀戒表示强烈指责。

至于英国殖民者在新英格兰与土著人的关系，罗伯逊也从赞同走向强烈批评。他对于英国人早期在新英格兰的周密和策略性的行为持赞赏态度，书中说道：

> 马萨诸塞角周围的印第安部落软弱、不喜战事。出于公正，也是出于精明，第一批登陆者做事周详细致，在冒险占领土著人土地之前，已与他们达成一致，相处和谐，尽管这一举措，给予土著的跟所获土地的价值相比，常常很不够，然而还足以让那些地方的土著首领满意。[④]

可是，定居在普罗维登和康涅狄格的殖民者很快发现他们被比较强大和好战的民族包围着，其中最显著者是那拉甘塞特人（the Naragansets）和皮郭特人（the Peguods）。特别是后者，认识到印第安人的地狱一定是英国人在美洲大陆的扩散，假如不采取措施加以阻止，灾难将不可避免。皮郭特人欲与那拉甘塞特人结盟共同对抗英国人。那拉甘塞特人鉴于过去两个民族之间的隔阂，不仅没有答应皮郭特人，相反同英国人结成联盟。皮郭特人激于义

① William Robertson, *The History of America*, Books Ⅸ and Ⅹ, p.98.

② Ibid., pp.110–111.

③ Ibid., p.112.

④ Ibid., pp.228–229.

愤，就使用其固有方式骚扰英国人定居地。于是，新英格兰不同地方的殖民者联合起来，共同对敌。在罗伯逊看来，皮郭特人非常质朴，"尽管知道英国人在集结，然而还是带有未开化人的不谨慎，其安全防护是简陋的。他们既没有观察英国人的进展，也没有保卫处于惊奇中的自己。"①颇有反衬效果的是，罗伯逊这样描写英国人的报复：

> 一些英国人通过栅栏空隙不断用火骚扰他们，其他人则奋力突入皮郭特人塞满树枝的要塞，在芦苇为顶的小屋里纵火。在一派混乱和惊恐中，许多妇女幼稚葬身火舌，努力出逃的勇士或被英国人杀戮，或陷入远在要塞之外张网以待的英国人联盟者之手，遭受更为残酷的命运。……不到三个月，皮郭特部落绝迹。②

让罗伯逊尤为义愤的是，殖民者在讨论这一历史事件时却是丑化皮郭特人的，他说：

> 最初在文章里所呈现的，是新英格兰殖民者的军队似乎是训练有素和胆识过人的管理者的杰作。他们展示其士兵的勇敢和坚韧，但是玷污了用于庆祝其凯旋的桂冠。他们没有把皮郭特人当作独立的人看待，皮郭特人则在保卫其民族财产、权利和自由中英勇顽强。③

他强烈谴责新英格兰殖民者：

> 他们报复美洲战争中所有野蛮人，一些人被他们冷酷地杀戮，一些人虽然没有被他们杀戮，但是遭受其同盟者的蹂躏，大批被卖到百慕大作奴隶，余下则成为其奴役的对象。④

---

① William Robertson, *The History of America*, Books Ⅸ and Ⅹ, p.233.

② Ibid., pp.233–234.

③ Ibid., pp.234–235.

④ Ibid., p.235.

引文中罗伯逊所说的殖民者最初的文章，所指为何，不得而知，按照其一贯严谨的作风，不会无中生有。即使如此，他所表露的对英国殖民者的凶残和虚妄的厌恶，当是最清楚不过的。

既以启蒙学者的伦理观念批评王室对北美殖民地的压制，又对殖民地武力对抗王室表示谴责。苏格兰与英格兰合并后，英格兰的海外市场对苏格兰开发，就北美殖民地而言，苏格兰与英格兰利益是一致的，罗伯逊毕竟是长老会领袖、曾任皇家史学家，因此一旦北美爆发独立战争，他的态度明显倾向于宗主国。1778年2月26日为斋戒日，罗伯逊发表布道词，对北美和宗主国之间的战争明确表态，既对北美战争表示无法理解，又谴责北美殖民地反叛宗主国。同时，他祈求上帝保佑英国胜利，呼吁宗教虔诚和美德，提倡爱国之心。他对未来作和平性设想。这在上文涉及其宗教情怀与世俗精神时已做详细论述。

问题是，罗伯逊于1778年2月26日斋戒日发表布道词后，还两次重新拾起《美洲史》第九、十编的撰写工作，而现存两编著作包含着他对于宗主国压制殖民地所持有的批评态度，1606年詹姆斯一世颁发特许状，赋予英国移民在弗吉尼亚建立殖民地的一些特权，罗伯逊却指出：它“把立法和行政权力给予王朝统治下的委员会，而这个委员会受王权引导，这样每一个定居在美洲的人都被剥夺作为自由民的最高贵的特惠”。①

他还说：“作为对神圣不可剥夺的自由权利的粗暴侵害，英国人在美洲的殖民地建立了。”②罗伯逊还批评英国最早的北美殖民地说：“也许还没有一种统治遥远殖民地的模式，它更多的是独占公司享有詹姆斯授权弗吉尼亚探险公司的所有权利，而不是友好地对待其自由。有几年殖民者只是奴仆。”③类似的表述还有，“公司的强权赞成殖民地的繁荣而不是其自由。”④这是以一般启蒙者的人权观批评特许状对殖民者自由权利的剥夺。特别是，王室特许没有平等对待执行者，他说：“委员会首次作为就不公正，（殖民地）政府是设

① William Robertson, *The History of America*, Books Ⅸ and Ⅹ, p.63.

② Ibid., p.64.

③ Ibid., pp.121–122.

④ Ibid., p.122.

定好的，（执行者）凭借从英国带来的盖有公司印章的委托书，要到他们登陆后的第二天才能打开。”[①] 显然，罗伯逊又从一般启蒙者的平等观念，批评委员会对殖民者人格的蔑视。一言以蔽之，罗伯逊以天赋人权说、分权学说来评判英国对移居北美的英国人权利的侵害。

既如此，罗伯逊对于新英格兰的独立倾向报以同情。1643年5月19日，新英格兰四个殖民地马萨诸塞、普利茅斯、康涅狄格和纽黑文结成新英格兰联邦，具有独立倾向。1652年殖民者获得制币权，克伦威尔对殖民地提供保护，提议运送殖民者到牙买加，遭到殖民地拒绝。也许是罗伯逊联系到北美的独立，他颇有感触地说：

> 这一独立，现在让所有敌对的派别不寒而栗，独占不列颠各项事务之鳌头。长期习惯于赞赏新英格兰政府，设计出可以接受的原则，而这些原则却是从最完美的公民和宗教的政治榜样中汲取的。[②]

就罗伯逊在其英属美洲史中所表现出的社会倾向来说，其启蒙者的身份决定他在一般意义上维护人权，其苏格兰王室史学家身份决定他维护宗主国的根本利益，其长老会领袖的身份决定他反对杀戮、反对宗教极端。前两者是世俗需要，后者是宗教要求。这两重属性在《美洲史》中充分体现出来。

总之，罗伯逊的历史写作，既有作为宗教领袖的严肃和正统，又有对历史人物像玛丽一世、马丁·路德和美洲土著的同情，散发出浓郁的世俗气息。他成功地把宗教领袖和启蒙学者这两重属性统一到其历史著作中，可谓宗教领袖写作世俗历史的范例，成为英国史学史上的一座丰碑。

（李勇，淮北师范大学历史与社会学院教授）

---

① William Robertson, *The History of America*, Books Ⅸ and Ⅹ, p.68.

② Ibid., pp.246–247.

主题与变奏：美国史学发展特征析论[①]

徐 良

摘要：作为一个移民国家，美国的史学发展早在美国独立建国前就已经开始了。在自殖民地时期以来的400余年里，美国史学走过了一条从缓慢奠基到快速发展的辉煌历程，表现出鲜明而独特的发展特征。与欧洲史学和文化的特殊关系既催生了美国早期的殖民地史学，又影响了建国后不同时代美国史学的发展。欧洲史学与文化某种程度上构建了美国史学的基因结构；国家的发展和社会变迁为美国史学的发展壮大提供了肥沃的土壤和强大的发展动力；作为美国社会文化的主要思潮，多元实用主义既推动了美国社会的发展，同时也引领着美国史学的快速成长。这三个方面共同构成了美国史学的主要发展特征。

关键词：美国史学　发展特征　基因　动力　实用主义

作为一个立国甚晚的国家，美国的史学起步甚晚，被大家公认为“源不远，流不长”，[②]但其在当今国际史学界所取得的进展与成就却举世瞩目，其繁荣程度在当今西方史学界几无可匹敌。回顾其发展历程，我们发现，美国

① 【基金项目】本文为国家社会科学基金一般项目“20世纪美国史学思潮变迁研究”（项目编号：12BSS001）阶段性研究成果。

② 张广智：《西方史学史》，复旦大学出版社，2008年，第215页。

史学之所以能够从最初的涓涓细流发展到今天势如江海的程度，有着其独特的原因，表现出与众不同的发展特征。

一、基因：欧洲史学与文化

在欧洲航海探险者和殖民者来到新大陆之前，美洲大陆固然已经有了自己本土的印第安文明。①但这种本土文明在此后的历史发展中受到了欧洲殖民者的极度摧残，未能阻挡住欧洲文明在美洲大陆对自身的冲击。因此，它与我们今天所说的美国史学之间在本质上并没有直接的血缘关联（当然，在今天宽泛的美国史学文化中，印第安土著文明发展的历史已然成为美国史学不可分割的一部分了）。作为一个脱胎于欧洲的移民国家，美国的史学从一开始就打上了鲜明的欧洲文化的烙印。可以说，广义上的欧洲文明和狭义上的欧洲史学从一开始就成为美国史学诞生的母体。诚如美国学者杰西·谢拉所言，从美国早期殖民地史学的思想渊源来看，它与欧洲史学是个“自然的同一体”，它的根不在新大陆的荒野，而在遥远的大洋彼岸的欧洲。②从总体上看，美国史学与欧洲史学和文化之间的特殊关系既体现在后者为美国早期殖民地史学的奠基方面，更体现在其对美国史学后续发展的深刻影响中。

首先，伴随着哥伦布“发现”美洲后欧洲殖民者对新大陆的探索与征服，16世纪的欧洲史坛逐渐兴起了一股以描述新大陆风土人情和殖民地征服为核心内容的“欧洲海外扩张史学”（History of the Expansion of Europe）。③在此过程中，西班牙和英国的航海家和学者们撰写了大量关于新大陆的作品，增进了人们对新大陆的认识。恰如美国著名史学家迈克尔·克劳斯和戴维斯·乔伊斯所言：“美洲的历史写作早在白人定居者到达美洲之前就已经

① 西方殖民者到来前，生活在新大陆的土著民族已经拥有了自己的文明，他们有着自己独特的统治制度、风俗习惯、宗教和语言等。哥伦布错误地以为他们是“印度人”，现在人们便笼统地以“印第安文明”指代美洲土著文明。参见Jim R. McClellan, *Changing Interpretations of America's Past*, 2nd Edition, Dushkin & McGraw-Hill, 2000, p.14。

② Jesse Hauk Shera, *Historians, Books, and Libraries: A Survey of Historical Scholarship in Relation to Library Resources, Organization and Services*, Cleveland: Press of Western Reserve University, 1953, p.58.

③ Francis J. Bowman, *A Handbook of Historians and History Writing*, Dubuque: WM. C. Brown Company, 1951, pp.11–13.

开始了，在约翰·史密斯船长写作他的第一个编年史作品很久之前，关于美洲的历史书写已经在欧洲开始了。”①作为新大陆的“发现者”，哥伦布在其《来自新世界的信》（*Letters From the New World*, 1493）中清楚地表明，他以为自己在今天南美洲北部发现了亚当与夏娃的地上天堂。他还相信自己找到了传说中的所罗门王的宝库，这个宝库里的财富将帮助重建耶路撒冷的庙宇。他坚信，在150年的时间里，全部人类都将皈依于基督教。从某种意义上看，哥伦布自己充当了历史学家、先知或预言家的角色，为美洲历史著述中占主导地位的进步的历史传统制定了基本构架。②当时生活在西班牙的意大利人彼德·马特（Peter Martyr），于1504年在威尼斯出版了他的著作《海洋数十年》（*Oceani Decas*），并凭该书赢得了“新世界的第一位历史学家”的美誉。③在他去世后的几个世纪里，人们仍然相信他关于“西半球”的那些描述，而“西半球”这个词汇也正是他最早开始使用的。④此外，西班牙人贝尔纳尔·卡斯蒂略（Bernal Diaz del Castillo）的《新西班牙征服史》、弗朗西斯科·格马拉（Françisco Lopez de Gomara）的《新西班牙编年史》《西印度群岛史》和弗朗西斯科·塞雷斯（Françisco de Xerez）的《秘鲁征服史》，以及英国人理查德·伊登（Richard Eden）的《新世界数十年》、托马斯·哈里奥特（Thomas Hariot）的《弗吉尼亚新发现地简史》、理查德·哈克卢特（Richard Hakluyt）的《关于美洲发现的若干远航》和《英国的主要航海探险、发现和商业活动》等作品让人们更加详细地了解了新大陆的基本情况。⑤

从总体上看，15—16世纪西方各国关于美洲大陆的历史撰述至少在两个

① Michael Kraus and Davis D. Joyce, *The Writing of American History*, Revised Edition, Norman: University of Oklahoma Press, 1985, p.3.

② William H. Goetzmann, “Time's American Adventures: American Historians and Their Writing Since 1776”, in Jefferson B. Kellogg and Robert H. Walker, *Sources for American Studies*, Westport: Greenwood Press, 1983, p.145.

③ Francis J. Bowman, *A Handbook of Historians and History Writing*, p.11.

④ Michael Kraus and Davis D. Joyce, *The Writing of American History*, p.7.

⑤ 在很多今天的史学家看来，哈克卢特的《英国的主要航海探险、发现和商业活动》一书堪称16世纪最重要的作品之一。英国历史学家詹姆斯·A.弗劳德（James A. Froude）甚至把它称为“现代英国的史诗”。哈克卢特并不仅仅只是一个英国扩张主义史学的史学家，作为后来英国开拓北美殖民地的急先锋的弗吉尼亚公司的董事之一，他也是英国在北美进行殖民扩张活动的积极推动者和参与者。从某种意义上看，他的作品既给17世纪初开始的英国在北美的殖民活动注入了活力，推动了英属各殖民地的建立，同时作为样板，也对殖民地时期英国殖民者关于北美殖民的历史书写产生了深刻的影响。参见Michael Kraus and Davis D. Joyce, *The Writing of American History*, p.10。

方面对后来的美国历史书写产生了重要的影响：其一，大量带有当今历史地理学性质的关于新世界的描述，是当时西方人认识美洲大陆的主要渠道和方式，这些作品的出版和传播对后来的美洲殖民活动提供了重要帮助（特别是在殖民地点的选择方面）。同时，这些作品的书写方式也为后来17世纪的北美殖民地史学所借鉴。其二，正如美国历史学家威廉·H.格兹曼所言，这些古老作品的重要性当然在于他们构建了美国历史的基本神话和韵律。这种神话可以说一直延续至今，美洲开拓的历史和美国建国的历史往往都被作为一个以“战胜逆境，走向千禧年”为核心内容的历史故事来进行书写。由此，美国史学已经成为一种关于“天定命运”的著述。[①]而这种“对逆境的征服并最终取得胜利”的精神，不仅成为此后很长一段时间内英属北美殖民地历史书写的主题，而且也成了今后美利坚民族争取独立建国并不断发展壮大的精神动力。从某种意义上讲，这一时期欧洲扩张史学中关于美洲“发现”与探险的作品与后来17世纪英国清教徒史学家们的作品一起，构成了美国史学发展的最初阶段，为美国史学的发展奠定了最初的文化基因。进入18世纪后，受欧洲启蒙思想的影响，以罗伯特·贝弗利（Robert Beverley）、威廉·斯蒂斯（William Stith）、威廉·道格拉斯（William Douglass）和托马斯·哈钦森（Thomas Hutchinson）等人为代表的“贵族史学家”们逐步取代此前的“清教徒史学家”，[②]不断推动着美国史学向世俗化方向发展。

其次，作为一个移民国家，独立建国之后的美国在政治、经济、社会和文化诸方面长期以来都深受欧洲文化和社会思潮的影响。就史学而言，此时的美国历史学家们仍然跟随着欧洲史学的脚步，延续着欧洲史学的传统，深受欧洲史学的影响。在美国史学自立国至19世纪末实现自身发展的科学化与职业化的过程中，一代一代的美国史学家们均在具体的史学实践中自觉或不自觉地接受着欧洲史学及文化思潮的影响。建国初期，为了在未来美国国家的历史发展中占据有利地位，当时最强大的一些州开始试图控制国家的历

---

① William H. Goetzmann, “Time’s American Adventures: American Historians and Their Writing Since 1776”, in Jefferson B. Kellogg and Robert H. Walker, *Sources for American Studies*, p.146.

② John Higham, *History: Professional Scholarship in America*, Baltimore: Johns Hopkins University Press, 1983, p.3.

史书写，正如它们试图控制国家的政治和经济一样。“在这种情况下，地方性历史学会组织作为当时各州争夺整个美国国家历史写作的主导权的武器而产生了。”①在此过程中，1791年1月，在欧洲“博学派”史学的影响及“苏格兰古物学家学会”组织的帮助下，“马萨诸塞州历史学会”（Massachusetts Historical Society）在波士顿正式成立，成为全美第一个地方历史学会组织。它的建立，带动了其他州地方历史学会组织的建立，从而在美国掀起了一股“历史学会运动”，并最终推动了全国性专业历史学会——“美国历史学会”的建立与发展。这些形形色色、遍布各地的历史学会组织的大量涌现，无疑促进了美国各地相关历史文献资料的收集与保存，“标志着美国史学界有组织地收集、整理和出版史料文献的开端”，②从而以一种特殊的方式推动了美国史学在一个更加坚实的史料基础上由地方史向美国国家史的发展。在此过程中，欧洲“博学派”学者对史料收集、整理的重视，以及苏格兰等地相关历史学组织的帮助显然直接推动了大规模的美国“历史学会运动”。

19世纪是以乔治·班克罗夫特（George Bancroft）、威廉·普雷斯科特（William Prescott）、弗朗西斯·帕克曼（Francis Parkman）等为代表的浪漫主义史学家独步美国史坛的时期。受欧洲浪漫主义思潮的影响，他们在大力讴歌美利坚民族的自由独立精神的同时，对欧洲文化亦大加赞赏，并在19世纪下半叶形成了盛极一时的美国文化“欧源论”。此后，受兰克客观主义史学理论与方法的影响，19世纪下半叶的美国史学家们开始把“习明纳尔”（seminar）培训班等欧洲先进的历史教育及史学研究方法移植到美国高等学校，培养了大批历史学专门人才，极大地促进了美国史学的职业化与科学化。③

由上可以看出，无论是美国早期“历史学会运动”的兴起与发展，还是浪漫主义史学对美国文化的欧洲根源的推崇和赞扬，抑或是19世纪下半叶受欧洲兰克客观主义史学的影响，美国史学最终走向自身的科学化和职业化，

① David D. Van Tassel, *Recording America's Past: A Interpretation of the Development of Historical Studies in America, 1607–1884*, Chicago: The University of Chicago Press, 1960, pp.59–60.

② John Franklin Jameson, *The History of American Historical Writing*, Boston and New York: Houghton, Mifflin and Company, 1891, p.87.

③ 详见徐良：《科学化和职业化：美国历史学学科的建立》，载《史林》，2015年第5期。

这些无不让我们看到美国史学发展中欧洲因素的巨大影响。这种影响主要通过两种方式进行：一是欧洲文化和史学像早期的欧洲移民一样，从欧洲越过大西洋源源不断地传播到美国；二是建国之后，以班克罗夫特等为代表的一批批美国青年学者不断地漂洋过海到欧洲留学（主要是德、英、法等国），学成回国后，他们把自己在欧洲所学习到的史学理论与方法应用到美国史学的研究及史学人才的培养中，从而推动了美国史学的发展。可以说，欧洲文化和欧洲史学既是美国史学产生的母体，又在其走向成熟的过程中，不自觉地扮演着极其重要的引领者和样板的作用。

再次，即便在美国史学摆脱依附欧洲史学的附庸地位，逐步形成自己特色并迅速发展的20世纪，欧洲史学与文化依然对美国史学的发展产生着重要的影响。众所周知，当兰克客观主义史学于19世纪末遇到来自欧美“新史学”的双重挑战之时，以弗里德里克·特纳（Frederick J. Turner）、查尔斯·比尔德（Charles A. Beard）和哈维·鲁滨逊（James H. Robinson）等为首的美国“新史学”家们对传统的欧洲史学提出了激烈的批评。尽管作为美国进步主义史学序幕的开启者，[①]特纳以自己大胆的“边疆学说”推翻了自己在霍普金斯大学的博士生导师赫伯特·亚当斯（Herbert B. Adams）所推崇的“欧源论”，从而“使美国史学开始摆脱欧洲史学的附庸地位，形成了自己的特色，标志着现代美国史学的开端，”[②]但在此之后长达一个多世纪的美国史学发展中，我们还是能够看到欧洲史学与文化对美国史学的强烈影响。1900年，法国史学家亨利·贝尔创办了被人们称为“安放在传统史学营垒中的一匹‘特洛伊木马’”的《历史综合评论》杂志，积极倡导历史综合研究，鼓吹要建立一种与传统史学相异的新史学。受其影响，1929年创立的法国年鉴学派进一步提出总体史观及跨学科研究的史学思想，其所奠立的史学范型后来成为20世纪西方“新史学”发展的主流。亨利·贝尔及众多年鉴派史家的史学思想对20世纪的美国史学无疑产生了广泛的影响。自20世纪初开始，美国一代代史学家们对“新史学”研究投入了巨大的精力。哈维·鲁滨逊于

---

① 张兹暑：《简述美国进步主义史学》，载《高校社科信息》，2003年第5期。
② 张广智：《西方史学史》，第288页。

1912年出版了其代表作《新史学》，宣称：历史学也“需要一个革命”，提出了“新史学”是一个无所不包的广阔领域，“新史学”需要借鉴人类学、考古学、宗教学、社会学等学科的理论与方法，从而向传统史学发出了有力的挑战。该书被人们认为是美国“新史学”派的宣言书。①20世纪下半叶，受总体史及跨学科研究思想的影响，美国社会科学史学派的史学家们把形形色色的自然科学和社会科学的理论及方法大量应用到历史研究中，产生了一大批让人耳目一新的成果，极大地推动了美国史学的发展。此外，诞生于19世纪中后期的马克思主义史学被人们公认为“‘历史学世纪’的瑰宝”“19世纪世界历史学的重大成果”，②其经济分析理论与方法对20世纪上半叶的美国进步主义史学、20世纪下半叶的“新左派”史学等都产生了直接而深刻的影响；20世纪的英国马克思主义史学派所倡导的“自下而上”的社会史研究取向推动了20世纪下半叶美国新社会史学的研究；而20世纪初奥地利精神病医师、心理学家西格蒙德·弗洛伊德的精神分析理论对现代美国心理史学亦产生了深远影响。这些都充分表明美国史学不仅脱胎于欧洲史学这一史学母体，而且还长期与其保持着特殊的密切关系。正如美国著名史学家约翰·富兰克林·詹姆逊在其《历史编纂史》一书中所指出的那样：“由于中间隔着广阔的大西洋，因此美国的历史总是被人们写成单独的故事。事实上，大西洋两侧的思想和情感是互相激荡的，尽管有时这种思想和情感的浪涛到达美洲海岸会晚一些。在欧洲流行的思想和情感，自然而然地会在大洋彼岸的各处流行。”③从总体上看，尽管在20世纪以来的美国史学发展中，美国史学家们结合美国社会自身发展特点，创造性地提出了许多引人注目的史学理论与观点，但欧洲史学与文化思潮却始终在其中扮演着重要的角色，对推动美国史学的不断发展起着重要的作用。

英国著名史学家杰夫里·巴勒克拉夫（Geoffrey Barraclough）曾经在谈及拉丁美洲史学时指出：“拉丁美洲史学从一开始就扎根于欧洲，以欧洲历史学为自己的楷模”，“拉丁美洲与亚洲不同，前者没有保持住当地充满活力的

---

① Harry Elmer Barnes, *A History of Historical Writing*, Norman: University of Oklahoma Press, 1937, p.375.

② 张广智：《西方史学史》，第250页。

③ John Franklin Jameson, *The History of American Historical Writing*, p.44.

史学传统，以抵制欧洲的史学传统。拉美史学即使不是从独立以前就开始，但至少在独立以后一直在紧紧跟随着欧洲史学的主流。”[①]我们认为，巴氏此言同样可以用来概括美国史学与欧洲史学和文化之间的特殊关系。与亚非地区那些有着悠久而深厚史学传统的国家不同，美国曾经深受欧洲殖民主义的影响，并以欧洲移民为主体建立了独立的国家，因此，其史学从殖民地时期以来就与欧洲社会思潮及史学发展相伴而行。欧洲16世纪的宗教改革、17世纪的博学派史学、18世纪的启蒙思想、19世纪的客观主义史学和马克思主义史学、20世纪的精神分析理论和年鉴史学方法等，无不在美国史学茁壮成长的历程中留下深刻烙印。可以说，美国史学与欧洲史学和文化之间在学术上有着相似的基因结构，二者在某种意义上拥有着特殊的文化血缘关系。

二、动力：国家发展与社会变迁

如前所述，美国史学最早孕育并诞生于欧洲史学这个母体，并且在后续的发展中，也长期受到欧洲史学的影响，与欧洲史学之间有着特殊的关系。但是，从根本上看，美国国家的发展与社会变迁才是其成长之根、发展之源。

自新大陆“发现”到独立战争期间的美国历史撰述，多由欧洲学者或北美的欧洲移民及其后代完成。他们撰写历史的目的，一是彰显上帝的意志，二是记录开拓新世界的历程和功业。尽管他们的作品为后来美国史学的发展奠定了一定的基础，但从总体上看，独立建国之前的美国早期史学发展是非常单调而缓慢的。这种单调与缓慢主要体现在两个方面：一是历史书写体裁的单一；二是历史撰述视野的狭窄，体现出明显的地方主义倾向。不管是以约翰·史密斯、威廉·布拉德福德、约翰·温斯罗普、爱德华·温斯洛等人为代表的来自英格兰的第一代“清教徒史学家”，还是以科顿·马瑟和托马斯·普林斯等为代表的出生于殖民地的第二代“清教徒史

① 杰夫里·巴勒克拉夫：《当代史学的主要趋势》，杨豫译，上海译文出版社，1987年，第181—183页。

学家”，[①]抑或独立战争前的那些“贵族史学家”，他们的历史作品均主要是一些关于各殖民地建立和发展的地方性历史作品及当地的教会发展史。如约翰·史密斯的《弗吉尼亚殖民以来大事纪实》、威廉·布拉德福德的《普利茅斯垦殖记》[②]、约翰·温斯罗普的《1630—1644年间马萨诸塞和其他新英格兰殖民地诸事日记》、科顿·马瑟的《新英格兰基督教史》(*Magnalia Christi Americana*)[③]、托马斯·普林斯的《新英格兰年代纪》、罗伯特·贝弗利《弗吉尼亚的历史及现状》[④]等。尽管直到今天，这些作品仍然是我们研究美国早期殖民地史或清教徒历史发展不可或缺的重要文献，但它们体裁的单一性和明显的地方主义倾向还是显示了独立革命前美国史学发展的单调与缓慢。

独立战争的胜利和美利坚合众国的建立，不仅激发了美国人强烈的爱国热情，强化了美利坚的民族意识，而且亦给美国史学的发展注入了一支强心剂，催生了以班克罗夫特为代表的美国浪漫主义史学，使美国史学的发展进入到一个前所未有的新阶段。浪漫主义史学家们热情地讴歌美利坚民族的自由与独立，对国家的未来发展充满了渴望与自信，“美国革命史”“美国国家史”开始逐步取代此前“清教徒史学家”和“贵族史学家”的各地方殖民地史，成为美国历史书写的主要形态。正是在浪漫主义史家们的努力下，美国史学最终由地方主义(Localism)走向了国家主义(Nationalism)。但这一进程并不顺利，随着“西进运动”和南北内战的发生，南北分歧、东西差异

① 彼得·盖伊曾以1660年代作为第一代清教徒史学家与第二代清教徒史学家的分水岭。之所以如此划分，主要是因为至1660年代时，以威廉·布拉德福德、约翰·温斯罗普、爱德华·温斯洛等人为代表的来自英格兰的第一代清教徒史学家们大多已经过世。由于他们都是狂热的清教牧师，在历史书写中，往往把上帝的天堂看作自己至爱的家园，因此，人们往往把他们看作年代纪的编写者，是史学领域的门外汉。此后，以科顿·马瑟和托马斯·普林斯等为代表的出生于殖民地的新一代史学家们，尽管从职业上看仍然是清教徒牧师，但由于他们在欧洲博学派史学的影响下，以怀疑主义的笔触写下了卷帙浩繁、内容丰富的史学作品，充分展示了当时殖民地社会的真实发展情况，因此把美国早期史学带入了一个新的发展阶段，即世俗化史学阶段。参见Peter Gay, *A loss of mastery: Puritan historians in colonial America*, Berkeley and Los Angeles: University of California Press,1966, pp.53–54。

② 该书手稿写于1630—1650年间，后因美国独立战争的发生而遗失，并最终于1855年在英国伦敦主教区图书馆被重新发现，随后于1856年第一次正式出版。

③ 该书在中文中经常又被人们译为《美国风物志》《基督在北美的辉煌业绩》《玛格诺拉》等。

④ 罗伯特·贝弗利被人们认为是“一位在精神上不再像科顿·马瑟那样依附于欧洲的美国历史学家”，《弗吉尼亚的历史及现状》一书可以说是其扛鼎之作。凭借此书，贝弗利获得了“北美殖民地第一位贵族史学家”的称号。参见John Franklin Jameson, *The History of American Historical Writing*, p.62。

这些地区冲突不断撕裂着美国的国家肌体，也干扰着美国国家史的历史书写。此后，南部重建及美国工业革命的完成所带来的美国国家实力的不断增强，持续推动着人们对民族主义和国家统一及其未来发展的讨论。在此过程中，此前普遍存在的北部、南部和西部的地区主义逐步让位于大家普遍认同的国家主义和民族主义，美国史学从而获得了巨大的发展动力。正是在美国国家发展及随之而兴的民族主义和国家主义的鼓舞下，赫伯特·亚当斯等老一代史学家们才决意学习欧洲兰克客观主义史学的理论与方法，立志培养出大批美国自己的专业史学人才，从而推动了美国史学的科学化和职业化。同样地，也正因为此，以弗里德里克·特纳等为代表的新一代美国史学家们才在强大的民族主义和国家主义的陶染下毅然摒弃了此前盛极一时的美国文明"欧来说"，从美国国家自身发展中找到了美国文化及史学的发展之根。可以说，如果没有美国国家的建立和发展，就不会有具有美国自身特色的专业化史学的发展，美国史学也不会于19世纪末20世纪初逐步摆脱对欧洲史学的依附关系，最终实现自我发展过程中的革命性蜕变。而专业化史学的发展又无疑在凝聚民族情感、提振民族精神、促进国家统一等方面为美国国家的发展做出了重要贡献。在二者互相促进、密不可分的关系中，美国国家的建立与发展显然更具有决定性的地位，它为美国史学的发展提供了源源不竭的动力与活力。

进入20世纪后，伴随着经济社会的飞速发展，美国逐步崛起为世界强国，美国史学也进入了一个加速发展的新时期。19世纪末20世纪初是美国由自由资本主义向垄断资本主义、由农业国向工业国转变的历史时期。此时，在经济迅猛发展的同时，美国社会中也出现了大量贪污腐败、财富分配不均、贫困、假药和不洁食品充斥市场、国家资源浪费等问题。这些社会弊端引起了全国性的抗议，社会反抗运动此起彼伏。大资产阶级为了缓和国内阶级矛盾，改善资本主义发展环境，开始逐步采取后来被称为"进步运动"的社会改良运动。在这一运动兴起的过程中，来自新闻界和文学界的"黑幕揭发者"（Muckrakers）掀起了声势浩大的"黑幕揭发运动"，而包括查尔斯·比尔德等在内的美国史学家们则从历史的角度深刻揭示了美国社会中长期以来存在的各种矛盾与冲突的根源，进而论述了进行广泛的社会改革的必要性和紧迫性。在此情况下，以“冲突史观”来解读美国历史的“进步主义史学”随之兴起，并独霸整个20世纪前半期的美国史坛。从某种意义上看，一方面，进步主义改革运动为“进步主义史学”提供了肥沃的社会土壤，催生了“进步主义史学”；但另一方面，“进步主义史学”与“黑幕揭发运动”中的许多作品一起，又为进步主义改革提供了理论支撑，进一步推动了进步主义改革运动的深入发展。正如美国著名史学家理查德·霍夫斯塔特所言，“进步主义史学起源于1890—1915年间知识界的躁动（intellectual ferment），来自平民党人（Populists）和进步主义者们（Progressives）所提出的改革的要求，以及随这种要求而爆发的政治和思想活动。他们的思想来自当时的政治争论，反过来，又为政治改革提供了历史依据。”[①]

“二战”结束以后，大量的政府开支刺激了美国民用工业的发展，战后的美国进入了另一个经济快速发展的繁荣期。经济的繁荣，改变了这一时期美国社会的阶级关系，美国开始成为赖特·米尔斯和赫伯特·马尔库塞等人所批评的“白领社会”或“单面社会”。“人们已不再体验到资本主义剥削和异化劳动的痛苦，而是同统治制度的协调与和解达到了前所未有的程度”。[②]这种社会变化，使美国上下产生了一种自满情绪，维持和保护美国的传统和现存制度被看作是高于一切的利益。这样，美国社会思想逐渐脱离20、30年代的改革精神而渐趋保守，一味地去强调美国社会的丰裕与和谐。与此同时，反法西斯战争的胜利奠定了美国在世界政治、经济上的超级大国的地位，但是由于当时美苏在战后世界重建等问题上存在严重分歧，两国处于“冷战”之中，“恐共”“反共”思想开始弥漫美国社会。特别是在“麦卡锡主义”（McCarthyism）的影响之下，自由主义思想逐渐衰退，美国社会兴起了一股新的保守主义思潮，美国人开始重新强调民主传统的重要性及美国政治体制的连续性与一致性。[③]在政府的大力支持和鼓励下，美国史学界出现了一个适应当时政治形势需要的保守学派，即“和谐一致论”学派（Consensus

---

① Richard Hofstadter, *The Progressive Historians: Turner, Beard, Parrington,* New York: Alfred A. Knopf, 1968, “Introduction”, p.xii.

② 赫伯特·马尔库塞：《爱欲与文明》，黄勇、薛民等译，上海译文出版社，1987年，第14页。

③ J. Rogers Hillingsworth, “Commentary on ‘Consensus and Continuity’ in Post War Historical Interpretation”, in Robert Allen Skotheim (ed.), *The Historian and The Climate of Opinion*, Boston: Addison-Wesley, 1969, p.96.

School）。[①]从理查德·霍夫斯塔特、丹尼尔·布尔斯廷、路易斯·哈兹和这一时期其他学者的作品里，人们能够明显地体会到一种浓厚的延续观念。他们强调美国社会的整体性、制度的稳定性和国家的延续性。正如约翰·海厄姆当时所指出的，"当前学术界正在进行一次大规模的平整工作，以掩饰美国的社会动乱"，"恰似托克维尔在100多年前所做的那样，今天的历史学家正在展示出一片人间乐园，外表上是大胆冒险，骨子里却是稳健保守，而且首先是明显地单一的"。[②]

恰如霍林斯沃斯所预言的那样，以反对进步主义"冲突史观"而登上美国史坛的"和谐一致论"史学并未能在美国史坛长久地占据史学研究的主导地位。[③]从20世纪60年代起，受美国国内反越战运动、民权运动及女权运动等的影响，一批青年学者从马克思、赫伯特·马尔库塞、赖特·米尔斯和查尔斯·比尔德等人那里借用了关于阶级冲突、"社会异化"等一系列理论，对美国社会的方方面面展开了猛烈的攻击，对美国历史重新做出了新的考察和解释。他们不同意其前辈史家（主要是"和谐一致论"史学家）把美国建国以来的历史谱写成一曲没有阶级压迫和利益冲突的"和谐"乐章，为美国历史歌功颂德的做法，决意从激进主义的立场出发，去探寻美国历史冲突、压迫、侵略、扩张的根源所在。随即，美国史学在新的社会变动的引领下，改变了自己的发展方向，以"修正主义"为自我标签的"新左派"史学家们开始登上美国史坛，成为新的美国史学潮流的引领者，从而为美国史学的发展注入了新的能量与活力。此后，在新的时代背景下，美国史学研究虽然看起来是因为越来越多地受到各种自然科学及社会科学发展的影响，从而使计量史学、口述史学、心理史学、影视史学、环境史学等史学新方法、新理论如雨后春笋般地发展起来，但从根本上看，美国国家发展过程中出现的科技进步及相伴产生的环境问题等才是这些史学新业态纷纷出现的根本原因。新时期的国家发展和社会变迁显然为美国史学的发展提供了紧迫的时代命题和

---

① 又称"利益一致论"学派或新保守主义学派。

② John Higham, "The Cult of The 'American Consensus': Homogenizing Our History", *Commentary*, 27, Feb., 1959, pp.93–100.

③ J. Rogers Hillingsworth, "Consensus and Continuity in Recent American Historical Writing", *The South Atlantic Quarterly*, Vol. 61, No.1, Winter, 1962, pp.49–50.

源源不断的动力。

综上可以看出，自建国以来，美国国家的发展与社会变迁始终是美国历史书写的不变主题，每一次社会经济的飞跃式发展和生活方式的改变都会在理论和方法上给美国史学带来革命性的变化，从而推动着美国史学从建国之初的涓涓细流发展成当今的汪洋大海。可以说，在此过程中，正是作为表现主题的国家的建立和社会发展为美国史学的发展壮大提供了源源不断的充沛动力，从而使美国史学在当今国际史学界所取得了的举世瞩目的进展与成就。

三、取向：多元实用主义

作为一个移民国家，美国自殖民地时期起，就表现出明显的社会及文化的多样性。在长期的历史发展中，来自不同国家和地区的移民把各自独特的民族文化和生活方式纷纷带到新大陆，并最终形成了美国多元融合的社会形态。在此过程中，不同时代的移民们为了能够在新的环境中站稳脚跟，从而顺利地建立起自己的新家园，从一开始就重实际、弃空谈。因此，可以说，“多元”“实用”自殖民地时期以来就成为美国社会生活的主要特征。反映到史学上，不同时代的美国史学家们在进行历史写作时，也表现出明显的多元实用主义的理论取向。具体而言，在美国史学中，所谓“多元”，既指历史书写内容和研究领域的多样性，又指史学研究方法和史料来源的多样化；所谓“实用主义”则主要指史学家们往往不是单纯地为学术而学术，而是受不同时代环境及社会变迁的影响，为解决当下急迫的社会问题而进行史学研究和历史书写，从而表现出极强的“现实性”。在美国史学中，这种“现实性”最主要的表现为历史研究在现实政治和社会生活中的工具作用，即“历史学的工具性”。[①] 回顾美国史学史即可以看出，不同时代的美国史学家都是十分重视历史研究为现实服务的。正如美国著名史学家大卫·波特所指出的那样，美国历史研究的任务之一即为“阐明我们的社会所面临的问题”，“大部

① 何兆武、陈启能主编：《当代西方史学理论》，中国社会科学出版社，1996年，第619页。

分的历史学家把他们的研究重点放在为实现自由、平等、个性主义和高度流动性的美好社会所必需的政治措施和经济措施上，即放在实现理想社会模式的方法上。”[①]

人们通常认为“实用主义”是在内战后美国工业文明中产生的，以反抗“上流社会传统”面目出现的竞争哲学，[②]但历史告诉我们，其实它从殖民地时期以来就深深地影响着人们的日常生活和行为方式，只不过直到19世纪下半叶才作为一种哲学思想渐为人知，并在20世纪的美国成为一种主流的社会思潮罢了。美国学者欧内斯特·博尔曼就曾经把北美大陆的清教徒们称为“富有幻想的实用主义者”。他们把自己理想化为“上帝的选民”，同时又注重事功，以“观念和目的的有效性、可行性和实用性”作为成功的判断标准。[③]在北美殖民地建立初期，尽管在新大陆建立家园的移民们离开欧洲、远赴荒野的目的迥异（有的是纯粹为了发财致富，有的则是为了建立政治和宗教上的“自由之乡”），但艰苦的环境让他们都不得不面对现实、自强不息地去解决严峻的实际问题。其中，因死亡或重新返回欧洲而导致的人员减员问题严重威胁着殖民地的生存。因此，在进行历史写作时，约翰·史密斯在其《弗吉尼亚殖民以来大事纪实》等作品中重点描写了自己在新大陆对发财致富机会的寻求,而威廉·布拉德福德和约翰·温斯罗普则在自己的作品中除了记载他们如何带领移动民们顽强地战胜逆境并取得成功的艰难历程外，还颂扬了上帝对他们在新大陆艰苦环境中的护佑。美国著名史学家约翰·富兰克林·詹姆逊曾经指出，“我们早期的史学家有两类：一类如约翰·史密斯和爱德华·约翰逊两位船长，他们的作品是为了能够立即唤起人们对他们殖民地的兴趣，鼓动他们移民到自己的殖民地；另一类如布拉德福德和温斯罗普两位总督，他们的作品是留给后代作为永久性的纪念。他们相信自己参与开创的事业是一个值得纪念的开端。”[④]在我们看来，这两类史学家在自己

---

① 大卫·波特：《美国历史研究的任务》，公羽译，载《国外社会科学文摘》，1983年第4期。

② Sidney Ratner, “Pragmatism in America” , in Donald Sheehan, Harold C. Syrett (eds.), *Essays in American Historiography*, New York: Columbia University Press, 1960, p.193.

③ Ernest G. Bormann, *The Force of Fantasy: Restoring the American Dream*, Carbondale: Southern Illinois University Press, 1985, pp.18–19, 44–52.

④ John Franklin Jameson, *The History of American Historical Writing*, pp.3–4.

的史学作品中都践行了实用主义的写作理念，他们的史学作品或通过公开出版在欧洲广为人知，或通过私下传播，在殖民地流传甚广。他们用自己的传奇经历鼓舞着一代又一代移民漂洋过海来到新大陆，共建美好家园。从某种意义上说，在当时的时空背景下，他们关于“对逆境的征服和最终取得胜利”的历史叙述确实不是出于对历史的爱好，在空闲的时间里认真写成的，而是为了向人们推广和宣传他们感兴趣的冒险项目，或者为他们自己的行为进行辩护而写的。①显然，他们从一开始就具有明确、具体而实用的历史写作目的。

进入18世纪后，伴随着社会经济的不断发展，北美殖民地与大英帝国的矛盾愈加尖锐，独立建国开始成为殖民地人民的普遍诉求。对历史学家们来说，这就是当时殖民地社会最大的社会政治现实，他们的历史书写也正是围绕着这一时代主题来展开的。威廉·道格拉斯在其于1752年出版的《英属北美殖民地早期垦殖、发展和现状的历史及政治概要》一书中，②第一次突破了当时其他殖民地史学家充满地方主义特征的写作藩篱，从整体上考察了包括加拿大在内的整个英属北美殖民地的社会经济发展情况，一定程度上推动了北美殖民地人民自我意识的发展。威廉·史密斯于1757年出版了其重要著作《纽约殖民地史》，③以大量存放于荷兰西印度公司的荷兰原始文献和英属纽约殖民议会的会议记录为史料，以严格的时间顺序详细考察了纽约殖民地在政治、外交和军事等方面的发展情况。他的字里行间充满了对殖民地的深厚情感，对英格兰派来的殖民地总督和殖民地政府煽动的宗教迫害非常反感。④与威廉·史密斯同时代的塞缪尔·史密斯于1765年出版了《新泽西殖民地史》一书，⑤严厉地批评了新泽西第一位皇家总督科恩伯利（Governor Cornbury）的统治，并对黑人奴隶和印第安人的处境抱以同情。他的这部作

① Thomas Fleming, “John Smith”, in Clyde N. Wilson (ed.), *American Historians,1607–1865*, Farmington Hills: Gale Research Company,1984, p.288.

② 参见Douglass William, *A Summary, Historical and Political, of the First Planting, Progressive Improvements, and Present State of the British Settlements in North America*, Hard Press Classics Series Publishing, 2013。

③ 参见William Smith, *The History of the Province of New York, from the first discovery to the year M.DCC.XXXII*, Charleston: Gale, Sabin Americana, 2012。

④ C. James Taylor, “William Smith”, in Clyde N. Wilson (ed.), *American Historians,1607–1865*, p.297.

⑤ 参见Samuel Smith, *The History of the Colony of Nova-Caesaria, or New Jersey: Containing an Account of Its First Settlement, progressive Improvements, the Original and Present Constitution, and Other Events, to the Year 1721*, Ulan Press, 2012。

品出版于殖民地与大英帝国关系走向紧张的历史时期，因此，被很多人看作是维护殖民地权利的一封宣言书，在美国革命史学中占有一席之地。[①]尽管威廉·史密斯和塞缪尔·史密斯等人的史学作品仍然是以各自殖民地的社会发展情况为主要内容的，体现出一定的地方性，但从本质上看，他们都把自己的写作重心放在了殖民地人民反抗英国殖民统治这一时代主题上，体现出明显而强烈的政治现实性。

独立建国之后，伴随着美国国家的发展壮大，以“美国史学之父”乔治·班克罗夫特为代表的一批视野更加开阔、民族意识更强的史学家，开始不满足于对美国革命史和相关地方史的研究，开始尝试从更广阔的视域和更长的时段去展开对美国历史的考察。于是，占据19世纪美国史坛主流地位的浪漫主义史学应运而生。这一时期，除班克罗夫特的《美国史》（*History of the United States from the Discovery of the American Continent*）外，[②]埃比尔·霍姆斯于1805年出版了《美国编年史：1492—1805年》一书，[③]尝试从整体上去全面地理解整个美国历史。该书除在正文中使用了大量的原始资料外，还在最后以附录的方式，专门详细列出了大量与美国历史相关的各种资料数据，供读者和后人使用。直到今天，该书仍是人们研究美国早期历史的一部重要参考书，具有重要的学术价值。本杰明·特兰伯尔把其于1810年出版的《美国通史》一书看作是自己对上帝在美国革命期间给予美国人民帮助的感谢。他希望他的作品能够促进美利坚人民的民族情感（national feeling）。[④]蒂莫西·皮特金于1816年出版了他的重要著作《从统计学的角度看美国商业的发展》，详细叙述了1812年英美第二次战争后，美国商业精神的快速发展。[⑤]在这部作品中，我们随处可以看到皮特金对美国物质财富的增长充满了自信，对美国经济发展的成就充满了自豪感。皮特金在该书中所使用的一些统

① Michael Kraus and Davis D. Joyce, *The Writing of American History*, p.46.

② 该书共10卷，出版于1834—1974年间。

③ 参见Abiel Holmes, *American Annals*, 或*A Chronological History of America, from Its Discovery in M.CCCC.XCII to M.DCCC.VI*, Ulan Press, 2012。

④ 参见Benjamin Trumbull, *A General history of the united states of America; from the Discovery in 1492 to 1792;* 或*Sketches of the Divine Agency, in its Settlement, Growth and Protection, and especially in the late Memorable Revolution*, Ulan Press, 2012。

⑤ 参见Timothy Pitkin, *A Statistical View of the Commerce of the United States of America*, Ulan Press, 2012。

计数据后来被人们广泛地使用，对19世纪的美国史学产生了重要的影响，甚至对今天的研究者来说依然具有重要的价值。

从霍姆斯到特兰伯尔，从皮特金到班克罗夫特，这一时期的美国史学家们在他们的历史叙述中忘情地抒发着自己澎湃的爱国主义情感和民主主义激情，将浪漫主义的史学情怀融入史学作品的字里行间。他们以充满自由和民主的笔触描绘了美国人民筚路蓝缕，为国家独立和自由英勇奋战的历史，努力地为这个年轻国家的发展摇旗呐喊，成功地满足了美国大众为年轻共和国讴歌呐喊的渴望。正如约翰·富兰克林·詹姆逊在评价班克罗夫特的《美国史》时所指出的："它非常真诚，不由得让人充满敬意，并被它热烈的美国主义（Americanism）、对平民政府和美国宪法的忠诚，以及美国未来不可限量的成功所打动。"[①]可以说，这些史学家的目的只有一个，那就是歌颂新生的美利坚合众国的自由与民主，以鼓舞人们为这个新生的共和国做出更大的贡献，而这也正是当时美国社会最重要的现实政治需要。

进入20世纪后，伴随着美国社会的沧桑巨变，美国史学加速发展，多元实用主义的研究取向更加明显。如前所述，19世纪和20世纪之交经济快速发展所产生的大量社会问题催生了20世纪上半叶以批评美国社会为史家责任的"进步主义史学"；"二战"后美国社会经济的繁荣和"冷战"的意识形态对峙孕育了以美化美国传统文化价值为旨趣的"和谐一致论"史学；而60年代的反越战运动、黑人民权运动和女权运动等社会抗议运动又再次让美国史学转向，"新左派"修正主义史学独领风骚若干年。它们构成了20世纪美国史坛的三次大变革。[②]这些"你方唱罢我登场"的史学流派的交替出现，正是史学家们在实用主义史学理念的指导下，对20世纪前60年美国剧烈的社会变动在史学领域做出直接反应的结果。此后，伴随着美国社会多元化的加速发展和其他学科在理论及方法上对历史学不断形成冲击与挑战，美国史学的发展更是呈现出一派百花齐放、诸派共存的独特景象。此时，除"进步主义"史学、"和谐一致论"史学和"新左派"史学依然在各自发展外，历史学与其

---

① John Franklin Jameson, *The History of American Historical Writing*, p.106.

② 罗荣渠：《当前美国历史学的状况和动向》，载《世界历史》，1982年第5期。

他学科交叉融合而产生的“社会科学史学”诸派，如新社会史、新经济史和新政治史等也相继兴起，家庭史、人口史、社区史、企业史、城市史、医院史、监狱史、黑人史、印第安人史、移民史、妇女史、劳工史、儿童史、同性恋史等反映各种各样社会问题的历史形态在美国史坛竞相发展。[①]这不免让我们再次想到大卫·波特在谈及美国历史研究的任务时所下的论断，即“历史学家把注意力放到重要的社会问题上去（不管是否有办法解答这些问题），看来已被公认为他们的思想习惯。……对许多历史学家来说，这意味着历史研究任务的确定将随着他们对社会问题的看法的变化而变化。”[②]

意大利著名历史哲学家克罗齐曾经指出：“一切真历史都是当代史。”[③]此论对美国史学而言尤其贴切。正如格拉布和比利亚斯所言，每一代美国学者都会根据自己的时代需要去重新解读历史，以图能够在历史中探寻到现实问题的成因及其解决之道。[④]自殖民地时期以来的美国史学观点各异、流派纷呈，体现出明显的多元化特征。这种多元化的史学特征，既来自不同史学家相异的史学思想和方法，又来自不同时期美国社会的变迁发展。而不同时代的美国史学家们正是从实用主义出发，把历史研究当成寻求解决当下现实问题的工具和良方，把揭露与剖析现实的政治及社会问题看作史学家们的“社会责任”，[⑤]从而使美国史学表现出不同的时代内容与特色。而正如我们所看到的那样，美国社会一直以来就是一个多元化的社会，即使是处于同一时代的史学家，也可能因为自己不同的利益诉求，而寻求从不同的史学视角去观察当时的社会，从而对历史做出与众不同的解读。因此，多元实用主义可以说是美国史学的一大突出特征。

综上可以看出，对400余年的美国史学来说，多元实用主义的理论取向始终牢牢把控着美国史学不断发展的时代脉搏。而正是在多元实用主义的指导下，美国国家的发展与社会变迁始终成为美国历史书写的不变主题，而不

---

① 何兆武、陈启能主编：《当代西方史学理论》，中国社会科学出版社，1996年，第617页。

② 大卫·波特：《美国历史研究的任务》，公羽译。

③ 贝奈戴托·克罗齐：《历史学的理论与实际》，傅任敢译，商务印书馆，1997年，第2页。

④ Gerald N. Grob, George Athan Billias (eds.), *Interpretations of American History: Patterns and Perspectives*, Vol. 1, 6th edition, New York: The Free Press, 1992, “Introduction”, p.1.

⑤ 里德：《历史学家的社会责任》，见《美国历史协会主席演说集》，商务印书馆，1963年，第14页。

同时代的欧洲史学及文化思潮则给美国历史撰述带来了理论与方法上的深刻影响，从而使其在发展过程中不断产生出铿锵而华丽的交响与变奏。需要指出的是，在我们所论及的美国史学的三个发展特征中，多元实用主义与美国国家和社会的发展往往交织在一起，二者密不可分。不同时代的历史学家们正是受多元实用主义的影响，始终关注着美国社会的发展与变迁，从而推动了美国史学的深入发展，而不同时代的欧洲史学与文化则为美国史学的发展提供了重要的理论和方法支撑。

（徐良，江西师范大学历史文化与旅游学院教授）

理查德·霍夫斯塔特的史学旨趣探究[①]
——以《美国思想中的社会达尔文主义》为例

王生团

摘要：根据"克罗齐命题"，历史学家应把时代精神与历史研究结合起来，为现实社会和政治服务。这种史学理论方法受到美国史学界认可。美国著名历史学家理查德·霍夫斯塔特的经典之作《美国思想中的社会达尔文主义》，充分体现了这种史学研究的旨趣。新政时期现实政治与道德危机，激发了霍夫斯塔特对敌视新政的保守主义进行反思。为了让美国民众清楚地认识这种保守主义，他以科学精神、美国政治传统观念和人文主义精神构建了社会达尔文主义的历史，来折射保守主义抵制新政改革的思想本质。

关键词：美国　"克罗齐命题"　理查德·霍夫斯塔特　社会达尔文主义

对于大部分历史学家来说，现实关怀是研究历史的旨趣所在。历史学家的任务是保存和传承人类共同体的经验和记忆。然而，他们很难照原样传承过去的经验和记忆，因为历史只有进入当前的生活，才会具有真正的意义。[②]

① 【基金项目】本文是教育部人文社会科学重点研究基地重大项目"美国公共价值观悖论研究"（项目编号：15JJD770006）阶段性成果。

② 克罗齐：《历史学的理论和实际》，傅任敢译，商务印书馆，1982年，第1—3页。

这一方面体现了“人类寻求类属身份认同的努力”和“追求某种不朽的愿望”；另一方面也反映了处于各种社会关系中的历史学家，很难摆脱“现实权力关系的制约”，其历史写作难免带有“强烈的政治意蕴”。[①]因此，历史学家研究什么，如何研究，都不可避免地受现实关怀的诱导和现实因素的制约。从这个意义上说，历史是现在与过去互动的产物。[②]而这要求历史学家在写作中必须借助对当前生活的关切来观察过去，基于当前的思想和兴趣来阐释史事。

美国历史学家向来关注现实政治，大多带有或明或暗的政治倾向，希望自己的著述能够对现实政治产生影响。[③]把时代精神与历史著述结合起来为现实社会和政治服务，这是历史学研究的价值旨趣所在。美国著名历史学家理查德·霍夫斯塔特的《美国思想中的社会达尔文主义》[④]一书，就是这种史学旨趣的典型代表。新政时期现实政治与道德危机，激发了霍夫斯塔特对敌视新政的保守主义进行反思。为了让美国民众清楚地认识这种保守主义，他以科学精神、美国政治传统观念和人文主义精神构建了社会达尔文主义的历史，来折射保守主义抵制新政改革的思想本质。

一、“克罗齐命题”与美国进步主义史学家的价值趋向

人们认知中的“历史”这个词，通常指向两个层面的含义。第一，历史单纯指的是发生在过去的事件；第二，历史是指由一群具有专门技艺的人员（历史学家）对过去事件的建构。人们通常接受的是第二个层面上的历史。由于历史学家受现实政治和价值观念等因素影响，他们在历史写作中不是简单地重现过去的事实，而是趋向于把时代精神、现实经验和自身兴趣密切地联系起来。学界把这种研究历史的旨趣称为“克罗齐命题”。这一命题蕴含

---

① 李剑鸣：《“克罗齐命题”的当代回响：中美两国美国史研究的趋向》，北京大学出版社，2016年，引言第3页。

② 柯林武德：《历史的观念》，何兆武、张文杰译，商务印书馆，1997年，第300—303页。

③ 李剑鸣：《“克罗齐命题”的当代回响：中美两国美国史研究的趋向》，第4页。

④ 该著作是学界公认的经典之作，是对美国史学的一大贡献。其在欧美学术界具有很大影响力，一直被学者视作研究社会达尔文主义问题的权威。Richard Hofstadter, *Social Darwinism in American Thought*, Boston: The Beacon Press, 1955；Bert James Loewenberg, “Social Darwinism in American Thought, 1860-1915”, *The American Historical Review*, Vol. 50, No. 4, Jul., 1945, pp.820-821.

了克罗齐重新建构历史学的“基点”。在他的认知中，“这一基点并不存在纯粹的客观的过去，而是存在于现实生活中”，由此提出“一切历史都是当代史”的观点。[①]按照克罗齐的说法，那种一味地编排史料、记述事实的“编年史”，是没有生命的材料堆积，是假历史学；而他主张的是活的历史，即“历史学家要借助对当前生活的关切来观察过去，基于当前的思想和兴趣来阐释史实”。[②]这一历史研究的理论，深刻地诠释了历史学家在研究中如何理解过去与当前的关系。过去的存在只有在现实精神的关怀下才能复活，并具有意义；当前的存在只有赋予过去的历史内涵才具有思想上的穿透力。

在20世纪初期的美国历史研究中，克罗齐的史学观念得到淋漓尽致的展现。这个时代的历史学家对时代精神反应灵敏，充满现实感。他们把现实政治的各种观念和美国历史结合起来进行分析。其中最具有代表性的是以弗雷德里克·特纳、查尔斯·比尔德、弗农·帕林顿等一批专业史学家。由于他们身处美国工业化时代，目睹社会变化带来的矛盾和弊端，也深刻觉察到进步改革家的热情。这些历史学家非常同情进步主义改革，甚至他们也投身于改革运动中。他们在历史写作中，将这种时代精神贯穿其中，“极力地用史学为社会服务，使之成为争取民主，推动改革的工具”。[③]这些历史学家因而获得了“进步主义史家”的称号。显然,进步主义历史学家在建构美国历史时，进步运动时期各种社会、政治改革的观念和价值目标不仅成为他们理解历史的思想基础，而且也是关注现实社会道德的标尺。

进步主义史学治史理念激发了霍夫斯塔特对历史研究价值的思考，促使他以现实政治为出发点“关注美国历史”,[④]并赋予“人文主义精神”[⑤]的关怀。在《美国思想中的社会达尔文主义》一书中，他对社会达尔文主义的研究源于对美国新政时期保守主义的反思。因此，该著作不仅承载着他对现实政治的关怀，也蕴含着丰富的精神内涵。

---

① 王晴佳：《西方的历史观念：从古希腊到现在》，北京师范大学出版社，2013年，第261页。

② 李剑鸣：《“克罗齐命题”的当代回响：中美两国美国史研究的趋向》，引言第1页。

③ 同上，第2—3页。

④ Daniel Singal: “Beyond Consensus: Richard Hofstadter and American Historiography” , *the American Historical Review*, Vol. 89, No. 4, Oct., 1984, pp.976-1004.

⑤ Richard Hofstadter, *Progressive Historians: Tuner, Beard, Parrington,* New York: Knopf, 1968, p.466.

二、新政时期的保守主义与霍夫斯塔特对社会达尔文主义的批判

保守主义是法国大革命时期出现的一种社会思想，发端于英国思想家埃德蒙·伯克对大革命的批判。其核心思想是要维护传统社会和政治秩序的权威、世袭的财产权和宗教传统，反对革命，赞成保守改革。[①]从本质上说，保守主义并不是一种落后的思想，说它保守仅仅是相对于激进主义而言的。其实，它与自由主义一样，保守主义思想中具有现代性的成分。美国的保守主义思想更是具有自由主义元素。这主要归因于保守主义和自由主义两种思想经常发生变化，比如美国革命时期的一些自由观念在工业化时代却成为保守主义的核心内容。从总体上看，美国保守主义立足于原生自由主义这一传统，强调私有财产，市场自由竞争及与之相对应的各种规则，极力反对政府对社会的干预和改革。

从“一战”结束到新政，美国政府奉行自由放任的保守主义政策。然而，1929年大萧条使美国经济陷入崩溃的深渊。这促使罗斯福总统实行社会改革，希望通过积极的政府干预引导美国资本主义发展，却遭到保守势力的顽强抵制。他们认为罗斯福总统的改革措施违反了美国自由主义传统，希望继续维持自由放任的经济政策，并以“生存竞争”“适者生存”为武器为保守主义辩护。与此同时，德国法西斯主义不仅进入美国社会，而且也建立起法西斯组织，叫嚣着用法西斯主义方式解决劳资纠纷。这引起美国中产阶级极度不安。如果这种形势继续发展的话，美国中产阶级所向往的自由和繁荣的社会理想将化为幻影。

新政时期的保守主义泛滥，引起美国中产阶级知识分子对社会现实问题的反思。霍夫斯塔特作为一名有良知的知识分子，他一方面积极地观察美国社会发展，另一方面通过阅读报纸关注国内外政治形势变化。在这个过程中，他对美国当时社会的各种矛盾进行了分析，特别是对新政时期保守主义为什么阻止罗斯福新政的思想动机进行反思。他发现反对新政的保守主义源

① 罗杰·斯科拉顿：《保守主义的含义》，王皖强译，中央编译出版社，2005年。

于内战后赫伯特·斯宾塞的社会达尔文主义在美国的盛行。因为该思想迎合了美国工业化时代的社会需求。美国精英阶层“从自然选择的残酷竞争中看到了美国的形象，并将竞争视为社会进步的动力”；工商业界主导者通过斯宾塞的生存哲学找到了“残酷的商业竞争和毫无原则的政治活动合理性”。[①]霍夫斯塔特比较了社会达尔文主义与反对新政的保守主义，发现这两种思想本质上是一致的。因此，他决定研究社会达尔文主义，以揭露保守主义的实质。正如他后来所说：“促使我成为一名历史学家的，是同当代问题的交战意识。”[②]《美国思想中的社会达尔文主义》是他的第一部历史著作，就是在这样形势下完成的。霍夫斯塔特把对保守主义的反思与社会达尔文主义的解释结合起来，是为了让民众能清楚地认识保守主义的思想本质。

在著作中，霍夫斯塔特首先考察了社会达尔文主义的起源。斯宾塞借助达尔文生物学的科学权威，用进化论解释社会科学。他认为人类社会同样遵循生物界“自然选择”“生存竞争”和“适者生存”法则，因而主张政府在社会经济政策中实行自由放任政策，而把政府的任何改革措施视为违背自然法则。由于美国科学界对达尔文主义的宣传与斯宾塞思想对美国社会精英的吸引，使得社会达尔文主义在镀金时代非常盛行。许多人对斯宾塞的思想充满了兴趣，就连约翰·杜威都毫不吝惜地赞赏说：“在战后30年，如果不掌握斯宾塞的思想，对一个知识分子而言，不可能有活力。”[③]

霍夫斯塔特关注的核心内容是社会达尔文主义对美国社会影响。其主要表现有三点：第一，知识精英将斯宾塞思想与美国文化传统结合起来，构建了一套适合美国文化的社会达尔文主义思想。最典型的代表是威廉·萨姆纳，他把资本主义的新教伦理、古典经济学思想和达尔文自然选择学说相结合起来，为自由竞争的合理性辩护。他认为，市场经济中的竞争是自然界生存斗争的反映，自然界中适者生存法则同样可以看作经济社会的运行法则。他由此提出，“如果我们不喜欢适者生存，我们只有一种选择，那

---

① Richard Hofstadter, *Social Darwinism in American Thought*, p.201.

② David Hawke, “Interview: Richard Hofstadter”, *History*, 3, 1960, p.136.

③ John Dewey, *Characters And Events: Popular Essays In Social And Political philosophy*, Vol.1, New York: Henry Holt and Company, 1929, pp.59–60.

就是不适者生存；前者是文明社会的规律，后者不是文明社会的规律。”[①] 第二，美国工商业界的巨头借用斯宾塞思想所营造的科学氛围，鼓吹自由竞争和自由放任政策。[②]这不仅可以为“严酷的社会阶层分化的合理性辩护，并调和与平等主义意识形态之间的矛盾”，[③]也可以抵制社会中下层越来越多的改革诉求。[④]第三，在19世纪末期，美国政治家和知识界借用社会达尔文主义鼓吹种族主义和帝国主义扩张。以总统西奥多·罗斯福、福音派教会乔塞亚·斯特朗与哥伦比亚大学教授约翰·伯吉斯为代表的种族主义者，把“适者生存”法则应用到种族间的竞争中，为美国的扩张行为的合法性进行辩护。[⑤]

从内战后到“一战”结束是社会达尔文主义在美国最受欢迎的时期，但是随着进步运动对社会改革的呼吁和“一战”结束后军国主义的暂时沉寂，社会达尔文主义开始走向衰落。然而，这并不能意味着社会达尔文主义彻底从历史舞台上消失。霍夫斯塔特意识到：“只要社会上存在弱肉强食的因素，社会达尔文主义会以个人主义或帝国主义的形式复活，就很有可能。”[⑥]在罗斯福新政很难在短期内取得成效的情况下，面对保守主义的阻挠和法西斯势力的叫嚣，霍夫斯塔特清楚地觉察到社会达尔文主义的思想火焰很可能在美国复燃。因此，他以批判的精神来考察社会达尔文主义及其对美国社会的影响，以告诫民众警惕这种思想的危险性。

霍夫斯塔特给自由放任主义、种族主义和帝国主义冠以“社会达尔文主义”名称，是为了加强对保守主义批判的感情色彩。“社会达尔文主义”这个术语出现于19世纪80年代，是学者批评达尔文主义被误用于社会思想中的产物。这个术语自产生之日起，就蕴含着受人诟病的含义。1897年意大利社会学家、经济学家阿西尔·罗里亚出版了《当前社会问题》一书，针对斯宾

① Richard Hofstadter, *Social Darwinism in American Thought*, pp.51–52.

② Ibid., pp.7–8.

③ David L. Sills, *International Encyclopedia of the Social Sciences,* Vol.14. New York: Macmillan Company & The Free Press,1968, p.402.

④ William G. Sumner, *The Challenge of Facts and Other Essays*, New Haven: Yale University Press, 1914, p.68.

⑤ Barry Werth, *Banquet at Delmonico's: the gilded age and the triumph of evolution in America*, Chicago: University of Chicago Press, 2010, p.304.

⑥ Richard Hofstadter, *Social Darwinism in American Thought*, p.203.

塞用达尔文主义为自由竞争进行辩护的现象给予批评。他指出“斯宾塞把社会规律等同于自然规律，是一个错误的观点”；并认为斯宾塞反对济贫法的思想是“残忍的结论”。[①]霍夫斯塔特用带有贬义的“社会达尔文主义”术语指称与保守主义具有思想联系的自由放任主义、种族主义和帝国主义，表明了他对保守主义的反感和轻蔑。他指出：“在美国历史中长期存在保守主义，其利用达尔文主义塑造的观念作为思想工具，去维护自由放任主义政策，只是后来这种类型的社会思想呈现出一种清晰而易辨认的形式，被贴上了社会达尔文主义的标签。”[②]

由于对现实政治的关怀，霍夫斯塔特对保守主义和社会达尔文主义之间关系的本质进行批判性揭示。他指出：“在美国保守主义的思想史上，社会达尔文主义是最能让人们察觉的，那些希望为自由放任的保守思想辩护的人，首先利用达尔文主义塑造的观念作为社会辩论的武器。”[③]在霍夫斯塔特看来，社会达尔文主义作为一种“世俗哲学”，支持“无限制的自由竞争”和“粗犷的个人主义”，与“美国社会传统中的右派致力于财产保护而缺乏公众事宜的热情及对人民民主的冷漠”等文化特质相关。[④]后来随着民众的批评，支持自由竞争的社会达尔文主义走向衰落。但“种族主义和帝国主义开始兴起”，达尔文主义“适时地为民族间意识冲突提供理论依据”。霍夫斯塔特强调，“在帝国主义矛盾丛生的时代”，“适者生存”思想能“鼓动和宣传军国主义思想”，“为帝国主义在国际社会的竞争提供理论辩护”。[⑤]

最后，霍夫斯塔特站在科学和道德的立场对社会达尔文主义的落后性和保守性进行批判。由于社会达尔文主义者把竞争作为自然的根本法则和社会进步的条件，为美国工业和商业中的弱肉强食行提供道义上的支持，成为保守主义维护自身利益的有力武器。在霍夫斯塔特看来，这些思想在根本上违反了科学和理性精神，忽视了“社会大多数人的幸福才是根本的善”这一最

① C. R. Henderson, “Review of Problimes Sociaux Contemporains” , *American Journal of Sociology*, Vol. 3, Jul., 1897, pp.115–120.

② Richard Hofstadter, *Social Darwinism in American Thought*, p.5.

③ Ibid., p.5.

④ Ibid., pp.4–7.

⑤ Ibid., pp.202–203.

高道德原则，必然会引起社会矛盾。他高屋建瓴地指出："人类的幸福是社会有机组织的结果，社会进步是科技和社会组织化的结果，而不是选择性的繁殖或者灭亡。人、企业、国家的竞争应立足于社会，而不是生物。在自然和自然哲学中，如果没有普遍的善作为道德标准，注定不会受到广泛认可。"[①]显然，霍夫斯塔特从科学和道德的高度批评了社会达尔文主义，从而表明他对抵触新政改革的保守主义所持的厌恶情绪。

霍夫斯塔特通过对新政时期保守主义的反思，并将其历史源头追溯到社会达尔文主义，从而为批判保守主义提供了丰富的历史内涵；同时，他以现实政治为出发点来构建社会达尔文主义的历史，从而为历史研究赋予了重要价值和意义。

三、霍夫斯塔特构建社会达尔文主义历史的精神内涵

在克罗齐的历史哲学中，历史演化是一个流动的、相对的过程，而精神是永恒的。这种永恒精神反映了人类本质价值，不会随着历史发展而改变，而历史只能承载这些永恒精神向前发展。一个真正历史学家的工作就是挖掘历史观念内部联系，并"将自身投身于这种精神活动中"，[②]以展现出精神的现实性。霍夫斯塔特在社会达尔文主义研究中，以科学精神、美国政治传统观念与人文精神作为基点，从历史的语境中将保守主义的真实面目层层剥离出来。

1. 以科学精神评判社会达尔文主义

达尔文提出的生物进化论被恩格斯誉为19世纪自然科学的三大发现之一。该理论不仅是物种进化的生物学理论，而且也是新的世界观。其重要意义在于达尔文用自然选择理论解释物种进化和多样性的原因，对当时占主导地位的神学世界观造成重大冲击。达尔文进化论引起人类知识和世界观的巨

---

① Richard Hofstadter, *Social Darwinism in American Thought*, p.204.

② 何兆武：《历史与历史学》，湖北人民出版社，2007年，第101页。

大进步，但斯宾塞等人用进化论解释人类社会运行是否具有科学性需要用科学精神来衡量。科学精神是理性精神，是以理性的原则认识事物真相的思维方式。因此，霍夫斯塔特以科学精神评判社会达尔文主义的本质及其对美国社会的影响，为美国民众了解新政时期的保守主义具有重要意义。

首先，霍夫斯塔特从斯宾塞思想的构成要素来衡量其是否具有科学性。斯宾塞把物理学中的“能量守恒定律和生物学中的进化论”结合在一起，提出社会普遍进化理论。社会进化论是从表面上用科学理论解释人类社会的发展规律。然而，这种社会进化论更多地依赖牛顿时代过时的哲学思想，因而将社会进化论变为一种意识形态，而不是科学理论。例如他把生物学中的有机体概念机械地应用到人类社会，提出社会有机体学说，这自然会引起人们质疑。因为他只是对生物与社会进行机械类比，便提出社会有机体学说，明显缺乏科学基础。霍夫斯塔特直接指出：“他的社会有机体概念是一个可以被普遍理解的经济学产物。”[①]最重要的是，他的进化思想并非只来自达尔文，还包含了前达尔文时代的哲学思想。拉马克的“获得性遗传理论”和“环境决定论”的观点也被斯宾塞引入社会进化的解释中，以强调社会自身能惩恶扬善，最终让最适者保留下来。但拉马克的这种观点以思辨哲学为基础，缺乏科学依据。尽管斯宾塞把达尔文的进化论作为科学依据，但其社会进化论的思想核心仍是以拉马克哲学为主体。因此，有学者提出“用社会拉马克主义代替社会达尔文主义”。[②]由此可知，霍夫斯塔特对斯宾塞思想构成元素的科学评判，其目的是要说明社会达尔文主义作为自由放任主义、种族主义和帝国主义的科学依据是缺乏合理性，其仅仅是保守主义者用达尔文进化论所形成的科学氛围为不同的意识形态辩护。

其次，霍夫斯塔特通过考察科学界对斯宾塞思想的批评，来衡量社会达尔文主义是否具有科学性。英国博物学家托马斯·赫胥黎是达尔文进化论最积极的倡导者，他针对斯宾塞用达尔文理论解释人类社会现象提出批评。霍夫斯塔特借赫胥黎的思想解释道：人类社会非常复杂，“建立在不同的生活

---

① Richard Hofstadter, *Social Darwinism in American Thought*, pp.36–37.

② Derek Freeman, “The Evolutionary Theories of Charles Darwin and Herbert Spencer”, *Current Anthropology,* 15, 1974, pp.211–237.

习惯、欲望与思想基础上”，因而，“自然环境中的适者生存与人类社会中适者生存是不同的”。[①]莱斯特·沃德是美国社会学的创始人，1907年他在《生物学和社会学中的斗争》中指出，生物学的概念不能为自由放任、种族斗争和国家侵略行为辩护，尤其极力反对“达尔文主义的术语用于种族斗争中”。[②]霍夫斯塔特在著作中专门用一章的内容介绍沃德对社会达尔文主义的批评。这充分说明了霍夫斯塔特希望借助美国社会科学的观点来证明社会达尔文主义不具有科学性。

通过科学分析，霍夫斯塔特指出，社会达尔文主义“不符合科学精神”，将社会达尔文主义应用到人类社会的那一代美国人，“使知识蒙羞”。[③]

2. 以美国政治传统观念评判社会达尔文主义

美国是一个文化多元的社会，不同个体和群体在价值认同方面存在较大差异。但自由却是美国人“自我感觉和意识”中最为认同的概念。[④]主要表现为个人自由和权利受到保护，尊重个体的尊严与平等权利，反对社会特权等级等。这些价值观念形成于美国革命和建国时期，反映了美国中产阶级政治意识中的道德价值和政治理想。随着美国社会经济、政治的发展，这些价值观融入所有美国人意识中，成为美国政治传统观念。

霍夫斯塔特出生于中产阶级家庭，是在进步运动时代的思想环境中成长起来的知识分子。他的政治感情建立在中产阶级“自由的，即平民主义的、民主的、进步的”改革传统基础上。正如他所说，“没有持续的反对、抗议和改革，整个美国就像一片荒芜的丛林”。[⑤]进步运动是美国中产阶级知识分子对工业化所引起的社会危机提出的批评和抗议运动，以恢复中产阶级理想中的社会秩序。社会批评家亨利·劳埃德写道：“自由产生财富，财富毁坏了自由”；他对当时无限制竞争思想提出批评，“我们发现竞争杀死竞争，公司

① Richard Hofstadter, *Social Darwinism in American Thought*, p.139.

② Lester F. Ward, “Social and Biological Struggles”, *American Journal of Sociology*, Vol. 13, No. 3, Nov., 1907, pp.289–299.

③ Richard Hofstadter, *Social Darwinism in American Thought*, pp.3–4.

④ 埃里克·方纳：《美国自由的故事》，王希译，商务印书馆，2005年，序言第8页。

⑤ 理查德·霍夫斯塔特：《改革时代：美国的新崛起》，俞敏洪、包凡一译，河北人民出版社，1989年，第9、13页。

变得比国家还强大”。[1]霍夫斯塔特深受进步运动时代知识分子的影响，因而对维护美国传统社会秩序的行为充满好感。然而，1929年的经济危机，造成大量工厂破产和工人失业。面对国内混乱的市场秩序和各种保守思想，尤其是法西斯进入美国思想市场的情况下，社会精英积极地思考着如何保护美国自由、民主的政治传统。由于霍夫斯塔特对罗斯福的新政改革充满信心，相信新政能够巩固美国自由社会的根基，能引导美国走出危机。所以，他以历史理性分析反对新政的保守势力，希望从历史材料中为现实政治提供富有创建性的思想。他很快从镀金时代的社会达尔文主义思想中找到保守主义的根源。显然，他对社会达尔文主义的研究，是为了“折射保守主义对新政自由改革的阻挠”，[2]使人们清楚认识现实政治。

霍夫斯塔特通过考察社会达尔文主义对美国市场经济的影响，揭示了社会达尔文主义如何悖逆了美国社会的传统精神。在美国工业化时代，垄断资本家对市场的控制，引起许多小资产阶级和工商业主破产，中产阶级向往的公平自由的市场秩序被垄断资本家所操纵，社会不平等现象越来越严重。这引起了中产阶级不满，并极力要求改革这种不利局面。而垄断资本家以社会达尔文主义为武器，提出市场竞争的失败者和穷人是“适者生存”原则作用的结果。然而，霍夫斯塔特认为，社会达尔文主义以自然法则作为人类社会的运行规则，违反美国人珍视的传统价值观念。他针对萨姆纳抵制社会改革的保守主义，批评道：“萨姆纳对美国传统思想的抵制，明显反映了对美国民主的质疑。”[3]霍夫斯塔特对萨姆纳思想的评价，是以维护美国传统精神为目的。因此，他对保守的自由放任主义及作为其哲学基础“适者生存”进行批判，是为了引起美国民众对传统精神的认同。他相信“当美国人兴致勃勃地倾听着对社会达尔文的批评时，去彻底摧毁社会达尔文主义脆弱的逻辑结构是非常容易的，也能够很容易地说服美国人认识到社会达尔文主义是多么的荒唐可笑。”[4]

---

① Henry D. Lloyd, *Wealth against Commonwealth*, Englewood Cliffs, NJ: prentice-Hall, Inc.1963, pp.9, 159.

② Thomas C. Leonard, “ Origins of the myth of social Darwinism: The ambiguous legacy of Richard Hofstadter's Social Darwinism in American Thought” , *Journal of Economic Behavior & Organization*, 71, 2009, pp.37–51.

③ Richard Hofstadter, *Social Darwinism in American Thought*, p.60.

④ Ibid., p.202.

3. 以人文主义精神评判社会达尔文主义

历史学家的人文主义精神主要体现为对于现实政治和道德的关怀。霍夫斯塔特对社会达尔文主义的研究，正是这种人文主义精神的体现。正如他所说，“我要从事的是对时代反思性的研究，深受新政时代政治和道德争议的影响。”[①]在霍夫斯塔特看来，人文学者的天职是以怀疑精神探寻事件的真相和缘由，并以纠偏的精神进行重塑。在新政改革时期，霍夫斯塔特从保守势力反对新政的言论和行为中，发现美国社会出现了政治和道德危机。保守势力趁经济危机造成的社会混乱，借机煽动民众的不满情绪。密歇根州的天主教神父查尔斯·库格林在德国纳粹势力支持下，成立了“社会正义同盟”，公开进行排犹活动，并借助哥伦比亚广播电台，猛烈指责新政的“犹太人纲领”，要求罗斯福政府效法德国。库格林的法西斯言论与行为不仅悖逆了美国社会的传统道德和价值观，而且也与欧洲法西斯势力遥相呼应，出现了危及美国政治传统的法西斯行为。例如，在亚巴拉马、阿肯色、佛罗里达出现私刑，哥伦比亚大学生为捍卫言论自由和出版自由遭到殴打。在欧洲法西斯势力泛滥的形势下，霍夫斯塔特担心抵制新政的保守思想可能进一步激发极端种族主义和暴力冲突。因此，他认为“新政改革不仅是解救美国经济-政治危机的一剂良药，而且还是一次关乎美国伦理道德的艰苦考验”。[②]

作为一个具有批判精神的知识分子，霍夫斯塔特对政治现实和道德困境的关注激发了他研究社会达尔文主义的兴趣。霍夫斯塔特以美国法西斯势力反犹太人为立足点，考察了种族主义在美国历史的发展。他发现在美国历史上一直存在着鼓吹种族优越论的思想。尤其是在美西战争前夕，以阿尔伯特·贝弗里奇等政治领袖借用“生存竞争”“适者生存”术语，为帝国主义扩展大造舆论，鼓吹盎格鲁-撒克逊种族优越论，为扩张行为寻求道德上的合法性。其逻辑基于两点：第一，世界上各个种族永远处于斗争状态，强大的种族能够在斗争中幸存下来，而弱小的将在斗争中失败，种族间的生存斗

---

① Richard Hofstadter, *Social Darwinism in American Thought*, 作者注释。

② 陈茂华：《理查德·霍夫斯塔特的史学思想研究》，复旦大学博士学位论文，2005年，第65页。

争有利于推进人类文明的进步；第二，先进种族对落后种族的侵略是“高贵的野蛮”。[1]霍夫斯塔特对社会达尔文主义研究目的，是为揭示这种思想对美国社会意识形态产生的影响。他指出，“在美国，从生物学角度鼓吹种族主义思想，为美国煽动军国思想的政治领袖提供了一个实证基础，并在这种基础引导下，民众心理被达尔文化。”[2]由此可知，霍夫斯塔特对美国历史上的种族主义和军国主义的分析，是为揭示敌视新政的法西斯思想是种族主义和军国主义的变种，是社会达尔文主义意识形态作用的产物；更重要的是，他要提醒民众，这种意识形态不仅悖逆了美国传统社会自由和民主的意识形态，而且危机到人类社会的普遍道德伦理。

（王生团，重庆师范大学历史与社会学院讲师）

① E. Franklin Frazier, “Review: Colonial Administration” , *The Journal of Negro Education*, Vol. 7, No. 2, Apr., 1938, pp.196–197.

② Richard Hofstadter, *Social Darwinism in American Thought*, p.192.

评论 | Review Articles

评雅克·勒高夫的《中世纪文明（400—1500年）》[①]

马 锋

摘要： 法国年鉴学派代表人物雅克·勒高夫的《中世纪文明（400—1500年）》是新史学的重要著作。该书的价值在于既能够重构研读者的认知结构，又尝试解决史学可读性与科学性的矛盾。该书反映出勒高夫的治史特点：视野开阔，善于运用心态史的独特视角，语言富有哲理性，研究态度具有客观性。然而，作者的研究价值取向仍存在一定的不足之处。总之，该书对于读者了解年鉴学派的特征和新发展方向具有重要的意义。

关键词： 雅克·勒高夫 《中世纪文明（400—1500年）》 新史学

法国年鉴学派第三代代表人物雅克·勒高夫的代表作之一《中世纪文明（400—1500年）》[②]的中译本终于能够出版。这对于喜欢中世纪西欧史的中国读者而言是一件幸事。这部著作分为两部分：第一部分阐述中世纪西欧的历史进程，第二部分阐述中世纪西欧文明的重要因素。第二部分的内容最能够

---

① 【基金项目】本文为国家社会科学基金重大项目“拜占庭历史与文化研究”（项目编号：14ZDB061）子课题“查士丁尼时代与拜占庭帝国国家建设研究”；陕西省社会科学基金项目“拜占庭帝国与萨珊波斯帝国关系研究——中部丝绸之路西段通道研究”（项目编号：2016H006）；陕西省教育厅2015年专项科研计划项目（人文社科类）“文明互动视野下的查士丁尼王朝拜占庭帝国军事战略形成研究”（项目编号：15JK1722）项目研究成果。

② 雅克·勒高夫：《中世纪文明（400—1500年）》，徐家玲译，格致出版社，2011年。

体现以勒高夫为代表的第三代年鉴学派的特点。它既有年鉴学派整体史观，关注下层社会的特点，又有勒高夫提倡的心态史研究视角。这部书体现了他的“新历史”的特点，特别是他强调的形象和想象的作用。[①]《中世纪文明（400—1500年）》是勒高夫“新历史”观念的具体性展现，易为读者领悟。它呈现出勒高夫对年鉴学派的特征总结和新发展方向的探索，也反映出西方新史学发展的内容。因此，这部书可称为其最重要的代表作之一。

一、《中世纪文明（400—1500年）》对史学发展的贡献

其一，该书的最大价值是重构研读者的认知结构。这本书能够给已具备一定中世纪知识的研读者许多启迪，使读者重新认识中世纪西欧社会。作者认为中世纪天主教会存在理想性与现实性的冲突。基督教理想号召教会保持富人和穷人之间、农民和领主之间的均衡。它应该确保社会三元模式的和谐。然而在现实中，教会最经常地选择站在压迫者一边。因为教会在世俗世界表现活跃，形成了一个在上帝恩泽下享有特权的社会阶层。它自然倾向于它实际立足的一方[②]。该书力求真实全面地解读中世纪社会深层次的内涵，有助于重新构建后人对中世纪社会的认知，体现出了史学求真的本质要求。例如，该书客观地分析了中世纪西欧社团的作用和局限，归纳出社团的不平等性特质。作者认为，当他们变成了有组织的社团后，“邻里”就发展成了一种阶级结构，一种好人（即高尚人）的群体。在城镇中，确保其成员受到经济、身体及精神上保护的行会和兄弟会也同样不是平等的机构。自治系统有助于社会的不平等。社团是等级体系的代表[③]。这些论断都明显不同于学界的主流观点，会警醒读者审视自我的固有认知。该书关注中世纪西欧多方面的内容，囊括了物质层面和精神层面，是研究中世纪西欧社会史、经济史、心态史、文明史的重要参考书。该书对多方面的问题提出大师级的精辟观点，许多论断具有穿透力和令人叫绝的说服力。

---

① 周莽：《“新历史”与另类的勒高夫》，载《中华读书报》，2002年4月24日。

② 雅克·勒高夫：《中世纪文明（400—1500年）》，徐家玲译，第345页。

③ 同上，第312页。

其二，作者在行文中努力尝试解决史学可读性与科学性的矛盾。作者在正文中使用大量不为人重视或不为人知的社会史文献及文学作品与民间传说甚至是吟游诗人的作品，却未能详细地注明出处或所用版本方面的信息。这虽然对于专业研究者而言有莫大的遗憾，但是这却不能不说是解决历史著作可读性与科学性之间悖论的一种尝试。年鉴学派代表的新史学具有强烈的技术主义和唯科学主义的特征，忽视了历史学的人文性。以勒高夫为代表的第三代群体开始注意改变这种倾向，强调政治史和事件史的回归，强调使用新的叙述方式增强可读性。读者通过研读文本可以发现，书中的引文按照行文的需要融入全文中，感觉不到引用的痕迹。读者犹如聆听一位渊博的智者用哲理性的语言生动讲述中世纪西欧社会的风云变幻，虽深刻但不难理解。这种风格展现了史学艺术性与科学性的完美结合。勒高夫如此谈论新型的叙述史："它仍具备让人赏心悦目的特点，但涉足的是意义重大的题材而且奠基于严肃的科研成果之上。"[①]叙述是一种以问题为中心，有主题有论点的叙述。叙述包容在分析之中，构成了解释的一种形式。[②]

二、《中世纪文明（400—1500年）》凸显的作者研究特点

首先，作者力求以开阔的视野还原中世纪西欧生活的本色。作者客观研究中世纪西欧普遍性的现象和事物。强调一般性和集体的现象是年鉴学派的特征。作者从技术层面、经济层面、艺术层面以及科学技术的引入等方面论证了中世纪西欧贫穷、野蛮、傲慢和自我封闭的特征。作者认为西欧的发展得益于古代和其他世界异教信仰的长期哺育、教导。[③]史学研究的本质是求真，需要研究者尽可能地去除主观判断的干扰，力求接近客观真实。作者认为："以现在的历史知识状况，对于中世纪西方农业产量数值上的计算，无论如何是不能实现的。仅可以依照一种不完全的、粗略的方式遵循一条线索，

---

① 雅克·勒高夫：《〈年鉴〉运动及西方史学的回归》，刘文立译，载《史学理论研究》，1999年第1期，第123—129页。

② 徐浩、侯建新：《当代西方史学流派》，中国人民大学出版社，1996年，第176页。

③ 雅克·勒高夫：《中世纪文明（400—1500年）》，徐家玲译，第155页。

即我们已经谈过的产量的增加。”[1]作者的观点既是一种基于学养的判断，又是回归客观历史环境的思考。

其次，作者研究态度的客观性。研究中西比较的中国史家习惯强调中国的优越性（某项技术发明领先西欧多少年），同时又有强烈的自卑感（认为中国虽然某项技术发明领先世界，但是推广缓慢。直到西欧人改进后大规模推广才发挥其价值）。[2]这种看似矛盾的观念是中西比较史研究的常态。该书有关物质文明的部分展示给读者新的观感。其实西欧的技术是以整个地中海世界的传统物质基础为载体。这些技术在上古时代已经出现，并有论述其相关科学原理的记载。中世纪西欧人只是简单地模仿，最多只是在西欧某些区域，某个层面推广。[3]通过客观史实的对比，读者可以发现中国（或东亚）在技术发明领域并非整体上领先于地中海世界（该地区是人类文明已知的最早发生地），同时中世纪西欧技术停滞的情况更甚于古代中国。

再者，该书的语言比较哲理化。作者谈道：“时间能将一切事物理想化，它仅仅通过将耐久的部分留存下来，并消灭易于消亡、几近全部的部分，就将过去的材料理想化了。”[4]这些哲理性的语言与作者娓娓道来的论述相结合，并不会给读者造成艰涩难懂之感，反而会激起读者更多的共鸣，沉默思考后甚至会升华读者的史学认识能力。语言的哲理化体现出作者对相关问题认识的深邃程度。

最后，作者观察视角的独特性。作者最独特的视角是用心态史的眼光来看待中世纪西欧人对社会的认知。这也是本书的精华，体现出作者作为心态史大师的风范。该书的第九章（心理、情感和生活态度）最能够体现心态史学的研究特点。勒高夫认为，“心态史应当是一种社会史，因为心态是与社会环境相关联的。”[5]心态史研究的对象是“历史中的人”，是整个社会群体，而非个体。另外，本书将线性的时间观和空灵的空间观剪碎，关注个别时间

① 雅克·勒高夫：《中世纪文明（400—1500年）》，徐家玲译，第265页。
② 比如史学界对火药、印刷术的产生和影响的传统认识。
③ 雅克·勒高夫：《中世纪文明（400—1500年）》，徐家玲译，第214—222页。
④ 同上，第227页。
⑤ 雅克·勒高夫：《〈年鉴〉运动及西方史学的回归》，刘文立译，第123—129页。

段、为人所忽视的小地域，以及鲜为人知的历史事件和人物。[①]这又体现出“新历史”研究的观察视角。勒高夫所言的“新历史”的几个关键词：大跨度、结构性、人类精神、物质文明、历史人类学、边缘人群、形象和想象等都在书中凸显。由总体历史变为“碎化”的历史是第三代年鉴学派群体的发展趋势之一。但是，年鉴学派并未抛弃总体历史观，“通过国际间合作、按问题而逐步推进的总体史研究，仍是有待达到的目标”。[②]

三、《中世纪文明（400—1500年）》的不足之处

在传统的西方史学史中，学人更多地关注勒高夫作为年鉴学派第三代领军人物对史学发展做出的贡献，较少关注勒高夫史学研究中的价值取向问题。笔者在研读《中世纪文明（400—1500年）》后认为作者的研究价值取向有值得注意之处。作者的立足点有二：一是法兰克-法兰西为中心的观察视野；二是天主教-新教的价值判断。

作者的视野集中在法兰克-法兰西的范畴。他的观察视角是法兰克人的成长。什么内容能够进入本书是取决于法兰克人是否与其发生过某种联系。作者以法兰克-法兰西为中心的观察视野很容易被读者发现，在该书第三章基督教欧洲的形成部分尤为明显。这部分的内容实际上是指法兰克天主教徒的扩张历史。

另外，作者有明显的天主教-新教的价值判断导向。虽然作者对天主教行为的评判相对比较客观，但是在潜意识中是站在虔诚天主教徒-新教徒的立场来看待天主教、东正教、异教，以及基督教异端等问题。中世纪的西欧人无论是罗马教廷的信徒还是异端都是基督教徒。他们的行为都是站在维护基督教利益基础上的价值判断。这也是作者价值观的真实写照。在基督教徒的是非判断中，判断的标准就是评判对象对基督教的态度。作者在批判西哥特王国国王干涉教会事务时就明显体现了这方面的缺点。作者认为刚刚皈依

---

① 雅克·勒高夫：《中世纪文明（400—1500年）》，徐家玲译，第452页。

② 雅克·勒高夫等主编：《新史学》，姚蒙译，上海译文出版社，1989年，第36页。

了天主教的君主无权掌控教会。作者潜意识中认为这是不合理的，不符合传统的基督教社会对政教关系的正统性规定。[①]然而，作者的这种认识显然潜意识地否定了君士坦丁大帝（Constanine the Great，272—337）的实践。君士坦丁大帝确立的"政教协调原则"赋予君主管理教俗两界的最高仲裁权和统治权。[②]而且，他主持召集尼西亚大公会议时还不是一个基督徒。君士坦丁大帝的亲身实践早已经告诉后人：君主凌驾于教会之上，管理教会事务本是历史上的正统原则。即使是在中世纪的西欧，君主对教会的控制也是依历史客观环境的变化而变化。作者不太可能不知道君士坦丁大帝处理政教关系的原则，更好的解释只能是作者思考问题的潜在判断标准是天主教会的所谓正统思想。作者这种潜意识的偏见一定程度上降低了论述的客观性。

除了作者的立足点之外，该书还有一些需要注意之处。作者是一位研究中世纪西欧史的大家，对相关问题的论述十分精彩，但是对其知识范围之外的历史判断常有不妥之处。作者对罗马帝国的许多论断值得商榷，尤其是关于罗马帝国是否有价值，是否有创新，以及对于罗马城镇功能的判断明显有一些偏颇。

这些缺陷伤害了作品所具有的客观性优点。作者潜意识的天主教正统性思维，使其客观性蒙上阴影。作者在第六章对基督形象演化的分析明显体现出这种深层次的内在矛盾。作者在思维方式上是从历史主义的视角来观察基督形象的变化，作者从感情色彩上是从教会正统原则来规定语言色彩。[③]然而，我们不应该苛求前人。虽然作者是一位20世纪著名的史家，但是他首先是一名基督教徒。他的宗教感情、民族感情、教育背景和社会环境影响了他的价值判断。

四、余论

一部经典的流传程度不仅取决于作者的水平，而且译者的专业水平和负

---

① 雅克·勒高夫：《中世纪文明（400—1500年）》，徐家玲译，第35页。
② 徐家玲：《拜占庭文明》，人民出版社，2006年，第331—333页。
③ 参见雅克·勒高夫：《中世纪文明（400—1500年）》，徐家玲译，第155—165页。

责态度也是重要的因素。许多世界级大师的作品之所以能够在全球受到广泛欢迎，主要是基于这两个因素。这部书的优点和对学界的贡献已有论断。而译者的功劳同样不能忘记。该书的翻译体现了两个重要特点：其一，译者的注解增强了全书的可读性。例如，译者对“海外”“罗曼尼亚”的注解。译者认为此处的“海外”特指十字军在中东建立的“海外领地”;“罗曼尼亚”不是指现代国家罗马尼亚，而是特指罗马或者君士坦丁堡城及其近郊地区。[①]其二，译者注意以专业的水准纠正原文的错误。例如,译者更正了原书有关378年亚德里亚堡战役的史实错误，指出在此次战役中战败的罗马皇帝是瓦伦斯（Valens，364—378），而不是原书所言的格拉先（Gratianus，375—383）。[②]译著的这两个特点也反映出译者对作者、对学界的负责态度。当然，偶有瑕疵也可谅解，希望再版时能够尽善尽美。

（马锋，西北大学历史学院讲师）

① 雅克·勒高夫：《中世纪文明（400—1500年）》，徐家玲译，第235页。
② 同上，第5页。

何以“深历史”？

——《深历史：过去和现在的构筑》读后

万　澍

在21世纪之交，西方史学界风起云涌。有一批历史学家试图打破现代史学对于历史时空范围的限定，将人类放归生命乃至宇宙的演化之中加以理解。其中杰出的代表，包括主张“大历史”的大卫·克里斯蒂安和宣扬“深历史”的哈佛大学考古与历史学教授丹尼尔·罗德·思麦尔（Daniel Lord Smail）。关于前者，国内学界近年已多有关注；相较之下，“深历史”则关注寥寥。有感于此，向国内引介此说十分必要。作为该学说的重要文献，2011年出版的《深历史:过去和现在的构筑》[①]，则是我们了解“深历史”及其主张的一个合适起点。

《深历史》的内容主要描述和分析了人类出现以来的历史。面对如此宏大的主题，书写者一般采取沿地域和编年展开的体例，概述人类历史上的重要事件和基本趋势。威廉·麦克尼尔的早期名著《世界史》（*A World History*）和斯塔夫里阿诺斯的《全球通史》如是。与之不同，思麦尔等人则采取按主题写作的方式，并将篇幅集中用于比较分析人类历史的动态一致。一般认为，从智人到我们现代人，人类从身心到物质生活都发生了巨大变化。但是，在“深历史”学者看来，两者变化的方式且可资比较且类似。

在第三章“身体”中，“深历史”学者提出，无论是原始人的脑容量增大与古代文明的偶像崇拜，或是近代欧洲的身体“规训”和现代人的削鼻隆

① Andrew Shryock, Daniel Lord Smail (eds.), *Deep History: The Architecture of Past and Present,* Berkeley, Los Angle and London: University of California University Press, 2011.

胸，其本质都是人类对外部社会和自然环境的适应。[1]在第四章“能量和生态系统”中，思麦尔教授等人提出，无论原始人类的集体捕猎到现代社会组织的“社会网络”发展，从“农业革命”到今天育种选优，“无论在全球还是地方层面，人类都不是重塑环境的唯一力量”。[2]第五章则分析了人类语言的共性。在第六章“食物”中，思麦尔教授等人指出从食用熟食、农业革命到“大西洋交换”，食物在人类历史中绵延着核心地位。移步第七章“深亲缘”中，思麦尔教授等人将目光投向了人类的血缘关系。他们主张以神态学、生物学的角度重新审视“亲缘”，视它为“人类与他们通过交易和驯养动植物所造就客观世界之间共同进化的结果”。[3]在该书的第八到十章，思麦尔教授等从人类迁徙、商品交流和人口增加等角度，论证现在的全球化始于原始社会。这一观点，在全球史研究中已成共识，此不赘言。

通过阅读此书，我们不难发现“深历史”书写的主要特点。首先是跨学科特性。“深历史”与克里斯蒂安所主张的“大历史”一样，都强调打破专业化史学的樊篱，让不同学科的学者参与到历史研究中。自兰克以来的史学专业化和学科化，在精进“技艺”、推动学说/学派迭起、构建学术共同体的同时，也带来了许多问题。其中之一，就是书写权力的垄断倾向，专业学家成为克里奥女神的祭祀。早在20世纪中期，年鉴学派的布罗代尔就已表达对此种情形的不满，并试图加以改变。但是，直到今天依然时常听到学界内“跨学科”研究的呼吁，可想而知垄断的情形大体不变。在实践上，与布罗代尔相通，思麦尔也邀请大量来自其他学科的参与历史书写。《深历史》的作者群体囊括了来自人类学、艺术学、考古学、地理学、语言学、文学、进化生物学等多学科的专家。

这种多元化的书写也是“深历史”主要诉求，即打破“史前史”和“历史”两者的樊篱，奠定必要的基础。一般而言，文字的出现和使用并被视为史前史和历史的分界点。按照思麦尔等人的观点，这种界定乃是现代性的产物。他认为，这种人为的划分依据不足：文字在人类史上的地位并没有那么显赫，只能算是人类发展的标志之一。更重要的是，人类在这两个阶段进化

---

① Andrew Shryock, Daniel Lord Smail (eds.), *Deep History: The Architecture of Past and Present*, p.75.

② Ibid., p.80.

③ Ibid., p.188.

及其表现并无显著差异。换而言之，今天人类所创造物质和文化财富，依然是进化的结果。因而“进化”构成了这部“深历史”的主线，串联智人以来的人类历史。无论是农业的诞生还是人类社会性的发展，都是人与其他动植物“共同进化”的结果。

不过最近几年，“深历史”的研究重点已经转向了“神经史”（Neurohistory）。这一提法最早出现在思麦尔于2008年出版的专著《论深历史与大脑》[①]中。在该书的第四章“新神经史”中，他提出历史研究应当引入神经科学的角度，“神经史学的方法包括了对于认知的兴趣，以及包括情感史在内的所有其他强调大脑的非认知方面的研究”。同时，“‘神经史’视角下的人类史，建筑在将一般情绪（如恶心）与特定的对象或刺激相连的可塑神经突触的基础上。”[②]因而，不同于以往史学对于“文化”的定义，在“神经史”看来，“文化以神经网络和接收器的形式形成，并以一种相对机械且准生物的方式运作。”[③]

这一主张在英语学界产生了一定反响，尤其受到科学史学者重视和接受。在著名科学史期刊《伊西斯》（*Isis*）的2014年3月号上，“焦点”（Focus）栏目以“神经史在美国”（Neurohistory in America）为主题，刊载了五篇文章探讨“神经史”和科学史的关系及其运用。此外，中国学界所熟知的法国史名家林·亨特（Lynn Hunt）教授也是“神经史”主要支持者之一。在2014年12月号的《美国历史评论》上，亨特教授发表的《“自我”及其历史》（Self and Its History）一文开篇即言：“历史学家一直对于心理形式的历史解释‘过敏’，因此许多历史学家都跳上神经科学或‘神经史’这趟列车近乎是不可能的事情”。[④]在亨特教授看来，神经科学方法之于今天的史学研究颇具意义，有助于史家厘清人类“自我”与情感在历史上的变迁。因此，作为西方史学新动向的“深历史”和“神经史”都颇值得我们进一步关注。

（万澍，美国爱荷华大学历史系博士生）

① Daniel Lord Smail, *On Deep History and the Brain*, Berkeley, Los Angle and London: University of California University Press, 2008.

② Ibid., pp.114–115.

③ Ibid., p.154.

④ Lynn Hunt, “The Self and Its History”, *American Historical Review*, Vol. 119, No. 5, 2014, p.1576.

光启讲坛 | Guangqi Forum

汤因比与思辨的历史哲学的命运

演讲者： 郭小凌（首都博物馆学术委员会委员，北京师范大学教授、博士生导师，上海师范大学兼职教授）

时　间： 2016年10月24日

地　点： 上海师范大学东部文苑楼708室

主持人： 裔昭印

主持人： 大家都知道郭老师知识渊博丰富，所以今天座无虚席。今天郭老师讲的题目是“汤因比与思辨的历史哲学的命运”，还是很适合从古代一直到近现代的同学一起来听的，首先表示感谢。

郭小凌： 谢谢裔老师的主持和热诚的欢迎。今天要讲的题目是“汤因比与思辨的历史哲学的命运”。选择这个题目有一个原因，我们都是学习和研究历史的人，一件事情的发生，我们喜欢从历史的角度，比方说从前因后果，前因和后果之间的过程来加以考察和分析。说到原因不仅可以从开端谈起，也可以进一步追溯一下根源。至于后果，还可以再讨论一下影响、作用等这样一些问题。话说回来，为什么我们今天要讲这样一个题目，是因为最近有个与上海的机缘。

不久前上海人民出版社出版了一套汤因比著作的中译本合集，一共六本书，包括《历史研究》《人类与大地母亲》《汤因比论汤因比》《一个历史学家的宗教观》《文明经受考验》《变革与习俗》《从东方到西方》。目前国内引进汤因比的著作大概也就这么六本，被上海人民出版社“一网打尽”，合为一套书。我是其中一本书的主译。出版社还让我为这套书写一个总序，主要介绍汤因比其人、其事、其思想、历史定位，最后谈一谈为什么当下还需要阅读汤因比。他毕竟是一个过去的人了，今天有什么必要出这套书并希望读者阅读它们呢？这个问题需要解答。这是配合这套书出版的一项答疑解惑的工作，我想这也是为什么上海人民出版社和文汇讲堂联手在昨天举办一个讲座，主题就是“我们为什么要阅读汤因比”。文汇讲堂的主持人邀我做主题发言，然后请我们上海师大的陈恒教授，复旦大学的李宏图教授作为对谈的嘉宾。昨天下午这一活动进行三个半小时左右，包括听众与三位教师的互动。在筹备这一活动的过程中，陈恒老师邀我顺便到上海师大做个报告。我想了一下，不好在文汇讲堂刚讲了为什么要阅读汤因比，又到我们师大再复述同一个主题。这样我就换了一个题目，就是现在的“汤因比与思辨的历史哲学的命运”。

关于汤因比这个人，估计大家都晓得，是英国的一位史学家，也是一位思辨的历史哲学家。这是一位在西方史学史、西方思想史或者历史哲学史中留下深刻印记的人物。与四千多年的西方文明史不同，西方历史哲学的历史并不长，自意大利思想家维柯开始，满打满算只有200多年的时间，留下印记的历史哲学家并不多，或者说历史哲学史的创造者很有限。在不长的历史哲学史中对汤因比如何定位？大英百科全书或是维基百科都把他定位为一位著名的英国史学家和历史哲学家，我个人觉得恰如其分，只是补充一句，他是最后一位思辨的历史哲学家。

这个学术方向是从思辨的历史哲学开始的，第一位历史哲学家维柯被称作历史哲学之父。在二百多年里，思辨的历史哲学的命运发生了很大变化。在18世纪至20世纪前半叶，它作为解释历史与改造世界的有力武器，一度非常繁荣兴盛。特别是在历史唯物论指引下的国际共产主义运动，从19世纪后半叶到20世纪前半叶，发展成为轰轰烈烈的建设新社会的实践。但是时钟转到60年代以后，思辨的历史哲学在欧美世界开始消沉、落寞，迄今为止，再没有看到像汤因比那样试图对整个人类的历史进行体系化研究并试图归纳出一般历史规律、法则的人。随着苏联东欧的解体，我国的改革开放，即使在社会主义国家中，也很少有人去讨论历史规律、法则之类最一般性的问题。至于与历史规律相关的人类历史发展的动力是什么，运行的方向有哪些，是单线、线性的，还是多线平行或循环或螺旋式上升的，如此宏大的叙事，已经很长时间无人去谈论了。从这个意义上说，汤因比的研究，尤其在《历史研究》一书中所做的研究，就成了思辨的历史哲学的绝响。当然将来也许还会复兴。比方说20世纪五六十年代到70年代，西方的新史学非常流行，厌恶了过去的宏大叙事，注意社会史的各种选题，甚至注意到非常细小的问题，把历史研究碎化成家长里短的琐事编织，让人觉得毫无启发性质的思考与归纳可言。因此到了20世纪末，许多史家感觉这样也不行，如果只是个别研究，零打碎敲，缺乏综合，那历史就成了不得要领的东西。于是出现了全球史方向的选择。全球史研究的出现和思辨的历史哲学有相同之处，具有开阔的视野和联系的目光。所以注意全球史的史家们就有人开始重新研究汤因比，从史学史、思想史的角度重新分析和评价汤因比。那么将来是不是还会有人进一步从历史哲学的角度探讨人类史的基本问题，致使思辨的历史哲学得到复兴，这也不是没有可能。

思辨的历史哲学兴起并广泛传播，甚至成为改造世界的物质力量之后，为何到汤因比为止会趋于衰落？这是一件非常值得玩味、值得解释的事。汤因比是一位跨历史学与哲学交叉学科的代表人物。但非常有意思的是，他这个人在历史学和哲学界两头都不算很讨好，也就是在两个专业领域挨批较多，受赞扬较少。在专业史学界，不少人不承认他是有贡献的历史家。因为他的治学套路和专业史家不一样，专业历史家治学大家都知道，我们研究历史，就像法官去审理案件，首要做的工作是收集史料，讲究可靠的证据，因此最看重第一手史料，就是当事人目击者提供的在场者的史料，比如说档案、会议记录、录音、视频、在场者的回忆录，等等。严谨的专业史家都是有一分史料说一分话，有九分史料不说十分话。比如说古代史，希腊罗马史，一手的史料太少，除了一些考古材料，铭文材料，绝大部分的文字史料其实都是二手史料。复原或者重构古希腊、罗马的客观历史原貌就有不小的困难。至于一手史料更少的史前史、古代近东史、南亚的历史，更是未知大大多于已知。如同没有可靠的证据就不可能有司法审判一样，没有可靠的史料就没有历史学。所以从这个角度讲，傅斯年的名言“史学便是史料学”在一定程度上是合理的，没有可靠的史料怎么会有成功的历史陈述呢？

汤因比的著作不是这样。他受过专业的史学训练，在大学也曾讲授过希腊史，并且在自己的代表作《历史研究》当中，大量地进行史实陈述。但是这些史实陈述并未经过认真考证，拿来就用，而且常常不注明出处，只是信手取来做自己论点的支撑。同时他还利用大量文学材料对他的论述对象加以类比，这种做法最为专业史家忌讳。你有一分史料就说一分话吗，何必拿文学材料来添油加醋？例如汤因比运用《圣经》里的传说来说自己挑战应战理论模式，亚当夏娃受到毒蛇的诱惑，挑战方就是毒蛇，夏娃接受了挑战，与亚当一道吃了恶果，还发生了关系，结果是按照上帝的意旨创造出一个新的社会，新的世界。这就是挑战激起了应战，而应战的一方如果是有创造活力的杰出人物，就会创造出新的文明，或者继续保持那个文明可持续发展。他还用歌德的长诗《浮士德》类比，把浮士德作为应战方，把魔鬼墨菲斯特作为挑战方。他也用中国的阴阳学说来作为类比，等等，不一而足。

这种用文学材料，而且用虚构的神话故事来证明自己论点的方法，是专业史家不可容忍的。但是汤因比这样做有他自己的解释，有他的一套道理。他在《历史研究》当中提出，历史研究应该用三种方法：历史的方法、虚构的方法和科学的方法。在他看来，历史的方法就是注重事实，反复考证，证实证伪。科学方法就是注重法则，比方通过对个案的分析，样本的分析，归纳出一定的法则定律，如自然科学一样，所以是科学的方法。那虚构的方法，就是艺术加工，他觉得史学也需要艺术的再加工。在什么情况下需要加工呢？他认为是当史料多得难以数计的时候，当考证事实和归纳方法在这么多的史料面前无能为力、难以奏效的时候，就应该使用虚构的艺术方法，用直觉和灵感去处理、加工手头的材料。这对专业史家来说，当然是荒谬的。这种方法在业余史学阶段也就是古代的史家那里经常用，那时文史不分家，历史家没有意识到历史学应该与文学区分开来。古代的史家普遍不能容忍自己的记述的历史事件存在史料空白。而史料空白是经常的，于是他们就用自己的想象去填补。所有古代史家，无论是外国的还是中国的，都这么做。严谨的史家，比如古希腊的修昔底德，这样做了要告诉读者，我的这段叙述是我根据可能的情况自己编写出来的。这表明修昔底德是非常诚实的史家。他的著作，差不多四分之一的篇幅都是政治家们的演说。他在《伯罗奔尼撒战争史》当中交代说，这些演说他其实大多数没有听过，特别是雅典以外的发生在外国的演说，比方说科西拉政治家的演说，叙拉古政治家在公民大会上的演说，他当然都不在场。许多雅典公民大会上的演说他也不是听众，可是他的书中却有大量演说的实况记载。那时候没有任何同步传输的通信工具，距离又那么遥远，条件又那么陌生，修昔底德的叙述遇到了复原现场的难题。他采取的方法就是虚构，也就是他说的大部分演讲词是他根据可能的情况编写（杜撰）的。不仅讲演词，而且有关会场的情状，战争的具体描述等也都是主要靠想象创作出来的。同样，中国古代最好的历史家司马迁，那是天才的富有见识的大史家，属于凤毛麟角的人。可是我们读他的《史记》，对一些他不可能亲历的历史情景的具体描写，是那样的生动，比如鸿门宴，连当事人的心理和神情的刻画都惟妙惟肖。这就是历史与文学虚构相结合，所谓的文史不分家。这样做，在现当代的专业史学界看来，还处于业余状态。

这样文史不分的作品，今天我们也常见，特别是在回忆录、报告文学作品中非常多。对此，专业史学是嗤之以鼻的，所以专业史学界并不认同汤因比提倡的虚构方法，因为它混淆了史学和文学的区别，等于回到了文史不分家的前专业史学阶段。汤因比如此这般，自然在专业史学圈里不易得到好评。就这一点，我也不给他好评。所以汤因比的史作，20世纪20年代就有了，关于古希腊古罗马史的著作，但是在史学界没有什么反响。他的《历史研究》一书自1935开始出版，但直到1950年代，像《英国历史评论》之类专业史学期刊从来不提汤因比的著作一个字。直到1950年代中期，汤因比已经如日中天的时候，《英国历史评论》才开始有第一篇评述文章。但我们也不能因为汤因比的著述存在这个缺陷就否定它的阅读价值。

汤因比身上有比专业史家高明之处，这就是他自圆其说地构建起一套历史哲学的解释体系，而且不厌其烦地对它加以论证。他所做的工作规模之大，超过了他之前的那些思辨的历史哲学。从维柯开始，我们一个个地比较，从赫尔德、康德、黑格尔、尼采、斯宾格勒、雅斯贝斯等等，做到像汤因比这样大规模地选取人类历史上的各个文明样本，共26个样本，分别加以分析，其中21个经过了起源、成长、衰落、解体的全过程。这种从比较充分的个别研究到一般归纳的理论工作，以前没有人像他这样做过。以前思辨的历史哲学家也选取一些世界史当中的样本来论证自己的观点，但深入细致的讨论并不多，说得多的不过一本书，和他比起来差了许多。他的《历史研究》共12卷，500万字，其中10卷是论人类文明史的解说。就工作量而言，他比历史上所有思辨的历史哲学家们都做得多。

在他的纷繁复杂的解释体系中，他力求说明的是一套基本解释，也可看作是他归纳的历史规律，这很不容易。关于这套解释体系的主要内容与呈现形式，我在汤因比这套合集的总序中做了说明。这个体系的建立超越了专业史学的范畴，跨界到哲学领域，因为他探讨的问题已超出史实的证实和证伪，达到高度概括的地步。但非常有意思的是，在专业哲学界整体上也对汤因比并不看重。当然也有高度评价的，比如汤因比的同代人罗素。我们翻一翻哲学圈的杂志，国内外的，很少有人提到汤因比和他的文明史解释。怎么看待这个现象呢？我的理解是这样，即历史哲学在哲学学科当中属于一个哲学家们不大关注的方向，因为它跨越了两个学科，知识范围太大，因此难度也太大，单个人根本很难驾驭，或者说根本就驾驭不了。因为这两个学科当中任何一个小部分都可能要一个人穷尽毕生的精力。比如说哲学的形而上学方向、伦理学方向、美学、政治哲学、逻辑学、科学哲学方向，每一个分支部门都能穷尽一个人毕生的精力。同样，历史学的国别史、区域史、断代史、世界史，再加上一些辅助的需要了解的考古学、人类学、古文字学、钱币学、碑铭学，等等，这些个学科的知识，虽然对做历史哲学的人来说不需要门门通，但或多或少应知道一些皮毛，才不至于犯常识错误。我们知道隔行如隔山，即使在一个分支学科内，如一个人就是做中国古代史，也必须进行分工，通秦汉的人未必通魏晋，通魏晋的可能通不了隋唐，更无须说明清。没有人能整个中国古代史通吃，何况远比中国史体量更大的人类文明史，以及历史学。如此巨大的两个学科，对于哲学家来说，只要讲究实际，没有哪个哲学家敢于涉足。所以在哲学领域，历史哲学是边缘的分支。

敢于进行历史哲学研究的人，并且能够比较成功地提出一套解释体系的人，只能是很少量的具有勇气的大思想家。在我看来，他们其实也不能胜任他们的工作，因为他们不能对两个学科的内容通晓。我们注意到所有思辨的历史哲学家们的讨论，只要一论到具体的历史，几乎处处都可以看到漏洞，都可以找到误读、误解。这就是他不可能什么历史都懂，他的论据一般只能取自他能看到的通用性质的历史书。我们看思辨的历史哲学家们基本都是做的这样的工作，但是他们的概括性工作当然不是没有意义，人类社会需要这样的人。如同人们所说你不仅得盯着地上的事，具体的事，你还应该仰望天空，谋划未来的事。他们做的是仰望天空的工作，让我们开阔视野。汤因比做的就是这样的工作，因此是有价值的。

既然大多数哲学家对跨学科研究力不能及，所以历史哲学在哲学当中自然属边缘学科。这样一来，在哲学界的人看来，历史家汤因比的论述，抽象思维的高度不够。他也的确是这样，喜欢用形容、比拟、联想，和哲学家们的逻辑思考相比，显然差得多了，有一些论述还带有玄学的色彩。因此哲学家认为汤因比不得哲学要领。专业史家认为汤因比证据不可靠，游谈无根，所以他两头都不太讨好。

但是我们如果仔细阅读汤因比的著作，再比较维柯以来的历史哲学著作，会觉得汤因比对历史的了解，较以往那些思辨的历史哲学家对历史的了解多得多。比如与黑格尔相比，和同时代的雅斯贝斯相比，那肯定了解得更多更为准确。比较历史学著作，汤因比的哲学思考，即从宏观角度去看待人类文明史的大问题，所提出的方法、论证和结论，比起专业史学家们又哲学得多了。平心而论，他是在两个学科的结合地带具有出众能力的人，比历史家更哲学，比哲学家更历史。在规模不大的思辨的历史哲学领域，不管哲学家们如何评说，他都是一个不能忽略不计的人物。他是最后一位富有成果的思辨的历史哲学家。

我们知道历史哲学被西方思想史的学者们分成两个方向，一个是思辨的历史哲学，一个是分析的或者批判的历史哲学。思辨的历史哲学注重客观历史，注重客观历史演进的方向、方式和规律之类普遍性的问题。分析和批判的历史哲学和思辨的历史哲学不一样，它关注的对象是历史学本身，就是客观历史能不能被历史家所认识，能不能再现客观的历史，认识的历史的价值是什么等涉及历史学本体论的问题。

今天流行的历史哲学是分析的或批判的历史哲学，而不是思辨的历史哲学。为什么会这样？我们简单地回顾一下思辨的历史哲学的简史，这有着现实意义。因为现实当中，我们都知道指导我们思想的理论基础之一是思辨的历史哲学，历史唯物论。了解思辨的历史哲学的简史，对认识唯物史观的命运有一定的参考意义。

思辨的历史哲学萌芽出现在欧洲。古希腊人和古罗马人都讨论过，不一定是历史学家，诗人也讨论过宏观的历史分期与替换原因。比如第一位现实主义诗人赫西俄德，他在自己的长诗《田功农时》当中就提到过人类历史的五个阶段：黄金、白银、青铜、英雄、黑铁时代。把人类历史看作是漫长的过程，分阶段演进，像接力赛一样。然后再讲英雄时代，铁器时代的人是怎么生活，怎么作恶，该怎样经营自己的产业，婚丧嫁娶什么时候合适，等等。这是宏大叙事在西方最早的表现。虽然他笔下的人类历史过程充满了人类道德的逐渐退步，贯穿今不如昔的思路，但表明古希腊人萌芽般的历史考察目光。再比如，从希罗多德到柏拉图、亚里士多德再到波里比乌斯关于城邦政体链接规律的讨论，也可以视为具有历史哲学的成分。他们中的多数人提出了循环的政体演化模式，认为每一种政体刚出现的时候往往具有正面意义，是好政体，比如最初的君主制，国王清正廉洁，个人也很有能力，国家被治理得不错。但是传给儿子、孙子，一代不如一代，腐败堕落，君主政体就难以为继，结果被贵族制推翻，建立起贵族集体的统治，我们可以称之为贵族共和制。贵族制也未能可持续发展，结果被民主制代替，民主制发展到极端，又被君主独裁取代，完成一个循环，开始新一轮循环。在不同的思想家眼里，圆圈的环节中还可以有寡头制、勋阀制这种君主制与民主制之间的中间形态。由于古希腊人是唯一经历过各种政体实践的古代民族，所以他们并不像现代人那样，认为有一种终极的、好到极致因此不会被取代的政体，而是认为每一种政体都带有自毁的密码，会经历由盛到衰、良政到恶政的转化。

这种一般性的，从普遍意义上来讨论政体的演变，带有思辨的历史哲学的意味。而且这些讨论并不都是假说，比如说赫西俄德的五个阶段并不完全是假说，欧洲史上确实青铜时代在铁器时代的前面。政体循环论也不是假说，因为古希腊就好像是各种政治体的实验室，人类文明史过程中经历的一切政体，他们是率先实验过，经历过，君主制、君主专制、寡头制、贵族共和制、民主制、极端民主制，他们都一一尝试过。所以他们对各种政体之间的好坏优劣、互相转换具有其他民族所没有的体验。正因为有这样的体验，才会有希罗多德、柏拉图、波里比乌斯所指出的政体循环现象，这对我们今天认识一切政体都有参考价值和启发意义。譬如今天西方的民主制，按古希腊人的看法从来不是最好的政体，更不是像福山所说是终极的政体，一万年以后、十万年、一百万年都没有比它更好的政体了，也是绝对的政治正确。在古希腊人看来，民主还会从好民主变成坏民主，坏民主经营不下去了，又被别的什么政体，比如首先是君主政体所替换。今天中南美、南亚、西亚、中亚、非洲，我们一个一个数实行了民主制的国家，多数在民主与独裁之间翻烧饼，少数较为稳定，但腐败盛行，效率低下，经济落后，法治不张。东欧捷克、波兰转型较好，乌克兰、格鲁吉亚仍在阵痛当中，蒙古也是腐败不堪。中欧、西欧、北欧境况最好，过去现在都是好民主的样本。但整个欧盟的日子并不好过，右翼势力兴起，多数国家经济和社会陷入困境，帕潘德里欧在欧债危机开始时便说民主制出了毛病。

所以，古代便有了思辨的历史哲学的雏形。公元5世纪，神本主义的基督教文明取代古希腊、罗马文明，开始了欧洲文明的第二个一千年——基督教文明期。基督教的历史观较古典文明的历史远为宏大，从终极的角度解释人类历史，认为历史是按照上帝的意志走向一个终极目标——最后的审判——一个无限美好的上帝之城的到来。从历史规律意指历史必然性的角度出发，这种历史解释也可看作是探讨规律的解释，为思辨的历史哲学最终出现做了准备。

世界文明史的转型是从文艺复兴开始的。文艺复兴运动是一场非常温和的思想解放运动。人本主义的历史、哲学、文学等学科刚刚开始，人文主义者纵观历史的古代、中世纪和现代三段式的历史分期可看作是思辨历史哲学的尝试。随后的启蒙运动，与之前的文艺复兴运动不大一样，是一场非常激进的思想解放运动。它高扬不妥协、批判的旗帜，对教廷和世俗王权进行尖锐的批判。而文艺复兴则不然，人文主义者什么时候像伏尔泰、卢梭一样，批判过基督教、教皇？瓦拉只是考证教廷的那件“君士坦丁的赠礼”是假货，就受到教廷的打压而不得不检讨。在文艺复兴运动中，人文主义者与国王、教皇是合作的关系，领主、国王和教皇不是运动的对象，相反却是运动的推动者。为什么说是推动者呢？大家看一下意大利和梵蒂冈博物馆里那些最好文艺复兴时期的艺术品，油画、壁画、雕塑，等等，都是领主、君主或教皇花钱购置的，目前所见到的那些古希腊罗马文献的手抄本，也主要是西欧统治阶级们不惜重金雇人抄写并装帧的。以意大利最出色的佛罗伦萨乌菲齐美术馆为例，其馆舍原是城市统治者美第奇家族的宫殿，藏品也基本出自美第奇家族之手。

启蒙知识分子脱掉了人文主义者温良恭俭的外衣，唯理性是从，把批判锋芒指向基督教神学体系和世俗君主的命根子，即政权的合法性问题。理性运用的结果就是产生一种取代现存不理性社会，实现自由平等正义人性为原则的理性王国的理论。启蒙学家并没有提到民主，因为民主的名声当时并不太好。后来的法国大革命，民主意识兴盛一时，但大革命太残酷，吓坏了大家，之后民主也不大提了。什么时候西方充满自信地提倡民主呢？主要是20世纪60年代以后，之前更多地以自由为口号。

思辨的历史哲学在启蒙时代脱颖而出，这有一个历史背景的烘托，即前面所讲的理性主义者大胆批判精神，还有一个是尊重科学的精神。因为17、18世纪是自然科学取得大进步的世纪，第一次科学革命到了这个时候已经是丰收的季节了。物理学、数学、天文学、地理学、解剖学、生物学都取得了突破性的进展，一个接一个科学巨匠和科学发现问世，从根本上推翻了中世纪的宇宙观和奉为教条的亚里士多德的大部分物理学认识。由于科学革命的结果，以牛顿经典力学为代表，通过数学的演算能够准确解释和预测当时人们观察到的一些物理现象。如彗星什么时候可以被看到，日食或月食出现的准确时间。所以宇宙被人们理解为一架精确的大机器，由一套包罗万象的规律在支配着它。这种自然规律是自在的、客观的，不以人的意志为转移的，因此是普适的，放之四海而皆准，绝对的，自由意志和偶发的事件变成多余的东西。这样一来，自然界任何的物体和现象都是非此即彼，界限分明，都有明确的因果关系，因此真理就是确定性的，所以我们常说真理只有一个。我们要做的就是通过实验和观察来发现规律，进而运用规律、掌握规律，用它来驾驭和改造世界。

历史地看，这是一种尊重科学的精神，也是启蒙时代的精神，是敢于倡导理性，大胆怀疑，并且批判包括古代在内的一切过去的基本依据。所以这个时期的人文与历史的学者都很有理论自信、道路自信。他们自称是社会科学当中的牛顿，这是德国历史哲学家赫尔德的话，认为社会也是一架大机器，依照一定的轨道有规律运动，操纵它的力量就是某种自在的社会历史规律。这些规律同自然规律一样是客观的、毋庸置疑的、无法避免的，人的使命就是发现它们，用自然规律般的简洁和抽象的语言来表述它们。笛卡儿甚至说："给我物质，我就用它造出一个宇宙来。"

第一位思辨的历史哲学家就是这样信心满满的人，这就是意大利人维柯和他的代表作《新科学》。历史哲学一开始是思辨性的，着眼于人类历史的发展规律，这很有意思。事物总是由表及里，先从规模宏大的对客体的认识开始，然后反求诸己。当然维柯也讨论到了分析的历史哲学的主题，就是人能不能认识人类的历史，但他的论证不是后来分析的或批判的历史哲学所采用的方法，而是纯粹推理的，即他认为人既然自己创造了历史，就能认识自己的历史。问题是创造历史的在绝大多数情况下并不是认识并书写成文史的人。即使是历史创造者，也不一定能够理解客观历史。这不是我们这里要讨论的问题。我们还是看维柯开创的思辨的历史哲学的体现。

在《新科学》中，作者的基本表达方式就是先提出一个抽象的公理，加以论证，然后再引出下一个公理，下一个解释的论证，最终他的新科学的全部目的就是要服务于发现各民族历史在不同时期都要经过的一种理想的、永恒的历史画面。维柯在新科学第349节说把这一历史画面归结于各民族共同经历的历史总进程，实际上就是人类历史发展的总规律。

这种以构建历史规律为己任并且确信真理在手的乐观，是启蒙时代直到19世纪后半叶众多欧洲思想巨子的普遍心态。例如笛卡儿、孟德斯鸠、伏尔泰、卢梭、莱布尼茨、赫尔德、康德、黑格尔、马克思、恩格斯、斯宾格勒，最后到汤因比打住了。他们虽然对规律的概括各有不同，所构建的人类史的进化模式和使用的概念术语也不太一样，有的时候彼此间还互相矛盾，但所有的人都一致坚信人类历史存在着规律，朝着一个外在的终极目标前进。

康德的说法非常有代表性，他说人类的历史大体上可以看作是大自然的一项隐秘计划的实现。人类历史的规律是客观的，但它并不是昭然若揭的，而是神龙见尾不见首的，是隐性的。但是我们的历史受它左右，受它驱使，朝着类似基督教史观所认为的既定的方向和目标前进。只不过在康德那里，上帝被自然所代换。在黑格尔那里，被世界精神所替换。在斯宾格勒那里，被春夏秋冬一样的宿命所取代，等等，不一而足。这种规律崇拜的思潮，反映在历史学领域就是在西欧和北美凯歌行进的史学专业化和实证主义的史学。所以科学和规律是自维柯以来，到19世纪末，甚至20世纪前半叶，人们非常偏爱的字眼，至今在我国也十分流行。这种探索规律的努力至汤因比，就规模而言，可以说达到了最高点。因为在汤因比之前，没有人用500万字的巨大篇幅去详细论证人类历史，特别是整个文明史的过程，试图说明文明产生、成长、衰落、灭亡的基本原因。

非常耐人寻味的是，思辨的历史哲学从维柯开始，经过大约200年，至汤因比接力后，就戛然而止，断了传人，至今还没有一位新的尝试者。这似乎意味着我们人类放弃了探寻自身历史发展规律的努力，至少是在目前阶段。原因是什么？这是一个很大的题目，可以有多种解释。我个人觉得基本原因主要是三个：

一个是人类近现代史的客观实践表明，所有已知的思辨的历史哲学规律性认识，都不像大部分自然科学规律一样可以准确地预测。相反按照规律进行的那些政治实践、社会实践的效果和规律所指出的理想境界与现实相差太远。客观实践是检验真理的唯一标准，换句话说，就是客观历史实践是检验真理或规律的唯一标准。过去所认识的众多社会历史规律都是见仁见智，没有哪个在实践中能够完全行得通，或说效果很理想。这证明它们是有缺陷的，是非客观的，因此是带有规律提出者个人主观成分的。比方说历史运行的动力，是人民创造历史，推动历史前进；还是杰出人物创造历史，是历史发展的动力；还是人民和杰出人物共同创造历史，共同构成历史发展的动力。这都是思辨的历史哲学家讨论的课题之一。不同的学者得出不同的结论。比如汤因比是英雄史观，推动历史的动力是超人、精英、杰出人物。这些人能够意识到他自身使命，能够对挑战及时做出反应。人民群众则是盲目的芸芸众生，他们须靠杰出人物的训练。这样一种创造性行为，可能促使文明的诞生、成长。如果杰出人物志得意满，不再继续革命，安享胜利带来的愉悦、财富、美女和享乐，他们就不再是人民模仿的对象，甚至带坏了群众，失去创造力，于是文明衰落。一个文明能否避免解体呢？比如中华文明多次遭遇衰落的挑战，可以把王朝更迭、治乱兴替看作是不同时期挑战，每个时期都会出来一些杰出人物，提出解决导致文明停滞甚至衰落的那些负能量。汤因比认为推动历史前进的就是这样一些英雄豪杰，马克思恩格斯则认为人民是创造历史的真正动力，英雄、超人或杰出人物乃是人民代表，有客观形势需求，就会有杰出人物应运而生。这样解释看起来也很有道理。所以我们遇到的规律本身是互相矛盾和多种多样的。再如人类历史是线性运行还是循环运行，是像维柯认为的螺旋式上升，还是像现在许多历史学家说的是多线并行。譬如坚持历史唯物论的学者，修正自己的观点，觉得过去五种社会形态的单线论，像竹竿式的一节一节往更高级的社会形态运行，和历史事实不大相符。在古代文明时期，就有不同社会形态，有亚细亚的和古典的。在中世纪、古代中国和其他地区的国家，并未经历欧洲中世纪那种因西罗马帝国灭亡而出现的明显社会与文化形态的变革。现代仍然是不同社会形态并存。所以，人类历史是沿着怎样的路线图运行，可以说见仁见智。

思辨的历史哲学衰落的再一个原因是自然科学的进步，破除了自然科学规律的崇拜，进而影响到人文社会科学。20世纪初叶，以相对论和量子力学为代表的物理学进步彻底打破了人们对科学规律绝对性、普适性的迷信。牛顿力学认为空间、时间和位置是绝对的，能量是守恒的。而相对论则认为空间和时间是相同的，可以代换；能量和质量是等价的，可以互相转化。量子力学则证明电子是随机的、跳跃式的，没有客观的时空，空间和时间原来是对人的标准而言的。牛顿力学现在只在一定范围内有效，比如造汽车和飞机有效，但在接近光速范围内就无效了，因此对造原子弹、氢弹来说就不够用了。而突破经典力学规律的相对论和量子论又是彼此矛盾的。众所周知，爱因斯坦至死都在批评量子论的基本解释方法几率论。但科学的实践表明几率解释同样行之有效，适用于一切物体，所谓精确的自然科学领域原来也是测不准的领域，欧几里得的几何公理只是在这一公理定义的空间才是正确的，而这个空间只是一个理论和模拟的空间。毕达哥拉斯定理也不是绝对的真。生物学领域更是如此。早期生物学家，如拉马克、达尔文等都把揭示生物规律作为自己的任务，但100多年过去，生物学发展为一个门类众多的庞大学科，而各生物学分支学科中却很少提到规律。生物进化专家迈尔认为这种现象是由于生物学的研究对象系各自长期进化的产物，都具有独特性，所以任何概括都会有例外。 由于迄今为止诸如经典力学、相对论和量子论之类科学理论同时拥有合理解释和预测的功能，都揭示了真理的一两个侧面，因而真理便不再是一个而是多个了，而原来认为的那种纯粹客观的规律于是便同一定历史条件下人们的思想紧密联系在了一起，认识或多或少地具有了主体性，并非完全是自在的、客观的东西。"科学家也像其他人一样，是自己的先入为主的理论的俘虏。如果他们牛顿力学学得好，这可能妨碍他们掌握更新的相对论。"[①]作为对传统规律观的反动，根本否定客观规律的思想在20世纪的科学哲学中成为一股强大的力量，认为历史完全不可测，偶然性决定了历史，对此我不能苟同。因为不符合人类历史的事实。我们看到的历史事实不是偶然的、随机的，比如历史哲学之父维柯在论证人类史存在规律的时候，举了三个实例，即世界各地的人们不约而同地具有宗教，结婚要举行仪式，都埋葬死者。虽然第三条并不是普遍现象，也有天葬、船葬等葬俗，但绝大多数民族实行埋葬也是不争的事实。这些共性就不能用偶然来加以解释了。 所以，我仍然是认同历史规律的，但不认同绝对的、机械的、命定的社会历史规律，实际上不存在这样的规律。但存在着统计意义上的、几率的必然性，也就是多数情况下必然是这样。2009年去世的诺贝尔经济学奖获得者萨缪尔森对经济学规律的解释，可以看作是现代的规律论持有者的代表性陈述："经济学的规律只是在平均的意义上才是对的，它们并不表现为准确的

---

① 萨缪尔森、诺德豪斯：《经济学》，上册，高鸿业译，中国发展出版社，1993年，第14—15页。

关系。”[①]这里需要推荐一下，萨缪尔森与诺德豪斯两位学者写了一本较大部头的教科书（《经济学》，1993年），大家可以借阅，那是一位思想家的作品。他说经济学的规律只是在平均的意义上是对的，并不表现为准确的关系。经济学是这样，历史学更是这样，因为经济学在西方学科分类中被列入社会科学门类，历史学则被列入人文学科，隶属艺术这个大门类当中，不算是科学。基本理由是经济学的统计数据是可以证实或证伪的，是确切的事实，而历史学的数据，它的史料很难证实。当然这种分类未必合理，较难证实的史料多数出现于近代以前，但并非完全不能被证实或证伪。在专业化史学和档案文献特别是记录客观历史的工具改进之后，如视频、录音设备发明后，客观历史完全可以被准确记录。但从确切的史料中高度概括出历史规律，那只能是萨缪尔森所说的平均意义上是对的，并不表现为准确的关系。规律崇拜的衰落可以认为是思辨的历史哲学衰落的主要原因。

最后还有一个社会历史背景的作用。“二战”结束后20年左右的恢复重建，西方社会从战后危机当中解脱出来，进入可持续发展的比较稳定的阶段，在20世纪60年代开始进入发达社会或富裕社会，也就是大多数人的生活处于不愁衣食住行的中产水平。我们知道，人们热衷于讨论未来甚至设计理想国的时候，都是现实社会出现危机，社会普遍忧虑自身前途的时候。进入稳定的富裕社会之后，人们对命运前途这类问题，就不大感兴趣了。

为什么思辨的历史哲学在20世纪60年代汤因比之后就衰落了，主要是以上三个原因：自然科学的发展；规律崇拜的破产，以往所谓规律经不起历史实践的检验；欧美世界进入发达社会，人们对自身未来命运的讨论失去了热情。思辨的历史哲学因此让位于分析的历史哲学。分析的历史哲学虽然讨论也是一般性问题，但却不是关涉整个人类历史的大问题，而是历史学科自身的小问题，历史认识的真理性问题。同先前的思辨的历史哲学一样，这一研究方向也是很小众的方向。将来思辨的历史哲学是否会重生？这也不是没有可能。由于专业史学的注意力集中于社会文化史的具体问题，引起学界对碎化历史的诟病，因此在近20年兴起了全球史的宏大叙事方向。目前分析的历

① 萨缪尔森、诺德豪斯：《经济学》，上册，高鸿业译，第17页。

史哲学似乎也走到了尽头，因为后现代历史哲学该说的都说了，已没有多少新曲好唱。因此未来对历史学客体基本问题的重新讨论并不是没有可能。近些年随着全球史的兴起，以及当代世界所谓文明的冲突，对汤因比的研究兴趣有所增大，问世了一些专著和论文。

* * *

主持人：刚才郭老师讲了关于汤因比思辨的历史哲学，讲了他的思辨的历史哲学产生的背景，他的主要观点，还有对他的评价。另外郭老师分析了思辨的历史哲学的演化过程，似乎认为汤因比是最后一个思辨的历史哲学家。为什么思辨的历史哲学出现类似于终结的现象，或者说暂时没有产生新的类似学说，郭老师也做了自己的解释。现在请同学们对今天所讲的内容提问。

提问：我硕士论文是写的汤因比，我今天听您的演讲我有以下几个问题。汤因比其实没有说要表达某种规律性，他只是用文明形态论，以这种观念来解释这个历史，他只是对历史的一种总结和一种概括，我感觉思辨的历史哲学很大程度上是认为没有规律性的，它恰恰是一种不确定性。而我们后来批判分析的恰恰是一种确定性。简单地用英雄史观来概括汤因比的话也是不合理的。从文化形态论的视角来解释汤因比的话，可能更符合为什么我们现在更需要汤因比，您感觉是不是，如果从这个角度切入的话，我们的读者是否现在需要读一下汤因比呢？

郭小凌：把汤因比的理论概括为文化形态或者文明形态论是不对的。汤因比在《历史研究》第一卷便专门谈到这个问题。他所指的文明是一种社会形态的整体，政治、经济、文化三大组成部分的综合体。他只是把文化作为某种文明的代号或标记，因为文化的生命相对长久稳定。他并不认为文明仅仅是一种思想文化的体系。至于说这位同学谈到汤因比从来没有说过规律，我觉得不能这样看。汤因比的确没有说自己的挑战和应战理论是规律，但他用这套理论来解释所有文明的兴起、解体和衰亡全过程，他不厌其烦地引用各种例子都是为了证明他的挑战和应战说法的合理性，普遍适用性，实际是当作规律来运用的。在挑战应战的理论当中，他特别强调杰出的人物的巨大作用，他们富有创造激情，文明就能诞生，就能健康成长，他们失去了创造力，他们腐败堕落，文明就衰落解体。人民群众在汤因比看来，只是杰出人物的工具，是英雄的牵线木偶，只会模仿，没有创新能力。打个比方，人民群众如水一样，英雄人物是风。只有杰出的超人鼓风，人民构成的大海才会掀起浪来。这还不是英雄史观是什么史观呢？说他持英雄史观并未冤枉他。其实许多大哲、大思想家都是英雄史观的拥趸。

提问：刚才老师说挑战应战，就像您说的是重构了一些价值，但是重构价值必须有依托。这就形成一个悖论，汤因比等于另立了一个新的规律，来挑战所谓的旧有规律。因为刚才说要重构一切价值，但人属于社会环境当中的人，要有所依托，你不可能提出的是一个全新的东西。

郭小凌：汤因比并未提出一种全新的解说。汤因比承认他吸收了斯宾格勒的思想。斯宾格勒的基本研究单位就是文明，但是他对文明兴起衰亡的解释是悲观的，所有文明都像四季一样循环，一定要经历衰亡、凋谢。但斯宾格勒在当时来说有一个很前卫很先进的思想就是文明平等、同质，而“一战”后的西欧不仅西方中心论盛行，种族优越感、沙文主义都很强大。所以斯宾格勒能这样认识不同的文明，难能可贵。汤因比完全继承了斯宾格勒的这种思想，反对西方中心论。这是他依托的地方。但挑战和应战的理论解释是属于他自己的，这一点现在还找不到比他更早地提出过的人。我们现在常用挑战这个词，那要归功于汤因比的使用。因为他在20世纪四五十年代太红了。《时代》杂志用他作封面，并有专门高度赞扬他的文章，说这是可以和马克思相提并论的伟大思想家。

提问：汤因比的挑战应战说，是不是说明他的一种对文明的焦虑，对西方文明的焦虑忧思呢，因为西方文明代表着最先进的，所谓的西方中心论。

郭小凌：我觉得他是对西方中心论深恶痛绝的人。他不断地说，因为各种文明都基本走着同样的道路，每一种文明都是挑战应战的结果，没有哪一种文明比另一种文明更为高明。他是一位有着非常长远目光的史学家，知道古代史、文明史是怎么过来的，知道东方大部分时间在历史中是走在最前列的，如新石器革命、农业革命、金属器革命，等等，都首先发生在东方，历史有不平衡性。他认为今天西方流行的自我中心和优越感，是因为在最近200年来，西方在物质生产中暂时取得了压倒性优势的错觉。西方人的得意在他眼里是短浅的错觉。他在《人类和大地母亲》一书里认为西方危机频仍，问题累累，把希望寄托于中华文明，认为中国可能要引领世界各文明的发展。这是因为他认为单个文明没法解决世界面临的问题，只能建立世界政府。他觉得西方毛病百出，中国正处于“文化大革命”的挑战应战、继续革命的热潮中，他认为充满活力，因此看好中国。当然看走了眼，表明人不是神，对未来难以准确预测。

主持人：刚才郭老师的讲座里实际上讲了一个很重要的问题，关于历史发展的规律问题，到底有没有规律或者是如何来表示规律呢。有一篇文章叫作《对于宏大叙事的反思》，在《哲学研究》杂志上发表的。对这个问题来讲，其实它涉及一个问题，它们挖到宏大叙事的历史根源其实跟现在的大机器生产有很大的关系。郭老师刚才讲到了实际上是现代自然科学的一个发展，比如说牛顿的力学，这些发展可能人们把自然的规律放到了对人类社会发展的一个假设或者架构上面。郭老师讲的，包括自然科学也都在反思，相对论的出现就是对原来牛顿的经典力学的一个反思。我觉得现在社会大部分人是被异化的，人类社会的发展有没有一个真的，一个比较说得过去的规律呢？现在有很多人在实验，一个魏特夫的东方水利社会，还有沃勒斯坦的世界体系，等等，都是一种探索。郭老师也讲到人们认识到它的局限性，但是他们也不代表这个探索毫无意义，也许还是有着思想史上的意义。但是我们必须要认识到这种所谓的规律有它的局限性，因为人类社会发展是有差异的，而且过去说奴隶社会、五大经济形态都是一种建构。所以我们既要探索规律，同时也要看到差异、多样性，等等，否则的话是会迷惑的。

在人类的思想史上，科学应该有它历史，不要一加上科学就觉得这个事情很正确。人到逐渐成熟的时候，会发现科学不能解决一切问题。怎么来看待科学，理性和非理性，科学和哲学，或者是科学哲学和宗教，它们之间的关系到底是什么，都值得研究。现在走出了科学崇拜，跟这些规律思想都有非常密切的关系。大家都试图在建构过程中更加接近历史的真相，但是比较难。

提问：汤因比在历史研究中是以文明为基本单位进行考量的，这个想法在一定程度上被萨缪尔·亨廷顿所吸收，并在其《文明冲突与世界秩序重建》中得到了一定程度的体现。虽然汤因比是纵向的，好像亨廷顿是横向的，是否可以认为历史学科上对于规律的探寻和宏大叙事在充分发展之后通过学科交融转移到其他学科中呢？未来随着跨学科的进一步发展和实证需要的话，规律论和宏大叙事是否还有希望在历史学当中复兴呢？

郭小凌：亨廷顿的那篇著名的论文《文明的冲突与世界秩序的重建》肯定借鉴了汤因比的文明之说。从汤因比文明的分类出发，再结合现实国际政治，添加了他个人的一些解释。主要是冷战之后，国际政治舞台上出现了很剧烈的文化冲突，他把它们归纳为文明的冲突，并分析了冲突的表现特点。比如基督教文明与伊斯兰文明的冲突。在冲突中不问你是哪个国家的，先看你是不是穆斯林教徒。比如恐怖分子在印度孟买的五星级饭店里把人质扣住，然后问你是穆斯林还是基督徒，要说信真主就放条生路，信基督就给一枪。敌友不按国别而按文化属性。如果要证明亨廷顿的说法有理，可以找到很多证据。比方说塔利班炸毁巴米扬大佛，ISIS那些恐怖分子把古代亚述的石像凿烂，炸毁帕尔米拉异教的古代遗址。这种例子很多，都是和宗教归属联系在一起的恶性事件。比如巴基斯坦和印度的冲突，克什米尔的冲突，缅甸的佛教徒对穆斯林的迫害。似乎都能看出今天世界是文明的冲突，比如中国和美国的博弈，用亨廷顿的话说就是基督教和儒教两大文明的冲突。他强调了冲突这一面。这种冲突并不新鲜，历史上屡次发生过，如十字军东征，基督教对异教建筑物和书籍、圣物的毁灭性清除。类似行为在其他文明那里也举不胜举。但文明的冲突需要具体分析，文明之间还有不冲突的一面。我们要看到现代世界的实际并不像亨廷顿说的那样一刀切。比如伊斯兰文明自身多种多样，有比较温和的，搞极端圣战的毕竟是少数派。此外，文明还有融合，而且融合在大部分移民多的国家表现得似乎还不错。所以，把一个问题变成一个高度概括的话语，我觉得就会成为有缺陷的问题。亨廷顿把文明冲突说得过头了。汤因比的分析确如这位同学所说，大体是纵向的，对一个个单个个体研究，亨廷顿把文明形态借用过来，用来解释当代的国际政治冲突，也是一种有参考价值的解释方法。

主持人：郭老师给我们做了非常生动而且很有思想性的一次讲座，大家表示感谢。

文献与史料 | Sources and Documents

奥维德的赫尔玛芙罗狄特斯和萨尔玛奇斯故事中的时间、空间和性别①

[德] 罗伯特·基尔施泰因　文　马百亮　译

摘要：叙事学理论被越来越多地应用于古典学研究，开拓了分析古代文本的新途径。奥维德的《变形记》具有复杂的多重叙事，尤其适用叙事学的研究方法。本文从时间、空间和性别三个维度对赫尔玛芙罗狄特斯和萨尔玛奇斯的故事进行了考察，首先利用"史诗一般过去时"理论，指出了《变形记》中反复使用的元虚构策略。论文第二部分用"空间叙事学"理论，表明空间不仅是人物活动的静态背景，还是故事不可分割的一部分，正如萨尔玛奇斯打破了空间和人物之间的边界。论文最后通过分析赫尔玛芙罗狄特斯和萨尔玛奇斯故事的叙事结构，对性别认同和性别角色进行了探讨。

关键词：时间　空间　性别　奥维德　赫尔玛芙罗狄特斯和萨尔玛奇斯

一、前言

用现代表述法来说，奥维德的《变形记》是一部充满了变化、复调和含糊性的作品，也是一部关于"宏大叙事"的终结的作品，这是因为《变形记》

① 【基金项目】本文为国家社科基金重大项目"古罗马诗人奥维德全集译注"（项目编号：15ZDB087）阶段性成果。本文曾在2017年5月31日—6月2日在上海师范大学举办的"全球语境下的奥维德（Globalizing Ovid）：纪念奥维德逝世两千年"国际会议上宣读。我要对会议的组织者表示最诚挚的谢意，他们组织了一场盛会，群贤毕至，气氛热烈，为古典的全球化开拓了令人兴奋的新视野。

和荷马的《奥德赛》或者是维吉尔的《埃涅阿斯纪》不同，它所讲述的不是某一位大英雄的事迹。在奥维德的作品中，不再是只有一位主要人物，取而代之的是几乎数不清的男女人物，在一种十分复杂的叙事中，他们的经历被编织到一起。组成这种叙事的是多种情态的复调和故事群。在此过程中，奥林匹斯诸神全然丧失了他们高高在上的光辉，从宇宙和人间秩序的保护者变成了秩序的破坏者，从恋爱者变成了强奸犯；而他们在情感上的失控从一种积极的特征变成了一种十分消极的特征。事件所发生的地点和场景也发生了同样的变化，常常是从“愉悦之地”（*locus amoenus*）变成为“可怕之地”（*locus terribilis*），从一个安静闲适的地方变成为一个充满不和、暴力、玷污、自欺欺人和自我毁灭的地方，这和活动于其中的人物之间形成一种象征性的对应。就像米夏埃尔·冯·布莱希特（Michael von Albrecht）指出的那样，正如奥维德介于奥古斯都时代和后奥古斯都时代之间，他的诗歌也是一位跨界者的诗歌，对于希腊化时期的文学素材和形式进行了深入的挖掘。①

在这一模式之中，“时间”这一主题发挥着十分重要的作用。《变形记》的序言部分称其为“无穷诗”（*carmen perpetuum*），从世界之开端直到叙事者之现在(1. 4 ... *ad mea tempora*)。②然而，正如经常被指出的那样，《变形记》并没有提供正确的事件发展的先后顺序，而是有无数个矛盾和断裂的叙事之流。最近，一位学界同仁称其为“时间机制的彻底崩溃”。③

从严格的叙事视角来看，关于“时间”这一主题有两个基本的问题：首先是作品中事件发生先后的相对性的问题，因此就有了另外一个问题，即“素材”（fabula）和“故事”（story）的逻辑关系的问题，即所讲述的叙事与其在文本中实际再现之间的关系。这种再现的方法包括重组、倒叙和预

---

① 关于作为跨界诗人的奥维德，参见Harald Weinrich(ed.), *Positionen der Negativität*, München: Fink, 1975, p.525; Harald Weinrich, *Tempus. Besprochene und erzählte Welt*, München: C. H. Beck, 2001, p.39; Michael von Albrecht, *Das Buch der Verwandlungen. Ovid-Interpretationen*, Düsseldorf: Artemis & Winkler, 2000, p.422。

② 参见Tristia 2.560: *in tua deduxi tempora, Caesar, opus*。

③ Ingo Gildenhard, Zissos, “Problems of Time in Metamorphoses 2”, in Philip Hardie, Alessandro Barchiesi, Stephen Hinds (eds.), *Ovidian Transformations. Essays on the Metamorphoses and its Reception*, Cambridge: Cambridge Philological Society, 1999, p.37；参见Stephen M. Wheeler, *A Discourse of Wonders: Audience and Performance in Ovid's Metamorphoses*, Philadelphia: University of Pennsylvania Press, 1999, p.128. 关于“年代上的不一致”。

叙、停顿和省略等。在直接的句法层面，第二个问题涉及作为再现要素和方式的时态的使用。在奥维德的作品中，时态的转换可以为故事提供叙事上的对比，例如将主要情节和次要情节区分开来，还能表明叙事者、故事人物和空间上的转换，这一点已经经常被注意到。但是我认为，关于《变形记》中对时态的使用，还有一个方面并没有引起足够的注意，即虚构性的问题。我的论点是时态上的转换不仅能够产生叙事前景和背景之间的对比，还能表明并确立故事的虚构性。对于像《变形记》这样的作品来说，这一点似乎更加重要，因为它不是一个一以贯之的故事，而是由一系列插曲式的不同故事组成。

下面我将首先简单介绍凯特·汉布格尔的虚构性理论，然后尝试利用这一理论来分析奥维德—下《变形记》第四卷中赫尔玛芙罗狄特斯和萨尔玛奇斯的故事。

二、凯特·汉布格尔的《文学的逻辑》

《文学的逻辑》被认为是凯特·汉布格尔的主要作品，是这位哲学家兼文学研究者1956年在斯图加特技术大学的博士后论文，此时的作者年已花甲，刚刚结束在瑞典的流亡回到德国。1957年，《文学的逻辑》被作为专著出版，1968年出了第二版。这本书的出发点是关于现实和虚构之间关系的问题，即是什么样的特征让某一个文本具有文学性或虚构性？我们是否可以仅仅依靠文本本身来判断其虚构性？无论是在语法层面还是在词汇层面，文学有没有什么具体的特征可以被视为文学的逻辑特征，并让文学话语从一开始就能够发挥作用呢？作为一位在现象学传统框架之内从事研究并深受胡塞尔哲学影响的文学研究者，汉布格尔认为在原则上可以从文本本身引申出这种虚构性。

汉布格尔最著名、受到讨论最多的理论，是“史诗一般过去时”（epic simple past）理论。汉布格尔认为，童话故事中像“从前，……”这样的句子并不指代某一个具体的过去，也就是说它们并不声称所要讲述的故事在过去的某一个时间确实发生过。这种一般过去时的形式指代的是讲述者的现在，是“存在于我们想象中的、所讲述故事的现在”。作为“史诗一般过去时”的一种，“从前，……”这样的表达并不是为了指代过去，而是为了确立一种文本自身所固有的、不受时间影响的虚构性。

为了表明其对一般过去时的“去时化”（detemporalization）和不受时间影响的虚构性这一论点，汉布格尔聚焦于指示性的时间和空间副词的使用，如“昨天”和“明天”，“这里”和“那里”。在真实世界的语言情境中，要将表示将来的副词和一般过去时用在同一个句子里，如“tomorrow was Christmas”（“明天是圣诞节”，这里的be动词用的是过去时），是不可能的，但是在虚构性的文本中，这可能是讲得通的，仅仅是表面上不符合逻辑而已，如果我们对此加以说明，即这个句子里的副词“明天”指代的是一位虚构人物的视角，对他来说圣诞节依然是未来的事情，而这里be动词的一般过去时是从叙事者的视角来表达的，这一点就一目了然了。对于汉布格尔来说，就是这样有双重叙事视角的句子，可以作为证据，来表明虚构文学中“时态时间意义的消除”。①

汉布格尔的《文学的逻辑》有三个核心理论，分别如下：

1. 在虚构和非虚构文本中，一般过去时的功能是完全**不同**的。在虚构文本中，一般过去时（如“史诗一般过去时”）失去了其原有的表示过去的语法功能，而是指代叙事者的“虚构的现在”。

2. 时间和空间副词如**“昨天”和“明天”**以及**“这里”和“那里”**失去了其原有的“指示”和“存在”功能，不是指代某一个过去和历史现实，而是指代一个虚构的此时此地，因此是一个不存在的时间和地点。

3. 将表示内心认知过程的动词（如**察觉、想、觉得**等）用于第三人称，只有在虚构文本中才是可能的。

在20世纪六七十年代，汉布格尔的“去时化”和“虚构性”理论引发了一场激烈的争论，一直持续至今。仅仅依据不同的文本内部特征，是否可以区分虚构文本和非虚构或者说是事实文本，甚至围绕这样一个根本问题，也依然存在争议。美国语言学家、哲学家约翰·希尔勒（John Searle）认为文本的虚构性是不能

---

① Käte Hamburger, *Die Logik der Dichtung*, Stuttgart: Klett-Cotta (French translation: *Logique des genres littéraires, traduit De L'allemand Par Pierre Cadiot, préface de Gérard Genette*, Paris 1986; a Chinese Translationis in preparation), 1994, p.33.

从文本本身推导出来的，而是必须要参照交际信息、文本外和副文本信息，如作者意图。[①]还有第三派持一种实用主义的观点，认为文本的虚构性取决于读者的反应。因此，翁贝托·埃科（Umberto Eco）和读者反应理论的其他代表提出了“虚构性约定”（fictionality pact）或“虚构性契约”（fictionality contract）的概念。[②]

总体而言，汉布格尔的《文学的逻辑》可以被历史性地看作是叙事学研究的一个“转折点”。理论家如多丽特·科恩（Dorrit Cohn）和哈罗德·魏因里希（Harald Weinrich）借鉴了汉布格尔的思想，近几年来，她的作品引起了越来越大的兴趣。[③]《文学的逻辑》一书的中文版也即将面世。

三、奥维德的赫尔玛芙罗狄特斯和萨尔玛奇斯的故事（《变形记》，第四卷，第271—388行）

对于奥维德的作品来说，关于虚构性的这些探讨有何意义呢？汉布格尔的理论方法既是普遍主义的，又独立于语言之外，因此不仅限于描绘德语、英语或法语的文学文本。然而，在实践中，关于文学性的探讨主要采用这几种语言的文本范例来进行模型建构和分析。这样一来，用这一理论来分析像奥维德的《变形记》这样的古代史诗文本就变得更加吸引人。

在《变形记》第四卷的复杂叙事语境中，我们看到的是一个解释雌雄同体的根源的故事。性别身份的含糊性让赫尔玛芙罗狄特斯和萨尔玛奇斯的故事尤其意味深长，成为典型的变形叙事。[④]这个故事中的英雄或者说是反英雄离开其位于东特洛亚特（Troad）的故乡，去探索世界。在此意义上，他和

---

① J. R. Searle, “The Logical Status of Fictional Discourse”, *New Literary History*, 6, 1975, pp.319–332.

② Umberto Eco, *Six Walks in the Fictional Woods*, Cambridge, Mass: Harvard University Press, 1994.

③ 参见Michael Scheffel, “Käte Hamburgers Logik der Dichtung: ein Grundbuch der Fiktionalitäts-und Erzähltheorie? Versuch einer Re-Lektüre”, Bossinade/Schaser, 2003, p.145; Dorrit C. Cohn, *Transparent Minds. Narrative Modes for Presenting Consciousness in Fiction*, Princeton, NJ: Princeton University Press, 1983, p.7; Harald Weinrich, *Tempus. Besprochene und erzählte Welt*, München: C. H. Beck, 2001, p.39。有一部关于汉布格尔作品的论文集，该文集还收录了Johanna Bossinade, Angelika Schaser (eds.), *Käte Hamburger. Zur Aktualität einer Klassikerin*, Göttingen: Wallstein, 2003，编撰的作者生平。关于罗兰·巴尔特和汉布格尔，参见Roland Barthes, Le *Degré zéro de l'écriture*, Paris: Seuil, 1953; Gérard Genette, *Narrative discourse revisited.* Jane E. Lewin (trans.), Ithaca, NY: Cornell University Press, 1988, p.79。

④ Matthias Bauer, Joachin Knape, Peter Koch, Susanne Winkler, “Dimensionen der Ambiguität”, *Zeitschrift für Literaturwissenschaft und Linguistik*, 158, 2010, pp.7–75.

《奥德赛》中的英雄差不多，在原文中，他的离乡用的是动词“errare”（漫游，4. 294），这显然是对其前的荷马史诗《奥德赛》的互文。

作为这些“漫游”的一部分，赫尔玛芙罗狄特斯来到了小亚细亚（现在的土耳其）的吕底亚和卡里亚。在这里，他遇到一个与众不同的池塘（stagnum），水质清冽，清澈见底，没有水草生长（4. 300）：

perspicuus liquor est

（池塘）的水清澈见底。

这个池塘和生活于其中的仙女有着同样名字，都叫萨尔玛奇斯。这种地名和人名之间的含糊性，以及以地名命名者和专有名词之间的含糊性，贯穿于整个故事的始终。查尔斯·西格尔（Charles Segal）指出了场所与人物之间的这种象征关系：池塘清澈见底，水草不生，这很少见，而生活于其中的仙女同样也与众不同。[①]正如第304行明确描绘的那样，萨尔玛奇斯是“唯一”（*sola*）不追随狩猎女神戴安娜的林中仙女。虽然一直受到姐妹们的催促，但是萨尔玛奇斯对狩猎毫无兴趣，而是把时间花在沐浴和梳妆打扮上，这才是她喜欢的生活和消遣方式（4.306—307）：

Salmaci, vel iaculum vel pictas sume pharetras
et tua cum duris venatibus otia misce!

萨尔玛奇斯，拿起狩猎用的长矛或者是涂了颜色的箭矢，不要老闲着，活动一下，去打猎吧！

因为萨尔玛奇斯既是池塘，又是水中仙女，后面对于她在水塘中沐浴

① Charles Segal, *Landscape in Ovid's Metamorphoses. A Study in the Transformations of a Literary Symbol*, Wiesbaden: Steiner, 1969, p.25.

场景的描绘也可以理解为一种自恋式的自我为中心（4. 310 *fonte suo formoso perluit artus* 她在自己的池中洗浴美丽的肢体）。[①]在描绘了漫游的英雄赫尔玛芙罗狄特斯是怎样来到了萨尔玛奇斯的家，以及萨尔玛奇斯离开其他仙女、独来独往的生活方式之后，从萨尔玛奇斯**看见**赫尔玛芙罗狄特斯的那一刻起，故事开始获得一种叙事上的活力。和《变形记》中的很多其他故事一样，“看见”的这一刻发挥着决定性的作用：随着赫尔玛芙罗狄特斯的靠近，先是他看到一个名叫“萨尔玛奇斯”的池塘（4. 308），接着是水中仙女萨尔玛奇斯**看见**他。在故事最后，两人的身体互相缠绕到一起，密不可分，以至于合而为一。这一“看见”时刻的影响在于这样一个嘲讽式的事实，即由于这一融合的过程，他们无法再“看见”对方。

然而，让我们回到故事的转折点，即萨尔玛奇斯“看见”赫尔玛芙罗狄特斯并马上“渴望”他的那一刻（4. 315—319）：

> Saepe *legit* flores. et tum quoque forte *legebat*,
> cum puerum vidit visumque optavit habere.
> nec tamen ante adiit-etsi properabat adire-
> quam se conposuit ...
> ... et meruit formosa videri.

> 她常常采摘花朵。在她看见那个少年时，她正忙着采摘花朵。她看到的，她就渴望拥有。她还没有接近他，虽然她急着靠上前去，她要先镇定一下……让自己看上去漂漂亮亮的。

在第315行，时态发生了决定性的转换，从现在时的“legit”（正在采摘）变成了过去时，这种变化有明显的语言学标记，即未完成时态的“legebat”（她那时正在采摘），还有表示伴随的时间副词“tum”（当时）。由于构成韵

① Alison Keith, “Sexuality and Gender”, in Peter E. Knox, *A Companion to Ovid*, Chicester: Wiley-Blackwell, 2009, p.361.

文的近音双关legit-legebat，这种动词时态上的突然变化变得更加明显。

奥维德的文本让人想起凯特·汉布格尔在《文学的逻辑》中使用的一个例子，其目的是为了表明“史诗一般过去时”标记虚构性的功能。她的例子聚焦于阿达尔贝特·施蒂夫特（Adalbert Stifter）的小说《高山上的森林》（*Der Hochwald*，最早出版于1842—1844年）的前言部分。凯特·汉布格尔提出：

> 只有当沉默的女孩们活跃起来，成为活动着的人物（即亚里士多德意义上的行动者）时，未完成时态才正式开始，读者几乎注意不到这一变化。“窗户旁的小姐继续忙于刺绣，不时地看一眼她的妹妹。……突然，妹妹说（原文为一般过去时）：……”从这个“说”开始，叙事开始采用未完成时态，在本文中，这意味着只有此时，我们才进入虚构的世界。①

在《变形记》的拉丁语文本中，时态先是从历史现在时变成未完成时（*legebat*）。后面的描述在总体上依然是过去时，但是通过在未完成时和完成时之间进行转换，充分利用了拉丁语言本身的表达潜能。未完成时的“*legebat*”标志着转入实际故事本身，同时也成为对故事中选择性使用完成时态的“*vidit*”（她已经看见）和“*optavit*”（她既渴望）的背景。后面的几行进一步描绘了萨尔玛奇斯完成时态的行动的背景（adiit—composuit—circumspexit—finxit），而从句“*etsi properabat adire*”（虽然她急着靠上前去，317）中未完成时态的“*properabat*”（急着）指明了延续性的背景，即在她做好准备要靠近赫尔玛芙罗狄特斯的过程中，她一直在匆匆忙碌着。②

---

① 德语原文（汉布格尔1994: 37）：“Und erst als die stummen Bilder der Mädchen zu lebendigen Gestalten-handelnden Menschen wie Aristoteles gesagt hat-werden, setzt vom Leser unbemerkt das Imperfekt ein. *‘Die am Fenster stickt emsig fort und sieht nur manchmal auf die Schwester. Diese hat mit einem Mal ihr Suchen eingestellt und Ihre Harfe ergriffen, aus der schonseit längerer Zeit einzelne Töne wie träumend fallen. Plötzlich* ***sagte*** *die Jüngere:* [...] ’-Von diesem **‘sagte’** an geht die Erzählung im Präteritum weiter, und das bedeutet in diesem Kontext, daßerst mitihm wir den Raum der Fiktion betreten haben.”

② 关于奥维德《变形记》中对于时态的使用，参见Michael von Albrecht, *Das Buch der Verwandlungen. Ovid-Interpretationen*, Düsseldorf: Artemis & Winkler, 2000, p.422。

四、一个名字的逻辑：赫尔玛芙罗狄特斯

赫尔玛芙罗狄特斯和萨尔玛奇斯的故事包含一系列的叙事悖论和不合逻辑的因素，而这些和文本的虚构性密切相关。一个尤其值得注意的因素是这样一个事实：无论是在故事的开头，还是在故事进行的过程中，这位男性人物的真实名字一直没有出现过。[①]弥尼阿斯的女儿阿尔奇托厄（Minyade Alcithoe）在给正在编织的姐妹们讲述这个故事时（见4. 274—275），仅仅用不明确的指示代词“*ille*”（他，4.296）来指代他。另一方面，故事中女性人物萨尔玛奇斯的名字却是从故事一开头就提到了。

与此相反，赫尔玛芙罗狄特斯的名字实际上直到故事的最后才出现（4. 383），而此时他和萨尔玛奇斯的融合过程已经完成，赫尔玛芙罗狄特斯已经变成半个男人（*semivir*）。于是他请求自己的父亲赫尔墨斯和母亲阿弗洛狄忒，让那些凡是碰到这个池塘的水的男人都变成半个男人（4. 382—386）。[②]

> ... iam non voce virili
> Hermaphroditus ait: ‘nato date munera vestro,
> et pater et genetrix, amborum nomen habenti:
> quisquis in hos fonts vir venerit, exeat inde
> semivir et tactis subito mollescat in undis!’

> 以一种不再是男人的声音，赫尔玛芙罗狄特斯说：“父母亲呀，请把这个能力赋予你们的儿子吧，他拥有你们两位的名字：无论是谁，如果他来到这些喷泉边，只要他碰到这里的水，就会突然变成半个男人，变得更加柔弱。”

---

① Matthew Robinson, “Salmacis and Hermaphroditus. When Two Become One: (Ovid, Met. 4.285-388)”, *The Classical Quarterly*, 49, 1999, p.217.

② semivir字面的意思是半个男人，也是杨周翰先生在汉译《变形记》中所采用的译法。也可译为阴阳人、双性人。——译者注

就这样，赫尔玛芙罗狄特斯先是成为他的名字所描绘的样子，然后才获得了他的名字。这就产生了一个问题：在此之前，即在他和萨尔玛奇斯融为一体之前，他究竟是什么样子呢？由于赫尔玛芙罗狄特斯变成了一个双性人，即半男半女，那么在这一过程发生之前，他肯定是一位男性，正如萨尔玛奇斯曾经是一位女性。或者我们也可以接受叙事逻辑的矛盾之处，从一开始就把赫尔玛芙罗狄特斯看作是故事最后他所变成的样子。在此情况之下，我们可以看到反映在对这个人物的叙事再现之中的性别身份的含糊性，变化之后所描绘的人物和故事开头是同一个人物角色。

在《变形记》的其他故事中，我们也发现了同样的方法，即到故事最后才提供人物的名字。至于文本中的虚构性信号的问题，有趣的一点是，在当前从叙事学角度探讨虚构文本和事实文本的语言学标记差异时，在故事开头隐瞒有关信息的做法也很重要。这里只举一个例子，魏因里希对汉布格尔的理论进行了阐述，他考察了有关信息（例如关于故事发生的时间和地点，或者是故事中的人物）的缺失这一问题，认为这种“定位信号”（orientation signals）的缺失是文本内部的信号，表明该文本是虚构的。魏因里希援引了德国文学中一个激进的例子，即马克斯·弗里施（Max Frisch）的小说《马克斯·斯蒂勒》（*Max Stiller*）中的否定性介绍，因为这部小说一开始就是一句让人摸不清头脑的话：“我不是马克斯·斯蒂勒。”①

五、“性别的逻辑”

赫尔玛芙罗狄特斯和萨尔玛奇斯的故事不仅从叙事学的视角非常有趣，从文化研究的角度来看也很有趣。这里我想探讨一下这个故事中体现出来的性别认同和与性别认同有关的社会角色。在整个故事情节中，性别问题发挥着十分重要的作用，因为这不仅关系到性的生理分化，也关系到性别的社会分化。因此，在本论文即将结束之际，我要回到主题的层面，在某种意义上，从“文学的逻辑”转向“性别的逻辑”。

① Harald Weinrich(ed.), *Positionen der Negativität*, München: Fink, 1975, p.525.

上文（4. 317 properabat）描绘了萨尔玛奇斯“渴望”赫尔玛芙罗狄特斯的急切心情，从中我们初次看到整个叙事的一个重要特征，即“渴望”的主体是萨尔玛奇斯，而赫尔玛芙罗狄特斯是“渴望”的客体，这就颠倒了拉丁语“爱情哀歌系统”中的传统角色。在《变形记》的大部分爱情故事中，男性角色都是“渴望”的主体，而女性则是“渴望”的客体。这种男性的渴望也常常具有如下特征：急不可耐，刻不容缓，强迫与压力，甚至是追赶（还有偷吻的主题，参见4. 358 luctantiaque oscula carpit挣扎中她偷吻）。

在性别方面，艾莉森·基思（Alison Keith）已经对奥维德的故事进行了详细而又让人信服的分析。[①]在叙事的开端，赫尔玛芙罗狄特斯作为典型的“移动的男英雄”（mobile male hero）登场，这让人想起奥德修斯的形象。和在《奥德赛》中一样，一边是漫游男英雄的移动性，另一边是女性对立人物（counter figure）的坚持和固定，如卡吕普索（Kalypso）、喀耳刻（Kirke）和诺西卡（Nausikaa），两者之间形成一种叙事上的张力。萨尔玛奇斯赞扬赫尔玛芙罗狄特斯像神灵一样俊美，赞扬他身边的所有人，包括他的父母和其他亲属，但尤其是他的妻子，如果他有妻子的话。在这一部分，这个故事和荷马史诗之间的联系变得尤其明显。像卡吕普索和萨尔玛奇斯这样的女性对立人物延误男英雄的旅程，用艾莉森·基思的话说，她们成为“不移动的女性障碍”（immobile female obstacles）。就萨尔玛奇斯而言，这一概念似乎更加适用，因为作为一位以地名命名的水中仙女，她是场景的一部分，因此是地点和固定性的明显体现者（尤其参见4. 338 simulatque gradu discedere verso她假装转过脚步离开）。通过故事中的主语和宾语结构，这种角色颠倒在语法上被直接反映出来，即上述“看见”与“被看见”之间的颠倒：虽然赫尔玛芙罗狄特斯作为看的主体登场，他和萨尔玛奇斯的相遇以他成为被看的客体告终，最终由于和萨尔玛奇斯融为一体，他完全丧失了自己的个人身份。

---

① Alison Keith, “Versions of Epic Masculanity in Ovid’s Metamorphoses”, in Philip Hardie, Alessandro Barchiesi, Stephen Hinds (eds.), *Ovidian Transformations. Essays on the Metamorphoses and its Reception*, p.217; 参见Alison Sharrock, “Gender and Sexuality”, in Philip Hardie (ed.), *The Cambridge Companion to Ovid*, Cambridge: Cambridge University Press, 2002, pp.95–107; Patricia B. Salzman-Mitchell, *A Web of Fantasies. Gaze, Image and Gender in Ovid’s Metamorphoses*, Columbus, OH: The Ohio State University Press。

六、结论

对于奥维德《变形记》第四卷中赫尔玛芙罗狄特斯和萨尔玛奇斯的故事，无论是从文学研究的角度，还是从文化研究的角度，都可以有很多种解析方式。在本论文中，凯特·汉堡格尔的《文学的逻辑》被用来探讨拉丁语中时态的使用与文本虚构性之间的关系。文本的虚构性是否可以通过文本自身的特征来确定，如果可以，在多大程度上可以，对于这些今天依然存在争议的问题来说，这种探讨非常有意义。从当前性别研究的角度来看，赫尔玛芙罗狄特斯的故事也很有趣。因为萨尔玛奇斯是“渴望”（并强迫）的主体，赫尔玛芙罗狄特斯是“渴望”的客体，“爱情哀歌系统”的传统角色被颠倒过来。这个故事的特征还有结构和叙事上的含糊性，如赫尔玛芙罗狄特斯性别身份的含糊性，还有既是地名同时又是人名的“萨尔玛奇斯”所体现出来的含糊性。最后，和《变形记》中的其他很多故事一样，“看见”的那一刻发挥着决定性的作用。两个人物都（带着渴望）看见了对方，但是最终当两者的身体合而为一时，“看见”这一刻的影响在于这样一个具有嘲讽意义的事实：结果是他们再也看不见对方，并且失去了他们各自的身份。今后对“全球化的古典研究”的跨文化文学研究前景广阔，通过拓宽对所比较语言和语言系统的范围，一定能够大大促进对于虚构性的探讨。

（罗伯特·基尔施泰因，图宾根大学古典系教授，
马百亮，上海师范大学人文与传播学院博士生）

奥维德《爱的艺术》：欧洲中世纪学童课本[①]

肖馨瑶

摘要：本文主要从课堂评注角度探究奥维德诗作《爱的艺术》在欧洲中世纪的接受史和传播史。通过研读几部现存的9—15世纪拉丁文钞本对该诗的评注，本文试图探究《爱的艺术》这部世俗恋爱手册何以作为学童的拉丁文教材进入中世纪课堂，影响了欧洲性别观、情爱观的形成。人们普遍认为中世纪对奥维德仅有道德化和寓言式的解读，当时主流认为“内容不雅”的情爱诗尤其如此。然而本文基于研读钞本发现，《爱的艺术》从9世纪就开始作为拉丁文教材进入修道院学校，得到大量文字学上的注释、解析，而非寓言式解读，甚至诗中备受争议的情色描写也不例外。此作在中世纪课堂成为拉丁语语法、词汇的宝库和诗学、修辞的范本，而并非伦理教导的工具。最后，本文为中世纪课堂为何选择《爱的艺术》作教材提供几种解释，并指出研究课堂评注对全面认识奥维德在中世纪的接受史和传播史的重要性。

关键词：奥维德 《爱的艺术》中世纪 教学法 接受史

古罗马诗人奥维德的诗作《爱的艺术》大约创作于公元前2年到公元2

① 【基金项目】本文为国家社科基金重大项目“古罗马诗人奥维德全集译注”（项目编号：15ZDB087）阶段性成果。

年之间。[1]这部恋爱技巧手册（erotodidactic poem）共三卷，自诩为“爱神之师”（praeceptor Amoris）的奥维德在前两卷中教导男子如何找到理想的情人，并为爱情保鲜，第三卷则专门为女性传授如何赢得男人的爱。

《爱的艺术》自问世以来就饱受争议，因为此作虽引经据典、文采斐然，但包含了诸多挑战当时罗马传统伦理价值的内容。譬如，爱情本是“不知所起”的真挚情感，但奥维德偏视它为终将被驯服的阿莫尔，[2]将寻找情人说成是可供学习进阶的技能，把本应不可名状不可捉摸的感情说成可以通过物质交换、表演甚至哄骗来换得的东西。[3]开篇不久奥维德就告诉读者，理想的情人不会从天而降，需要苦心寻找——通过造访漂亮女孩经常出没的剧场、竞技场、凯旋游行、筵席等，自然能觅得良缘，因为女人们浓妆艳抹来到这些公共场所，既是为了看热闹，也是为了被人瞧见。[4]又如，奥维德强调追女孩一定要懂得欺骗与表演，要用甜言蜜语俘获情人的芳心；如果女孩生气了，就用眼泪打动她；就算哭不出来，也要沾水弄湿眼睛来假装眼泪。[5]传授虏获女孩芳心的技巧时，诗句情欲弥漫，比如，在剧场里要记得为身边的女子拂去大腿上的尘土，就算没有尘土也要装作有东西的样子拂一拂；[6]又如，晚宴上一定要成为第一个和她用过的酒杯唇齿相碰之人。[7]在第二卷和第三卷结尾，奥维德甚至直接给出了大胆露骨的情色描写。

此外，《爱的艺术》还充满了奥维德式的讽刺，嬉笑怒骂，矛头直指当时罗马皇帝奥古斯都拟定和推行的婚姻法。诗人直白地表示，要想让女孩成为你的情人，应该和她的丈夫交好，让他为你所用。[8]这就暗示诗作讨论的

---

① 关于该诗创作时间的界定，参见Steven J. Green, “Lessons in Love: Fifty Years of Scholarship on the *Ars Amatoria* and *Remedia Amoris*”, in Roy Gibson, Steven Green and Alison Sharrock (eds.), *The Art of Love: Bimillennial Essays on Ovid's “Ars Amatoria” and “Remedia Amoris”*, Oxford: Oxford University Press, 2006, pp.2–3。

② “mihi cedet Amor”出自《爱的艺术》第一卷第21行。

③ 关于《爱的艺术》是试图“掌控不可掌控之事”的悖论，参见J. M. Fyler, “‘*Omnia vincit amor*: Incongruity and the Limitations of Structure in Ovid's Elegiac Poetry’”, *The Classical Journal*, 66, 1971, pp.196–203。

④ “spectatum veniunt, veniunt spectentur ut ipsae”，出自《爱的艺术》第一卷第99行。

⑤ 《爱的艺术》第一卷第661—662行。

⑥ 同上，第149—151行。

⑦ 同上，第575—576行。

⑧ 同上，第579—580行。

"爱情"是婚外恋，而这俨然是对当时奥古斯都婚姻法的直接否定和公然挑衅。在公元前18年，奥古斯都为整顿罗马社会奢靡享乐的风气，维护传统道德伦理，特别是为了增加人口以支持罗马帝国扩张，颁布了尤利亚法（*Lex Iulia*），大力鼓励婚姻与生育，严惩婚外情。学者玛里琳·德蒙指出，若我们将奥维德的《爱的艺术》置于奥古斯都婚姻立法这一大背景中，那么这部诗作通过将爱欲定义为婚姻之外的体验，并且完全与生儿育女无关，其最大的讽刺意义就是对抗领导人为军事和政治目的对国民情欲和生育实施的管控。①

由于其言辞"下流"，暗讽时局，后世推测《爱的艺术》成为奥古斯都流放奥维德的原因之一。奥维德自己在《哀怨集》中表露，自己因"诗歌与错误"遭流放，后人根据他的暗示推测此处的"诗歌"可能就指《爱的艺术》。②据奥维德自称，随着他的流放，他的作品也被下令移出罗马的公共图书馆。有趣的是，这位在自己的时代受到挫折的罗马诗人竟然在中世纪声名鹊起——当然，在中世纪早期，人们主要将维吉尔的诗奉为正典来研习、作注，而奥维德的诗作只被当作对异教徒世界的参考资料，地位相对比较边缘化。③在公元9世纪之前，维吉尔的诗作有26份钞本保存至今，而奥维德的作品只有两部钞本流传后世，其中一部为残篇，还被定为伪作。在9世纪之前，维吉尔等古典诗人的作品已经有系统的注解问世，而没有任何那时候完成的对奥维德诗篇的评注得以保存至今。④

---

① Marilynn Desmond, *Ovid's Art and the Wife of Bath: the Ethics of Erotic Violence*, Ithaca and London: Cornell University Press, 2006, p.36. 关于《爱的艺术》对奥古斯都时代政治的批判，可参见A. R. Sharrock, "Ovid and the Politics of Reading", *Materiali e discussioni per l'analisi dei testi classici*, 33, 1997, pp.97-122；中文综述可参阅刘津瑜等：《奥维德在西方和中国的译注史和学术史概述》，见《古典学在中国》(《世界历史评论》第5辑)，上海人民出版社，2016年，第73—84页。

② "duo crimina, carmen et error"，见《哀怨集》第二卷第207行。

③ James G. Clark, *Introduction to Ovid in the Middle Ages*, James G. Clark, Frank T. Coulson, Katheryn L. Mckinley (eds.), Cambridge: Cambridge University Press, p.4.

④ 这两部奥维德的钞本一份是公元5世纪下半叶的《黑海书简》(*Epistulae ex Ponto*)，另一份是《钓鱼经》(*Halieutica*) 残章，存于一份公元8世纪或9世纪的钞本中，学界多认为《钓鱼经》并非奥维德所著。参见Ralph Hexter, *Ovid and Medieval Schooling: Studies in Medieval School Commentaries on Ovid's Ars Amatoria, Epistulae ex Ponto, and Epistulae Heroidum*. Muenchen: Bei der Arbeo-Gesellschaft, 1986, p.4, 特别是注释5；关于奥维德作品的传播，亦可参见 Tarrant, "Ovid", in L. D. Reynolds (ed.), *Texts and Transmission: A Survey of the Latin Classics*, Oxford: Oxford University Press, 1983, pp.257-284。

从公元9世纪起，随着查理曼大帝治下的卡洛林文艺复兴（Carolingian Renaissance）重燃对古典文学的热情，奥维德多部作品逐渐重见天日。在查理曼邀请阿尔琴（Alcuin of York，约735—804）到欧洲大陆进行教育改革之后，教会学校和修道院学校（cathedral and monastery schools）成为学龄儿童和青年的教育中心。无论贫富，父母都可以把儿子送到这些学校学习“三艺”（*trivium*，即文法、修辞、逻辑），特别是文法和修辞，其实就是基础拉丁语阅读与写作。学生会在这些学校学习直到年满15岁，毕业后，他们可能继续深造成为教士，也可能从事与教会无关的世俗工作。[①]也就是说，教会与修道院学校承担着对神职人员和世俗人士的双重教育任务，是中世纪除王公贵族以外之人能接受教育的近乎唯一场所。

从公元9世纪开始，奥维德的诗作渐渐有篇章进入此类教会与修道院学校，成为拉丁语语法和词汇的教材。他作品中丰富翔实的神话故事成为中世纪学童了解希腊罗马神话故事的窗口，他诗作中娴熟精湛的技法、才情横溢的词句成为学生学习拉丁语诗艺和修辞的绝佳范本。从现存的钞本数量来看，从9到12世纪，奥维德的影响力与日俱增，在公元12世纪达到一个顶峰——这个世纪也被誉为“奥维德的时代”（*aetas Ovidiana*），而13世纪奥维德作品钞本数量的增速继续攀升。[②]此后，奥维德作为最重要的古典作家之一的地位稳固下来，其影响力通过文艺复兴一直渗透到今天。奥维德成为欧洲中世纪最受欢迎的诗人之一，他的诗为数不清的欧洲人提供了窥视希腊罗马古典时代的窗口。[③]

《爱的艺术》这部作品的钞本也是从9世纪开始逐渐重现的。然而，毫不令人意外的是，这部放肆不羁的诗作要成为官方认可的拉丁语教材似乎并不容易。许多位高权重的人曾经公开反对这样腐化青年的“毒草”进入学校。比如，12世纪的教育家亚历山大·尼克汉姆（Alexander Neckham）就在为学童草拟书单时说：“不管这一类关于恋爱和讽刺的诗作有多么惹人喜欢，我

---

① Nicholas Orme, *Medieval Schools: Roman Britain to Renaissance England*, New Haven: Yale University Press, 2006, pp.18–20, 25.

② Hexter, *Ovid and Medieval Schooling*, p.4, 特别是注释5。

③ Clark, *Introduction to Ovid in the Middle Ages*, pp.1–2.

们一定要避免它们被青少年读到。那些从土里采摘鲜花和新鲜草莓的孩子们啊，赶紧跑开吧！一条毒蛇正潜伏在草丛中。”①12世纪的法国学者、作家、修女爱洛漪丝（Héloïse）更是直截了当地称奥维德是“教人纵欲享乐和道德沦丧的专家”。②

尽管中世纪当权者中不乏主张将奥维德的爱经列为青少年禁书的声音，《爱的艺术》仍然颇让人意外地渗透进了中世纪教会和修道院学校。从现存的钞本看，牛津大学的“圣邓斯坦课本”（The Classbook of St. Dunstan）是现存最早的包含这部诗作的钞本之一。③“圣邓斯坦课本”包含《爱的艺术》第一卷拉丁原文，以及用古威尔士语和拉丁语为其作的行间注解（interlinear glosses）。由于该钞本中的注解多是对拉丁语生词的注疏和对希腊罗马故事的讲解，针对的读者应是刚接触拉丁语不久的初学者，于是学界认为这部钞本很可能曾是中世纪修道院学校学童使用的拉丁语教材。④

虽然《变形记》是奥维德最有名的作品，流传后世的钞本数量最多、声誉最高，但通过“圣邓斯坦课本”钞本我们知道，《爱的艺术》是奥维德所有作品中最早被大量作注的一部，它在中世纪影响力之大，并不逊于《变形记》。⑤就是这样一部常被认为“有伤风化”的作品竟然在保守的中世纪渗透进了基础教育，成为学童的拉丁语的教材。那么，奥维德关于情爱的诗篇如何得以在中世纪课堂成为超过五个世纪通用的读物？中世纪的师生究竟是如何阅读与理解奥维德的爱经的呢？

人们普遍存在的关于中世纪的刻板印象是愚昧、落后、封闭、保守。例如，许多人认为，中世纪教师在教授奥维德诗作时，倘若碰到直白的情爱描写，一定万分紧张。由于这些“淫秽”的内容与天主教教义相左，老师

① “Placuit tamen viris autenticis carmina amatoria cum satiris subducenda esse a manibus adolescencium, ac si eis dicatur: Qui legitis flores et humi nascencia fraga, Frigidus, o pueri, fuite hinc, latet anguis in herba.” 参见 Alexander Neckham, *Sacerdos Ad Altare*。

② “Ipse... poeta luxuriate turpitudinisque doctor”，参见Héloïse, *Epistle* 6。

③ 现藏于牛津大学Bodleian Library，钞本编号为MS Auct. F.4.32，页码为fols. 37–47。

④ 关于St. Dunstan's Classbook中*Ars Amatoria*文本和拉丁文注解的详细讨论，参见Hexter, *Ovid and Medieval Schooling*, 1986；对该钞本里古威尔士语注解的分析，以及中世纪欧洲（特别是威尔士）如何教授奥维德诗作的讨论，参见Paul Russell, *Reading Ovid in Medieval Wales*, Columbus, Ohio: Ohio State University, 2017。

⑤ Hexter, *Ovid and Medieval Schooling*, p.32.

们必定会删除相关章节，或是寓言式地（allegorically）解读奥维德讲述的故事——正如14世纪在法国流行的《教化版奥维德》（*L'Ovide moralisé*）对《变形记》进行的基督教式的翻译和改编，将原本异教徒的传说解读为包含基督教教理的故事。知名学者保罗·格伦德勒就曾指出，奥维德的“作品在中世纪广为流传，甚至连《爱的艺术》，经过适当寓言式解读，也进入了学校课程”。[①]

然而，这类对于奥维德在中世纪的接受史和传播史一言以蔽之的概括虽是学界主流，却并不全面。至少在中世纪课堂传统中，说对奥维德只有教化版、寓言式解读，反映的更多是现代人对中世纪的偏见，而非历史真实。[②]

首先，从作品角度看，对奥维德的寓言式解读主要集中在对《变形记》的基督教式释义和改编，很少针对诗人的情爱诗篇。[③]如《爱的艺术》这类直白的猎艳手册也很难生硬地解读成某种宗教寓言。当然，中世纪读者并非没有试图将本诗纳入已有的主流价值体系。中世纪编者在汇编古典作品时，常常在作品前写一段前言或简介（拉丁文叫作*accessus*），这段话一般模仿亚里士多德“四因说”（four-cause analysis）介绍该作品的意图（*intentio*），题材（*materia*），形式（*modus*）和目的（*finalis causa*），并将作品归于某个哲学分支，用以指导读者。[④]现存的一份介绍《爱的艺术》的中世纪前言写道：本诗的意图是教导年轻人如何去爱；题材就是这些年轻人、女孩们和作者将给

---

① Paul F. Grendler, *Schooling in Renaissance Italy: Literacy and Learning, 1300–1600*, Baltimore and London: Johns Hopkins University Press, 1989, p.254.

② 弗兰克·考森（Frank Coulson）曾总结道，中世纪法国关于奥维德（主要是《变形记》）的注疏可分为四类：研究型（主要是文字学上的疏通 scholastic/philological），道德教化型（主要是寓言式解读ethical/allegorical），哲学与科学型，以及混合型（前面几种类型的结合）。见Frank Coulson, “Ovid's Transformation in Medieval France, c.1100–c.1350”, *Metamorphosis: The Changing Face of Ovid in Medieval and Early Modern Europe*, Alison Keith, Stephen Rupp (eds.), Toronto: University of Toronto Press, 2007, pp.33–60。

③ 关于《变形记》在中世纪和早期近代的传播和接受，可参见Alison Keith, Stephen Rupp (eds.), *Metamorphosis: The Changing Face of Ovid in Medieval and Early Modern Europe*。关于中世纪对《变形记》拉丁文注解的传统可参见Frank Coulson, “The Vulgate Commentary on Ovid's *Metamorphoses*”, *Ovid in Medieval Culture*, Marilynn Desmond (ed.), *Mediaevalia,* 1987, pp.29–61。

④ 这样的*accessus*从12世纪开始被汇编成册，独立于诗文单独流传，成为文学批评的雏形。关于中世纪accessus研究和汇编，可参见Stephen Michael Wheeler (ed. and trans.), *Accessus Ad Auctores: Medieval Introductions to the Authors*, Medieval Institute Publications, 2015。

出的建议；通过其形式，读者能找到所爱，得其芳心，并让爱情长久；其目的则是通过研读此书、聆听教诲，年轻人了解恋爱必需之技巧。编者进而将此诗归于伦理学，因为诗里讲述了女孩的行为习惯。①但正如学者沃伦·金斯伯格所说，这类前言强调，通过阅读《爱的艺术》读者将获取知识、习得伦理，却并未对诗篇做寓言式或道德教化的解读（allegorical or moralizing reading）。②

第二，从时间上看，中世纪课堂从公元9世纪就开始教授奥维德的诗篇，而寓言式解读则兴起于12世纪之后（例如《教化版奥维德》*L'Ovide moralisé* 就流行于14世纪的法国）。就在寓言式解读兴起之后，课堂传统中的文字学注疏也并未因此消失，也未转而以主张道德教化为主。课堂奥维德传统无疑更为悠久。

第三，从场域看，对奥维德的寓言式的解读多盛行于课堂之外。在中世纪甚至文艺复兴时期的教学传统中，寓言式解读并不多见。这一历史时期一个有趣的现象是，针对学童阅读内容的审查远比不上对成年人读物的审查。正如丽塔·科普兰所说，寓言解读作为一种道德化的审查方式一般专门是针对成年人，或是智识上更为成熟的读者设计的。③对学生来说，既然读拉丁诗歌是为了学习拉丁语、了解希腊罗马文化，那么教师的首要职责便是帮助学生正确理解这门语言。于是，进入课堂的奥维德诗篇并非道德教化的材料，而是教师帮助学生提高拉丁语的工具。自始至终，课本注释都是为这一

---

① 以上讨论是在忠实原意的基础上略有缩减的翻译，拉丁原文〈Accessus〉Ovidii de Amatoria Arte如下："Intentio sua est in hoc opere iuvenes ad amorem instruere, quo modo debeant se in amore habere circa ipsas puellas, materia sua est ipsi iuvenes et puellae et ipsa precepta amoris, quae ipse iuvenibus intendit dare. Modus istius operis talis est, ostendere quo modo puella possit inveniri, inventa exorari, exorata retineri. Finalis causa est ut perlecto libro in mandatis suis, quid tenendum sit in amore ipsis iuvenibus enucleatum sit. Ethicae subponitur, quia de moribus puellarum loquitur..." 引自R. B. C. Huygens (ed.), *Accessus Ad Auctores, Bernard d'Utrecht, Conrad Hirsau: Dialogus Super Auctores*, Leiden: E. J. Brill, 1970, p.3。该选段基本代表了中世纪*accessus*对《爱的艺术》的评价，若欲查阅更多介绍奥维德的accessus，可参考上文所引Wheeler, *Accessus Ad Auctores*, 2015。

② Warren Ginsberg, "Ovidius Ethicus? Ovid and the Medieval Commentary Tradition", in James Paxon and Cynthia Gravlee (eds.), *Desiring Discourse: the Literature of Love, Ovid through Chaucer*, Pennsylvania: Susquehanna University Press, 1998, pp.62–71.

③ M. C. Woods and Rita Copeland, "Classroom and Confession", in David Wallace (ed.), *The Cambridge History of Medieval English Literature*, Cambridge: Cambridge University Press, 1999, pp.380–385; M. C. Woods, "Rape and the Pedagogical Rhetoric of Sexual Violence", in Rita Copeland (ed.), *Criticism and Dissent in the Middle Ages*, Cambridge: Cambridge University Press, 1996, pp.56–86.

目的服务的。

这一观点与拉尔夫·赫克斯特对《爱的艺术》钞本的研究结论不谋而合。通过解读"圣邓斯坦课本"里的行间注释赫克斯特发现，作为拉丁文教材，奥维德的《爱的艺术》得到的注解大多是文字学上的阐释（philological explanations）。对于程度较低的入门级学生，例如"圣邓斯坦课本"的读者，注释主要是为他们解读疑难单词，以帮助理解诗作中比较晦涩的句子；有时为了增加学生单词量，也会在诗人较为简单的用词旁边注上更为复杂的同义词；更多时候，注释者需要解读诗人对希腊罗马神话传说的引用，解释其中较为复杂的人物关系和罗马的风土人情。于是，在中世纪课堂中，自诩"爱神导师"（*praeceptor Amoris*）的奥维德变成了"语法导师"（*praeceptor grammaticae*）。①

这样的文字学阐释在课堂奥维德（classroom Ovid）传统中盛行超过五个世纪不衰。在一份现存于牛津大学的15世纪《爱的艺术》钞本中，此类注解仍是主流。为给读者直观感受，现将该钞本里本诗第一卷开篇第5—12行摘抄如下（括号中为钞本的注释）：

> Curribus **Automedon** (*Auriga achillis*) **lentis**que (*flexilibus*) erat aptus habenis,②
>
> **Tiphys** (*gubernator navis Iasonis*) in Haemonia **puppe**(*nave*) magister erat:
>
> Me Venus artificem tenero praefecit Amori;
>
> Tiphys et Automedon dicar Amoris ego.
>
> **Ille** (*amor*) quidem ferus est et qui mihi saepe repugnet:
>
> Sed puer est, aetas mollis et apta regi.
>
> **Phillyrides** (*filius Phillyre*) puerum cithara perfecit Achillem,

① Hexter, *Ovid and Medieval Schooling*, p.23.

② 该钞本存于牛津大学波德林图书馆，编号MS. D'Orville 168，成稿于1458年以前。摘取片段见钞本对开本第1页右页，是本诗第一卷开篇的第5—12行（Oxford Bodleian, MS. D'Orville 168, f. 001r）。

Atque animos placida contudit arte feros.

(Ars. I.5–12)

奥托梅顿（阿喀琉斯的驾车人）擅长操控战车柔软（灵活）的缰绳，

提菲斯（伊阿宋船上的舵手）是阿尔戈舰（船）上掌舵的好手：

我，维纳斯钦定为爱神阿莫尔的导师；

世人将颂我是他的御者和舵手。

此人（阿莫尔）性情顽劣，常抗拒我的教导：

但终归是孩子，年纪尚小易塑造。

菲吕拉之子（菲吕拉的儿子）喀戎用琴教导小阿喀琉斯，

谐和的技艺抚顺了狂野的灵魂。

（《爱的艺术》第一卷第5—12行）

由上述引文可见，这类文字学阐释主要有如下几个功能：第一，为相对较难的字句提供近义词，以解释词义，如用nave（主格navis）解释puppe（主格*puppis*）。第二，在原文里较为简单的用词旁注上更复杂高级的近义词，以扩充读者单词量，例如在lentis（lentus）旁边标注flexilibus（flexilis）。[①]第三，解释风土人情和神话故事，例如对“奥托梅顿”“提菲斯”和“菲吕拉之子”等人物的解释。第四，对原诗中指代不明之处作说明，如解释“此人”（ille）此处指阿莫尔（Amor）。

既然疏通句读、阐释诗意是中世纪课堂解读奥维德的主要形式，直到文艺复兴时期都很流行，那么遇到诗篇中那些“不雅”的，甚至限制级的情爱描写时，中世纪的拉丁文教师又是如何处理的呢？赫克斯特通过研究一部12世纪专门为《爱的艺术》所著的评注稿（Copenhagen MS 2015）发现，当遇到诗人关于男女情爱的暗示或描写时（特别是在该诗第二卷和第三卷结尾），中世纪注释者竟全然没有脸红、迟疑、抗议或是批评，而是保持着自己一贯的

① 此处如此作注或因lentus在此含义不同于其常见意思（“缓慢的”），注疏者可能也因此而做说明。

注疏准则，细致入微地释义解惑，确保学生明白诗篇的隐晦含义。现举一例如下。[①]

Ulteriora pudet docuisse: sed alma Dione 'Praecipue nostrum est, quod pudet' inquit 'opus.'[②] Nota sibi sit quaeque: modos a corpore certos Sumite: non omnes una figura decet. ***Quae facie*** praesignis erit, resupina iaceto: Spectentur tergo, quis sua terga placent.	**ulteriora**. quod dicit pudet me dicere de coitu. sed Venus monet ut dicam. et quod multi sunt modi coitus dicit, et hoc est non una figura **quae facie**. docet per partes multas modos coitus

(Ars. III. 769–774)

继续往下教让我羞愧：但和善的狄俄涅说： “让你羞愧的东西正是我们的事业啊。” 女子须得认识自己：依照自己的身形采取合适的方式： 同一**姿势**并不适用于所有人。 那些**因为脸蛋**而艳压群芳的，应该仰卧： 拥有性感美背的，当以后背示人。	**“继续”**：作者说，“谈论性让我羞愧，但维纳斯敦促我讲下去。”他（接下来）讲的是房事的多种姿势，**“姿势”**（figura）此处不是指人像 “因为脸蛋”：他在分类讲解房事的各种方式

（《爱的艺术》第三卷第769—774行）

在选段中，奥维德故作矜持地表示自己对即将讲述的话题羞于启齿，是狄俄涅提醒他本书目的何在，他才意识到应当说下去。注释者担心读者无法理解其中隐晦，便用浅显的散文重述上文，并解释狄俄涅此处就指维纳斯。更重要的是，注释还直白地提醒读者，奥维德在这句故作腼腆之后，随

① 以下关于Copenhagen MS 2015 钞本中对于奥维德《爱的艺术》第三卷从第769行开始的注释，引自Hexter, *Ovid and Medieval Schooling*, p.72。

② 该钞本现藏于丹麦哥本哈根皇家图书馆，编号为Copenhagen MS 2015，文中引述段落来自钞本第23对开页左页和第24对开页右页（folio 23v–24r）。此钞本只包含注解（以拉丁文所书散文），并不包含诗歌原文。下文的引用左侧为诗作原文，右侧为注解，乃本文作者为方便读者理解所编。

即讨论起男女欢爱的技巧，他还专门解释“figura”一词在此处不是常见的意思，而是专指房事的姿势。从这个较为极端的例子我们可以看到，注疏集中在文字学上的阐释（以及关于拉丁文修辞的阐述，赫克斯特在文中有提及），纯粹为帮助读者正确理解诗句服务。对于这类让现代读者都难免尴尬的内容，注释之人也没有丝毫避讳，更谈不上要用道德教化或寓言式解读的眼镜来曲解句意，其对词句疏通的孜孜不倦着实令人惊叹。正如詹姆斯·克拉克讲道：“为教学服务的课本注释并未在涉及性的内容上大惊小怪。”①作为中世纪拉丁文课本的《爱的艺术》就是这样一个绝佳的例子。课堂中的奥维德和课堂之外对奥维德的寓言式译介（诸如《教化版奥维德》[*L'Ovide moralisé*]）形成鲜明反差。但因为直接查阅、研读钞本难度颇大，又耗时费力，于是课堂传统往往成为奥维德在中世纪的接受史和传播史中备受忽略的一面。

我们从这样的个例中得出的结论在更为宏观的研究中得到印证。学者罗伯特·布拉克在勘查了现存于佛罗伦萨的一千多份12—15世纪的钞本后发现，中世纪和早期近代的课堂教材评注（classroom commentaries）注重解读词句，而非道德教化（“philological rather than moral”）。②研究中世纪钞本和教学法几十年的学者玛乔丽·嘉里·伍兹认为，为学童拉丁语读物作注的评论者第一要务是阐明文本语义，这就意味着注释者需要改述原文里的晦涩表达，解释神话传说故事，以帮助学生学习生词、理解语法，而不是筛查文本内容或是用道德教化的滤镜解读原文。③

那么，为什么一本关于世俗恋爱的行为手册会成为中世纪学童的拉丁文教材呢？原因可能有三。首先，古典拉丁文文本在9—12世纪相对匮乏。一方面，在印刷术在欧洲流行之前，制作一部钞本光是准备原材料（兽皮等）就需要花费数月时间，抄写员往往还需要数月时间来誊写内容，整个过程耗时费力且价格不菲，因此现存作为教材的钞本都是代代相传的“教师用书”，

① Clark, Introduction to *Ovid in the Middle Ages*, p.10.

② Robert Black, *Humanism and Education in Medieval and Renaissance Italy: Tradition and Innovation in Latin Schools from the Twelfth to the Fifteenth Century*, Cambridge: Cambridge University Press, 2001, p.6 and 9.

③ Woods, “Rape and the Pedagogical Rhetoric of Sexual Violence”.

绝大多数学童并没有属于自己的课本。[①]另一方面，从9世纪卡洛琳文艺复兴（Carolingian Renaissance）开始一直到12世纪奥维德的影响力在中世纪达到巅峰，他的作品被重新发现是一个零散的、渐进的过程。也就是说，这一时期的教会和修道院学校的拉丁文教师完全有可能受制于手中材料有限，在课本选择上并没有太多余地。

其次，与《变形记》相比，《爱的艺术》篇幅更为短小，言辞并不复杂，对希腊罗马历史和神话的引述不算庞杂，因而从语言教学角度讲，无疑是青少年拉丁语入门更好的材料。而同时，《爱的艺术》虽是奥维德早期作品，其意蕴并不逊于诗人的其他作品，它引经据典、文采飞扬，是帮助学童们扩充词汇、学习修辞的好工具，也是窥视古典世界的窗口。

第三，《爱的艺术》之所以被用作拉丁语教材，完全有可能**恰恰是因为**它的放荡不羁和情色暗示。拉丁语的艰深复杂，往往让青少年读者望而生畏，深感枯燥。莎士比亚在《皆大欢喜》中就曾借絮絮叨叨的杰奎斯（Jaques）之口抱怨学童上学的不情愿："然后是背着书包、满脸红光的学童，像蜗牛一样慢腾腾地拖着脚步，不情愿地呜咽着上学堂。"[②]莎翁发此感叹可能是回想起自己少年时在斯特拉福德的文法中学（The Stratford Grammar School）的经历，而拉丁语在莎翁生活的时代仍是学童必修的重要课程。如果拉丁文让莎翁都那么不忍回首，可以想见的是，对中世纪修道院学校里一群男童来说该是多么晦涩乏味。如果拉丁文教材标榜着能教会你怎样收获恋情、博得情人芳心，加上奥维德在《爱的艺术》中的轻松戏谑，很可能让语言学习更吸引眼球、轻松愉快。

其实，以教授性和暴力相关内容作为一种教学手段在中世纪课堂并不少见。诸如当时学童必读书目中就有斯塔提乌斯（Statius）公元1世纪的作品《阿喀琉斯纪》（*The Achilleid*）和克劳狄（Claudian）4世纪的诗作《掳掠普洛赛尔皮娜》（*De Raptu Proserpine*）。前者讲述少年阿喀琉斯之母忒提丝（Thetis）不愿其子参加特洛伊之战，将他伪装成女孩送到斯库罗斯岛上，

① 关于中世纪钞本的历史、制作工艺等，可参见Christopher de Hamel, *Scribes and Illuminators,* Toronto: University of Toronto Press, 1992。

② 《皆大欢喜》第二幕第七场，朱生豪译。

而不安分的阿喀琉斯强奸了自己的女玩伴的故事；而后者则描述了冥王掳走普洛塞尔皮娜的情景。正如学者伍兹指出，这些内容很可能是为帮助学童学习拉丁语、特别是加强记忆而专门选取的，毕竟人天性如此，更易铭记那些能激起强烈情绪反应的东西。同时，对于完全由男孩组成的课堂（all-male adolescent schoolboys），学习这样的内容也是在帮助他们形成性别观和教会他们自律。①

奥维德在中世纪被称为爱的诗人（the poet of love）。他的《爱的艺术》虽备受争议，却从9世纪开始就进入了课堂，作为拉丁文教材被人研读了几个世纪。同时，《爱的艺术》之影响力也超越了学校的藩篱，中世纪宫廷诗人（courtly love poets）的解读和模仿将奥维德的教诲带给了讲方言的观众（the vernacular audience），对塑造中世纪关于性别和欲望的概念扮演了重要角色。对于奥维德的爱情诗在中世纪的传播和接受方面，学界从中世纪宫廷诗传统出发已有诸多探讨，但对教学史还关注不够（虽然教学传统要早宫廷诗传统好几个世纪）。②鉴于一个人在青少年时期所学所想对其一生将产生决定性影响，奥维德诗篇在中世纪教学中扮演的角色值得更多学者关注。正如前文所述，研究中世纪教学传统往往要求实地查阅大量钞本，而研读钞本难度颇大、费力耗神，故课堂奥维德这一传统还未受到应有重视。

从更广的角度看，探究中世纪课堂如何阅读和接受奥维德，能让我们对这位罗马诗人作品的接受史有更加全面的认识。本文作为一次这样的尝试已经足以表明，中世纪对奥维德的解读不止有服从于教化的寓言式解读。我们应摒弃刻板印象，全面认识这个多元的时代。

（肖馨瑶，美国得克萨斯大学奥斯汀分校比较文学博士生）

① Woods, “Rape and the Pedagogical Rhetoric of Sexual Violence”, p.73.

② Ibid., p.12.

《爱的艺术》第一卷第1—100行汉译及简注①

肖馨瑶

1–10

Siquis in hoc artem populo non novit amandi,
Hoc legat et lecto carmine doctus amet.
Arte citae veloque rates remoque moventur,
Arte leves currus: arte regendus amor.

① 【基金项目】本文为国家社科基金重大项目“古罗马诗人奥维德全集译注”（项目编号：15ZDB087）阶段性成果。

题注：拉丁文底本为托依布纳（Teubner）本（1907年）。《爱的艺术》（*Ars Amatoria*）是奥维德作品中最早被翻译成中文也是目前译本最多的一部（除本稿外现存四个中译本，均为散文体）。本诗最早的中文译本是1929年戴望舒的《爱经》，这也是流传最广、再版最多的译本。戴望舒在其译本前言道：“诗不可译，而古诗尤不能译……发愿以散文译之，但求达情而已。”据戴望舒在“序”中的自述，他所译《爱经》依据的版本“为昂利·鲍尔奈克（Henri Bornecque）教授纂定本，盖依巴黎图书馆藏9世纪钞本，及牛津图书馆藏9世纪钞本所校订者也”。“这应当是1924年布袋（Collection Budé）的*Ovide: L'Art d'Aimer*，是个拉法对照本，也是当时在法国能参考的最好的本子之一。但布袋的拉丁文本校勘存在着很多问题，常为学界诟病，戴望舒所提到的所谓9世纪钞本也是问题最多的本子。”（刘津瑜等，《奥维德在西方和中国的译注史和学术史概述》，第90页）。此外，戴译虽有注疏、语言优美、功底深厚，但因年代久远，人名地名的译法和用语习惯恐于现代读者有些陌生；寒川子（内蒙古大学出版社，2007年）转译自刘易斯·梅（J. Lewis May）的英译本*The Love Books of Ovid*（1930年），译文采取意译多于直译，基于拉丁原文有所发挥，行文流畅、引人入胜，但因译自较早的英文本又不求直译，故具体用词较拉丁原文多有删改和可斟酌之处；而林蔚真译本（光明日报出版社，2010年）则未注明参照自何种底稿，其译文试图接近拉丁文原意，添改相比寒本更少，但误译很多，且语言诗意稍欠，同时译者还删去了诸多自认为不妥的段落，未将诗稿完整呈现；黄建华、黄迅余所译《罗马爱经》（陕西人民出版社，2006年）基于法文译文。本译稿是第一次以诗体将《爱的艺术》译入汉语的尝试，参照拉丁原本，力求在内容上忠实原意，形式上基本保留原文哀歌双行体长短句，依中诗习惯留有不规则尾韵，并附上较为详尽的注疏，以求兼顾信、达、雅与学术性。笔者感谢上海师范大学刘津瑜教授为本稿所提的修正意见。《爱的艺术》第一卷的重要注疏为 A. S. Hollis, *Ars Amatoria: Book I*, Oxford: Clarendon Press, 1992（1977年初版）。部分注疏参考洛布本（Loeb Classical Library. Ovid, *Art of Love. Cosmetics. Remedies for Love. Ibis. Walnut-tree. Sea Fishing. Consolation*, trans. J. H. Mozley, revise. G. P. Goold, Cambridge, Mass.: Harvard University Press, 1978）。有引用参考之处，均已注明。

Curribus Automedon lentisque erat aptus habenis,①

Tiphys in Haemonia puppe magister erat: ②

Me Venus artificem tenero praefecit Amori;③

Tiphys et Automedon dicar Amoris ego.④

Ille quidem ferus est et qui mihi saepe repugnet:

Sed puer est, aetas mollis et apta regi.

若有人尚不懂得爱的艺术，

请研读此书，聆听教诲，学会爱人。

轻舟破浪、战车飞驰皆因驾驭有道：

爱神也应当臣服于爱的艺术。

奥托梅顿擅长操控战车柔软的缰绳，

提菲斯是阿尔戈舰上掌舵的好手：

我，维纳斯钦定为爱神阿莫尔的导师；

世人将称颂我是爱的御者和舵手。

这阿莫尔性情顽劣，常抗拒我的教导：

但终归是孩子，年纪尚小易塑造。

11–20

Phillyrides puerum cithara perfecit Achillem,⑤

Atque animos placida contudit arte feros.

Qui totiens socios, totiens exterruit hostes,

---

① 1.5 奥托梅顿（Automedon）是希腊英雄阿喀琉斯（Achilles）战车的驾驭者，参见维吉尔《埃涅阿斯纪》2.477。

② 1.6 Haemonia指伊阿宋（Jason）老家忒萨利（Thessaly），此处Haemonia puppe指伊阿宋一行人盗取金羊毛所乘的阿尔戈号（Argo），提菲斯（Tiphys）是该船的舵手。

③ 1.7 Amor原意“爱”，此处译为爱神阿莫尔，奥维德将原本抽象的爱拟人为维纳斯之子，一位手持弓箭的小男神，又名厄洛斯（Eros）和丘比特（Cupid）。

④ 1.8 原句直译为：世人将颂我是（驾驭）爱神的提菲斯和奥托梅顿。此处采取意译。

⑤ 1.11 Phillyrides指喀戎（Chiron），仙女（nymph）菲吕拉（Philyra）与克罗诺斯（Cronus）之子。喀戎是以智慧著称的半人马，曾为阿喀琉斯幼年时的老师。cithara，古希腊一种类似竖琴的乐器，或译三角竖琴、基萨拉琴。

Creditur annosum pertimuisse senem.
Quas Hector sensurus erat, poscente magistro
　　Verberibus iussas praebuit ille manus.
Aeacidae Chiron, ego sum praeceptor Amoris: [①]
　　Saevus uterque puer, natus uterque dea.
Sed tamen et tauri cervix oneratur aratro,
　　Frenaque magnanimi dente teruntur equi;

菲吕拉之子喀戎用琴教导小阿喀琉斯，
谐和的技艺抚顺了他狂野的灵魂，
多少次让敌友都心惊胆寒的阿喀琉斯啊，
面对年迈的喀戎据说竟栗栗危惧，
他那终将会擒住赫克托尔的手啊，
在教鞭催逼下也只得伸出受训。
喀戎是阿喀琉斯之傅，我乃爱神之师：
两人皆是不羁的孩童、女神之子。
但再凶顽的公牛也受着耕犁的重压，
再健齿的烈马也嚼着不折的缰绳；

21–30

Et mihi cedet Amor, quamvis mea vulneret arcu
　　Pectora, iactatas excutiatque faces.
Quo me fixit Amor, quo me violentius ussit,
　　Hoc melior facti vulneris ultor ero:
Non ego, Phoebe, datas a te mihi mentiar artes, [②]

① 1.17 Aeacides即传说中希腊国王伊阿库斯（Aeacus）的男性子嗣（Aeacide），常指伊阿库斯之子珀琉斯（Peleus）或其孙阿喀琉斯，此处指后者。

② 1.25 Phoebe，太阳神福波斯（Phoebus）的呼格，阿波罗的别称，此处提到是因其主司光明、诗歌、音乐。

Nec nos a ë riae voce monemur avis,
Nec mihi sunt visae Clio Cliusque sorores[①]
Servanti pecudes vallibus, Ascra, tuis: [②]
Usus opus movet hoc: vati parete perito;
Vera canam: coeptis, mater Amoris, ades!

爱神将臣服于我，他的利箭虽刺伤我胸膛，
他晃动的火炬虽耀眼明亮。
阿莫尔刺我越深，他的火烧我越烈，
越是助燃我替伤口复仇的火焰：
我不会冒充我的诗艺源于你，阿波罗，
轻盈的鸟鸣也不曾教我歌唱，
克里奥和她的缪斯姐妹们亦未曾降临
阿斯克拉啊，当我在你的山谷牧羊：
经验成就此诗：请遵从老练的诗人；
我歌唱真实：维纳斯助我一臂之力！

31–40

Este procul, vittae tenues, insigne pudoris,[③]
Quaeque tegis medios, instita longa, pedes.[④]
Nos venerem tutam concessaque furta canemus,
Inque meo nullum carmine crimen erit.
Principio, quod amare velis, reperire labora,

① 1.27 缪斯克里奥（Clio），掌管历史、弹奏竖琴。传说缪斯姐妹曾在希腊诗人赫西俄德（Hesiod）在赫利孔山（Mt. Helicon）牧羊时现身，教会他诗艺。参见《神谱》22–35。

② 1.28 阿斯克拉（Ascra），位于希腊波俄提亚（Boeotia）的村庄，赫西俄德的出生地，赫利孔山附近。

③ 1.31 细窄的头带（vittae tenues）由德行端正、出身自由民的女性佩戴，如新娘、祭司、献祭的少女、未婚的女性，妓女不得佩戴，故而是贞洁的象征。

④ 1.32 缝于裙摆的荷叶边（instita）让裙边垂地，遮住腿部，穿戴者为品德端庄、洁身自好的女子。也见于贺拉斯《讽刺诗集》1.2.28–29: “sunt qui nolint tetigisse nisi illas quarum subsuta talos tegat instita veste”（有人不愿与女为伴，除非她们裙上的荷边遮至脚踝）。

Qui nova nunc primum miles in arma venis.
Proximus huic labor est placitam exorare puellam:
Tertius, ut longo tempore duret amor.
Hic modus, haec nostro signabitur area curru:[①]
Haec erit admissa meta terenda rota.[②]

快走开，细窄的头带，贞节的象征，
还有你，修长的裙摆，遮住长腿一半。
我要歌唱没有危险的欢爱和无人非议的偷腥，
我的诗作无罪，我的吟唱清白。
首先找到谁最让你心驰神往，
你这初涉情场的新兵；
其次要施展身手赢得情人芳心；
最后要让爱情历久弥新。
此乃本诗之范畴，我战车将圈定之领地，
驰骋的车轮终会到达之终极。

41–50

Dum licet, et loris passim potes ire solutis,
Elige cui dicas 'tu mihi sola places.'
Haec tibi non tenues veniet delapsa per auras:
Quaerenda est oculis apta puella tuis.
Scit bene venator, cervis ubi retia tendat,
Scit bene, qua frendens valle moretur aper;
Aucupibus noti frutices; qui sustinet hamos,
Novit quae multo pisce natentur aquae:

① 1.39 modus此处意为范畴，边界。
② 1.40 meta此处意为边界，目标，终点。

Tu quoque, materiam longo qui quaeris amori,
　　Ante frequens quo sit disce puella loco.

在你仍可信马由缰、潇洒纵情之时，
选好对谁表白“唯有你给我欢愉”。
好对象不会凭空从天而降：
合适的女孩需用双眼来寻取。
猎人知晓哪里布网能抓获麋鹿，
深谙野猪在山谷何处停步；
捕鸟者熟知丛林；渔夫弯钩，
须知肥美鱼虾在哪片水域：
你亦如此，为久长的爱情寻觅对象，
首先要知道女孩经常造访何方。

51–60

Non ego quaerentem vento dare vela iubebo,
　　Nec tibi, ut invenias, longa terenda via est.
Andromedan Perseus nigris portarit ab Indis,①
　　Raptaque sit Phrygio Graia puella viro,②
Tot tibi tamque dabit formosas Roma puellas,
　　'Haec habet' ut dicas 'quicquid in orbe fuit.'
Gargara quot segetes, quot habet Methymna racemos,③

---

① 1.53 珀修斯（Perseus）是宙斯之子，曾杀死美杜莎（Medusa）；Indis此处应指埃塞俄比亚（the Aethiopians），安德洛墨达是埃塞俄比亚公主，受波塞冬所害被锁于海边礁石，被路过的英雄珀修斯救起，后二人成婚。Loeb卷注释认为，Nigris Indis暗示安德洛墨达肤色黝黑，如《爱的艺术》第三卷191行形容她为fusca；同时也刻画出珀修斯为得新娘历经磨难，从而与在罗马城就能坐收情人的轻松形成鲜明对比。

② 1.54 弗里吉亚（Phrygia）是伊达山（Mt. Ida）所在地区，也是特洛伊王子帕里斯（Paris）长大的地方。帕里斯因在金苹果之争中支持了阿弗洛狄忒而获得当世最美女子海伦，为此帕里斯远赴希腊，从斯巴达国王Menelaus手中抢走王后海伦，这次私奔最终引发特洛伊之战。

③ 1.57 加尔加拉（Gargara）在伊达山（Mt. Ida）上，麦提姆那（Methymna）则位于莱斯沃斯岛（Lesbos），分别盛产粮食和葡萄。

Aequore quot pisces, fronde teguntur aves,
Quot caelum stellas, tot habet tua Roma puellas:
Mater in Aeneae constitit urbe sui.[①]

我不会让你扬帆远航，
你也无须为寻她千里流浪。
珀修斯从黝黑的印地带回安德洛墨达，
弗里吉亚的帕里斯为抢海伦远赴希腊，
可罗马早已为你准备好诸多娇艳佳人，
你将感叹："世上丰盈，皆聚于此！"
加尔加拉之谷物，麦提姆那之葡萄
深海之鱼虾，枝间之虫鸟，
罗马之美人，多如天宇之星辰：
维纳斯庇护着埃涅阿斯的城壕。

61–70

Seu caperis primis et adhuc crescentibus annis,
Ante oculos veniet vera puella tuos:
Sive cupis iuvenem, iuvenes tibi mille placebunt.
Cogeris voti nescius esse tui:
Seu te forte iuvat sera et sapientior aetas,
Hoc quoque, crede mihi, plenius agmen erit.
Tu modo Pompeia lentus spatiare sub umbra,[②]
Cum sol Herculei terga leonis adit:[③]
Aut ubi muneribus nati sua munera mater

① 1.60 母亲（mater）此处指维纳斯，她是特洛伊王子埃涅阿斯（Aeneas）之母。罗马人认为自己是埃涅阿斯的后人。

② 1.67 庞培（前106年—前48年），罗马共和国末期执政三巨头之一。庞培的柱廊位于同样以他名字命名的剧场旁边，由梧桐和喷泉装饰。

③ 1.68 即太阳回到北回归线，即6、7月夏天来临之时。

Addidit, externo marmore dives opus.①

若你喜好含苞待放的豆蔻少女，
娉娉袅袅的她就会走到你眼前：
若你偏爱初露风韵的窈窕佳丽，
美人成百上千，花枝乱颤迷人眼：
若你恰巧欣赏更智慧丰满的年龄，
同样，相信我，她们会排队等你。
你只需漫步于庞培柱廊的影内，
当太阳迫近赫拉克勒斯的狮背：
或是在屋大维娅门廊遛个弯儿，
那里的大理石外墙装饰华贵。

71-80

Nec tibi vitetur quae, priscis sparsa tabellis,
Porticus auctoris Livia nomen habet: ②
Quaque parare necem miseris patruelibus ausae
Belides et stricto stat ferus ense pater.③
Nec te praetereat Veneri ploratus Adonis,④
Cultaque Iudaeo septima sacra Syro.⑤

① 1.70 母亲（mater）此处指屋大维娅（Octavia），罗马皇帝奥古斯都的姐姐。她在儿子马尔凯鲁斯（Marcellus）死后悲痛欲绝，建成奥克塔维娅柱廊和一座图书馆纪念夭亡的儿子，此外奥古斯都还用马尔凯鲁斯之名命名了一座剧院，因而说muneribus nati sua munera mater addidit。此行可意译为，你还应去屋大维娅的柱廊。

② 1.72 此柱廊由奥古斯都兴建，以其妻利维娅命名。

③ 1.74 指达那伊得斯柱廊（The Portico of the Danaids），位于帕拉丁山上（Palatine Hill）的阿波罗神庙。廊中雕塑的故事是埃及国王达那俄斯（Danaus）不愿将50个女儿（即Danaides，又称贝丽戴丝Belides，因她们是埃及国王Belus的孙女）嫁给自己的双胞胎兄弟Aegyptus的50个儿子，让女儿们在新婚之夜杀死自己的堂兄新郎，只有幼女叙佩尔姆奈斯特拉（Hypermnestra）没有照办。

④ 1.75 维纳斯曾为美男子阿多尼斯（Adonis）倾倒，并为他的暴亡恸哭不已。罗马的维纳斯神庙有阿多尼斯节的传统，罗马的交际女子（courtesans）多喜欢参加该节。

⑤ 1.76 叙利亚此处泛指近东地区。自从庞培在公元前63年占领耶路撒冷以后，罗马就有颇多犹太人居住。

Nec fuge linigerae Memphitica templa iuvencae: ①

Multas illa facit, quod fuit ipsa Iovi.

Et fora conveniunt (quis credere possit?) amori:

Flammaque in arguto saepe reperta foro: ②

不要错过那遍布前人浮雕收藏

署着利维娅名字的柱廊，

和那雕塑着贝丽戴丝姐妹斩杀堂兄、

她们残忍的父亲携剑旁观的庑廊。

记得参加让维纳斯恸哭的阿多尼斯的节日，

还有叙利亚犹太人奉为神圣的礼拜日。

也别错过那麻衣母牛所在的孟菲斯神庙：

她让许多女孩成为如她般的朱庇特牺牲。

连法庭也是（谁能相信呢？）为爱升堂：

爱焰常出现在唇枪舌剑的庭上：

81–90

Subdita qua Veneris facto de marmore templo③

Appias expressis a ë ra pulsat aquis,

Illo saepe loco capitur consultus Amori,

Quique aliis cavit, non cavet ipse sibi:

Illo saepe loco desunt sua verba diserto,

Resque novae veniunt, causaque agenda sua est.

Hunc Venus e templis, quae sunt confinia, ridet:

---

① 1.77 指埃及女神伊西斯（Isis），在罗马常被认作伊娥（Io），传说伊娥是古希腊国王伊那科斯（Inachus）的女儿，在放牧时被宙斯看上并占为己有，后相传被宙斯之妻赫拉变为母牛，一说是宙斯将伊娥变成母牛以帮其躲避赫拉。伊西斯的神庙坐落在罗马战神广场（Campus Martius）。

② 1.80 Forum指罗马公共广场，可作集市、集会场所，常有公共演讲、审判等发生。因下文讲到consultus（类似今天的律师）如何在此坠入爱河，故此处译作法庭。

③ 1.81 母神维纳斯（Venus Genetrix）的神庙位于恺撒广场（Forum Iulium），旁边有阿皮亚喷泉，因取水自阿皮乌斯·克劳迪斯（Aqua Appia）所建水道而得此名。

Qui modo patronus, nunc cupit esse cliens.
Sed tu praecipue curvis venare theatris:
Haec loca sunt voto fertiliora tuo.

在维纳斯那大理石铸成的神庙之下，
阿皮亚喷泉让空中水花激荡，
在此处，辩护家常常被阿莫尔俘获，
曾保护他人者，此时竟自身难保：
在此处，巧舌如簧的他常常笨口拙舌，
新案呈堂，他需为自己厘清情殇。
维纳斯在她咫尺之遥的神殿里笑他：
方才还是保护伞，现在却得求庇佑。
但你猎取情人首选之地还应是环形剧场：
此处的丰饶超出你的愿望。

91–100

Illic invenies quod ames, quod ludere possis,
Quodque semel tangas, quodque tenere velis.
Ut redit itque frequens longum formica per agmen,
Granifero solitum cum vehit ore cibum,
Aut ut apes saltusque suos et olentia nactae
Pascua per flores et thyma summa volant,
Sic ruit ad celebres cultissima femina ludos:
Copia iudicium saepe morata meum est.
Spectatum veniunt, veniunt spectentur ut ipsae:
Ille locus casti damna pudoris habet.

你会在此找到所爱之人或玩乐伴侣，
寻欢一时，或长久相守，全凭你愿。

正如蚁群排着长队来回穿梭熙熙攘攘，
它们惯于衔物的嘴搬运着粮仓，
又如蜜蜂找到了香蜜弥漫的森林与牧场
轻盈地飞舞于香草枝头、丛间群芳，
精心打扮的女人们涌向看戏的人群，
她们庞大的数量让我目眩神晕。
她们为看人而来，也为被人瞧见：
在这里，贞洁与羞涩惨遭嫌怨。

（肖馨瑶，美国得克萨斯大学奥斯汀分校比较文学博士生）

踏上流放之途的前夜：奥维德《哀怨集》第一卷第三首译注[①]

刘津瑜

导读

公元8年，年已半百，文名正盛的奥维德出其不意地被奥古斯都逐出意大利，勒令远赴黑海沿岸的托弥（Tomi，或Tomis，今罗马尼亚康斯坦察）。远离意大利的奥维德，用哀歌双行体写下了一系列后世称为流放诗的诗集，包括《哀怨集》（*Tristia*）、《黑海书简》（*Epistulae ex ponto*）和《伊比斯》（*Ibis*）。在这些流放诗中，黑海地区特别是托弥及其周围地区转化成了以蛮荒、凶险、严寒为基调的文学场所，和丰饶、和平、文明的“记忆之所”意大利，特别是罗马城，形成鲜明对照。和奥维德以前以爱恋、神话、历史为素材的诗歌所不同的是，在这些流放哀歌中，亲朋故友（包括已背叛奥维德的朋友）渐次出场，为这些诗歌增强了现实感。这同时也增强了诠释流放诗的难度：这些用第一人称写成、似乎提及了真实历史人物的诗歌是不是真的是自传性作品？这诗中的“我”究竟是奥维德本人，还是一个文学人物？奥维德流放诗的高超之处或许正是在于虚虚实实间，让读者难以分清事实与虚构。笔者将另辟专文讨论这些问题。下文中的奥维德除特别说明之外一律指诗中的“我”。

《哀怨集》共分五卷，其中第一卷包括十一首，长短不一，各自的主题

① 【基金项目】本文为国家社科基金重大项目“古罗马诗人奥维德全集译注”（项目编号：15ZDB087）阶段性成果。

如下：

第一首，对诗集的寄语，替自己去罗马，但愿能得到皇帝的宽恕；
第二首，前赴流放地途中的风暴和磨难；
第三首，离开罗马的前夜；
第四首，波浪滔天、危险重重的航程；
第五首，致一位忠诚的朋友；
第六首，致忠贞的妻子；
第七首，关于未完成的《变形记》；
第八首，致一位背叛他的旧友；
第九首，对一位忠诚朋友的祝福；
第十首，致和他分道而行的船；
第十一首，请读者宽恕这些写于海上艰难颠簸中的诗行。

本文选取的《哀怨集》第一卷第三首[①]是首长诗，共有102行；有的诗相对较短，比如1.6仅36行，但1.3和1.6都以奥维德的家宅和家庭为主题，有别于第一卷中的其余各首。就各首诗的安排而言，也并非按时间顺序或主题组织。比如，《哀怨集》1.2如史诗般从事件的中间（*in medias res*）开始叙述奥维德的流放经历，描述航行途中的磨难和绝望。典型的句子如《哀怨集》1.2第14—18行：

ipsa graues spargunt ora loquentis aquae,
terribilisque Notus iactat mea dicta, precesque
ad quos mittuntur, non sinit ire deos.
ergo idem uenti, ne causa laedar in una,
uelaque nescio quo uotaque nostra ferunt.

① 简称为《哀怨集》1.3，以下的《哀怨集》1.3.1，指第一卷第三首第一行，以此类推。

说话间，巨浪打湿了我的双唇，
可怕的南风抛散了我的话语，又不让
我的祈祷到达应去的神祇那里。
祸不单行，那风
不知将我的帆和祈愿带往何处。

《哀怨集》1.2的末尾奥维德还在祈求神助，然而在接下来的《哀怨集》1.3中，叙述者却没有接着讲述流放旅途中的经历，而将思绪闪回到离开罗马的那一夜。奥维德精心设计了第三首的情境，虽然人已在流放的行程中，却难忘离开罗马前的最后时刻，并将其比作特洛伊城陷之日。这首诗的内容随着时间而推进，可分为四个时间段：离开罗马前的夜晚（第5—26行）；深夜（第27—46行）；凌晨（第47—70行）；破晓（第71—100行）。基于这一结构，对这首诗的戏剧解读曾一度风行。比如，在1977年的签注中，卢克（Georg Luck）把《哀怨集》1.3解读成一个四幕剧（in vier Abschnitte），其中奥维德为主角，其妻为次重要的角色，他们的朋友与家仆构成了悲剧歌队（den tragischen Chor）。[①]卢克的这一分析追随者甚多，但塞缪尔·赫斯基在2002年发表的《奥维德与〈哀怨集〉1.3中特洛伊的陷落》一文中全面推翻了这种戏剧解读。[②]赫斯基认为，维吉尔的史诗《埃涅阿斯纪》才是理解《哀怨集》1.3的关键：如果说《哀怨集》1.2无论是叙事顺序或内容让人联想到《埃涅阿斯纪》第一卷的前半部,《哀怨集》1.3的原型应当是《埃涅阿斯纪》第二卷。赫斯基细致分析了《哀怨集》1.3中对《埃涅阿斯纪》密集的引喻（allusion），展示了奥维德如何将他的流放和埃涅阿斯的流亡相比附。奥维德强调作为流亡者而非奠基者的埃涅阿斯，从这一点上来说，他“绑架”（abduction）了奥古斯都祖先的形象。但赫斯基也指出诗中大量的互文、暗指或明喻却并不意味着奥维德把自己塑造成另一个埃涅阿斯。

确实，即便奥维德和埃涅阿斯同为流亡者，奥维德却是后者的反例。首

---

① Georg Luck, *Tristia*: Kommentar. Heidelberg, 1977, p.36.

② Samuel Huskey, “Ovid and the Fall of Troy in *Tristia* I.3” , *Vergilius*, 48, 2002, pp.88–104.

先，奥维德是离开所谓文明的中心，罗马，远赴他所认为的文明世界的边缘，而埃涅阿斯却是远离他的城市为未来罗马建城奠定基础；在《埃涅阿斯纪》中，特洛伊不复存在，创建新乡是目的，也不存在返乡主题，意大利是埃涅阿斯的最终目的地，是他的新特洛伊，而对于奥维德来说，意大利既是他的禁地也是他渴望回归的地方、向往的对象；埃涅阿斯被迫离开特洛伊并非因为自己的过错，而奥维德离开罗马因为他自身被贬，而并非他的城被攻陷；[①]埃涅阿斯逃离特洛伊的时候，虽然仓促无奈，但还是带着家神、妻子、儿子和老父随行，也就带上了自己的世系和宗族根基，而奥维德离家时，却是孤身一人，完全与意大利、罗马和家人剥离。在这幅图景中，奥维德被皇帝厌憎，被罗马诸神摈弃，被家神置之不理，被大部分朋友离弃，他也通过强调这些来渲染他的流放远比埃涅阿斯的流亡更为痛苦。他的痛苦也被直观地比喻为如同四肢从身体剥离，惨痛如被马匹分尸。流放如死亡的主题从这里开始蔓延，弥漫了他所有的流放诗。

离开罗马的那一日是个冬日，奥维德一再拖延，一夜未眠，一夜流泪，一再把自己的离去比作葬礼。所有这些悲伤凄惨之中，他的妻子成为亲情与忠诚的象征，她的悲恸来自她对奥维德的爱（*amans*）与忠贞（*pietas*）。《哀怨集》1.3的最后一句则点明她的重要性，她在罗马的人脉和奔走对奥维德是否能被召回会有影响。而《哀怨集》1.6专门写给妻子，对她感恩并大加赞赏，如第5—14行称妻子是自己的支柱，译文保留了“船难”比喻，虽然他并没有真经受船难：

te mea supposita ueluti trabe fulta ruina est:
siquid adhuc ego sum, muneris omne tui est.
tu facis, ut spolium non sim, nec nuder ab illis,
naufragii tabulas qui petiere mei.
utque rapax stimulante fame cupidusque cruoris
incustoditum captat ouile lupus,

① Samuel Huskey, “Ovid and the Fall of Troy in *Tristia* I.3” , p.102.

aut ut edax uultur corpus circumspicit ecquod
sub nulla positum cernere possit humo,
sic mea nescioquis, rebus male fidus acerbis
in bona uenturus, si paterere, fuit.

你如椽子般撑起崩溃的我，
如果说我到现在还一息尚存，那都是你的馈赠。
使我不被那些觊觎我船难残片的人
掠夺侵害、抢劫一空。
犹如为饥饿所驱、嗜血的
狼捕获无人看管的羊群，
或犹如饥饿的秃鹰用目光四处搜寻
未曾埋藏的尸身，
也有人，在我有难时背叛，觊觎我的家产，
假如你不制止的话。

《哀怨集》1.6.21—22甚至直言，假如有荷马为她作诗，甚至奥德修斯的妻子珀涅罗珀的声名也要屈居其次。

那么为何奥维德这样浓墨重彩地夸赞妻子，是否仅仅因为他要靠着妻子的游说才能重返罗马？还是为了强调自己是个重家庭之人而并非轻佻之人，从而讨好奥古斯都？要回答这些问题，需要更长的篇幅，下面所提供的是最基本的文本译注，也是要回答那些问题的重要环节。

译文必须依据可靠的文本。目前《哀怨集》的校勘本主要有以下四种：

1. 托依布纳本（Teubner）：John B. Hall, *P. Ovidii Nasonis Tristia*, Stuttgart: Teubner, 1995.

2. 海德堡卢克本：Georg. Luck, *P. Naso Ovidius. Tristia: I.* Heidelberg: Winter, 1967.

3. 牛津本（OCT）：S. G. Owen, *P. Ovidi Nasonis Tristium Libri Quinque, Ibis, Ex Ponto Libri Quattuor, Halieutica Fragmenta ' Recognivit Brevique*

Adnotatione Critica Instruxit S.g. Owen. Oxford: Oxford University Press, 1915.

4. 洛布本（Loeb）：Ovid. *Tristia. Ex Ponto*. A. L. Wheeler (trans.), G. P. Goold (revised), Loeb Classical Library 151. Cambridge, MA: Harvard University Press, 1924; 2nd ed., 1988.

华盛顿大学—西雅图（University of Washington-Seattle）斯蒂芬·海恩兹（Stephen Hinds）教授在为《哀怨集》做注的过程中也对比了以上各版本，并认为卢克本最值得推荐。笔者感谢海恩兹教授无私分享他的比较笔记并授权引用。这里所采用的拉丁文本即以卢克本和托依布纳本为基本文本，在参考海恩兹教授笔记基础上进行了相应调整。就《哀怨集》1.3而言，大部分的文本差异不导致严重歧义的产生。

本文所参考的《哀怨集》的译注本或注释本如下：

M. Bonvicini, *Ovidio: Tristia*, Milan, 1991.

Pei Yun Chia and Steven James Green, *Ovid, Tristia I.3: The Departure of an Epic Hero*, 2016（未发表的译注）。笔者非常感谢作者慷慨分享未发表的文稿并授权引用。

F. Della Corte, *Ovidio: I Tristia*, Genoa, 1973.

Peter Green, *The Poems of Exile: Tristia and the Black Sea Letters with a New Foreword*, Berkeley: University of California Press, 2005.

Stephen Hinds, *Tristia I.3. Headnote, Commentary*, 2010（未发表的注释）。笔者非常感谢作者慷慨分享未发表的文稿并授权引用。

Georg Luck, *Tristia: Kommentar*, Heidelberg, 1977.

S. G. Owen, *Tristia Book I*. The Text Revised with an Introduction and Notes, 3rd ed., Oxford: The Clarendon Press, 1902.

Sebastian Posch, *P. Ovidius Naso–Tristia I. Interpretationen*. Bd. I: Die Elegien 1–4. Commentationes Aenipontanae 28, Innsbruck, 1983.

奥维德的流放诗尚未有过中译本。本文中所有流放诗诗行的翻译都来自笔者。就翻译的手法而言，本文以王焕生先生所译普罗佩提乌斯著《哀歌集·拉丁语汉语对照全译本》（华东师范大学出版社，2006年）为范例，不追求押韵或整体的诗行而争取保留长短句。比如，1.3.27—28：

iamque quiescebant uoces hominumque canumque
Lunaque nocturnos alta regebat equos.

译为“人声犬吠渐已息/远月一轮引夜马”或许更有诗意。但出于长短句视觉效果的考量，本文译为“人声犬吠已然渐渐平息/远月引领夜行的马匹”。但长短句的保持甚为不易，有时六音步格的拉丁文长句只需较短的中文就可以表达，难以加长；而有时五音步格的短句需要较多的词语来表达。在遣词造句上不追求古奥或者刻意归化，以忠实原文、尽量直译、传达情绪为重。

译名主要参照新华社人名、地名翻译，如无既有定译名，则采用杨周翰《变形记》（人民文学出版社，2008年）中的译名。

《哀怨集》1.3

1–10

Cum subit illius tristissima noctis imago,①
quae mihi supremum tempus in urbe fuit,
cum repeto noctem, qua tot mihi cara reliqui,②
labitur ex oculis nunc quoque gutta meis.③
iam prope lux aderat, qua me discedere Caesar
finibus extremae iusserat Ausoniae.④

① 1.3.1 tristissima, tristis（悲伤地、哀怨的、痛苦的）的最高级，修饰imago，这里既有视觉效果又有心理阴影，这也是《哀怨集》中第一次出现tristis这个词（Philip Hardie, *Ovid's Poetics of Illusion*, Cambridge, 2002, p.286, n.7）。

② 1.3.3 cum repeto noctem, qua tot mihi cara reliqui，这一句的用语综合了维吉尔，《埃涅阿斯纪》第二卷中多处表述，如，2.749: ipse urbem **repeto**“我重回城里寻找”；2.753—754 **repeto** et uestigia retro / obseruata sequor per **noctem**“我在夜间沿着足迹往回走”；2.560—562 subiit **cari** genitoris imago ... subiit deserta Creusa“我亲爱的父亲的影像……已然走散的克列乌莎的影像浮现”（粗体为笔者所加以便醒目）。

③ 1.3.1—4 仿维吉尔《埃涅阿斯纪》第二卷的开篇，在狄多女王的晚宴之后，埃涅阿斯应女王之请满怀痛苦地开始讲述他和同伴一路漂泊的艰辛和苦难。

④ 1.3.6 原文中用Ausonia，康帕尼亚地区，可泛指意大利。这和埃涅阿斯的境遇正相反，后者追寻的正是Ausonia。finibus extremae ... Ausoniae transferred epithet=finibus extremis Ausoniae（意大利边界）。普林尼，《自然史》9.169：in extremam Italiam petere Brundisium ostreas，这里意大利之末端（或意大利之边缘）是布伦迪西乌姆（Brundisium），意大利东南的重要港口。奥维德也应当是从布伦迪西乌姆港出海的（参阅Hinds 2010）。

nec spatium nec mens fuerat satis apta parandi:[①]

torpuerant longa pectora nostra mora.

non mihi seruorum, comitis non cura legendi,[②]

non aptae profugo uestis opisue fuit.

当那一夜的影像浮现，悲伤已极，

那是我在罗马城的最后一刻，

当我重忆那一夜，我将那许多珍爱之物弃之身后的一夜，

依旧双目垂泪。

天将破晓，皇帝命我彼时

远离意大利边界。

既无时间亦无合适心情来做准备：

长久的拖延中，我心渐麻木。

无心挑选奴仆，无心挑选旅伴，无心挑选

合乎流亡之人的衣物。

11–20

non aliter stupui, quam qui Iouis ignibus ictus

uiuit et est uitae nescius ipse suae.[③]

ut tamen hanc animi nubem dolor ipse remouit,[④]

et tandem sensus conualuere mei,

alloquor extremum maestos abiturus amicos,

qui modo de multis unus et alter erat.

① 1.3.7 parando在洛布版本中是parandi。

② 1.3.9 本行中的comitis，牛津本作comites，其余皆为comitis。

③ 1.3.12 et est uitae nescius ipse suae: 不知道自己还活着。这种流放就如同活死人的主题西塞罗就曾表述过：effigiem spirantis mortui“呼吸的死人像”(《致昆图斯弟》*Quint. fr.* 1.3.1)。

④ 1.3.13 “神智上这云团” hanc...animi nubem这种说法并不常见。但可联想维吉尔《埃涅阿斯纪》2.606，维纳斯告诉埃涅阿斯，她要拨开他眼前的云气（nubem eripiam），让他看清摧毁特洛伊的不是海伦的美貌而是无情的天神。

uxor amans flentem flens acrius ipsa tenebat,[①]
imbre per indignas usque cadente genas.[②]
nata procul Libycis aberat diuersa sub oris,
nec poterat fati certior esse mei.

我呆怔着，犹如中过朱庇特霹雳火之人，
活着却不自知。
当悲伤自身褪却我神智上这云团，
我终于恢复清明，
即将远离的我和悲伤的友人话别，
众多友人中仅一二在旁。
爱我的妻子抱着哭泣的我，她自己哭得更凄惨，
泪倾无辜的双颊。
女儿远在他乡，近利比亚海岸，
也无法确知我的命运。

21–30

quocumque aspiceres, luctus gemitusque sonabant,
formaque non taciti funeris intus erat.
femina uirque meo pueri quoque funere maerent,[③]
inque domo lacrimas angulus omnis habet.

① 1.3.17 uxor amans flentem flens acrius ipsa tenebat. 这种泪眼对泪眼的表述，见西塞罗《致昆图斯弟》*Quint. fr.* 1.3.1: flens flentem (Hinds 2010)。奥维德这一行的构建很有意思，uxor（妻子）amans（爱，主动分词）...flens（哭，主动分词）都是阴性主格，这几个词把宾语 flentem（哭，分词，宾格）夹中间，形象地对应动词 tenebat（拥住、抱着），这种手法在奥维德这样讲究视觉构建的诗人的作品中较常见。这句话可直译为：有爱的妻子拥着哭泣的（奥维德），她自己哭得更加凄惨。

② 1.3.18 imbre 泪如雨下；indignas 在这里是 undeservedly suffering 之意，在本句中虽是修饰 genas，但实际指奥维德之妻，也就是说她本不当遭此折磨，这些伤心离别都不是她所应得的。

③ 1.3.22—23 可参阅维吉尔，《埃涅阿斯纪》2.486—488：对阿喀琉斯之子皮鲁斯（Pyrrhus）攻进普利阿姆斯（Priamus，这里采用的是杨周翰先生的译名）的宫殿时景象的描述："宫里到处一片混乱和悲惨的嚎啕，在后宫深处传来了妇女们捶胸哭叫的声音，喊叫声直冲金色的星斗。"（杨周翰译文）

si licet exemplis in paruis grandibus uti,①
　　haec facies Troiae, cum caperetur, erat.
iamque quiescebant uoces hominumque canumque
　　Lunaque nocturnos alta regebat equos.②
hanc ego suspiciens et ad hanc Capitolia cernens,③
　　quae nostro frustra iuncta fuere Lari,④

目光所及之处皆闻哀恸悲叹之声，
府内仿佛喧闹的葬礼。
男人女人还有孩童在我的葬礼上哀悼，
宅中每个角落都有眼泪四溢。
若可将宏大之范例用于卑微之事，
这便是特洛伊沦陷时的模样。
人声犬吠已然渐渐平息，
远月引领夜行的马匹。
我抬头望月，借月光望向卡皮托山，
那山丘虽毗邻我家却又如何，

31—40

'numina uicinis habitantia sedibus,' inquam,
　　'iamque oculis numquam templa uidenda meis,

---

① 1.3.25 si licet exemplis in paruo grandibus uti，若小题可以大作。《哀怨集》1.6.28将奥古斯都之妻利维娅（Livia）和他的妻子相比时，用了类似的表述：grandia si paruis assimilare licet. 参阅维吉尔：《牧歌》4.176 si parua licet componere magnis。

② 1.3.28 Lunaque nocturnos alta regebat equos. 直译为：高高的月亮引导着夜里的马匹。这句话或许也有所指，在维吉尔，《埃涅阿斯纪》2.268—269中，希腊人对特洛伊城的进攻也约发生在月高之时。而这里的“马”或许也隐约地指向特洛伊木马，暗示着特洛伊城的命运，也指征奥维德的命运。

③ 1.3.29 本行中的ad hanc（就着月光、借月光）=ad lunae lumina（《岁时记》1.438），卢克本和托依布纳本作ab hac，牛津本和洛布本作 ad hanc。

④ 1.3.30 “却又如何”在原文中是frustra。意思是神祇虽然就在邻近，却没能保护奥维德，所以说毫无用处。

dique relinquendi, quos urbs habet alta Quirini,[①]
este salutati tempus in omne mihi.
et quamquam sero clipeum post uulnera sumo,
attamen hanc odiis exonerate fugam,
caelestique uiro, quis me deceperit error,[②]
dicite, pro culpa ne scelus esse putet.
ut quod uos scitis, poenae quoque sentiat auctor:
placato possum non miser esse deo.'

“邻处的神灵，”我说，“还有神庙，
我却再也无法亲睹；
奎里努斯的高城所拥有的神祇，我得抛诸身后，
就让我永久地告别吧。
虽然受伤之后我才拿起盾牌，为时已晚，
但请让这次流亡免于怨憎，
请告诸那位天人，是什么错误误导了我，
让他不致认为那是犯罪而非过失。
让降罪者也感受您所知道的，
神若得到抚慰，我便不会遭罪。”

41—50

hac prece adoraui superos ego, pluribus uxor,
singultu medios impediente sonos.[③]
illa etiam ante Lares passis astrata capillis

① 1.3.33 Quirinus奎里努斯指罗慕路斯（见《岁时记》2.475—476）。奥维德特别强调了他不得不离开罗马城的诸神，也就是说他无法带走罗马最核心最本质的东西，在一点上他和埃涅阿斯形成了对比，埃涅阿斯逃离特洛伊之时除老父与幼子（妻子中途走散）外还带上了圣物和神祇。

② 1.3.37 caelestique uiro天人、神人，指奥古斯都，奥维德也常称奥古斯都为神（deus）。如下面第40行中的“神”指的是奥古斯都。

③ 1.3.42 因为哭泣哽咽，所以话说到一半（medios impediente sonos）便无法继续。

contigit extinctos ore tremente focos,
multaque in auersos effudit uerba Penates
pro deplorato non ualitura uiro.①
iamque morae spatium nox praecipitata negabat,
uersaque ab axe suo Parrhasis Arctos erat.②
quid facerem? blando patriae retinebar amore,
ultima sed iussae nox erat illa fugae.③

我以此向天神祈愿；我妻祈愿更多，
却阻于哽咽不能成句。
她甚至披散头发匍匐于家神之前，
用颤抖的唇触碰毫无生气的祭台，
向置之不理的家神滔滔恳求，
徒劳地为她所哀悼的丈夫求情。
匆匆而逝的夜晚已不容我再拖延，
帕拉希乌斯的大熊星座已然转过她的天轴。
我该何去何从？我被对祖国甜蜜的爱所羁绊，
然而这却是我被勒令流亡的最后一夜。

51—60

a! quotiens aliquo dixi properante 'quid urges?

---

① 1.3.43—46 奥维德妻子的状态和肢体动作类似丧礼中的妇女：嚎哭、passis ... capillis（披头散发），以及用手击打裸露的胸膛（1.3.78）。

② 1.3.48 Parrhasis Arctos指大熊星座。Parrhasis = Arcadian（Owen 1902），Parrhasius是阿尔卡迪亚（Arcadia）的一座山。大熊星座的前身是阿尔卡迪亚国王之女卡利斯忒（Callisto）。曾为阿尔忒弥斯的女伴，和宙斯育有一子，名为阿尔卡斯。卡利斯忒因为违背了童贞誓言被阿尔忒弥斯驱逐；又被嫉妒的赫拉变成一只熊。她的儿子阿尔卡斯见到熊形的母亲的时候，并不认识她，在举矛欲猎杀她之际，宙斯进行了干预。最终母子二人都被宙斯移到天上，变成星座。“转过自身的天轴”（ab axe suo）表明夜已尽。

③ 1.3.50 issae...fugae按字面意思直译是“被命令的……逃亡”，其实埃尼阿斯又何尝不是，他被别人（特别是赫克托尔托梦）催促着逃离特洛伊，如维吉尔《埃涅阿斯纪》2.289，赫克托尔对埃涅阿斯说：“唉，女神之子，逃跑吧（fuge），逃开这熊熊烈火吧。敌人已经占领了城邦，特洛伊高耸入云的城堡已经倒塌了。”（杨周翰译文）

uel quo festines ire, uel unde, uide.'①
a! quotiens certam me sum mentitus habere
horam, propositae quae foret apta uiae.
ter limen tetigi, ter sum reuocatus, et ipse②
indulgens animo pes mihi tardus erat.
saepe 'uale' dicto rursus sum multa locutus,
et quasi discedens oscula summa dedi.
saepe eadem mandata dedi meque ipse fefelli,
respiciens oculis pignora cara meis.

唉！多少次，当有人催我的时候，我说："你催什么？
想想你催我去的那个地方或是我要离开的地方。"
唉！多少次我谎称适合上路的
时间已定。
我三次触到门槛，三次停步。
脚顺从着我的心，步履迟缓。
好多次我说过"再见"之后却又话语滔滔，
仿佛要动身似的，我献上告别的吻。
好多次我重复叮嘱同样的事，自己都糊涂了，
双目投向亲友。

① 1.3.52 本行中的festines（虚拟式），除托依布纳本做festines之外，其余版本皆为festinas（陈述式）。"想想你催我去的那个地方或是我要离开的地方"：意思是说，要去的地方如此不堪，而要离开的地方却是帝国中心罗马，两相比较，实在是没有动身的动机和欲望，只让人一再拖延，而拖延是有道理的，正是因为要离开的地方和目的地两地差距如此之大。

② 1.3.55 脚磕绊在门槛上是不吉之兆，如，提布卢斯1.3.19—20："有多少次上路时，我说，我的脚在门上磕绊向我预示了灾难。"（O quotiens ingressus iter mihi tristia dixi / offensum in porta signa dedisse pedem）。奥维德《变形记》第十卷中密耳拉爱上了自己的亲生父亲，在奶娘的帮助下隐瞒身份去和父亲相会时："她三次停步，因了脚下被绊的（不吉之）征兆。"（10.452 Ter pedis offensi signo est revocata）

61–70

denique 'quid propero? Scythia est, quo mittimur', inquam,[①]
'Roma relinquenda est, utraque iusta mora.
uxor in aeternum uiuo mihi uiua negatur,
et domus et fidae dulcia membra domus,[②]
quosque ego dilexi fraterno more sodales,
o mihi Thesea pectora iuncta fide![③]
dum licet, amplectar: numquam fortasse licebit
amplius; in lucro est quae datur hora mihi.'
nec mora sermonis uerba inperfecta relinquo,
complectens animo proxima quaeque meo.

最后，我说：“我急什么？我被流放的地方是斯基泰。”
罗马就要被抛在身后。怎么说拖延都是有理的。
有生之年，我永远失去了我妻——即便她在世——
失去了我家、我亲爱的可靠的家人，
还有那些我爱如手足的同伴们，
啊，以忒修斯般的诚挚心连心！
趁现在还可以，让我拥抱吧：或许今后再也不能了；
我得加紧用我剩下的时间。”
话尚未说完，我毫不耽搁，
逐一拥抱我最亲近的人。

① 1.3.61 奥维德的目的地托弥并不在斯基泰（Scythia）而是在莫伊西亚（Moesia）。然而在这里并非是误用，在整部《哀怨集》中，奥维德都用这种地理语言强调自己流放地的落后与蛮荒。

② 1.3.64 这里的 membra domus，应当是指妻女及家奴。

③ 1.3.66 忒修斯（Theseus）和庇里托俄斯（Pirithous）的友谊是希腊罗马神话中男性之间忠诚情谊的范例之一，也是奥维德十分喜欢引用的例子，仅在《哀怨集》第一卷中就在第三首、第五首和第九首各提到一次。庇里托俄斯到下界去抢冥王的妻子普洛赛尔皮娜（Proserpina），忒修斯不惧危险随行。可惜最终庇里托俄斯还是未能重返人间。

71-80

dum loquor et flemus, caelo nitidissimus alto,[①]
stella grauis nobis, Lucifer ortus erat.
diuidor haud aliter, quam si mea membra relinquam,
et pars abrumpi corpore uisa suo est.
sic doluit Mettus tum cum in contraria uersos
ultores habuit proditionis equos.[②]
tum uero exoritur clamor gemitusque meorum,
et feriunt maestae pectora nuda manus.
tum uero coniunx umeris abeuntis inhaerens
miscuit haec lacrimis tristia uerba suis:[③]

说话中，流泪间，启明星——那高空中最亮的星，
于我而言的灾星，已升起。
我被撕扯就犹如在失去四肢，
身体的一部分似乎被扯去。
麦图斯便是如此痛苦，当他被背向而驰的马匹
—他的背叛的复仇者—拉扯之时。
那一刻，我的亲友发出呼号声和悲声，
悲伤的手击打着裸露的胸膛。
那一刻，我离去时我的妻子紧紧抓住我的双肩，

① 1.3.72 维吉尔，《埃涅阿斯纪》2.801恰恰是从伊达山山脊升起的启明星（iugis summae surgebat Lucifer Idae）引导埃涅阿斯。欧文（Owen，1902）点出或许此处奥维德正是与埃涅阿斯做个对比。

② 1.3.75 据李维，《自建城以来史》1.28载，罗马第三任王图鲁斯·霍斯提利乌斯（Tullus Hostilius）统治时期，麦图斯（Mettus）因背叛与罗马的盟约，被车裂分尸。然而，大部分钞本作Priamus，但有几部作metius。史蒂文·格林认为麦图斯在此处颇为突兀，因为这个名字的出现打破了《哀怨集》1.3中的比较一贯的特洛伊联想。

③ 1.3.79—80 奥维德妻子的姓名在诗中始终未出现。此处奥维德对她的描述，特别是有些戏剧化的、略失控的举止和情绪，易令人联想起《埃涅阿斯纪》中的狄多。她身为迦太基女主，却在维纳斯和朱诺的共谋之下情陷埃涅阿斯。这注定是一场得不到回报的单恋，在《埃涅阿斯纪》第四卷中，当一切毫无结果，埃涅阿斯及同伴扬帆远去之后，狄多爬上已准备好的火葬台并用埃涅阿斯所赠予的短剑自杀。《哀怨集》1.3中奥维德之妻祈求他带她同行（第81—86行）、倒地晕厥（第91—92行），以及火葬台的比喻（第97—98行），分别直指《埃涅阿斯纪》第四卷中第314—319行、第391—392行以及第642—647行。

悲伤的话语掺杂着眼泪。

81–90

'non potes auelli: simul ah! simul ibimus', inquit,
'te sequar et coniunx exulis exul ero.
et mihi facta uia est, et me capit ultima tellus:
accedam profugae sarcina parua rati.①
te iubet e patria discedere Caesaris ira,
me pietas: pietas haec mihi Caesar erit.'②
talia temptabat, sicut temptauerat ante,
uixque dedit uictas utilitate manus.
egredior (siue illud erat sine funere ferri?)③
squalidus inmissis hirta per ora comis.④

"你不能被夺走：一起啊！我们一起走"，她说，
"我要随你走，流放之人的妻子也要做流放之人。
我的路已定，天涯也有我一席之地：
让我在流亡之船上加上微小的行囊 。
恺撒的愤怒命你离乡，令我离开家乡的是对你的爱：
对你的爱将是我的恺撒。"

① 1.3.84 史蒂文·格林（Steven James Green，2016）建议此处应将sarcina（包袱、行囊）译为burden（即"负担"），中文中"包袱"也有双重意义。奥维德在《拟情书》7.107中称埃涅阿斯背负的老父安喀塞斯（Anchises）为sarcina。

② 1.3.86 pietas通常译为"虔敬"，但这是一个内涵外延都非常丰富的词，基本意思是对神祇、家人、同伴的责任感。这是维吉尔，《埃涅阿斯纪》整部史诗中的关键词，是其英雄人物埃涅阿斯的主要品质，在《埃涅阿斯纪》1.378，埃涅阿斯的自我介绍非常简单直接："我是虔诚的埃涅阿斯。"（*sum pius Aeneas*）。有意思的是pietas在《哀怨集》1.3中的却出自奥维德之妻的口中，一位妻子的pietas的基本意思是忠于妻子职责的，她只顺从于pietas，那才是她的君王。诗中奥维德的妻子是个情绪非常饱满的人物，她期望陪奥维德共同流放，那是她实现pietas的方式，但只是出于现实的考虑（utilitate）才没有随行（1.1.88 uixque dedit uictas utilitate manus)。文中把她的pietas译为"爱"，主要是考虑pietas和utilitas（实际利益）的考虑。至于奥维德的妻子为他为家庭所做的具体事情，《哀怨集》1.6有所描述。

③ 1.3.89 这里采用的是卢克本中的标点符号，洛布本有所不同：egredior, sive illud erat sine funere ferri。

④ 1.3.90 不剃须发也是守丧的表征。

她如此这般地争取，如同她以往所努力的那样，
只是限于实际考量她才放弃。
我出门了（不如说我是被抬出去的，只是没有葬礼），
邋邋遢遢、不修边幅、须发凌乱。

91–100

illa dolore amens tenebris narratur obortis
semianimis media procubuisse domo,①
utque resurrexit foedatis puluere turpi
crinibus et gelida membra leuauit humo,
se modo, desertos modo complorasse Penates,
nomen et erepti saepe uocasse uiri,
nec gemuisse minus, quam si nataeque meumque
uidisset structos corpus habere rogos,
et uoluisse mali moriendo ponere sensum,
respectuque tamen non potuisse mei.

听说，她悲伤过度，眼前一黑，
倒在家中，半生半死，
她苏醒时，头发已蒙尘脏乱，
将四肢从冰冷的地上抬起，
时而为自己痛哭，时而哀恸家神被弃，
时不时呼喊被夺走的夫君之名，
她悲痛号哭，犹如目睹女儿或者我的尸身
躺在搭好的火葬台上，
她想以一死了却痛苦折磨，
为了我她却不能赴死。

① 1.3.92 semianimis，维吉尔，《埃涅阿斯纪》第四卷狄多自杀后也是这种状态，非生非死。

101–102

uiuat, et absentem, quoniam sic fata tulerunt,①
uiuat ut auxilio subleuet usque suo. ②

她得活着，因为命运注定如此（他的远离），
她得活着，才能援助离家的丈夫。

（刘津瑜，上海师范大学人文与传播学院教授，
美国德堡大学古典学系副教授）

① 1.3.101 这里的断句采用的是Stephen Hinds 2008的断句：uiuat, et absentem, quoniam sic fata tulerunt。这里的fata tulerunt，也明显有维吉尔的印记：《埃涅阿斯纪》2.34: seu iam Troiae sic fata ferebant（特洛伊的命运已然注定如此）；3.7（从特洛伊逃亡出来的人）incerti quo fata ferant（对于命运要带他们去哪里他们心中无数）。

② 1.3.102 auxilio subleuet usque suo，这里的表达法也可令人联想维吉尔，《埃涅阿斯纪》2.452 auxilioque leuare uiros uimque addere uictis（杨周翰译文：支援守卫者，给被征服的人们增加点力量）。

Contents and Abstracts

Research Articles

1. History and Social Action beyond National and Continental Borders

Georg G.Iggers

Abstract: It's about the biography that how Iggers become a historian. For about 90 years of life, as a Jew, he was forced to leave Germany under the Nazis. He emigrated to America and finished his education in University of Richmond and University of Chicago. What's more, he became involved in the African-American civil rights movement and the opposition to the Vietnam War. Then, as a historian, he focused on intellectual history and historical theory. His writing followed a comparative, transnational, and ultimately transcultural approach. He believed firmly that history need to transcend not only national but also cultural borders. A concluding observation: he as a Jew contributed to his motivation and identity to reach across racial and ideological borders in his social activism. On his way to and from Germany and America, he bridged the differences between the two Germanys and promoted racial equality. It is to this global perspective to which he was firmly committed.

Keywords: Jewish refugee scholars; German conception of history; global perspective

2. The Rise of "National History" in the Shadow of Empires: A Comparative Study of Historiographical Changes in Medieval Eurasia

Q. Edward Wang

Abstract: Comparative study is common in the field of history. But comparative historiography remains a fledgling subfield for many historians. It is indeed difficult to compare the practices of historical writing across many cultures. But the rise and fall of the Han and Roman Empires in Europe and Asia provided a useful parameter for comparing the historiographical traditions between East and West. A more interesting phenomenon, however, occurred after their fall, where "national history" (国史 guoshi) or "national/barbarian history" emerged as a new genre in historical writing. Although the focus was shifted from the imperial—"All under Heaven" in China and *Pax Romana* in Europe—to a single kingdom and/or a dynasty, the writing of national history remained under the shadow of the empires. Yet compared with the earlier tradition, the "national history" in both East and West demonstrated a closer affinity between history and politics. Viewed as a mirror for political legitimacy, historical writing became institutionalized in post-Han and especially from Tang China, with its influence extending across East Asia and well into contemporary times. Likewise, the first narrators of "national/barbarian history" in medieval Europe also offered inspirations for national historians in modern times.

Keywords: national history; dynastic history; barbarian history; official/court historiography; Jordanes; Gregory of Tours; Bede; Isidore; Paul the Deacon

3. An Interpretation of the Preface to the First Edition of *Geschichten der romanischen und germanischen Völker von 1494 bis 1535* from the Perspective of Intellectual History

Lv Heying

Abstract: Leopold von Lanke's maiden work *Geschichten der romanischen und germanischen Völker von 1494 bis 1535* was not mature enough, but it made Ranke become one of faculty members at Berlin University, which pioneered the Ranke age of German modern historiography. There were numerous comments on this classic work, especially the preface to the first edition of it in the following years. In view of the importance of the preface, this article intends to use the method of close reading, and reinterpret the preface, in particular the famous dictum *wie es eigentlich gewesen* on the basis of those materials which directly related to *Geschichten der romanischen und germanischen Völker von1494 bis 1535*, such as its preface, text and appendix. First of all, the author reexplores the structure of the preface, and thinks that there is a "hidden" structure that composed of three parts: *Absicht*, *Forschung* and *Darstellung*; In discussing which part is more important between *Forschung* and *Darstellung*, the author emphasizes that, according to Ranke, *Forschung* takes precedence over *Darstellung*, which is the starting point of this article to interpret the preface. Secondly, in the process of decanonizing *wie es eigentlich gewesen*, the author further argues that this dictum is mainly for the level of *Forschung*. Thirdly, through the analysis of Ranke's response to Heinrich Leo's criticism, the author points out that J. D. Braw and other scholars deviated from Ranke's intention when they argued by use of this response article. In fact, Ranke just wished to unify a desire for historical truth and vivid descriptions in the level of *Forschung*. Finally, the author believes that the reason why Ranke did that was because he hoped to revive the classical historiographical tradition in the field of modern history. From the above analysis, the author makes an effort to criticize the anachronistic interpretations of the preface which are based on historicism and aestheticism.

Keywords: the preface to the first edition of *Geschichten der romanischen und germanischen Völker, 1494–1514*; wie es eigentlich gewesen; "hidden" structure; de-canonization; Leopold von Ranke and Heinrich Leo's polemics; revival of classical historiographical tradition; anachronistic interpretations

4. Jacob Burckhardt and Cultural History

Jin Shoufu

Abstract: Jacob Burckhardt is often called the father of cultural history. This article aims at analyzing the theory and practice of history writing promoted by Jacob Burckhardt with his two major works *Die Kultur der Renaissance in Italien* and *Griechische Kulturgeschichte* as examples. The author of this article tries to show how Jacob Burckhardt presents a culture through history writing and by doing it how he puts the focus on the "Zeitgeist" and the state of the mind. At the end of the article the author discusses the fact that Jacob Burckhardt and Friedrich Nietzsche had reciprocal influences.

Keywords: Burckhardt; cultural history; Greek culture; Nietzsche

5. Big History and Little Big History

Sun Yue

Abstract: As an emerging new school of history in the international academia, big history is trying to depict a coherently grand historical vision grounded on integration of all human knowledge and in the context of cosmic evolution. It does so to confront the current fragmentation in academic disciplines and the coming global problems facing humanity as a whole, which has rendered quite a few hapless and helpless. This paper aims at a comprehensive introduction to big history, including its social and academic background, the concept of history, key figures and representative works in big history, its theoretical framework and key concepts, as well as its research thrust: the little big history approach. Lastly, the paper also anticipates the future development scenario of big history, particularly in reference to the future of big history in China.

Keywords: big history; theory; key concepts; little big history

6. Big History: The Unity of Natural History and Human History

Zhang Jingmei

Abstract: A new world needs a new historiography. The emergence of big history is a need of the times. It attempts to explore the past on all different scales, up to the scale of the universe itself, and constructs a grand narrative framework that covers the entire human history and even the whole biosphere. This perspective breaks the mold of traditional anthropocentrism, provides a method for looking at our common past, and also focuses on the general pattern of major processes, so as to establish the identity of human community.

Keywords: big history; natural history; human history; David Christian; Fred Spier

7. Review on the Studies of the New Biography History in the West

Chen Maohua

Abstract: The New Biography History in the western historiography came into being in the 1990s, which is the historical thoughts exploration of the western practical historians. It takes single and plural persons as research subjects, from the perspective of the post-structuralism and New Marxism, talks to other disciplines constantly and combines micro examination with macro analysis to expound their life and history experience, and to reveal people's autonomy or free will in the course of historical evolution, in order to add, revise, enrich and improve the historical knowledge. The studies of the New Biography History had broken through and gone beyond the research paradigm of the traditional biography history, had turned into a analysis tool for asking questions and examining the existing research framework.

Keywords: the new biography history; narrative theory; humanism life experience

8. On the Romantic Historiography of Dietrich Hermann Hegewisch

Yi Lan

Abstract: The German historian Dietrich Hermann Hegewisch constructed his romantic historiography on the spirituality of world history. Through numerous historical works about the middle ages, the nations and the elites, he recounted the diversity of historical individuals, reflected the equality of historical individuals, interpreted the progressiveness and the continuity of historical development, highlighted the dialectical relationship between the historical individual and the historical whole. On the basic of all these viewpoints, he stressed the spirit factors in the historical cognition, and proposed the emotional factors in the historical understanding. So he made a solid foundation for the further development of romantic historiography.

Keywords: Dietrich Hermann Hegewisch; romantism; universal history

9. A Restudy on Collingwood: "All History is History of History"

Wang Fengshou, Wang Lihong

Abstract: "All history is the history of history" is one of Collingwood's important historical propositions, yet involved with a lot of controversies. As is argued in my another paper *A Study on Collingwood: "All History is History of History"*, only associated with Collingwood's another proposition "All history is the history of thought", which shared the same idea each other but from different perspectives, we can understand Collingwood's philosophy of history.Based on this argument, this paper intended to analyze Collingwood's thought in means of history of history, to explore what gave birth to Collingwood's unique thought, who goes before or behind him, why he proposed such anti-logical and anti-fact statement. This paper aimed at presenting the spirit of time of Collingwood's, and understanding the whole crisis of the humanities at that time, expecting to present a new way to put the proposition via substance and function raised by Ernst Cassirer.

Keywords: history of history; spiritual science; humane studies; substance; function

10. Collingwood's Logic of Question and Answer and History

Yu Wei

Abstract: Collingwood's logic of question and answer as the Opponent of Propositional Logic of realism highlights the principle of historicity. It has a historical process, and had a close connection with Collingwood's Archaeological work, and in history, was applied to the study of Hadrian's Wall.

Keywords: logic of question and answer; history; knowledge

11. Mundane Spirit and Religious Feeling: the Dual Natures in William Robertson's Historiography

Li Yong

Abstract: William Robertson was not only the leader of the Moderate party in the Church of Scotland and Principal of the University of Edinburgh, but also the royal historian, during the Scottish Enlightenment. It determined the Dual Natures in his identity. When William Robertson preached the gospel, he never forgot the mundane affairs, and interpreted the Religious history from mundane point of view. There were Religious Feeling in The History of Scotland, and The History of America. He united successfully the Dual Natures in his historical writings, made a model for Religious leaders writing history, had became the great milestone in the history of historical writing of the Great Britain.

Keywords: William Robertson; mundane spirit; religious feeling

12. Theme and Variation: On the Developmental Features of American Historiography

Xu Liang

Abstract: It is well known that the writing of American history began long before the United States became an independent nation. In more than four hundred years since the colonial period, the development of American historiography has gone through a hard and brilliant process, showing distinctive developmental characteristics. Firstly, its special relationship with European historiography and culture not only gave birth to the early American colonial historiography, but also has influenced the development of American historiography in different times since the founding of the United States. We can say European historiography and culture partly have constructed the genetic structure of American historiography. Secondly, the national development and social changes have been providing fertile soil and powerful driving forces for the development of American historiography all along. Thirdly, as two major social and cultural ideas of the U.S., the pluralism and pragmatism have not only promoted the development of American society, but also promoted the development of American historiography.

Keyword: American historiography; developmental features; gene; driving forces; pragmatism

13. Richard Hofstadter's academic views on history researches—Review of "Social Darwinism in American Thought"

Wang Shengtuan

Abstract: In Croce's theory, Historians should combine the zeitgeist and historical research, serving for social and political reality. American historians have received this theoretical method of historiography. The classic work of Social Darwinism in American Thought was written by American Historians, which fully embodies the ideals of Croce's theory. Real political and moral crisis in the Age of New Deal inspired him to reflect conservatism that hostile to the new Deal. In order to let the American people learn clearly this conservatism, he had built the history of social Darwinism with scientific spirit, the American political tradition and humanistic spirit, to refraction conservatism ideological that boycott the reform of the New Deal.

Keywords: America; Croce's Ideals; Richard Hofstadter; social Darwinism

14. Commentary on *Medieval Civilization: 400-1500 A.D.* of Jacques Le Goff

Ma Feng

Abstract: Medieval Civilization: 400–1500 A.D. by Jacques Le Goff, representative of the French Annales School, is an important book of new historiography. The book's value lies in the ability to reconstruct the cognitive structure of the reader, and to try to solve the contradiction between the readability and the science of history. The book reflects the characteristics of governance history of Le Goff: an open vision, a unique view of the history of mentalities, a philosophy of language, and objectivity in research. However, the author's research value orientation still has some shorycomings. In short, the book is of great importance to readers to understand the characteristics and the new direction of development of the Annales School.

Keywords: Jacques Le Goff; Medieval Civilization: 400–1500 A.D.; the new history

15. Book Review: *Deep History: The Architecture of Past and Present*

Wan Shu

16. Toynbee and the Fate of Speculative Historical Philosophy

Guo Xiaoling

17. Time, Space, and Gender in Ovid's Story of Hermaphroditus and Salmacis

Robert Kirstein

Abstract: In recent years narratology has found an increasing interest in Classical Studies. Aspects like time, space, focalization, and the relation between the *fabula* and its representation in the *story* have opened new ways of analyzing ancient texts. Ovid's *Metamorphoses* with its numerous tales and complex levels of narration are especially inviting to such narratological approaches. This paper examines the tale of Hermaphroditus and Salmacis as presented in the fourth book of the *Metamorphoses* (4.271–388). It deals first with the aspect of time by taking its starting point from Käte Hamburgers influential theory of the epic preterit ("Episches Präteritum"), in which she sees rather a signpost of fictionality than a temporal denotation of the past, and from Michael von Albrecht's observations on the use of *tempora* in Ovid. The paper argues that in the *Metamorphoses* we in fact can detect a strategy of metafictionality by which the fictitious status of the text is made explicit again and again. The second part of the paper is dedicated to a "narratology of space"(Irene de Jong) and examines the text under aspects and questions raised by the *spatial turn* in cultural and literary studies which has, among others, demonstrated that space is not just a static background for the acting figures themselves but rather a vivid and integrated part of the story. The water nymph Salmacis is of special interest here since she is at the same time part of the landscape (as fountain) and part of the story line (as figure), thus breaking the boundaries between space and figure. The paper concludes with remarks on the aspect of gender identities and gender roles by asking if the attempted rape of Hermaphroditus by Salmacis is mirrored by the narrative structure of the *story* itself.

Keywords: Ovid; *Hermaphroditus and Salmacis*; time; space; gender

18. Teaching Ovid's *Ars Amatoria* in the Medieval Classroom

Xiao Xinyao

Abstract: This paper studies how Ovid's Ars amatoria seeped into the medieval classroom and shaped the medieval attitudes toward gender and desire. Based on the commentaries and interlinear glosses on the poem found in several manuscripts from the ninth to the fifteenth century, I investigate how medieval monastery school teachers interpreted the Ars amatoria, a work that was often considered by the orthodox as morally problematic because of its "lewdness." Medieval commentators, however, as my findings show, read the poem with continuous philological attentiveness, even when it comes to the poem's explicit discussions of sexual matters. I conclude that in the medieval classroom, the Ars amatoria served as the schoolboys' repository for Latin grammar and rhetoric. The way Ovid was read in the classroom tradition contrasted the moralizing/allegorical reading of him outside of the classroom in later centuries. I then provide explanations for such pedagogical practices, and point out the importance of studying the reception of Ovid in the medieval classroom.

Keywords: Ovid; *Ars Amatoria*; middle ages; pedagogy; reception studies.

19. A Chinese verse translation of Ovid's *Ars Amatoria* 1.1–100 (with commentaries)

Xiao Xinyao

20. The Night before the Exile: A Translation and Commentary Ovid's *Tristia* Ⅰ.3

Liu Jinyu

征稿启事

本着在新的历史时期推动学术研究，促进学界交流的愿望，我们创办了《世界历史评论》集刊，由上海世纪出版集团北京世纪文景文化传播有限责任公司出版，每年两辑，设有专论、评论、专题论坛、文献与史料等栏目。

《世界历史评论》基本的办刊宗旨是：倡导以扎实的材料为基础，通过新颖适恰的方法路径，探索人类文明史中的一切现象；希图突破学科的藩篱，促进跨学科的交流碰撞，多视角更全面地呈现世界历史图景；同时也期待透过人类悠远深邃的历史经历，观照当下，启迪将来。

在此，我们竭诚欢迎学界同仁赐稿，文章题材选择不限，论证风格不拘，唯以学术价值和专业规范为准绳，既欢迎旁征博引论证厚重的长文，也欢迎短小精粹不乏创见的短文。在惠赐大作之前，《世界历史评论》提请您垂注以下几点：

1. 本刊电子投稿信箱为 sjlspl_2014@163.com。

2. 大作请附上 200—400 字的内容提要和 3—5 个关键词（中英对照）。

3. 请在文末附上作者信息和联系方式。

4. 所有来稿一律实行匿名评审，不论刊用与否，均在 1 个月内予以答复。

5. 注释和引文格式：注释均采用脚注方式，如①、②……的形式，Word 默认每页重新编号。引用的外文论著皆不必翻译为中文。

编辑部联系方式：

电子邮件：sjlspl_2014@163.com

通信地址：上海市徐汇区桂林路 100 号上海师范大学西部办公楼 705 室

《世界历史评论》编辑部（200234）

文
景

Horizon

社科新知　文艺新潮

当代史学主流：主题与结构
陈　恒　洪庆明　主编

出 品 人：姚映然
扉页题字：刘家和
责任编辑：刘　硕
美术编辑：高　熹

出　　品：北京世纪文景文化传播有限责任公司
　　　　　(北京朝阳区东土城路8号林达大厦A座4A　100013)
出版发行：上海世纪出版股份有限公司
印　　刷：北京建宏印刷有限公司
制　　版：南京展望文化发展有限公司

开 本：700mm x 1020mm　1/16
印 张：22.5　字 数：339,000　插 页：2
2017年12月第1版　　2017年12月第1次印刷
定 价：49.00元
ISBN：978-7-208-14946-5/ K·2707

图书在版编目（CIP）数据

当代史学主流：主题与结构 / 陈恒，洪庆明主编
.—上海：上海人民出版社，2017
（世界历史评论）
ISBN 978-7-208-14946-5

Ⅰ.①当… Ⅱ.①陈… ②洪… Ⅲ.①史学－文集
Ⅳ.① K0-53

中国版本图书馆 CIP 数据核字（2017）第 306159 号